建築構造を知るための基礎知識

耐震規定と構造動力学
＜新版＞

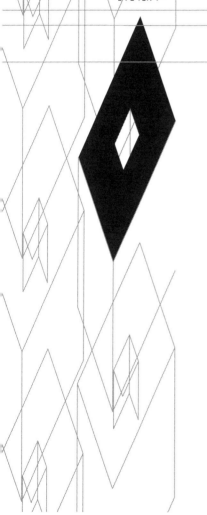

北海道大学 名誉教授 工学博士
(株)NewsT 研究所 代表取締役

石山祐二

三和書籍

はしがき

新版 はしがき

　新版を出すことにしたのは，近年「海外の耐震規定」が大幅に改正されたことにあります。このため，第 8 章は全面的に書き換え，その他の章については，近年の地震被害や建築構造上の話題となっている点について書き加え，また第 1 版にありました誤りを訂正しました。

　第 1 章では，2011 年東日本大震災の被害の最大原因となった津波による被害写真を追加しました。第 5 章では，近年注目を浴びている「要求スペクトルと耐力スペクトル」，限界耐力計算の基本的な考え方となっている「耐力スペクトル法」について書き加えました。「低層建築物上の塔状建築物」に対する地震力を計算する方法については，若干見直し，新しい例題に変更しました。

　第 8 章「海外の耐震規定」の目次は同じですが，次のように改正された最新の内容に変更してあります。

　ISO 3010「構造物への地震作用」は 2017 年 3 月に第 3 版が発行されました。ISO 規格を個人で購入することは可能ですが，かなり高額で，一般の技術者の目に触れることはあまりないのが実状です。しかし，その内容には最近の知見が簡潔に取り入れられており，技術者や学生にも有益と考え，多少詳しく紹介しました。また，国内外の耐震規定を理解するのに役立つと考え，ISO・日本・EU・米国の耐震規定に用いられている各種係数の比較表を示し，若干の考察も行いました。

　EU の「ユーロコード」はヨーロッパ諸国に限らず他国にも採用されつつあり，海外で関連する仕事をする場合には，基本的な内容を知っておくのは有益であると思っています。もっとも，この部分は初版と大きくは変わっていません。

　米国の規定も米国外で使用されることがあります。その内容は 3 年ごとに見直

されていますので，最新の知見が取り込まれている（であろう）規定を理解しておくことは技術者にも学生にも必要があると思い，構造設計に関係する基本的な章の他に地震荷重・耐震設計に関連するいくつかの章を要約し，多少の説明も加えました。このため，第 8 章の頁数は大幅に増加しています。

最後になりますが，全体の基本的な内容は第 1 版と同様ですが，新版が皆さんのためにさらに役立つならば幸甚です。もちろん，率直なコメントなどありましたら，ぜひ連絡下さい。

2018 年 3 月

石山 祐二　to-yuji@nifty.com

第 1 版 はしがき

この本は，建築構造に興味を持っている方々，建築構造に関わる技術者や学生の皆さんに，ぜひ理解してほしいと思ったことを書いたものです。

第 I 部「地震被害と耐震技術・規定」は次の 2 章よりなっています。

第 1 章「地震被害と耐震技術」では，地震被害の一般的な特徴と耐震技術・規定の簡単な歴史を紹介しています。

第 2 章「日本の耐震規定」では，新耐震以前の状況，新耐震（許容応力度等計算，保有水平耐力計算），限界耐力計算，免震告示の概要を紹介し，今後の耐震規定・基準に対する期待などが書いてあります。

新耐震までは構造動力学の知識がなくても，内容をある程度は理解することができました。しかし，限界耐力計算や免震告示を理解するためには，構造動力学の知識が必須です。このため，用いられている数式などがどのように導かれているかを「解説」で示したり，第 II 部，第 III 部の関連部分を参照できるようしてあります。

第 II 部「構造動力学の基礎」は次の 2 章よりなっています。

第 3 章「1 自由度系」では，構造動力学の基本となる 1 自由度系について，式の誘導を含め基本的なことを簡単にまとめています。

第 4 章「多自由度系」では，高層建築物のように高次モードの影響が大きくなると，多自由度系として解析する必要がありますので，そのようなことを理解するための基本的なことを書いています。

構造物の耐震設計においては，構造物の動的挙動を知っておく必要があります。また，限界耐力計算で用いられている多くの数式を理解するためにも，構造動力学の基礎を知っておく必要があります。第 II 部はその基礎中の基礎を書いた部分で，次の第 III 部では構造動力学がどのように応用されているかの例などが書かれています。

　第 III 部「構造動力学の応用」は次の 3 章よりなっています。

　第 5 章「地震工学への応用」では，構造動力学が地震工学の中で用いられている応答スペクトル，地震力の分布，地盤振動について書いてあります。

　第 6 章「非線形応答への展開」では，大地震動を受ける建築物の解析に必要な非線形解析，非線形解析の結果を利用した構造特性係数，構造物の非線形性による履歴減衰を含む振動の減衰とそのモデル化について説明してあります。

　第 7 章「構造動力学ア・ラ・カルト」では，構造動力学と関連する振動数領域での解析，加速度計と変位計，そして構造物とはあまり関係がありませんが，ゴルフのバックスピンについても書いてみました。

　第 IV 部「付録」では第 8 章「海外の耐震規定」として，地震荷重の国際規格である ISO 3010，ヨーロッパの耐震規定ユーロコード 8，米国で統一して用いられることを意図して作成された建築基準 IBC の中の耐震設計に関する部分と IBC で参照される米国土木技術者協会の地震荷重規格 ASCE 7 を紹介しています。

　どの章も，その部分のみを読んでも分かるように書くことを試みました。しかし，数式の誘導などを繰り返し書くことは無駄と思われますので，そのような場合は，参照する頁数や式番号・図表番号を示し，参照部分がすぐに分かるように書いたつもりです。

　表現も，できる限り分かりやすくしたつもりですが，それでも分かり難い点などもあると思います。また，何度も見直したつもりですが，誤りがあるかもしれません。そのような場合には直接お知らせしたいと思いますので，皆さんの率直なご批判・コメントを含め e-mail をいただければ幸甚です。

2008 年 2 月

石山 祐二　to-yuji@nifty.com

目次

はしがき ... i

第 I 部　地震被害と耐震技術・規定　　1

第 1 章　地震被害と耐震技術　　3
1.1　建築物の地震被害 ... 3
1.2　地震時の建築物の挙動 ... 10
1.3　耐震技術・基準の変遷 ... 15

第 2 章　日本の耐震規定　　27
2.1　新耐震までの経緯 ... 27
2.2　新耐震設計法 ... 30
2.3　限界耐力計算 ... 49
2.4　免震告示 ... 91
2.5　現行規定と今後の規定に対する期待 ... 107

第 II 部　構造動力学の基礎　　117

第 3 章　1 自由度系　　119
3.1　1 自由度系とは ... 119
3.2　運動方程式 ... 120
3.3　自由振動 ... 123
3.4　調和外力による応答 ... 141

3.5 任意外力による応答 151

第 4 章 多自由度系 155
 4.1 運動方程式 155
 4.2 非減衰自由振動 162
 4.3 直交性 169
 4.4 基準化座標とモード解析 174
 4.5 ホルツァー法とストドラ法 186

第 III 部 構造動力学の応用 193

第 5 章 地震工学への応用 195
 5.1 応答スペクトル 195
 5.2 要求スペクトルと耐力スペクトル 201
 5.3 地震荷重の分布と A_i 分布 204
 5.4 地盤振動の初歩 220

第 6 章 非線形応答への展開 233
 6.1 非線形解析 233
 6.2 構造特性係数 241
 6.3 減衰とそのモデル化 247

第 7 章 構造動力学ア・ラ・カルト 265
 7.1 振動数領域での解析 265
 7.2 加速度計と変位計 272
 7.3 ゴルフボールのバックスピン 274

第 IV 部 付 録 281

第 8 章 海外の耐震規定 283
 8.1 地震荷重の国際規格 ISO 3010 283
 8.2 ヨーロッパの耐震規定 ユーロコード 8 313

	8.3 米国の建築基準 IBC	328
	8.4 米国の荷重規格 ASCE 7	336

あとがき	387
参考文献	389
索引	392

第Ⅰ部

地震被害と耐震技術・規定

第1章

地震被害と耐震技術

1.1 建築物の地震被害

1) 最下層の崩壊

　建築物の地震被害として最も典型的なものが，最下層の崩壊である［図 1.1，図 1.2］。地震時には建築物頂部の揺れが最も大きく，地震によって生じる地震力も頂部で最大となる。しかし，この地震力は順次下層に伝達され，最終的には建築物を支持している地盤に伝達されることになる。このため，下の層ではそれより上の層に作用する地震力の和（これを地震層せん断力という）を受けることになる。よって，最下層では地震層せん断力が最大になるので，最下層の崩壊はどの地震でもよく起こる典型的な被害である。

図 1.1　1 階が崩壊した典型的な地震被害
（1978 年宮城県沖地震）

図 1.2　1 階駐車場の崩壊と 1 階店舗の崩壊
（1995 年阪神・淡路大震災）

　最下層では地震層せん断力が最大となることの他に，用途・機能上から駐車場や店舗など，広い空間・間口が優先され，地震に対して有効な耐震壁を配置することが難しい。その結果，最下層の耐震性は他の層より低いこともあるため，このような地震被害がいっそう起こりやすくなる。

2) 最上層の被害

　地震時には建築物の頂部が最も大きく揺れるため，作用する地震力は頂部で最大となる。このため，上層ほど家具などの物体の転倒も多く，また最上層に付属している塔屋・水槽・煙突などは最上層より更に大きく揺れるので，被害を受けることが多い［図 1.3］。

図 1.3　最上層コンピュータの転倒と屋上水槽の落下
（1978 年宮城県沖地震，1989 年米国ロマプリータ地震）

3) 中間層の崩壊

　1995年阪神・淡路大震災（正式な地震名は「1995年兵庫県南部地震」）では建築物の中間層が崩壊［図1.4］する被害が生じた。このような被害は比較的珍しい。中間層崩壊の理由として，これらの建築物は旧耐震規定で設計されていたこと，中間層で鉄骨鉄筋コンクリート造から鉄筋コンクリート造になっていたことによる構造的な不連続などが指摘されている。

図1.4　比較的珍しい中間層の崩壊
（1995年阪神・淡路大震災）

4) 木造建築物の被害

　日本国内どこでも木造建築物は多く，そのほとんどが住宅である。木造住宅の耐震性は，柱・梁などで構成される軸組に筋かいを入れたり合板などの面材を釘で打ち付けた耐力壁の量に依存している。特に，狭小敷地では建築物の長辺と短辺の両方向に耐力壁を釣り合いよく配置することが難しく，地震時に被害を大きく受ける原因となっている。

　壁の下地として細長い板を釘打ちしたもの（木ずり壁）は地震力に耐えることができない［図1.5］ので，筋かいや面材を打ち付ける必要がある。筋かい断面の大きさも重要であるが，その端部をどのように軸組に接合するかも重要［図1.6］で，単に釘で打ち付けているのではなく，接合金物を用いることが推奨される。面材を釘打ちする際には，面材の周囲に沿って柱・梁で構成される軸組に釘打ちすると耐震上非常に有効である。

図 1.5　1 階が崩壊した木造住宅と木造被害の詳細
（1995 年阪神・淡路大震災）

図 1.6　筋かい端部の被害と合板による応急補強
（1978 年宮城県沖地震，1989 年ロマプリータ地震）

5) 非構造部材などの被害

図 1.7　落下した外壁パネルと開閉不能となった扉
（1978 年宮城県沖地震）

1.1 建築物の地震被害

図 1.8　ブロック塀の被害と家具の転倒
（1978 年宮城県沖地震）

　柱や梁などの構造部材の被害は小さくとも，屋根瓦，外壁，ブロック塀などが被害を受けることが多い［図 1.7，図 1.8］．家具などの転倒は怪我の原因となったり，避難の妨げ，火災発生の原因となることもある．小さな地震によってもこの種の被害は生じるので，経済面からもおろそかにできない被害である．

6) 地盤被害

　軟弱地盤では地震による被害が大きくなることは古くからよく知られている．また，崖崩れや造成地の地盤崩壊などによって建築物が大きな被害を受けることも多い［図 1.9］．建築物の耐震性を高めてもこのような被害を防ぐことは無理である．このため，敷地の選択や宅地造成の際に耐震性を十分考慮することが必須である．

図 1.9　地盤の崩壊による建築物の被害
（1974 年伊豆大島近海地震，1993 年釧路沖地震）

7) 工学的な配慮のないノンエンジニアド工法の被害

世界の多くの建築物は構造技術者が全く関与せず，伝統的な土着の工法によって造られている。土（泥）を固めたブロックを泥のモルタルで積み重ねるアドベ（adobe）造，現場打ち泥構造とでもいうべきタピアル（tapial，版築）造［図1.10左］，無補強（あるいは，補強が十分でない）れんが造［図1.10右］や石造などがその主なものである。このような工学的な配慮のない工法を英語ではノンエンジニアド工法（non-engineered construction）という。

日本ではノンエンジニアドの建築物は最近では珍しい（在来木造の古い住宅はこの種の工法と考えることができる†）。しかし，世界的にはこのような工法による住宅・建築物が大部分を占め，この種の地震被害を少しでも防ぐことが重要である。技術者・研究者の目は大規模なもの，新しいものに向きがちであるが，多くの研究者・技術者がこの問題を認識し，解決に向け取り組んでほしいと思っている。

図1.10　耐震性に対する工学的な配慮のない建築物の地震被害
（1990年ペルー・リオハ地震，2006年インドネシア・ジャワ中部地震）

8) 津波による被害

巨大津波の破壊力は強大で，人命を奪い，構造物を崩壊させる。ほとんどの木造建築物は耐えることができず，瓦礫となる［図1.11左］。鉄筋コンクリートや鉄骨造建築物の構造体は残っても，非構造要素はすべて消失してしまう［図1.12左］。

---

† 在来木造は，建築基準法に規定されてるように，必要な耐力壁を釣り合いよく配置すること（壁量規定）によって，耐震性が確保される。このような規定がきちんと守られているものは，この種の工法ではない。しかし，戦前には壁量規定はなく，戦後もしばらくは建築基準法が守られていない住宅が建設されていた。このような在来木造は「工学的な配慮のない工法」（non-engineered construction）に分類される。

1.1 建築物の地震被害

津波は，基礎杭を引き抜き重量構造物をも転倒させることがある［図 1.12 右］。津波の浸水深は 10m を超えることもあり，津波の遡上高はその 2～3 倍に達することがある［図 1.11 右］。

図 1.11　津波による奥尻島の木造住宅の被害と遡上高の痕跡
（1993 年北海道南西沖地震）

図 1.12　津波による鉄骨造と鉄筋コンクリート造建築物の被害
（2011 年東日本大震災）

ちょっと一言「津波から命を守るため」

(1) 海岸近くで地震動を感じた場合，即座に高い場所に徒歩で（できれば走って）避難する（車での避難は，津波によって車内に閉じ込められたり，交通渋滞により動けなくなる危険性がある）。命を優先させ，何も持たずに避難する。家族や友人を捜さないで避難する（このことを普段から話し合っておく）。津波が終わったと思っても，津波は繰り返し来るので，海岸近くに行かない。

(2) （地震動を感じなくても）海岸線の大きな変化に気付いた場合は（遠隔地の地震による大津波発生もあるので），すぐに高い場所に避難する。引き波となって，手づかみで魚が取れそうでも，そのようなことを決してしないこと。

1.2 地震時の建築物の挙動

1) 建築物の揺れ方と地震力

　地震時の地面の揺れは複雑であるが，それによる建築物の揺れはいくらか単純である。例えば，図 1.13 の下の波形は 30 秒間の地震動による建築物の 1 階床の水平加速度の時刻歴，上は最上階である 9 階床の水平加速度で，縦軸の加速度の単位はガル（cm/s²）である†。

　上下の波形とも縦横の目盛りは同じであるので，縦軸の大きさを見ると 1 階よりも 9 階の動きの方が大きいことが分かる。一般に，最下階に対する最上階の加速度の比はおよそ 3 倍といわれているが，この場合は約 4 倍に増幅されている。

　加速度波形を見ると，1 階ではギザギザが多く複雑な動きをしているが，9 階ではほぼ同じ間隔で山と谷が繰り返されている。この場合は，山と山の間隔がおよそ 1 秒で，この間隔が固有周期と呼ばれるものである。

　地震時に建築物が揺れる時には，いつでもその建築物固有の周期で振動するという性質がある。地震動の大きさやその継続時間によって，建築物の揺れ方はもちろ

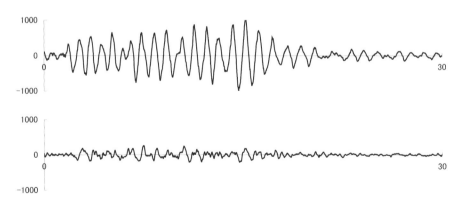

図 1.13　9 階建の建築物の最上階（上図）と 1 階（下図）の加速度時刻歴
　　　　（1978 年宮城県沖地震，加速度の単位はガル，横軸は 30 秒間）

---

† この記録は 1978 年宮城県沖地震の際に，建設省建築研究所（現・国立研究開発法人 建築研究所）の強震観測ネットワークの一つである東北大学の 9 階建の建築物で得られたものである。

ん変化するが，固有周期で振動するという特徴は変わらない．これが「固有」といわれるゆえんである．

建築物の固有周期は階数にほぼ比例し，次式†のように建築物の階数 n に 0.1 を掛けるとおよその固有周期が秒 (s) で求まる．

$$T = 0.1\,n \tag{1.1}$$

この式によると，例えば 2 階建の住宅の固有周期は 0.2 (s)，10 階建のビルは 1 (s)，50 階建ての超高層は 5 (s) となる．同じ階数や高さであっても構造種別によっても固有周期が変化するので，建築基準法では‡固有周期 T (s) を高さ h (m) の関数として次のように与えている．

$$T = (0.02 + 0.01\lambda)\,h \tag{1.2}$$

ここで，λ は鉄骨造または木造部分の高さの建築物の高さに対する比である．

すなわち，上式は鉄筋コンクリート造や鉄骨造・木造の場合は次式となる．

$$\begin{cases} T = 0.02\,h &：鉄筋コンクリート造の場合 \\ T = 0.03\,h &：鉄骨造・木造の場合 \end{cases} \tag{1.3}$$

これらの式は一般的な建築物に対して得られている経験式で，高さ 10m の建築物の固有周期は，鉄筋コンクリート造の場合 0.2 (s)，鉄骨造や木造の場合 0.3 (s) となる．

地震の時に建築物に生じる力，すなわち地震力とは，地面が動くことによって建築物の各部に発生する慣性力である．よって，地震力は物理の教科書のように（質量 m ×加速度 a）で表したり，あるいは重力によって生じる力（重量）にある割合（この割合を震度という）を乗じて（震度 k ×重量 w）で表したりする．すなわち，地震力 P は次のように表される．

$$P = m\,a \tag{1.4}$$
$$P = k\,w \tag{1.5}$$

---

† 米国の ASCE 7 [(8.74) 式，355 頁] では，この式を実際の設計に用いている．
‡ (2.44) 式 [64 頁] 参照．

2) 地震力と地震層せん断力

　地震によって地面は水平方向だけではなく上下方向にも揺れるが，上下方向の揺れに対しては建築物に余力が十分ある場合が多く，耐震規定では主として水平方向の地震力について規定している。このため以下では，水平方向の地震力について考える。

　建築物が剛体として地面と水平方向に同一の動きをするならば，図 1.14 の a のように地震力（震度）は建築物の上から下まで一様に分布する。この建築物に作用する地震力は，上階から下階へ順次伝達され，最終的には地盤へと伝達される。このため，建築物の各階に作用する地震層せん断力は図 1.14 の d のように，建築物の上から下へと直線的に大きくなる。このような地震力の分布を (1) 震度一様分布という。

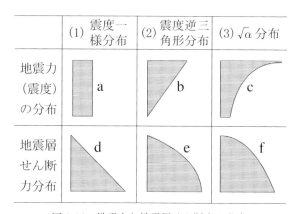

図 1.14　地震力と地震層せん断力の分布

　しかし，建築物は剛体ではなく，上層（階）ほど揺れが大きくなる。建築物の揺れが，図 1.14 の b のような逆三角形とすると，地震力もそのように作用する。そして，上階から下階へと伝達される地震層せん断力は，図 1.14 の e のように，放物線を横にした形となる。これが通常の建築物に作用する地震力の場合に近く (2) 震度逆三角形分布と呼ばれる。

3) 建築物の揺れと固有振動モード

　実際の建築物が地震動を受けると図 1.15 に示すように，いろいろな振動形状（これを「固有振動モード」†と呼ぶ）が組み合わさって振動する．各固有振動モードごとに揺れるときの周期があり，一番大きくゆっくりと揺れる場合を 1 次（または基本）固有周期，それ以降を 2 次，3 次……と呼ぶ．地震時には各固有振動モードの大きさが変化しながら，その周期によって振動し，建築物全体としてはそれらが組み合わさって複雑に振動する．しかし，一般には 1 次固有振動モードの影響が一番大きく，例えば図 1.13 ［10 頁］の 9 階の記録は周期 1 (s) で振動しているが，これが 1 次固有周期である．

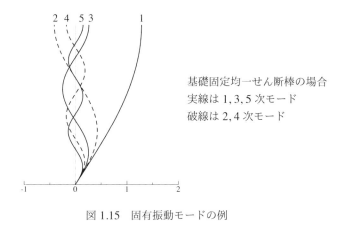

図 1.15　固有振動モードの例

　建築物が高層になると，高次 (2 次以上) のモードの影響も次第に大きくなり，建築物の頂部が鞭（むち）の先のように大きく揺れる鞭振り（ホイッピング）現象が生ずる．この現象によって，上層階では家具などの物体が転倒したり，頂部のペントハウス（塔屋）や水槽などが被害を受けることも多い［図 1.3（4 頁）］．この場合の地震力は図 1.14 の c のように，建築物の頂部で非常に大きくなり，地震層せん断力は図 1.14 の f のように頂点が上の放物線となる．建築物のある層以上の重量を建築物全体の重量で除した値（これを基準化重量という）を α で表すと，地震層せ

---

† 「固有振動モード」は「固有モード」，「振動モード」あるいは単に「モード」とも呼ばれる．

ん断力が $\sqrt{\alpha}$ に比例した形となるので，これを (3) $\sqrt{\alpha}$ 分布と呼ぶこともある．（なお，地震力の分布は図 1.14 の c のように $1/\sqrt{\alpha}$ に比例する．）

図 1.14 に示した上述の (1)，(2)，(3) いずれの場合も，建築物に作用する地震層せん断力は最下層（1 階）で最大となる．さらに，1 階を駐車場や店舗に用いると，地震に対する 1 階の強度が他の階よりも小さくなることもあり，このため，地震被害として 1 階の崩壊が最も起こりやすい［図 1.1（3 頁），図 1.2（4 頁）］．

建築物のある階の地震層せん断力をその階以上の建築物重量で除したものを，地震層せん断力係数という．1981 年から用いられている建築基準法による耐震規定では，この地震層せん断力係数の分布は次式のいわゆる A_i 分布[†]で表されている．

$$A_i = 1 + \left(\frac{1}{\sqrt{\alpha_i}} - \alpha_i\right)\frac{2T}{1 + 3T} \tag{1.6}$$

ここで，α_i は次式で表される i 階の基準化重量，T は建築物の 1 次（基本）固有周期 (s) である．

$$\alpha_i = \frac{\sum_{j=i}^{n} w_j}{\sum_{j=1}^{n} w_j} \tag{1.7}$$

ここで，n は全層数，i, j は層番号，w_j は j 層の重量である．

A_i 分布は図 1.14 の (1) 震度一様分布，(2) 震度逆三角形分布，(3) $\sqrt{\alpha}$ 分布の 3 つの場合の地震力を組み合わせたもので，建築物が低層の場合は (1) の場合に近似し，建築物が高層になるにつれて (2) と (3) の影響が次第に大きくなるようになっている．

> **ちょっと一言「基準化重量」について**
>
> 基準化重量は，その定義の (1.7) 式から当然のことであるが，1 階では 1.0 となり，上階になるほど徐々に 0 近づいていくが，最上階になっても決して 0 になることはないという性質を持っている．地震力の高さ方向の分布を示すのに，この基準化重量をパラメータとして用いているのは日本の耐震基準のみである．高さ方向の分布には，高さ h を用いるのが当然のように思われるかも知れないが，上述の (3) $\sqrt{\alpha}$ 分布を表すことができるのは基準化重量である．

[†] A_i 分布は著者が提案したもので，その背景などについては「7) 地震力の分布」（45 頁）や「5.3 地震荷重の分布と A_i 分布」（204 頁）を参照してほしい．

1.3　耐震技術・基準の変遷

　我が国では古来から大地震にたびたび見舞われてきたにもかかわらず，地震や耐震について科学的に研究が開始されたのは明治維新以降のことである．1880年横浜地震と地震学会の設立に始まり，耐震構造は大地震を契機として調査研究の発展，基準類の制定・強化がなされてきた．主なものは，1891年濃尾地震と震災予防調査会の設立，1923年関東大震災（関東大地震）と水平震度の導入，1968年十勝沖地震と鉄筋コンクリート造柱のせん断補強筋の強化，1978年宮城県沖地震と新耐震設計法の施行，1995年阪神・淡路大震災と既存建築物の耐震改修促進法や建築基準法の改正（限界耐力計算の導入）などである．

　ここでは，耐震構造を理解するために必要と思われる事項やその背景の変遷について概観する [1, 2]．

1) 明治維新以降

i) 横浜地震と地震学会

　1868年明治維新の後，明治政府は海外から多くの研究者，科学者，技術者を招き，我が国の産業の育成と西欧文化の吸収を図った．そのような情勢の中で起こった1880年横浜地震（M=5.5）の被害は小さかったが，海外からの人達を驚かすには十分大きかったようである．この地震を契機として，J. Milne（ミルン）［図1.16，図1.17］，J.A. Ewing（ユーイング）らを中心に日本地震学会が同年設立され，地震に対する科学的な調査研究が開始された．

ii) 濃尾地震と震災予防調査会

　1891年濃尾地震（M=8.0，死者7,273，全壊14万余，半壊8万余）の被害は甚大で，翌年に震災予防調査会が発足し，地震の研究が公式に開始された．なお，震災予防調査会は1925年に廃止され，同時に東京帝国大学地震研究所が設立されたので，実質的には震災予防調査会が地震研究所へと移行し，現在に至っている．

　震災予防調査会は木造の耐震性向上について，基礎を強化する，木材の切り欠きを少なくする，接合部に金物を用いる，筋かいを入れるなどの提案を行った．これらが，現在に至る木造の耐震性向上の方向付けをしたものとなっている．

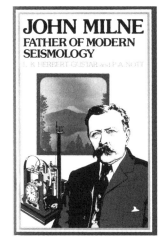

図 1.16　J. ミルンの伝記を記した本とその邦訳版

J. ミルン夫妻の墓は函館市の外人墓地の近くにある。なお，トネの父の堀川乗経はお寺の住職で，函館の堀割を造った人である。

図 1.17　J. ミルン夫妻の墓

iii) 明治時代の建築構造

　日本では古来から建築物のほとんどが木造で，この技術は大工・棟梁に伝統的に継承されてきた。木造が大半を占める市街地では一度火災が起こると大火となることが多く，「火事は江戸の華」と呼ばれるような状況であった。このため，明治政府が建築物に最初に要求したのは耐震ではなく防火であった。このため，「銀座れんが街計画」など市街地の建築物を土蔵造・れんが造・石造とする政策がとられた。

　耐震構造については，地震によって建築物が崩壊するよりも，火災による建築物

1.3 耐震技術・基準の変遷

の焼失の方が頻度が高いこともあったせいか，我が国ではたびたび大地震に見舞われながらも明治以前には対策が取られなかった。

徳川時代の末期に導入されたれんが造や石造については，欧米の建築規準に倣った構造規定などがあったが，耐震については特に考慮されていなかった。このため，「赤煉瓦（あかれんが）の明治建築」は濃尾地震で大きな被害を受け，明治後期のれんが造は鉄骨で補強したものとなっていった。れんが造は，関東大震災では更に壊滅的な被害を受け，次第に建設されなくなった。

鉄骨造や鉄筋コンクリート造の建築物が建てられるようになったのは明治中期以降，20世紀が始まった頃からである。最初，鉄鋼は輸入されていたが，20世紀初頭から国内で生産されるようになった。その用途は，初めは土木や造船の分野で，その後次第に建築物にも用いられるようになった。セメントは明治初期から国内で生産されるようになり，初めは土木分野で用いられ，生産量の増大に伴い建築物にも用いられるようになった。

米国では1906年サンフランシスコ地震（M=8.25, 死者600）が起こった。この地震の50周年ということで1956年にサンフランシスコで世界地震工学会議が開催され，それ以降ほぼ4年ごとにこの会議が世界各地で開催されることになったという点でも意義深い地震である。この地震の調査に渡米した中村達太郎と佐野利器は，鉄筋コンクリート造が耐火性のみではなく耐震性にも優れており理想的な構造との確信を抱いて帰国した。

表1.1: 耐震関連の主なできごと

発生年		主要地震	主なできごと
1868	明治 元		明治維新
1880	明治 13	横浜地震	日本地震学会設立
1891	明治 24	濃尾地震	
1892	明治 25		震災予防調査会発足
1906	明治 39	サンフランシスコ地震	
1908	明治 41	イタリア・メッシーナ地震	
1915	大正 4		イタリアの耐震規定（層せん断力係数）
1916	大正 5		水平震度の提案（佐野利器）
1923	大正 12	関東大震災	
1924	大正 13		設計用水平震度の導入（$k \geq 0.1$）
1925	大正 14		地震研究所設立
1933	昭和 8	三陸沖地震	D値法の提案（武藤清）

1940	昭和 15	インペリアルバレー地震	エルセントロ波の記録
1945	昭和 20		第二次世界大戦終了
1950	昭和 25		建築基準法制定
			（水平震度 $k \geq 0.2$）
1956	昭和 31		第1回世界地震工学会議
1963	昭和 38		建築物の高さ制限の撤廃
1964	昭和 39	新潟地震	
1968	昭和 43	十勝沖地震	超高層・霞ヶ関ビル竣工
1971	昭和 46		RC造柱の帯筋量強化
1977	昭和 52		新耐震設計法（案）
			RC造の耐震診断法
1978	昭和 53	宮城県沖地震	
1981	昭和 56		新耐震設計法の施行
1985	昭和 60	メキシコ地震	
1995	平成 7	阪神・淡路大震災	建築基準法改正（形状係数の変更）
			耐震改修促進法の制定・施行
1999	平成 11	トルコ・コジャエリ地震	
		台湾集集地震	
2000	平成 12		限界耐力計算の導入
			住宅性能表示制度の創設
2004	平成 16	スマトラ沖地震	
2007	平成 19		建築基準法改正
			（適合性判定制度の導入）
2008	平成 24	中国・四川地震	
2010	平成 22	ハイチ地震	
2010	平成 22	チリ地震	
2011	平成 23	東日本大震災	津波告示
2012	平成 20		天井告示
2015	平成 27	ネパール・ゴルカ地震	
2016	平成 28	熊本地震	

2) 関東大震災

i) 関東大震災と水平震度の導入

　1923年関東大震災（M=7.9, 死者・行方不明10万5千余, 全・半壊25万4千余, 焼失44万7千）は十万以上の人命を奪い, 翌1924年には市街地建築物法（1919年

制定)の施行規則に「水平震度を0.1以上とする」条項が加えられた†。このような迅速な対応が可能であったのは，佐野利器が1914年に論文「家屋耐震構造論」をまとめ，それを基に1916年に公表した震災予防調査会報告の中で，震度(重力加速度に対する加速度の割合)の概念を発表していたからであった。水平震度の値については，関東大震災の東京下町における震度を0.3と推定し，材料の安全率が3あるので0.1と定めた。

市街地建築物法の施行規則(1920年制定)には，構造規定があり，鉄骨造と鉄筋コンクリート造については強度計算を行うことが定められていたが，木造についてはその定めがなかった。また，風圧力，地震力という水平力に対する規定はなかったが，木造3階建の場合には火打ちと筋かいを設けることが規定されており，耐震についての配慮も若干ではあるがなされていた。

1924年の市街地建築物法施行規則の改正では，水平震度の規定の追加の他に，木造では柱を太くし，筋かい・方杖の設置(それまでは3階建に対してのみ)，石造では臥梁(がりょう)の設置，壁の強化，鉄骨造では方杖・筋かい・壁の設置，帳壁(ちょうへき)(非耐力壁のこと)と鉄骨との緊結，帳壁のホロータイル禁止，鉄筋コンクリート造では主筋の継手長さの規定，梁の複筋化，柱径の強化，柱の最小鉄筋比の導入など，水平力に対する強度・剛性の向上と構造部材相互の接合の強化が行われた。また，石造・れんが造については高さ制限が厳しくなり，この改正以後はほとんど建設されることがなくなった。

ii) 耐震壁と鉄骨鉄筋コンクリート造

耐震構造の研究は佐野利器，内藤多仲へと引き継がれていったが，耐震壁の有効性に特に注目したのが内藤であった。また，彼は鉄骨造の柱を鉄筋コンクリート造で包み込む，日本独特の鉄骨鉄筋コンクリート造を考案した。

折しも，関東大震災では，れんが造・石造は他の構造に比べて被害が極端に大きかった。また，鉄骨造や鉄筋コンクリート造のような近代建築であっても米国東海岸のように地震のない地域の建築構造は耐震上問題が多いこと，壁が耐震上有効であることが明らかになった。特に，内藤の構造設計による日本興業銀行ビルは関東大震災でもわずかな被害で，それ以降は耐震壁と鉄骨鉄筋コンクリート造による耐震構造が最も信頼性の高い構造として認識されるようになっていった。

---

† 第1版[3]で「世界で初めて」と書いたが，イタリアが最初である [27頁の脚注参照]。

iii) 柔剛論争

　関東大震災以後，耐震構造の研究が一段と進むようになった。そのような状況の中，昭和の初期に起きたのが「柔剛論争」である。建築物を地震から守るには，建築物の剛性を低くし，固有周期を長くして地震動との共振を避けるべしとした柔構造論者と，逆に建築物の剛性を高くし，固有周期を短くすることを主張した剛構造論者との論争であった。

　柔構造論者の代表が真島健三郎，剛構造論者の代表が佐野利器，武藤清であった。建築物の固有周期を長くし，慣性力として作用する地震力を低減する考え方は，その後の超高層や免震構造へと発展していくことになる。よって，現時点で考えるならば柔構造論の方が優っていたといえるであろう。しかし，地震動の様子も分からず，また分かったとしてもそれによる建築物の挙動を解析するのに必須であるコンピュータのない時代では，どちらが正しいかの決着が付かなかったのも当然であった。

　結果としてはその後，日本の建築構造には剛構造が推奨されることになった。しかし，この論争がその後の振動論を中心とする研究の活発化や構造物の動的解析の発展の始まりであった。

iv) 関東大震災以後の建築構造

　関東大震災以後の研究の進歩により，1932年に市街地建築物法施行規則が改正された。その主な内容は，コンクリートの調合・強度・許容応力度と鉄骨の接合方法についてであった。すなわち，コンクリートについては水セメント比の導入による，より合理的な強度式，鉄骨については溶接による接合が可能となった。

　日本建築学会は「鉄筋コンクリート構造計算規準案」を発表（1933年）し，この中で武藤清らによる「横力分布係数法」[†]（通称「D値法」）が紹介された。鉄骨構造についての研究も溶接をはじめ順次行われ，日本建築学会は「鉄骨構造計算規準案」（1941年）を出すことになった。

[†] コンピュータソフトの発達した現在ではこの方法が用いられることは極めて稀であるが，コンピュータが手軽に利用できる以前は，この計算法が多層多スパンラーメンを解析する唯一といってもよい方法であった。なお，この方法は内藤多仲が考案し[4]，それを発展させたのが武藤清である。

3) 第2次世界大戦以降

i) 第2次世界大戦後の建築基準法

　市街地建築物法の制定以来，構造材料には単一の許容応力度が定められていたが，1934年室戸台風による建築物の被害によって，その問題点が明らかになってきた[†]。また，ドイツのDIN規格では常時と非常時という考え方の導入を行った。このため1937年には市街地建築物法施行規則の改定が行われた。このような背景と，第2次世界大戦中の建築材料・物資の有効利用のため，1943年に「戦時規格」（臨時日本標準規格）が制定され，「長期」と「短期」の考え方が導入された。

　第2次世界大戦後，戦時規格が一部改訂され「日本建築規格3001」（1947年）となり，更に1950年に建築基準法が制定され，「長期」と「短期」の考え方が応力の組合せと許容応力度に明確に規定された。これによって，短期許容応力度がそれまでの（長期に相当する）許容応力度の2倍になったため，水平震度も2倍の0.2となった。

　木造については，市街地建築物法では単に「適当に筋かい，または方杖を設ける」という規定であったが，建築基準法施行令では筋かいの寸法やその必要量を規定することになった。

ii) 強震計と強震動記録

　耐震設計においては地震動の性質を知ることが重要であり，東京大学地震研究所長・末広恭二は強震計の開発と強震観測の必要性を説いたが，我が国では受け入れられなかった。1932年に末広が米国でこのような講演を行ったところ，米国はこの提言を即座に受け入れ，数十台の強震計を作成・設置し，翌1933年ロングビーチ地震（M=6.8，最大加速度0.32g）の記録に成功した。なお，地震動による構造物の挙動を表す応答スペクトル［5.1節（195頁）］の概念はBiot（ビオー）が1932年に提案している。

　その後，1940年米国カリフォルニア州インペリアルバレー地震（M=7.1）の際に

[†] 許容応力度を低く定め（このことは安全率を高めることになるが），そのことによる安全性を過大に評価し，安全率による余裕がなくなるほど地震力や風圧力などの外力を低く設定していた。このため，計算上は設定した外力によって圧縮力しか生じないはずの部材・接合部に引張力が作用し，破壊することもある。

エルセントロで強震動が記録された。この地震動記録は現在でも超高層建築物などの動的解析に用いられており、いわば標準地震動のように扱われている。

我が国で地震動記録の解析などのような研究が開始されたのは第2次世界大戦後のことで、強震計が実際の建築物に初めて設置されたのは1953年であった。

iii) 動的解析法と超高層建築物

地震動のような複雑なものを解析したり、それに対する構造物の挙動（応答）を解析することは手計算では不可能であったが、1960年代にはコンピュータが徐々に用いられるようになってきた。そして地震応答解析の結果、固有周期の長い建築物（超高層）では地震による応答加速度が小さくなることが明らかになり、日本でも超高層建築物が可能であることが示された。

その後、強震動記録が徐々に蓄積され、またコンピュータの飛躍的発達に伴い、構造物の動的解析が研究段階から実用段階へと移行していった。

1963年には、市街地建築物法以来続いていた建築物の最高高さ31mという高さ制限が撤廃され、1968年には我が国の最初の超高層である霞ヶ関ビル［図1.18］が竣工し、これ以降は超高層ビル・ブームへと向かっていった。

図1.18　日本最初の超高層・霞ヶ関ビル（高さ147m、地上36階）

iv) 十勝沖地震とせん断補強筋の強化

地震応答解析の結果、大地震時に建築物に作用する地震力は法律で定められた値よりかなり大きくなることが分かった。それでも多くの建築物が崩壊しないのは、建築物には構造計算では考慮しない余力があることや、建築物に靱性（構造的粘り）

1.3 耐震技術・基準の変遷

があることなどが分かってきた。

このような状況の中，1964年新潟地震（M=7.5，死者26，全壊1,960，半壊6,640，浸水15,298）は，砂質地盤の液状化による建築物の沈下・傾斜を伴う大きな被害をもたらした。1968年十勝沖地震（M=7.9，死者52，負傷者330，全壊673，半壊3,004）では，それまで耐震性に優れていると考えられていた鉄筋コンクリート造の建築物に被害が多かった。

このため，1971年に建築基準法施行令を改正し，鉄筋コンクリート造柱のせん断補強筋の強化が行われ，帯筋の間隔が30cmから10cmとなった。なお，この改正の有効性は1995年阪神・淡路大震災で実証されることになった。

1978年宮城県沖地震の被害で，帯筋間隔は旧規定の30cmであったため，コンクリートは比較的良好であったが，このような被害となった。

図1.19 鉄筋コンクリート造柱の地震被害

v) 耐震診断法

耐震設計のなされた鉄筋コンクリート造建築物であっても，1948年福井地震（M=7.1，死者3,769，倒壊36,184，半壊11,816，焼失3,851），1964年新潟地震，1968年十勝沖地震，1975年大分県中部地震（M=6.4，負傷者22，全壊58，半壊93）などにより予想外の被害を受けたものがあった。このような状況の中で，1977年に既存鉄筋コンクリート造建築物の耐震診断基準が作成された。この耐震診断法は静岡県の多数の建築物に適用された他，1985年メキシコ地震（M=8.1，死者9,500以上，倒壊したビル400以上）の後にメキシコ市の建築物にも適用された。同様な耐震診断法が，1979年には鉄骨造と木造に，1986年には鉄骨鉄筋コンクリート造についても作成された。これらの耐震診断法はその後の研究成果や地震被害との整合性を考慮し改訂されている。

1995 年阪神・淡路大震災後に制定された既存建築物の耐震改修促進法の適用に当たっては，耐震診断を行うことが必要で，この際には主にこれらの耐震診断法†が用いられている．

vi) 新耐震設計法

地震応答解析技術の発展や 1968 年十勝沖地震による被害などから，耐震設計法の抜本的な改正が必要であるとの認識が日本の研究者に高まってきた．

1971 年米国カリフォルニア州サンフェルナンド地震（M=6.4）の翌 1972 年，建設省（当時）の総合技術開発プロジェクト「新耐震設計法の開発」が開始され，1977 年に新耐震設計法（案）が提案された．

1978 年宮城県沖地震（M=7.4，死者 28，負傷者 1,325，全壊 1,183，半壊 5,574）は仙台市を中心に大きな被害を引き起こし，これが契機となって新耐震設計法導入の機運が高まり，1980 年に建築基準法施行令が改正され，翌 1981 年の施行によって新耐震設計法が実際に用いられることになった．

新耐震設計法［2.2 節（30 頁）］はそれまでの研究開発の成果を集約したものである．以前との主な相違は，2 種類の地震動（中地震動と大地震動）の導入，低層から超高層まで固有周期に応じた地震力の算定，地震力の新しい表現（震度から層せん断力係数への変更），建築物の構造的バランスの検討（層間変形角・剛性率・偏心率の導入），建築物の靱性（構造特性係数）に応じた耐力（保有水平耐力）の検討などである．新耐震設計法の有効性も阪神・淡路大震災で立証されることになる．

vii) 阪神・淡路大震災とその後の対応

阪神・淡路大震災（1995 年兵庫県南部地震，M=7.2，死者 6,434，負傷者 4 万以上，全半壊 24 万以上，全半焼 6 千以上）は一般市民のみならず多くの研究者・技術者が予想だにしていなかった大被害を引き起こした．この地震以前までは「建築基準法を守っているから関東大震災（級の地震）が起こっても大丈夫」と信じていた人々がほとんどであった．このため，大地震とその被害を根本から見直すことになり，性能設計や住宅の品質を確保し表示する制度（品確法）の導入の契機となった．

なお，新耐震設計法によって建設された建築物の被害がそれ以前のものより小さ

---

† 日本建築防災協会の「耐震診断法」が用いられていることが多いが，官庁建築物には建築保全センターの「官庁施設の総合耐震診断・改修基準」がある．

かったことから，既存建築物の耐震診断・耐震補強が主に新耐震設計法以前の建築物に対して推し進めるべく，耐震改修促進法が1995年12月に制定・施行されている。また，新耐震設計法によって設計された建築物でも1階が駐車場や店舗になっている場合は，1階が押し潰されたようになっている被害が多かったため，形状係数 F_{es} が1995年に改正された。

viii) 免震構造

　免震構造については古くからいろいろなアイデアが提案され，中には実際の構造物に適用されたものもある［図8.7「応答制御システムの例」（309頁）］。しかし，単に試験的に適用されたのではなく，多くの構造物に用いられ，実用段階に入ったのは，積層ゴム［図1.20］を用いた免震構造である。薄いゴムと鋼板を交互に多層重ね合わせ，水平剛性は低く，鉛直剛性は高い「積層ゴム」は1970年代にフランスで生まれた。その後1970年代の後半から，フランス，南アフリカ，ニュージーランド［図1.21］，米国で建築物や原子力発電所に用いられた。日本では，1983年に住宅に用いられたのが最初である。その後，大手建設会社を中心に技術開発が行われ，免震構造は徐々に広まっていった。特に，阪神・淡路大震災の際に（震度7の地域内ではなかったが）免震構造の有効性が実証され，その後は急速に免震支承を用いた建築物が建設されるようになった。

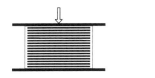
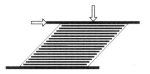

a) 鉛直力による変形は小　　　b) 地震力による変形は大

図1.20　積層ゴム支承
（薄いゴムと鋼板が交互に積層されていて，上から見ると円形のものが多い。）

　免震・制震構造としては，積層ゴム支承を用いたものの他に滑り支承や転がり支承を用いたものなど多くの考案がある。地震が起きた際に建築物の動きを感知して，それによって建築物の揺れを小さくするように力などを加えるのがアクティブ制振である。これに対し，地震時に特別に力を加えたりせず，積層ゴム支承のようにいつ地震が起きても対応できるようにしておくのがパッシブ制振である。アクティブとパッシブを組み合わせたハイブリッド制振も提案されている。アクティブ

ニュージーランド・首都ウエリントン市にあるウイリアムクレイトン・ビル

図 1.21　世界最初の大規模免震建築物

やハイブリッド制振が実用段階に入るにはもう少し時間がかかるであろう。

4) 耐震技術・基準への期待

　以上，我が国の耐震構造の変遷を概観して見ると，残念ながら大地震による被害を基に次の改善策を講じているという，後追いの状況が続いていることが分かる。それでも，明治以前は大地震にたびたび見舞われたにもかかわらず，地震や耐震構造についてはほとんど対策が取られていなかったのに比べると，19世紀末から始まった地震や耐震構造の研究は，20世紀に飛躍的に発展した。

　今後は，地震学の面では地震予知や予想される大地震による地震動の高精度の予測手法，地震工学の面では大地震時の被害を想定した耐震設計（性能設計），免震・制振構造の普及などについて更なる発展が期待される。

　1999年にはトルコ・コジャエリ地震（M=7.4，死者17,000以上，負傷者4万3千以上，全半壊14万5千），台湾集集地震（M=7.7，死者2,200以上，負傷者8千以上，全半壊1万7千以上）が発生した。また，2004年スマトラ沖地震（M=9.3，死者283,000以上），2011年東日本大震災（M=9.0，死者・行方不明2万）による津波被害によって，多くの人命が失われたことも忘れることができない。

　21世紀においても地震被害から免れることはできないであろうが，耐震設計の基本である人命の確保と（被災後の生活に必要な最小限の）財産の保全を実現する課題の速やかな解決が望まれている。

第 2 章

日本の耐震規定

2.1 新耐震までの経緯

1) 関東大震災と水平震度

　建築物に関する耐震規定は，現在では建築基準法とその関連規定などによって定められているが，この建築基準法の前身である市街地建築物法は1920年に施行された [1, 2]。当初は耐震に関する規定はなかったが，1923年関東大震災の翌1924年に市街地建築物法が改正され，「水平震度を0.1以上とする」という条項が加えられ，これが日本最初の耐震規定である。耐震設計に用いる地震力を水平震度を用いて規定する手法は，現在でも世界中の耐震規定の基本となっている[†]。

　市街地建築物法の許容応力度には長期・短期の区別がなく，現在の長期許容応力度にほぼ対応する許容応力度のみが定められていた。よって，当時の耐震設計は，水平震度0.1を用い，現在の長期許容応力度に相当する許容応力度によって設計していたことになる。なお，水平震度0.1という値は地震の時に実際に生ずる水平震度とは異なっていることは当時でも認識されていた。すなわち，実際の水平震度は0.3程度であるが，許容応力度に含まれる安全率が3程度と考え，水平震度を0.1と定めたのが実状である。

[†] 本書「耐震規定と構造動力学」初版 [3] で，これが世界最初の耐震規定と書いたが，1908年イタリア・メッシーナ地震の後に作られたイタリアの耐震規定が世界最初のようである [5]。もっとも，世界最初の静的水平震度による耐震設計法の提案がイタリアで，法的な耐震規定としての水平震度は日本が最初との見解もある [6]。

2) 第 2 次世界大戦後の建築基準法

　第 2 次世界大戦中には，建設資材の有効利用を目的とした臨時日本標準規格などがあったが，1950 年に建築基準法が施行された。建築基準法では，長期・短期の概念の導入によって，短期許容応力度が以前の（長期に対応していた）許容応力度の 2 倍となった。これに伴い，それまでと同じ耐震性を確保するため，水平震度も 2 倍の 0.2 (以上) となった。施行当時の建築基準法では，地震力の高さ方向の分布が，高さ 16m までは水平震度が 0.2，それ以上は 4m ごとに水平震度を 0.01 ずつ増加させるという簡単なものであった。建築物の高さ制限については，市街地建築物法の時からの 31m（100 尺）であった。

　これに対し，米国では，地震のほとんど起こらない東海岸はもちろんのこと，地震活動度が日本とあまり変わらない西海岸でも日本より高層の建築物が建設されていた。また，カリフォルニア州構造技術者協会[†]の耐震規定は SEAOC（スィーオック）コードとして日本にも知られており，その中には応答スペクトルに基づき，建築物の固有周期が長くなるに従い地震力を低減する規定が取り入れられ，地震力の高さ方向の分布は震度逆三角形分布で表されていた。

　米国の耐震技術の影響を受け，日本でも耐震研究が進み，超高層が可能ということが理論的にも立証された結果，1963 年に高さ 31m という制限が撤廃された。そして，日本最初の超高層建築物として高さ 147m の霞ヶ関ビル［図 1.18（22 頁）］が 1968 年に竣工し，その後の超高層ビル・ブームの先駆けとなった。

　その後，低中層建築物は水平震度 0.2 として弾性解析による（短期許容応力度を用いた）静的設計，超高層建築物は入力地震動として現在もよく用いられている 1940 年米国カリフォルニア州インペリアルバレー地震の時に記録されたエルセントロ波などを用いた地震応答解析（地震動の大きさを適宜調整した弾性あるいは弾塑性解析）による動的設計[‡]という異なる設計法が採用されることになった。この結果として静的設計と動的設計における入力地震動の大きさは異なっていた。このような背景もあり，低層建築物から超高層までに適用できる耐震設計法が望まれていた。

[†] Structural Engineers Association of California (SEAOC)
[‡] 動的設計の際に用いる動的解析には時刻歴応答解析の他にモード応答解析も含めることが多い。

2.1 新耐震までの経緯

3) 十勝沖地震と鉄筋コンクリート造柱のせん断補強筋の強化

上述のような状況の中，1968年十勝沖地震の際には，構造計算を行っていた鉄筋コンクリート造の建築物などに予想もしていなかった大被害が生じ，耐震設計法の抜本的な改正の機運が高まった。建設省建築研究所は1969年独自に建築基準法施行令の改正案を作成し，低層建築物から超高層までを対象とする耐震設計法を提案したが，この提案は機が熟さなかったため実現しなかった[†]。

1968年十勝沖地震による地震被害に対する応急的な対策として，鉄筋コンクリート造柱のせん断破壊を防止するため，せん断補強筋の強化として帯筋間隔を従来の30cmから10cmに変更し［図2.1］，柱の靭性（構造的な粘り）を高める建築基準法施行令の改正を行った。なお，この有効性は1995年阪神・淡路大震災の際に実証されることになった。

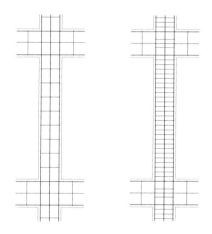

1970年以前の柱の帯筋（フープ）間隔は30cmであったが，1971年以降は間隔が10cmとなり，耐震性が向上した。

a) 1970年以前の配筋　　b) 1971年以降の配筋

図2.1　鉄筋コンクリート造柱のせん断補強筋の強化

[†] 日本建築学会は地震荷重第1案（建研案ともいわれた），第2案（京大案ともいわれた）と各構造種別ごとの耐震性を論じたものを1977年に公表している [7]。

2.2 新耐震設計法

1) 新耐震設計法の開発

　建設省は1972年に「総合技術開発プロジェクト」（総プロ）という研究開発制度を開始した。その最初のプロジェクトとして「新耐震設計法の開発」[8]が1972年から5年間にわたって行われた。その中心となったのが，建設省建築研究所と土木研究所で，その他に民間の技術研究所や大学もこのプロジェクトに参加し，官民学一体となって研究開発を進めた。その成果として，1977年に新耐震設計法（案）が提案された[9]。

　しかし，この新耐震（案）を実際の設計法として用いるためには建築基準法の改正が必要で，このために建築研究所は行政部門と法令改正の準備を進めていた。折しも，1978年宮城県沖地震が発生†し，仙台市とその周辺に大きな被害を引き起こした。これが契機となり，新耐震（案）を建築基準法の体系に組み込むための作業が急務となった。そして，新耐震（案）を実際の設計法として用いるための約3年間の検討後，1980年に建築基準法が改正された。改正された規定は長年用いられていた旧規定を新たにするということで「新耐震設計法」または「新耐震」と呼ばれ，現在でもこのように呼ばれることがある。もっとも，1995年阪神・淡路大震災（兵庫県南部地震）以後に「限界耐力計算」が導入されたため，新耐震は「許容応力度等計算」と呼ばれることになり，さらに2007年の建築基準法の改正により「許容応力度等計算」および「保有水平耐力計算」と呼ばれることになった‡。このように新耐震は若干の改正が行われているが，現在でも多くの建築物の設計に用いられている。

　なお，米国においては1971年カリフォルニア州のサンフェルナンド地震によって高架の高速道路が落下するなどの大被害が生じたことも契機となり，新しい耐震規定を作成することになった。この結果，1978年にATC 3 [10]として知られてい

---

† 宮城県沖地震は東京でもその揺れをはっきり感じたが，ちょうどその瞬間に著者は建設省住宅局建築指導課の担当者に新耐震（案）の説明をしていた。もっとも，その時は大きな被害が生じたとも分からず，この地震が新耐震を用いる契機になるとは思いもしなかった。

‡ 新耐震を単に「許容応力度等計算」と呼ぶのは新耐震の意図を正確に表現していないと思っていたので，改正により「許容応力度等計算」および「保有水平耐力計算」と呼ぶようになったのは大歓迎である。

る耐震規定が公表された。なお，この規定は実際に用いられることを意図して作成されたものではなく，当時の知見を耐震規定の形でまとめて提案したものであったが，その後の米国の耐震規定の基本となっている［図8.12（329頁）］。この規定の作成時期は総プロ新耐震の時期と重なっているが，その内容が日本に逐次入ってくるわけではなく，新耐震（案）にはATC 3の影響はほとんどなかった。もっとも，新耐震（案）を基に建築基準法施行令の改正作業を行っていた際には，ATC 3を参照する場合もあったが，その内容を直接取り入れた部分はない。

このように新耐震の実現には，総合技術開発プロジェクトの計画から開始，新耐震（案）の提案，宮城県沖地震後の実際の設計法への更なる検討，建築基準法施行令の改正など全体としては約10年間を要した。この10年という期間の中で行われた議論や，現在のような表現・数値となった経緯などについて，今後の耐震規定に対する参考として振り返ってみる[†]。

2) 新耐震設計法の特徴

新耐震設計法（新耐震）の特徴は，耐震の目標を (a) 中地震動に対しては建築物の被害は軽微，(b) 大地震動に対しては建築物の崩壊を防止し，人命の安全を確保するという2つに分けて設定していることにある。

```
中地震動  :  被害軽微
大地震動  :  崩壊防止・人命保護
```

図2.2 「新耐震」の目標

すなわち，(a) 比較的頻度の高い中地震動（建築物の寿命中に数度起こるくらいの地震動）に対しては，被害はほとんど生じず，生じても軽微なもの程度にする。(b) 関東大震災級の極めて稀れに起こる大地震動（建築物の寿命中に1度は起こるかもしれない地震動）に対しては，ある程度の被害を許容しても，崩壊はくい止め，たとえ負傷しても命にかかわることのないようにすることが目標［図2.2］である。これらの目標の (a) に対する設計を1次設計，(b) に対する設計を2次設計と呼ぶこともある[‡]。

[†] 著者は建設省建築研究所に所属していた当時，新耐震の作成に携わっていたので，文献などで公表されていないことも思い出しながら振り返ってみる。

[‡] 2007年の建築基準法改正により新耐震を「許容応力度等計算」および「保有水平耐力計算」と呼

この目標の (b) のように大地震の際にはある程度の被害を許容していることを，技術者も一般市民も認識しておく必要がある．どんな大地震が生じても被害が生じないようにするのが理想かもしれないが，建築物の使用期間中に大地震動に遭遇する確率は小さく，数百年〜数千年に1度起こるかもしれないような大地震動に対して，すべての建築物を無傷ですませることは経済的にも成立しない．世界各国の耐震規定も残念ながら，これとほぼ同様な考え方[†]をしており，大地震の際にはかなりの被害が生じることを覚悟しておく必要がある．

新耐震では図 2.2 の目標を達成するため，次の 5 つの設計手法を用いている．

(1) **構造規定**：構造部材の最小寸法，鉄筋コンクリート造の最小鉄筋量など，構造計算にかかわらず，すべての建築物に適用される．
(2) **許容応力度設計**：中地震動によって生じる建築物各部の応力度が短期許容応力度を超えないことを確認する．
(3) **層間変形角**：地震動による建築物の変形によって仕上材などが大きな被害を受けないようにする．
(4) **偏心率，剛性率等**：地震動によって建築物の一部が大きく振動し，その部分に被害が集中することを防ぐ．さらに，建築物が適切な強度と靱性を有するようにする．
(5) **保有水平耐力**：建築物の崩壊時の水平耐力を計算し，大地震動に対する安全性を確認する．

実際の設計においては，以上の 5 つの設計手法をすべての建築物に対して用いるのではなく，設計に要する費用や時間を勘案し，建築物の規模や高さに応じて適宜組み合わせて用いる［図 2.8（44 頁）］．

3) 新耐震による地震荷重・地震層せん断力係数

設計に用いる水平方向の地震荷重は，一般に各層に作用する地震力あるいは地震層せん断力で与えられる．建築物の i 層に作用する地震力 P_i は震度 k_i に重量 w_i を乗じて得られ，地震層せん断力 Q_i は地震層せん断力係数 C_i にその層以上の重量

ぶようになったが，厳密ではないが前者が 1 次設計，後者が 2 次設計に対応する．
[†] 原子力発電所は大地震が起こってもほぼ無傷であることを目標に設計している．しかし，それでも 2007 年能登半島地震では被害を受けている．

2.2 新耐震設計法

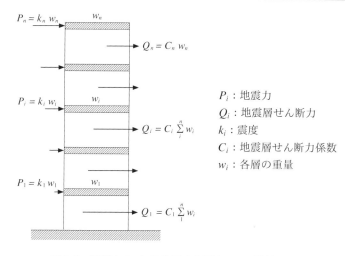

図 2.3　地震力 P_i と地震層せん断力 Q_i の関係

$\sum_i^n w_i$ を乗じて得られる［図 2.3］。（このような関係については 5.3 節［204 頁］で多少詳しく説明している。）

新耐震では地震層せん断力係数 C_i が次のように与えられている。

$$C_i = Z R_t A_i C_0 \tag{2.1}$$

ここで，Z は地震地域係数，R_t は振動特性係数，A_i は地震層せん断力係数の高さ方向の分布を示す係数，C_0 は標準せん断力係数である。

上式は 1981 年以降長く用いられているので，当然の式と思われているかもしれないが，震度表示[†]から層せん断力係数表示[‡]に変更したことも新耐震の大きな特徴である。

新耐震以前の震度表示では，高さ 16m までは $k = 0.2$，それを超えると高さ 4m ごとに震度を 0.01 増加させるという規定で，1 階の地震層せん断力係数（ベースシャー係数）は高層になるに従い増加し，動的解析結果とは矛盾する結果を与えていた。

[†] 例えば震度 4 などのように，震度は地震時の揺れの大きさを表す際にも用いられるが，正確には震度階級［表 5.1（196 頁）］というもので，ここで用いる震度とは異なる。
[‡] 地震層せん断力係数と A_i 分布に用いられている基準化重量は，日本建築学会の地震荷重第 2 案 [7] に含まれていたものをさらに発展させたものと考えることができる。

一般に，水平震度にその階の重量を乗ずるとその階の地震力が得られ，地震層せん断力係数にその階以上の重量を乗じるとその階に作用する地震層せん断力が得られる。しかし，地震力は動的なもので時間と共に大きさも向きも変動するため，例えば，階ごとに最大となる地震層せん断力を求め，そのような地震層せん断力を与えるように水平震度を決めている場合が多い。このため，ある階の震度はその階に生じる地震力の大きさを必ずしも表しているのではなく，各階の地震層せん断力が適切な値になるように，設計用地震力を各階に分配し，それを単に震度で表しているに過ぎない。

例えば，その階の震度が0であっても，その階に生じる地震力が0とは限らないし，その階の震度とその階の地震層せん断力係数のみを比較しても意味がないのである。すなわち，ある階の水平震度はその階以上の水平震度と重量分布が分かって初めて意味を持つものである。もっとも，旧規定のように（高さ16mまでではあるが），水平震度分布が高さ方向に一定である場合は，水平震度と層せん断力係数の区別を意識する必要がなかった。

それに対し，地震層せん断力係数はその階より上の部分に作用する地震力の和全体（地震層せん断力）をそれ以上の重量に対する比（平均した水平震度）として表しているという物理的な意味がある。このような理由の他に，新しい設計法ということを強調する意図もあり，新耐震では地震層せん断力係数表示となった。

もちろん単に理解しやすさと新規性のためではなく，地震層せん断力係数表示の方が適切と考えたからで，例えば水平震度表示にすると震度分布の関数を工夫しても，超高層の鞭振り現象を表すことができず，結局は（海外の耐震規定でも用いられている場合があるが，後で説明する(2.7)式［46頁］のように）頂部集中荷重を与えることになるのである。

なお，いわゆる A_i 分布は地震層せん断力（係数）表示となったからこそ生まれた式である。限界耐力計算では，A_i 分布を震度表示に変換して B_i 分布としたが，その表示式などが非常に複雑となったことは，震度表示よりも層せん断力係数表示の方が適切であることの証としても考えることができるであろう。

(2.1)式は $C_0 = 0.2$ とすると，1次設計に用いる中地震動による地震荷重を示し，$C_0 = 1.0$ とすると2次設計に用いる大地震動による地震荷重を示している。中地震動に対しては各部材に生じる応力度が短期許容応力度を超えないことを検証し，

2.2 新耐震設計法

大地震動に対しては次式†によって各層の保有水平耐力が必要保有水平耐力 Q_{un} 以上であることを検証する。

$$Q_{un} = D_s F_{es} Q_{ud} \tag{2.2}$$

ここで，D_s は構造特性係数，F_{es} は形状係数，Q_{ud} は $C_0 = 1.0$ として (2.1) 式から計算される大地震動の地震層せん断力である。

4) 地震地域係数

新耐震以前の地震地域係数 Z を図 2.4 a) に示すが，この係数については，1972 年に沖縄が日本に返還された時から問題が生じていた。すなわち，返還以前から沖縄では日本の建築基準法が用いられていたが，震度については（地震活動度が本土より低いとの判断があったかもしれないが），市街地建築物法で定められていた震度 0.1 を引き続き用いていた。これを単純に地域係数に置き換えると $Z = 0.5$ となるが，沖縄の地震活動度は九州南部や南西諸島と同程度である。このため，新耐震の施行に先立ち地震地域係数の改正が最初に行われ，1979 年 4 月より施行された[11]。新耐震（案）による当初の地震地域係数は $Z = 1.0, 0.9, 0.8$ の 3 区分であったが，1972 年に復帰した沖縄県の地震地域係数が $Z = 0.7$ となったのは，$Z = 0.5$ 相当であったものを突如 5 割以上も引き上げるのは（既存不適格建築物が大半となることを避けるためにも）適切ではないとの配慮があったようである。

新耐震（案）の地震地域係数マップについては，河角マップや他の研究者が提案したマップを基にスムーズな曲線で区分したマップが図 2.4 b) のように作成された[9]。このマップは建築物と土木構造物で同じであるが，地震地域係数の値は河角マップ他では 10 倍以上の差があるものを，建築物では $Z = 1.0, 0.9, 0.8$，土木構造物では $Z = 1.0, 0.85, 0.7$ と押し縮めている。すなわち，土木の道路橋の設計では建築基準法と同一のマップを用い，地域別補正係数 c_z[12] として 1.0, 0.85, 0.7 の値を用い，鉄道構造物等の設計では地域別係数 [13] の値は 1.0, 0.85, 0.7 であるが，マップは建築基準法とは若干異なっている。

図 2.4 b) のマップと値を基に建築基準法の改正が行われ $Z = 1.0, 0.9, 0.8, 0.7$ という現行規定となったが，実際の施行に当たっては，行政区分と合致するように，

---

† 保有水平耐力の検証を行うのに，保有水平耐力を用いるのではなく，保有水平耐力を層せん断力係数に換算した式を用いることも建築研究所内部の委員会で若干論議されたが，結局は (2.2) 式のように表示することになった。

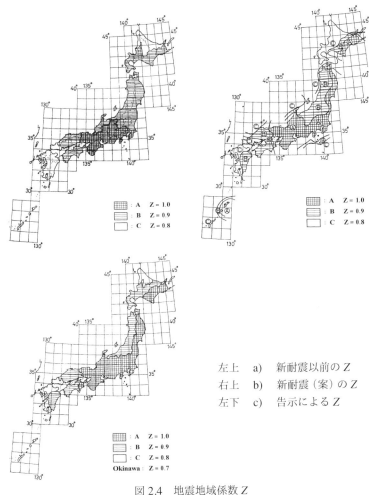

図 2.4　地震地域係数 Z

かつ以前より係数が小さくならないような考慮 [11] を基に図 2.4 c) に示すようなマップとなった。

　同じ再現期間に対する期待値を表すと，日本国内の地域係数は，仮定条件によって変化するが，10 倍以上の差がある結果となることが多い。しかし，実際に用いられている値には数割の差しかないことを考えると，地域係数の値は単純に確率統計的に定められたものではなく，以前の規定や慣行などに基づく工学的判断が大きな比重を占めていることが分かる。もっとも，地域係数に 10 倍もの差をつけるこ

とは直感的にも適切でないと思われ，現在の知見では地域係数の非常に低い地域でも地震被害が生じるような地震がたびたび起きていることを考えると，地域係数の差はせいぜい数割が妥当と思われる．地域係数を含め，地震予知や地震動の推定については学問的にも解明されていない点が多く，今後の研究などの成果が特に期待される．

なお，日本建築学会の建築物荷重指針 [14] の 7 章 地震荷重には，地域の地震活動度や活断層の情報を取り入れた確率的地震ハザードマップが示されている．

5) 標準せん断力係数と振動特性係数

標準せん断力係数 C_0 と振動特性係数 R_t について考えるためには，新耐震以前では中低層建築物に対しては（Z を考慮し）震度を 0.2 とする静的解析による短期許容応力度設計を行い，高さ 31m を超える超高層に対しては，例えばエルセントロ波などの記録された地震動を用い，時刻歴応答解析を行うなどの動的設計が行われていたことを認識しておく必要がある．

すなわち，超高層と同様の入力地震動を用いて中低層建築物について動的解析を行うと，設計が非常に困難になる程に地震力が大きく算定されるという問題があった．このため，中低層建築物と超高層に対する設計法の差異をどのように新しい設計法に取り込むかということが盛んに議論された．

そのような議論の中で，従来の震度 $k = 0.2$ は中地震動による応答と考え，それを新耐震では標準せん断力係数 $C_0 = 0.2$ として従来通りの短期許容応力度設計を行うことになった．それに加えて極めて稀に起こるかもしれない大地震動を考え，それに対しては弾塑性解析による設計法を取り入れるという，2 段階設計とする考え方が徐々にまとまっていった．

大地震動の大きさについては，標準せん断力係数 $C_0 = 1.0$ とすることに反映されているが，これは大地震動時の地動加速度を 0.33〜0.4g，短周期建築物の地震応答倍率を 2.5〜3 と考えたものである[†]．しかし，大地震動時の地動加速度は 0.4g よりもかなり大きく，短周期建築物の弾性応答は重力加速度の 1.0g を遥かに超え 1.4〜1.6g になるという意見[‡]もあったが，結局は $C_0 = 1.0$ となってしまった．これが新耐震では短周期建築物に対して必ずしも十分大きな設計用地震力を与えてい

[†] このような表現は尾崎昌凡（当時）建築研究所室長が提案した解釈である．

[‡] このようなことを渡部丹（当時）建築研究所室長が主張していた．

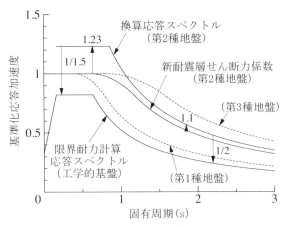

図 2.5 新耐震と限界耐力計算のスペクトル

ない原因の一つである．なお，この1.0という値は厳密なものではなく，四捨五入して1になる程度と考えたものであった．しかし，一度数値が決まると1は1.00として扱われるようになり，限界耐力計算［図 2.5］[15]ではこの値を1.23倍[16]して用いられている．

建築物の固有周期が長くなると加速度の応答値が小さくなり，このため低層建築物に比べて高層建築物に対する設計用地震力を低減できることは既に分かっていたが，どのような関数で表すべきかについてはいろいろな議論があった．例えば，新耐震（案）では地盤スペクトル係数と呼ばれていた振動特性係数 R_t に指数関数を用いる案もあったが，結局は長周期で速度応答が一定となる $1/T$ に比例する式で表すことになった．すなわち，短周期では R_t は一定，長周期では双曲線とすることになった．しかし，直線と双曲線との組合せとすると，その交点のコーナー周期の前後で固有周期の僅かな違いが設計用地震力に大きな差異を生じることになる．また，地盤種別によって定まるコーナー周期は正確に求まるものではなく，さらに建築物の固有周期を単に高さの関数としての略算式から算定することを前提とすると，コーナー周期近傍での R_t の大きな変動を避けるべきであるという結論となり，現在の R_t のように直線と双曲線の間を放物線で結ぶことになった[†]．

新耐震（案）では図 2.6 に示すように4種の地盤種別があり，第1種地盤では R_t

[†] このようになった理由の一つに，梅村魁（当時）東大教授が新耐震を検討する委員会の中でスムーズな曲線を推奨したことがある．

2.2 新耐震設計法

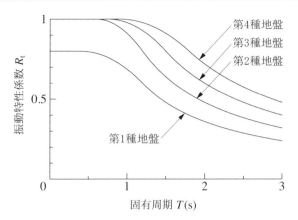

図 2.6 新耐震(案)の地盤スペクトル係数

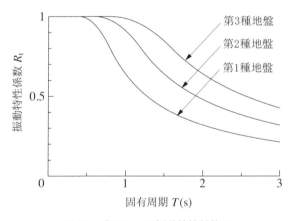

図 2.7 告示による振動特性係数 R_t

が 0.8 から始まっていた。しかし，法令に取り入れる作業の中で，地盤種別を 4 種に厳密に分類するのは実際の適用に当たって難しいとの判断で，地盤種別は 3 分類と簡略化され，また低層建築物の場合に地盤調査を行い地盤種別を決定することは現実的ではないとの理由もあり，短周期ではすべての地盤で $R_t = 1.0$ とし，地盤スペクトル係数と呼ばれていたものを図 2.7 と表 2.1 に示す振動特性係数 R_t と表現することになった。

　固有周期 0 で値が 1.0 となる R_t に標準せん断力係数を乗じたものはベースシヤ係数スペクトルと考えることができるが，ベースシヤ係数スペクトルではなく加速

表 2.1 振動特性係数 R_t*

T	$T < T_c$	$T_c \leq T < 2T_c$	$T \geq 2T_c$
R_t	1	$1 - 0.2\left(\dfrac{T}{T_c} - 1\right)^2$	$\dfrac{1.6\,T_c}{T}$

* : R_t を他の方法で求めてもよいが，その値は表から求めた値の 0.75 以上とする。
T : 建築物の基本固有周期
T_c : 地盤周期で 1, 2, 3 種地盤に対してそれぞれ 0.4, 0.6, 0.8 (s)

度応答スペクトルを規定した方がよいとの考えもあった。すなわち，固有周期 0 では最大地動加速度と同じで，固有周期が少し長くなるにつれて加速度応答が地動最大加速度の 3 倍程度までに増加し，その後は固有周期が増加しても加速度応答はほぼ一定となり，さらに周期が長くなると加速度応答が徐々に小さくなる加速度応答の模式的なスペクトルを用いた（例えば限界耐力計算の図 2.12 ［53 頁］のような）表示にすべきであるとの意見もあった。

しかし，当時は地動加速度の値を明確に表現できるほど十分なデータがなかった。また，非常に短周期（極端な例として，固有周期が 0 と計算される剛体）のような建築物であっても，地盤との相互作用などを考えると，加速度の応答倍率を 1.0 にするのは適切ではないとの判断もあり，結局は現在のような周期 0 で 1.0 から始まる R_t となった。

応答速度が一定となる（双曲線で表される）長周期領域の速度値は，それまでに設計されていた超高層建築物に対する値を参考にし，大地震動時の $R_t C_0$ の値が 1, 2, 3 種地盤について速度に換算すると 100, 150, 200 kine (cm/s) ということになった。これらの値は，短周期建築物の加速度応答 1.0 g という値に比べて大きめな値となっている。これには既に述べた（中低層建築物と高層建築物に用いられていた）設計法の違いの他に，用途係数は新耐震（案）には入っていたが建築基準法には結局取り入れられなかったため，高層建築物の安全性を高めるという用途係数のような考え方が加味されている。結果的に，R_t は短周期と長周期の間が（1 次導関数が連続となるように）スムーズに放物線で結ばれており，すべてが解決されたような印象を与えているかもしれないが，短周期と長周期の値には，それまでの設計法の相違による安全性の差がそのまま引き継がれている。

なお，余談であるが，表 2.1 のように直線と放物線と双曲線を比較的簡単な式で表し，その間の勾配もスムーズに変化し，かつ単に T_c を 0.4, 0.6, 0.8 (s) と変化さ

せることにより，地盤種別に応じた曲線が得られ，さらに双曲線部分の速度応答がほぼ 100, 150, 200 (cm/s) という丸い数値になる表示は，なかなかうまくできた式だと思っている[†]．すなわち，単純調和振動（正弦運動）の場合には加速度を円振動数で除すと速度が得られるので，第 1 種地盤の大地震動の速度は，表 2.1 の右端の式を用い $980 \times (1.6 \times 0.4/T) \div (2\pi/T) = 99.8 \approx 100$（同様に第 2 種地盤で 150，第 3 種地盤で 200）(cm/s) となることにも気が付いてほしい．

6) 構造特性係数と設計ルート

　構造物が線形（弾性）であると仮定するならば，大地震動時に短周期構造物の応答加速度は重力加速度と同じ $1.0\,g$，あるいはそれ以上という大きな値になる．この大きな値を建築物の靱性により低減するために取り入れたのが構造特性係数で，新耐震（案）作成時には，靱性により設計用地震力をどの程度まで低減できるかという基本的なことから議論が始まった．

　構造特性係数の基本には，地震動を受ける弾塑性応答に関する Newmark（ニューマーク）らの研究 [17] による「エネルギー一定則」や「変位一定則」の考え方があった［6.2 節（241 頁）］．しかし，塑性域の変形や塑性率そのものを計算することは（当時は手計算を考えていたため），実務的に不可能であった．このため，変形計算をすることなく弾塑性の挙動を取り入れたのが構造特性係数で，構造種別ごとに既往の実験研究の結果などを参考にしながら議論を重ね，最終的には工学的判断によって構造特性係数の値が決まっていった．

　このような議論の中で，当時の典型的な建築物を考えると，震度 $k = 0.2$ で弾性解析を行い短期許容応力度で設計していたので，若干の余力を考えると，その保有水平耐力は層せん断力係数で表すと 0.3 程度はあると考えた．また，過去の地震被害を見ると，当時の耐震規定を用いていても，よい構造設計を行っていた多くの建築物には被害がないことも分かっていた．

　新耐震（案）の作成の中で建築物の靱性をどのように表すかについて議論を行い，構造種別ごとに塑性変形能力に応じて構造特性係数を表 2.2 のように提案した．なお，当初の記号は K_1 と K_2 で，現在のいわゆる設計ルートに相当するのは設計区分と呼ばれ，次の 6 種であった．

[†] 直線と放物線と双曲線の組み合わせは著者が提案したが，100, 150, 200(cm/s) の値は松島豊（当時）建築研究所室長の提案である．

表 2.2 構造特性係数の標準値・新耐震 (案)

	構造特性係数	設計区分	塑性変形能力		
			A	B	C
RC 造 PS 造*	K_1	II-A	0.4	0.5	0.6
	K_2	II-B, III	0.3	0.4	0.5
SRC 造	K_1	II-A	0.3	0.4	0.5
	K_2	II-B, III	0.3	0.4	0.4
S 造	K_1	II-A	0.3	0.4	0.5
	K_2	II-B, III	0.3	0.4	0.4
木造	K_1	II-A	0.3	0.4	0.5
	K_2	II-B, III	0.3	0.4	0.4

* プレストレストコンクリート造

(1) 設計区分 I-A は構造規定による 1 次設計
(2) 設計区分 I-B は震度法と構造規定による 1 次設計
(3) 設計区分 II-A は修正震度法による 1 次設計と修正震度法による略算的な 2 次設計
(4) 設計区分 II-B は修正震度法による 1 次設計と修正震度法による精算的な 2 次設計
(5) 設計区分 III-A は修正震度法による 1 次設計と応答スペクトル法による 2 次設計
(6) 設計区分 III-B は修正震度法による 1 次設計と応答スペクトル法と時刻歴応答解析法による 2 次設計

提案された表 2.2 を具体的にどのように法制化し，それに対応する構造特性係数の値をどうするかについては最後の最後まで議論が続いた．その結果，構造形式と部材の靱性による表 2.3 のようなマトリックス表示となり，鉄筋コンクリート (RC) 造では $D_s = 0.30 \sim 0.55$，鉄筋コンクリート造より靱性があると考えられる鉄骨 (S) 造と鉄骨鉄筋コンクリート (SRC) 造では $D_s = 0.25 \sim 0.50$ と 0.05 ずつ少ない値とすることになった．

実際に D_s を定めるには表 2.3 のみでは十分ではなく，詳細な構造規定に基づく具体的な規定がまとまったのは，新耐震が施行される直前のことであった．地震荷重の大きさ・表現方法などが次第に固められ，中地震動に対する設計法 (1 次設計)

2.2 新耐震設計法

表 2.3 構造特性係数 D_s（鉄筋コンクリート造）

架構の性状		架構の形式		
		(い) ラーメン架構	(ろ) その他の架構	(は) 耐震壁または筋かい架構
(1)	塑性変形能力が特に高い部材で構成される架構	0.3	0.35	0.4
(2)	塑性変形能力が高い部材で構成される架構	0.35	0.4	0.45
(3)	耐力が急激に低下しない部材で構成される架構	0.4	0.45	0.5
(4)	その他の部材で構成される架構	0.45	0.5	0.55

柱および梁の大部分が鉄骨鉄筋コンクリート造である階については，この表に掲げる数値から 0.05 以内の数値を減じた数値とすることができる。

- (い) 剛節架構またはこれに類する形式の架構
- (ろ) （い）欄および（は）欄に掲げるもの以外のもの
- (は) 各階に生ずる水平力の大部分を当該階の耐力壁または筋かいによって負担する形式の架構
- (1) 架構を構成する部材に生ずる応力に対してせん断破壊等耐力が急激に低下する破壊が著しく生じ難いこと等のため，塑性変形の度が特に高いもの
- (2) (1) に掲げるもの以外のもので，架構を構成する部材に生ずる応力に対してせん断破壊等耐力が急激に低下する破壊が生じ難いこと等のため，塑性変形の度が高いもの
- (3) (1) および (2) に掲げるもの以外のもので，架構を構成する部材に塑性変形を生じさせる応力に対して当該部材にせん断破壊が生じないこと等のため，耐力が急激に低下しないもの
- (4) (1) から (3) までに掲げるもの以外のもの

が次第に確定していく中，それと並行し大地震動に対する（保有水平耐力と必要保有水平耐力の比較による）終局強度設計法についての詳細が次第に固まっていった．現在振り返ってみると，構造特性係数の中に，新耐震のみならず耐震設計法の種々の問題点が凝縮されてしまったと考えられる．

すべての建築物に詳細な設計法を適用するのは困難であるとの認識は当初からあり，新耐震（案）では前述のように設計区分が I-A～III-B と 6 種に分類されてい

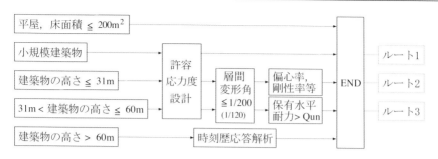

図 2.8 新耐震の設計ルート（構造規定については表示を省略）

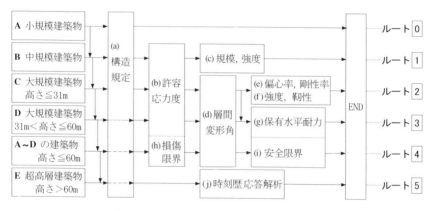

図 2.9 現行の耐震計算ルートのフロー図 [18]

た。実際の法制化の中で，時刻歴応答解析法は大臣認定による特別なものであるので，通常の設計ルートには含まれないことになり，結局は次の 3 ルートの設計体系となった［図 2.8］。

(1) ルート 1 は構造規定と従来の許容応力度設計
(2) ルート 2 はルート 1 の設計に加えさらに耐力と靱性を高める設計
(3) ルート 3 はルート 1 に加え (2.2) 式を用い D_s によって低減し（F_{es} によって増大させ）た必要保有水平耐力と弾塑性解析による建築物の保有水平耐力の比較による大地震動に対する設計

ルート 3 は，中地震動に対しては建築物の応答を短期許容応力度以内に納め，大地震動に対しては建築物の崩壊を防ぐという新耐震の基本的な考え方が直接含まれ

2.2 新耐震設計法

ている。また，ルート1と2は大地震動に対する設計を直接行うことにはなっていないが，構造規定や耐力と靭性を高める設計によって大地震動に対する設計を行っているのと同等の安全性が確保されることを意図していた。

ルートという用語は新耐震導入当時「設計ルート」と呼ばれていた[19]が，限界耐力計算導入後の解説書以降は「構造計算ルート」と呼ぶようになり，そのフロー図を図2.9に示す。なお，ルート$\boxed{1}$～$\boxed{3}$は解説書などで用いられているが，ルート$\boxed{0}$，$\boxed{4}$，$\boxed{5}$は日本の耐震設計体系全体を理解するのに役立つと考え著者が用いている用語である[18]。

7) 地震力の分布

世界の多くの耐震規定では，ベースシャー（1階の地震層せん断力）を定め，それを各階にどのように分配するかによって地震力の高さ方向の分布が定められる。例えば，ベースシャーを (a) 震度一様分布，(b) 震度逆三角形分布，(c) 震度放物線分布などのように分布させている。このように分布を高さの関数で表示し，この関数を 1, 2, 3,…次としても超高層の場合の頂部が大きく揺れるという鞭振り現象を表すことができない。なお，この分布を単に高さhのn次関数で表す場合，nが2を超えると中間階の層せん断力がベースシャーを超えるという不都合なことが起きるので，nは最大2である［米国のASCE 7 の (8.78) 式，356頁］。結局，鞭振り現象を表すにはベースシャーの一部を頂部集中荷重として与え，残りのベースシャーを (a), (b), (c) のように分布させることになる。

新耐震（案）においても当初[9]は，このような規定で，i層に作用する分布水平力P_iと頂部に作用する集中水平力P_cを次式のように与えていた。（記号は本書の記号に合わせるため一部変更している。）

$$P_i = k_i\, w_i \tag{2.3}$$

$$k_i = [1 + \ell\, (\xi_{i+1}^2 + \xi_{i+1}\, \xi_i + \xi_i^2 - 1)]\, L\, \frac{Q}{W} \tag{2.4}$$

$$\ell = 1 - \frac{2}{1 + n} \tag{2.5}$$

$$L = 0.5 + \frac{1}{0.1(n-1) + 2} \tag{2.6}$$

$$P_{\mathrm{c}} = (1-L)Q = k_{\mathrm{c}}\,w_n \tag{2.7}$$

$$k_{\mathrm{c}} = \frac{W}{w_n}(1-L)\frac{Q}{W} \tag{2.8}$$

ここで，k_i は i 層の分布水平力用震度，k_c は頂部の集中水平力用震度，w_i は i 層の重量，n は当該建築物の層数，ξ_i は i 層の無次元高さ，W は当該建築物の全重量，Q は当該建築物に作用する全水平力である．

無次元高さ ξ_i とは，実際の高さではなく重量分布から求まり，最下階で 0 となり最上階で 1 に漸近するもので，地震力の分布を表すには高さをパラメータとすることが多いこともあり，このように無次元高さと呼んでいる．なお，無次元高さ ξ_i は新耐震の A_i 分布で用いられている α_i と $\xi_i = 1 - \alpha_i$ の関係があり，次式で表される．

$$\xi_i = \begin{cases} \sum_{j=1}^{i-1}\dfrac{w_j}{W}, & i \ne 1 \\ 0, & i = 1 \end{cases} \tag{2.9}$$

無次元高さ ξ_i は日本建築学会の地震荷重第 2 案 [7] の中ですでに用いられており，地震力の高さ方向の分布を表すには実際の高さを用いるよりも重量分布を用いる方が理にかなっていると考えられる．これは，通常の建築物はよくせん断型モデルとして解析されるが，この運動方程式にはパラメータとして高さが直接には入っていないことからも分かるであろう．

新耐震（案）を実際の設計法とする法制化作業の中で，もっと簡単に低層から高層建築物まで適用可能な方法はないかとの検討がなされ，次式の A_i 分布（図 2.10 a）が誕生した [20]．

$$A_i = 1 + \left(\frac{1}{\sqrt{\alpha_i}} - \alpha_i\right)\frac{2T}{1+3T} \tag{2.10}$$

ここで，α_i は建築物の地上部の全重量に対するある階以上の重量を表す基準化重量で，次式で与えられる．

$$\alpha_i = \frac{\sum_{j=i}^{n} w_j}{W} \tag{2.11}$$

A_i 分布が生まれた背景には，地震荷重を地震層せん断力係数表示としたこと，高さではなく重量分布を表す基準化重量 α_i をパラメータとした 2 点がある．すなわち，A_i 分布は震度一様分布を表す定数 1 と震度逆三角分布を表す $(1-\alpha_i)$，さらに

2.2 新耐震設計法

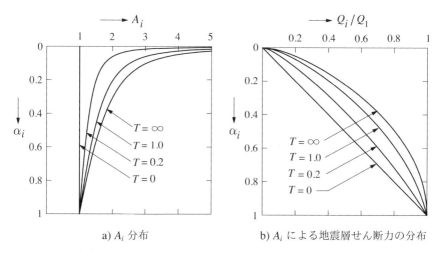

a) A_i 分布   b) A_i による地震層せん断力の分布

図 2.10 地震層せん断力係数の分布を示す A_i 分布とその地震層せん断力の分布

ホワイトノイズを受けるせん断棒の応答として求められる超高層の鞭振り現象を表す $\sqrt{\alpha_i}$ 分布を周期によって組み合わせたものである。

A_i 分布は，低層建築物では，それ以前の規定のように震度一様分布に近似し，高層になると震度逆三角分布と鞭振り現象を表す $\sqrt{\alpha_i}$ 分布の影響が次第に大きくなる特徴を持っている．すなわち，$2T/(1+3T)$ によって，周期 T が小さくなると旧規定と同様な震度一様分布に近似し，T が大きくなるにつれ震度逆三角分布と $\sqrt{\alpha_i}$ 分布の影響が次第に大きくなっていく．また，T が無限大となっても中間階において層せん断力がベースシャーを超えることがないように，この値が $2/3$ に収束するように工夫したものである［図 8.2（299 頁）参照］．

A_i 分布による地震層せん断力の分布を示すと図 2.10 b) のようになり，この図からも中間階の層せん断力がベースシャーを超えることがないことが分かる．A_i 分布は著者が提案した式であるが，実は A_i 分布を最初から考えたのではなく，図 2.10 b) のように地震層せん断力の分布を考え，それを地震層せん断力係数に変換し A_i 分布に至ったのである．なお，記号の A は地震動が建築物内での増幅 (Amplification) を意味すると共に他の記号と重複しないように選択したものである．また，当時はギリシャ文字を建築基準法の中で用いるのは好ましくないという意見もあったが，（ξ を用いるのは駄目でも）ギリシャ文字の最初の α なら受け入れ

られるはずと考え，また無次元高さ ξ を用いるより式が簡単になるので，基準化重量 α_i をパラメータとして用いることを提案した経緯がある。（地震力の分布と A_i 分布については 5.3 節［204 頁］，A_i を解析で算出する方法の説明［185 頁］もあるので参照してほしい。）

8) 形状係数

(2.2) 式［35 頁］に含まれている形状係数 F_{es} は次式のように，平面的な不整形を考慮する F_e と高さ方向の不整形を考慮する F_s との積である。

$$F_{es} = F_e F_s \tag{2.12}$$

ここで，F_e は表 2.4 に，F_s は表 2.5 のように与えられている。

構造的な不整形性を考慮する係数は海外の耐震規定［米国の ASCE 7 の表 8.22, 表 8.23（349 頁）］にもあり，平面的な不整形性と立面的な不整形性を考慮するのも一般的で，特に珍しいものではない。

平面的な不整形性を考慮する F_e を定めるのに，偏心距離 e を用いているのは海外の他の規定と同じである。しかし，多くの規定では偏心距離 e の建築物の平面の幅に対する比に応じて形状係数を定めている。これに対し，新耐震では平面的な大きさではなく，捩り剛性を水平剛性で除した数値の平方根に対する偏心距離に応じて形状係数を求めており，これは非常に珍しく優れた規定である。なお，「捩り剛

表 2.4 形状係数 F_e と偏心率 R_e

偏心率 R_e*	形状係数 F_e
$R_e \leq 0.15$	1.0
$0.15 < R_e < 0.3$	線形補間
$0.3 \leq R_e$	1.5

*$R_e = e/r_e$　ここで，e は各階の重心と剛心との偏心距離，r_e は剛心周りの捩り剛性を水平剛性で除した数値の平方根である。

表 2.5 形状係数 F_s と剛性率 R_s

剛性率 R_s*	形状係数 F_s
$R_s \geq 0.6$	1.0
$0.6 > R_s$	$2.0 - R_s/0.6$

*$R_s = r_s/\bar{r}_s$　ここで，r_s は中地震動によって生じる層間変形角の逆数，$\bar{r}_s$ は r_s の相加平均である。

性を水平剛性で除した数値の平方根」は弾力半径と呼ばれるものである。平面的な不整形性が問題となるのは，不整形性によって地震時に捩り振動が大きく生ずるからである。この捩り振動に抵抗するのは，地震動が作用する方向のみではなく，それと直交する位置に配されている耐震壁・筋かいなども有効である。このため，地震動の方向に配置されている耐震壁・筋かいばかりではなく，それと直交する耐震壁・筋かいの影響を考慮するために弾力半径を用いている。

立面的な不整形性を考慮する F_s は，水平剛性が小さく地震時に変形が集中する階の設計用地震層せん断力を大きくし，その階に被害が集中しないようにする役割を持っている。このような係数は他の多くの規定に取り入れられており，特に珍しいものではない。しかし，$\bar{r}_s$ は r_s の相加平均と定義され，r_s は層間変形角の逆数として定義されている点が気になっているので，その理由を次に説明する。

例えば，ある1つの階のみの剛性が非常に高く，他のすべての階の剛性がほぼ一様である建築物を考えてみる。この建築物は全体として立面的にバランスが悪いわけではない。それなのに，剛性の高い階の剛性が非常に大きく無限大に近いとすると，他のすべての階の剛性率が0近くの値となるため，それらのすべての階の保有水平耐力を2倍にする必要があることになる。この欠点を防ぐため，層間変形角の逆数ではなく各階の層間変形角とその相加平均との比に応じて形状係数を求めるのがよいと考えている。なお，必ずしも相加平均でなくともよいと思われるので，単に平均と表現しておく方がよいと思っている。もっとも，$\bar{r}_s$ は r_s の「相加平均」という厳密な表現ではなく単に「平均」という規定ならば，相加平均ではなく調和平均を用いると層間変形角の逆数を用いても問題がないことになる。

なお，当初の規定では F_s は1.5を超える必要がなかったが，阪神・淡路大震災の後に，1階が駐車場のような場合に1階に被害が集中し崩壊する［図1.1（3頁），図1.2（4頁）］ようなことを防ぐため，F_s に対する頭打ちの値は1.5から2.0に変更されている。

2.3　限界耐力計算

1) 概説

限界耐力計算では，稀に発生する地震動（稀地震）に対しては損傷限界を超えないこと，極めて稀に発生する地震動（極稀地震）に対しては安全限界を超えないこ

とを検証する［図 2.11］。ここで，稀に発生する地震動とは新耐震（許容応力度等計算）の中地震動と同じで，極めて稀に発生する地震動とは新耐震（保有水平耐力計算）の大地震動と同じであるので，限界耐力計算は新耐震より耐震性を高めるものではないが，(1) 地震時の**応答変位**の計算，(2) **地盤特性**を考慮した地震力，(3) 建築物と地盤の**相互作用**を導入した点などの特徴がある。その他に，(4) 地震荷重は加速度**応答スペクトル**から各階に生ずる地震力を計算することになっている。すなわち，新耐震では層せん断力係数を規定したが，限界耐力計算では応答スペクトルを規定しているのが特徴である。

稀に起こる地震動	（稀地震） ：	損傷限界を超えない
極く稀に起こる地震動	（極稀地震）：	安全限界を超えない

図 2.11 「限界耐力計算」の目標

2) 限界耐力計算の構成

限界耐力計算は建築基準法第 82 条の 5 に規定されており，地震時のみならず他の荷重に対する規定もすべて含まれており，次のように 1 号～8 号よりなっている。

1 号 常時作用する荷重，存在期間中に数回程度遭遇する可能性の高い積雪，暴風に対して，建築物が損傷しないことを確かめる†。
2 号 積雪時と暴風時について，極めて稀に発生する最大級の荷重・外力に対して建築物が倒壊・崩壊しないことを確かめる‡。
3 号 稀地震に対して，建築物の地上部分が損傷しないことを確かめる。
4 号 稀地震に対して，建築物の地下部分が損傷しないことを確かめる。
5 号 極稀地震に対して，建築物の地上部分が倒壊・崩壊しないことを確かめる。
6 号 使用上の支障が生じないことを確かめる。
7 号 屋根ふき材等が風圧・地震等に対して構造耐力上安全であることを確かめる。

---

† 地震時を除いて建築基準法施行令第 82 条 1 号～3 号の規定に従って長期・短期の許容応力度設計を行う。
‡ 損傷限界については 1 号で述べたように，従来の短期許容応力度設計を行い，安全限界については積雪荷重を 1.4 倍，風圧力を 1.6 倍し，材料強度を用いて設計する。

2.3 限界耐力計算

8号 土砂災害に対する検討を行う．

なお，以下では雪と風に対する部分を省略し，地震に対する設計についてのみ説明する．最初に建築基準法施行令とそれに基づく告示の内容を示すが，施行令と告示そのものを示すのではなく，表現しなくとも分かると思われる部分は省略し，数式や記号も理解しやすいように多少変えた部分もある．このため，実務においては，施行令や告示そのものを直接参照してほしい．

続いて枠の中には，その根拠や式の簡単な誘導などの説明を解説として示している．（基準類の解説書では，本文を枠で囲み，続いて解説を示している場合が多いが，ここでは逆になっているので注意してほしい．）枠内の解説は施行令と告示を理解するための手助けとなるように，既刊の解説書や出版物から関連部分を要約したり，著者自身の解釈に基づいて書いた部分もあるので，正式な解釈などは公的な出版物 [21, 24, 25] などを参考にしてほしい．

3) 設計手法

i) 損傷限界耐力
　損傷限界時の地震力が建築物の損傷限界耐力を超えないことを確かめる．
ii) 損傷限界変位
　損傷限界時の地震力による建築物の各階の層間変位がその階高の 1/200（著しい損傷のおそれのない場合は 1/120）を超えないことを確かめる．
iii) 安全限界耐力
　安全限界時の地震力が保有水平耐力を超えないことを確かめる．

> 解説「限界耐力と限界変位の検証」
> 　建築基準法施行令第 82 条の 5 において，損傷限界時・安全限界時のいずれにおいても「地震により建築物の各階に作用する地震力を，……当該階以上の各階に水平方向に生ずる力の総和として計算すること．」となっている．すなわち，**各階に作用する地震力**とは「**地震層せん断力**」Q_i を意味し，各階に生ずる地震力が通常用いられる「**地震力**」P_i を表していることを認識しておく必要がある．
> 　層せん断力として計算される地震力が，限界耐力を超えないことを確かめるの

で，損傷限界と安全限界について次の2式を検証することになる。

$$Q_{di} = \sum_{i=i}^{n} P_{di}^* \geqq \sum_{i=i}^{n} P_{di} \tag{2.13}$$

$$Q_{si} = \sum_{i=i}^{n} P_{si}^* \geqq \sum_{i=i}^{n} P_{si} \tag{2.14}$$

ここで，P_{di} と P_{si} は (2.15) 式と (2.17) 式によって建築物に生ずる外力として計算される地震力，P_{di}^* と P_{si}^* は (2.21) 式と (2.58) 式によって建築物の耐力から計算される地震力，Q_{di} と Q_{si} は損傷限界耐力と安全限界耐力である。（本書では外力としての地震力と耐力から算定される地震力を区別するために，耐力から算定される方の値に*を付けている。）

なお，損傷限界の層間変位の検証は新耐震（許容応力度等計算）の層間変形角の検証と同じである。

4) 地震力

i) 損傷限界地震力

建築物の i 階に生ずる損傷限界時の地震力 P_{di} (kN) は次式によって計算する。

$$P_{di} = S_{Ad}\, m_i\, B_{di}\, Z\, G_s \tag{2.15}$$

ここで，S_{Ad} (m/s^2) は工学的基盤における損傷限界時の加速度応答値[†]，m_i (t) は i 階の質量，B_{di} は損傷限界時の加速度分布係数，Z は地震地域係数［図 2.4 c］，G_s は表層地盤の加速度増幅率である。

S_{Ad} (m/s^2) は次のように与えられる［図 2.12］。

$$S_{Ad} = \begin{cases} (0.64 + 6\,T_d) & T_d < 0.16 \text{ の場合} \\ 1.6 & 0.16 \leqq T_d < 0.64 \text{ の場合} \\ 1.024/T_d & 0.64 \leqq T_d \text{の場合} \end{cases} \tag{2.16}$$

[†] 建築基準法では S_{Ad}, S_{As} という記号を用いず，(2.16) 式，(2.18) 式が直接 (2.15) 式，(2.17) 式に代入された形で示されているが，S_{Ad}, S_{As} という記号を用いる方が分かりやすいので，このように表す。なお，解説書 [21] の表 7.1-1 では「加速度応答スペクトル」という用語を用いている。109 頁以降で説明している「限界耐力計算に対するコメント」（地震力の表示について）も参照してほしい。

ここで，$T_d(s)$ は建築物の損傷限界応答周期†である。

ii) 安全限界地震力

建築物の i 階に生ずる安全限界時の地震力 P_{si} (kN) は次式によって計算する。

$$P_{si} = S_{As} m_i B_{si} F_\zeta Z G_s \tag{2.17}$$

ここで，S_{As} (m/s²) は工学的基盤における安全限界時の加速度応答値，m_i (t) は i 階の質量，B_{si} は安全限界時の加速度分布係数，F_ζ は安全限界時の減衰による加速度低減率‡，Z は地震地域係数，G_s は表層地盤の加速度増幅率である。

S_{As} (m/s²) は次のように与えられる [図 2.12]。

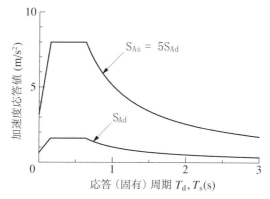

図 2.12 損傷限界と安全限界の加速度応答スペクトル

$$S_{As} = \begin{cases} (3.2 + 30 T_s) & T_s < 0.16 \text{ の場合} \\ 8.0 & 0.16 \leq T_s < 0.64 \text{ の場合} \\ 5.12/T_s & 0.64 \leq T_s \text{ の場合} \end{cases} \tag{2.18}$$

ここで，$T_s(s)$ は建築物の安全限界応答周期である。

---

† 告示本文では損傷限界固有周期と表現しているが，本来の固有周期とは意味が異なるので本書では損傷限界応答周期と表示する。安全限界固有周期も同じ理由で安全限界応答周期と表示する。

‡ 建築基準法では F_h の記号を用いている。これは減衰定数を h で表しているからであるが，高さを表す記号 h と紛らわしいので，添字に用いる場合を含め本書では減衰定数をすべて ζ（ツェータまたはゼータと読む）で表す。

解説「地震力の与え方」

　限界耐力計算では，損傷限界の地震力を (2.15) 式で，安全限界の地震力を (2.17) 式で与えているが，いずれも各階の地震力を (2.16) 式または (2.18) 式の加速度応答スペクトルから得られる加速度に各階の質量を乗じて，「力=加速度×質量」という物理学の基本的な式から計算することになっている。

　もちろん，これにいくつかの係数が乗じられ，損傷限界では，高さ方向の分布係数，地震地域係数，表層地盤の増幅率が乗じられる。安全限界では，さらに減衰による加速度低減率が乗じられるが，これは安全限界時には構造物の弾性域を大きく超える応答を想定していることを考慮するためである。

　表層地盤の増幅率と減衰による低減率は新耐震には直接は考慮されていないが，表層地盤の増幅率は地盤種別によって変化する振動特性係数 R_t に，減衰による低減率は構造特性係数 D_s に間接的に考慮されている。

　結果的に，地震力を与える (2.15) 式と (2.17) 式は特別なものではなく，他の耐震規定で用いられている式と特に相違する点はない。なお，地震力の与え方に対するコメントが 107 頁以降の 2.5 節の 2) の中に示されている。

解説「加速度応答スペクトル」

　(2.16) 式と (2.18) 式で与えられる加速度応答スペクトルは図 2.12 のようになるが，これがどのようにして導かれたかを示しているのが図 2.13 である。

　すなわち，基本となるのが新耐震の地震力の与え方である。振動特性係数に標準せん断力係数を乗じたものは（重力加速度で基準化した）加速度応答スペクトルと同じようなものではあるが，正確にはベースシヤ係数スペクトルと考えるべきものである。このベースシヤ係数スペクトルを短周期（加速度応答一定，すなわち R_t が一定の部分）では 1.23 倍し，長周期（速度応答一定，すなわち R_t が双曲線の部分）では 1.1 倍すると，地表における加速度応答スペクトルに換算できると考えている。（これらの値については 5.3 節の (5.35) 式 [210 頁]，(5.42) 式 [212 頁] を参照してほしい。）

　次に，標準的な地盤（第 2 種地盤）における地表と工学的基盤の加速度の増幅率を，短周期で 1.5 倍，長周期で 2.0 倍と想定し，地表面の加速度応答スペクトルをこれらの値で除したものが工学的基盤で定義される限界耐力計算の加速度応答スペクトルである。

2.3 限界耐力計算

極稀地震動すなわち大地震動として，$C_0 = 1.0$，重力加速度 $9.8\,\text{m/s}^2$，2 種地盤として $T_c = 0.6$，安全限界応答周期を T_s とし，表 2.1［40 頁］の振動特性係数を用いて計算すると，短周期では $1.0 \times 9.8 \times 1.23/1.5 \approx 8.0$，長周期では $1.0 \times 9.8 \times 1.6 \times 0.6 \times 1.1/2.0/T_s \approx 5.12/T_s$ となり，(2.18) 式の中の第 2 式と第 3 式が得られる（なお，数値の丸めによる誤差が若干ある）。第 1 式は周期 0 で応答倍率が 1 となり，周期が長くなるにつれ応答が次第に大きくなることを直線で表したものである。

なお，稀地震動すなわち中地震動に対する (2.16) 式はすべてこれらの値の 1/5 となっており，これは稀地震動すなわち中地震動として $C_0 = 0.2$ とすると，以上と同様の計算から得られる。

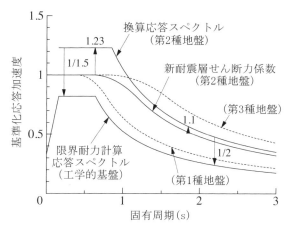

図 2.13　新耐震と限界耐力計算のスペクトル（図 2.5 再掲）

5) 限界耐力計算に用いる各種パラメータなどの計算

以下は「平成 12 年建設省告示第 1457 号」（以下，平 12 建告 1457「限界耐力計算告示」，平 25 国交告 773 改正）の概要を示している。各項目の番号などは告示とほぼ同じであるが，告示の本文などは簡略化したり，表を数式で表したりしている部分もあるので，実務の際には必要に応じて告示そのものを参照してほしい。

第1　限界耐力計算の原則

限界耐力計算は増分解析に基づき行い，かつ安全限界変位に達するまでは各階に有害な耐力の低下がないことを確かめる。

> **解説「増分解析」**
>
> 　増分解析とは，例えば図 2.14 のように，構造物にある荷重を与え，その荷重を徐々に大きくし，部材が降伏した場合はその影響を逐次取り入れ，荷重と構造物の変形の関係を表す図 5.6 のような荷重変形曲線などを求める手法である。
>
> 　すなわち，図 2.14 において a) 荷重が小さい線形弾性範囲では荷重と変位は比例する。b) 荷重が大きくなると，梁・柱の端部が降伏し始め，塑性ヒンジが徐々に形成されるようになると，荷重と変形は比例せずに，荷重変形曲線は水平に近づいていく。c) 崩壊メカニズムが形成されると，荷重は増加することなく変形のみが増大し，最終的には崩壊することになる。
>
> 　荷重を増大させる場合，各層の荷重の割合を一定に保ちながら（例えば A_i 分布に比例するように）荷重を増加させる場合（荷重制御）が通常用いられる。しかし，特定の層のみの変形が増大し，層崩壊が生じるような場合には，各層の変形の形状が一定となるように荷重を増加させる場合（変形制御）もある。
>
> 　この解析は「プッシュオーバ」と略称されることもあるが，これは構造物を push over「押し倒す」まで解析または実験することを意味している。（pushover には容易にできること，朝飯前のことの意味があるが，プシュオーバは解析的にも実験的にも決して容易ではない。）
>
> 　実験などによって安定した耐力が得られることを確かめたり，実験によって得られた荷重変形曲線をバイリニア等に置換して等価線形化法に基づく検討も，限界耐力計算においては，増分解析と考えることができる。

> **稀地震に関する計算**　第2〜第5は稀地震（損傷限界）に関する計算の規定である。

第2　損傷限界変位

各階の損傷限界変位は，損傷限界耐力に相当する水平力に耐えている場合の架構の水平方向の変位として計算する。

2.3 限界耐力計算

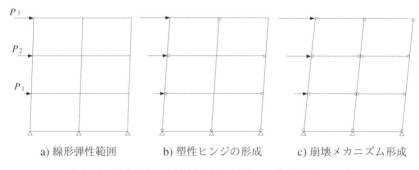

a) 線形弾性範囲　　b) 塑性ヒンジの形成　　c) 崩壊メカニズム形成

図 2.14　増分解析の概念図（梁・柱端の○印は塑性ヒンジ）

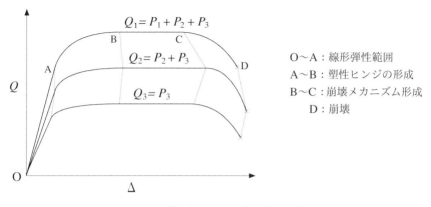

O〜A：線形弾性範囲
A〜B：塑性ヒンジの形成
B〜C：崩壊メカニズム形成
D：崩壊

図 2.15　増分解析による荷重変形曲線

第3　損傷限界応答周期

1項　損傷限界応答周期

建築物の損傷限界応答周期 $T_d(s)$ は次式によって計算する．ただし，地盤調査によって地盤特性を求めた場合は，周期調整係数 r を乗じることができる．また，次式の代わりに固有値解析などによって $T_d(s)$ を求めることができる．

$$T_d = 2\pi \sqrt{M_{ud} \frac{\Delta_d}{Q_d}} \tag{2.19}$$

ここで，M_{ud} (t) は建築物の損傷限界の有効質量で，次式による．

$$M_{\mathrm{ud}} = \frac{(\sum m_i \delta_{\mathrm{d}i})^2}{\sum m_i \delta_{\mathrm{d}i}^2} \tag{2.20}$$

ここで，m_i (t) は i 階の質量，$\delta_{\mathrm{d}i}$ (m) は次式による損傷限界時の地震力 $P_{\mathrm{d}i}^*$ (kN) によって生ずる i 階の基礎からの変位である[†]．

$$P_{\mathrm{d}i}^* = \frac{B_{\mathrm{d}i} m_i}{\sum_{i=1}^{n} B_{\mathrm{d}i} m_i} Q_{\mathrm{d}} \tag{2.21}$$

ここで，$B_{\mathrm{d}i}$ は損傷限界時の i 階の加速度分布係数，Q_{d} (kN) は建築物の損傷限界耐力である．

Q_{d} (kN) は次式による 1 階の層せん断力係数（の換算値）$q_{\mathrm{d}i}$ の最小値に建築物の全重量 (kN) を乗じて計算する．

$$q_{\mathrm{d}i} = \frac{Q_{\mathrm{d}i}}{\dfrac{\sum_{i=i}^{n} B_{\mathrm{d}i} m_i}{\sum_{i=1}^{n} B_{\mathrm{d}i} m_i} \sum_{i=1}^{n} m_i g} \tag{2.22}$$

ここで，$Q_{\mathrm{d}i}$ (kN) は i 階の損傷限界耐力である．

建築物の損傷限界代表変位 Δ_{d} (m) は次式によって計算する．

$$\Delta_{\mathrm{d}} = \frac{\sum m_i \delta_{\mathrm{d}i}^2}{\sum m_i \delta_{\mathrm{d}i}} \tag{2.23}$$

解説「限界応答周期」

一般に，1 自由度系の固有周期 T_{n} は (3.30) 式［128 頁］と (3.16) 式［124 頁］から次式のように与えられる．

$$T_{\mathrm{n}} = 2\pi \sqrt{\frac{m}{k}} \tag{2.24}$$

ここで，m は質量，k は剛性である．

上式に損傷限界の有効質量 M_{ud} とその時の剛性（=力/変位）すなわち $Q_{\mathrm{d}}/\Delta_{\mathrm{d}}$ を

[†] 解説［51 頁］で示したように，$P_{\mathrm{d}i}$ は荷重として与えられる (2.15) 式の地震力を示し，これと建築物の耐力から求まる (2.21) 式の地震力を区別するために記号 $P_{\mathrm{d}i}^*$ を用いる．$P_{\mathrm{s}i}$ と $P_{\mathrm{s}i}^*$ も同様の区別をするために用いる．また，告示では建築物の全層数を N と大文字で表しているが，本書では小文字の n を用いる．

2.3 限界耐力計算

代入すると，損傷限界応答周期 T_d が (2.19) 式のように求まる．同様に，安全限界応答周期 T_s が (2.56) 式のように求まる．

なお，脚注［53頁］でも述べたように，告示本文では損傷限界固有周期，安全限界固有周期と表示しているが，本書では損傷限界応答周期，安全限界応答周期という用語を用いている．この理由は，告示の限界固有周期とは建築物が非線形領域に入ることを想定し，その時点の応答変位に対応した周期を意味しており，構造物が線形弾性であるとした場合の固有周期とは意味が異なっているからである．

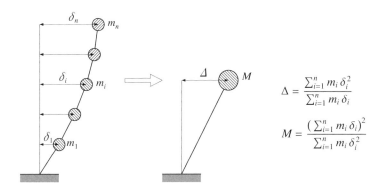

図 2.16 n 自由度系の等価 1 自由度系への縮約

解説「有効質量，代表変位」

有効質量と代表変位を考えるため，図 2.16 の左図に示すような振幅で振動している n 自由度系を右図のような等価 1 自由度系に置き換える（縮約する）ことを考えてみる．左右の図の質量の関係を，単に n 自由度系の質量の和が次式のように 1 自由系に等しいと考えることもできよう．

$$\sum_{i=1}^{n} m_i = M$$

しかし，変位振幅の大きな質量も小さな質量も単に加算するのは直感的にも納得がいかないであろう．そこで，振幅の大きさを考慮し，次のような関係がある

と考えてみる。

$$\sum_{i=1}^{n} m_i \delta_i = M\Delta \tag{2.25}$$

ここで，図 2.16 の左の n 自由度系も右の等価 1 自由度系も，同じ周期で振動し，同じ運動エネルギーを持っていると仮定すると，次式が得られる。

$$\frac{1}{2}\sum_{i=1}^{n} m_i \delta_i^2 = \frac{1}{2}M\Delta^2 \tag{2.26}$$

上の式を (2.25) 式で除して整理すると，次式が得られる。

$$\Delta = \frac{\sum_{i=1}^{n} m_i \delta_i^2}{\sum_{i=1}^{n} m_i \delta_i} \tag{2.27}$$

上式に損傷限界と安全限界の添え字を付けたのが (2.23) 式と (2.60) 式である。
(2.27) 式を (2.25) 式に代入し整理して M を求めると，次式が得られる。

$$M = \frac{(\sum_{i=1}^{n} m_i \delta_i)^2}{\sum_{i=1}^{n} m_i \delta_i^2} \tag{2.28}$$

上式に添え字を付けたのが (2.20) 式と (2.57) 式である。

以上の式の導き方は正確ではないが，感覚的には理解できるであろう。正確な式の誘導やその意味などは，4.4 節［174 頁］を参照してほしい。

解説「建築物の耐力から求める P_{di}^* と P_{si}^*」

(2.20) 式，(2.57) 式に用いられている δ_{di}, δ_{si} は損傷限界時の地震力 P_{di}^*, 安全限界時の地震力 P_{si}^* によって生ずる基礎からの変位である。この地震力とは，建築物の耐力から算定されるものである。すなわち，各階の損傷限界耐力から 1 階の層せん断力係数を求め，その中の最小値（いずれかの階が損傷限界耐力に達した時の 1 階の層せん断力係数）から計算した各階の地震力を P_{di}^* と本書ではアスタリスク（*印）を付けて表示し，(2.15) 式から算定される地震力 P_{di} と区別している。同様に，各階の保有水平耐力から 1 階の層せん断力係数を求め，その中の最小値（いずれかの階が保有水平耐力に達した時の 1 階の層せん断力係数）から計算した各階の地震力を P_{si}^* と表示し，(2.17) 式から算定される地震力 P_{si} と区別している。

2.3 限界耐力計算

2項 損傷限界の周期調整係数

損傷限界の周期調整係数 r は次式によって計算する。

$$r = \sqrt{1 + \left(\frac{T_{\text{sw}}}{T_{\text{d}}}\right)^2 + \left(\frac{T_{\text{ro}}}{T_{\text{d}}}\right)^2} \tag{2.29}$$

ここで，T_{sw} (s) は次式によるスウェイ固有周期である。

$$T_{\text{sw}} = 2\pi\sqrt{\frac{M_{\text{ud}}}{K_{\text{h}}}} \tag{2.30}$$

ここで，M_{ud} (t) は建築物の有効質量，K_{h} (kN/m) は水平地盤ばね定数である。

T_{ro} (s) は次式によるロッキング固有周期である。

$$T_{\text{ro}} = 2\pi\sqrt{\frac{M_{\text{ud}}}{K_{\text{r}}}}H \tag{2.31}$$

ここで，K_{r} (kN m/rad) は回転地盤ばね定数，H (m) は建築物の代表高さ（代表変位と基礎からの変位が同一となる基礎底面からの高さ）である。

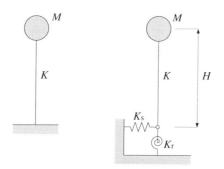

図 2.17　基礎固定モデルとスウェイ・ロッキング・モデル（SR モデル）

解説「周期調整係数」

図 2.17 の左に示す基礎固定 1 自由度系の固有周期は，(2.24) 式と同様に次式で表すことができる。

$$T = 2\pi\sqrt{\frac{M}{K}} \tag{2.32}$$

スウェイ固有周期とは図 2.17 の右に示すスウェイ・ロッキング・モデル（SR モデルと略称されることが多い）において，K と K_{r} の影響を無視し，K_{s} による

スウェイのみの動きによる固有周期のことで，上の (2.32) 式と同様にして次のように求まる。

$$T_\mathrm{s} = 2\pi \sqrt{\frac{M}{K_\mathrm{s}}} \tag{2.33}$$

この式の添字を若干変更したものが (2.30) 式である。

ロッキングについても同様である。すなわち，基礎の回転ばねの剛性が K_r の場合，質量 M の位置での水平剛性に換算すると K_r/H^2 となるので，これを (2.32) 式に代入し整理すると次式が得られる。

$$T_\mathrm{r} = 2\pi \sqrt{\frac{M}{K_\mathrm{r}}} H \tag{2.34}$$

この式の添字を若干変更したものが (2.31) 式である。

剛性とは単位（すなわち 1）の変位を与えるのに必要な力である。または，単位（すなわち 1）の力を加えその変位の逆数としても，剛性を求めることができる。以下では後者の考え方をする。

図 2.17 の右図の質量 M に 1 の力を水平に加えると，ばね K によって生ずる変位は $1/K$，スウェイによって生ずる変位は $1/K_\mathrm{s}$，ロッキングによって生ずる変位は H^2/K_r となり，変位 Δ_t は全体で次式のようになる。

$$\Delta_\mathrm{t} = \frac{1}{K} + \frac{1}{K_\mathrm{s}} + \frac{H^2}{K_\mathrm{r}} \tag{2.35}$$

全体の水平剛性 K_t は，上式の逆数として次のようになる。

$$K_\mathrm{t} = \frac{1}{\dfrac{1}{K} + \dfrac{1}{K_\mathrm{s}} + \dfrac{H^2}{K_\mathrm{r}}} \tag{2.36}$$

この剛性と質量 M を (2.32) 式に代入すると，SR モデルの固有周期が次のように求まる。

$$T_\mathrm{t} = 2\pi \sqrt{M\left(\frac{1}{K} + \frac{1}{K_\mathrm{s}} + \frac{H^2}{K_\mathrm{r}}\right)} \tag{2.37}$$

上式を (2.32) 式で除したものが次の周期調整係数 r となる。

$$r = \sqrt{1 + \frac{K}{K_\mathrm{s}} + \frac{K}{K_\mathrm{r}/H^2}} \tag{2.38}$$

2.3 限界耐力計算

さらに，上式に (2.32) 式，(2.33) 式，(2.34) 式の関係を用いると次式となる．

$$r = \sqrt{1 + \left(\frac{T_s}{T}\right)^2 + \left(\frac{T_r}{T}\right)^2} \tag{2.39}$$

上式の添字を若干変更して得られたのが (2.29) 式である．

上式または (2.29) 式から，地盤の剛性が建築物に比べて高い場合には，固有周期に与える地盤の影響が非常に小さいことが分かる．例えば，基礎固定モデルの固有周期を 1.0 (s)，スウェイ固有周期を 0.3 (s)，ロッキング固有周期を 0.3 (s) と仮定して計算すると，周期調整係数は次式のようになり，周期が基礎固定の場合の 9% 長くなる程度であることが分かる．

$$r = \sqrt{1.0 + 0.3^2 + 0.3^2} \approx 1.09$$

3 項　地下部分

地下部分の計算に当たっては，損傷限界時に地下部分に生ずる力を用いて計算する[†]．ただし，第 5 のただし書きによって層間変位を計算した場合は，各階がその層間変位に達する場合に地下部分に生ずる力を用いることができる．

第 4　損傷限界時の加速度分布係数

建築物の i 階の損傷限界に対する加速度分布係数 B_{di} は，損傷限界時の各階の変形分布に基づき，損傷限界応答周期に応じた刺激関数[‡]に次の p, q を乗じて計算する．

建築物が均質であるか，地上部の階数 n が 5 以下である場合は B_{di} を次式によって計算することができる．

$$B_{di} = p\,q\,r_m\,b_{di} \tag{2.40}$$

ここで，r_m は次式による有効質量比[§]である．

$$r_m = \frac{M_{ud}}{\sum_{i=1}^{n} m_i} \tag{2.41}$$

係数 p は表 2.6 によって計算する．

[†] 地下部分について，短期許容応力度設計を行う際に用いる地震力を示している．
[‡] 刺激関数については 4.4 節 2) 刺激係数と刺激関数［174 頁］を参照．
[§] 有効質量 M_{ud} は (2.20) 式［58 頁］で与えられている．

表 2.6　係数 p

階数	損傷限界応答周期 (s)	
	$T_d \leqq 0.16$	$0.16 < T_d$
1	$1.00 - (0.20/0.16)T_d$	0.80
2	$1.00 - (0.15/0.16)T_d$	0.85
3	$1.00 - (0.10/0.16)T_d$	0.90
4	$1.00 - (0.05/0.16)T_d$	0.95
5 以上	1.00	1.00

係数 q は，有効質量比 r_m に応じて次のように計算する．

$$q = \begin{cases} \dfrac{0.75}{r_m} & r_m < 0.75 \text{ の場合} \\ 1.0 & r_m \geqq 0.75 \text{ の場合} \end{cases} \tag{2.42}$$

b_{di} は次のように計算する[†]．

$$b_{di} = \begin{cases} 1 + (\sqrt{\alpha_i} - \alpha_i^2)\dfrac{2T}{1+3T} \cdot \dfrac{\sum_{i=1}^{n} m_i}{m_n} & (i = n) \\ 1 + (\sqrt{\alpha_i} - \sqrt{\alpha_{i+1}} - \alpha_i^2 + \alpha_{i+1}^2)\dfrac{2T}{1+3T} \cdot \dfrac{\sum_{i=1}^{n} m_i}{m_i} & (i \neq n) \end{cases} \tag{2.43}$$

ここで，α_i は (2.11) 式の基準化重量，T (s) は次式によって計算する．

$$T = (0.02 + 0.01\lambda)h \tag{2.44}$$

ここで，λ は鉄骨造または木造部分の高さの建築物の高さに対する比，h(m) は建築物の高さである．

> **解説「係数 p, q について」**
>
> 係数 p は階数による調整係数である．すなわち，限界耐力計算に用いる応答スペクトルを導く際に，短周期では新耐震のスペクトルを $1/0.816 = 1.23$ 倍した [図 2.13] ことに関係がある．これは，ベースシヤ係数スペクトルを応答スペクトルに換算するためであった．しかし，1 自由度系 (1 階建) の場合，ベースシヤ係数スペクトルと応答スペクトルは同一になる．このため，1 階建の場合には 1.23

[†] 告示では (2.43) 式の T の代わりに (2.44) 式が代入された表示となっている．

2.3 限界耐力計算

倍する必要がなかったことになるので，これを調整するため 0.80 倍するのが p である．この調整は階数が増加するとともに徐々に必要がなくなるので，5 階以上では $p = 1.00$ となっている．なお，この調整は，限界耐力計算のスペクトルが一定となる周期 0.16 (s) 以上について行い，周期 0 ではこの調整の必要がないため，周期 0 と 0.16 (s) の間は直線補間としているのが表 2.6 第 2 列の p である．

係数 q は有効質量比による調整係数である．建築物の (1 次の) 有効質量比は質量分布や水平剛性分布によって変動し，有効質量比が小さくなると，地震力が小さく算定されるという危険側の評価となる．このため，有効質量比が 0.75 以下となる場合は 0.75 とする調整係数である．

解説「加速度分布係数」

(2.43) 式の b_{di} は基本的に 46 頁 (2.10) 式の A_i 分布と同じである．しかし，A_i は層せん断力係数の分布を表しているのに対し，b_{di} は震度分布を表している．このため b_{di} の式が複雑になっている．すなわち，基準化重量 α_i の式から最上層では次の関係がある (基準化重量は基準化質量と同一である)．

$$\frac{1}{\alpha_i} = \frac{\sum_{i=1}^{n} m_i}{m_n} \tag{2.45}$$

この関係を (2.43) 式の第 1 式の最後に乗じられる部分に代入し，式を整理すると次式が得られる．

$$\begin{aligned} b_{di} &= 1 + (\sqrt{\alpha_i} - \alpha_i^2)\frac{2T}{1+3T}\frac{1}{\alpha_i} \\ &= 1 + \left(\frac{1}{\sqrt{\alpha_i}} - \alpha_i\right)\frac{2T}{1+3T} \end{aligned} \tag{2.46}$$

上式は (2.10) 式の A_i そのものであることが分かる．この理由は，最上層では震度と層せん断力係数は同一となるからである．

最上層以外では，その層の層せん断力から直上層の層せん断力を減じ，それを震度に換算することになる．A_i に α_i を乗じると (最下層で 1 となる) 基準化層せん断力が次式のように得られる．

$$A_i \alpha_i = \left\{1 + \left(\frac{1}{\sqrt{\alpha_i}} - \alpha_i\right)\frac{2T}{1+3T}\right\}\alpha_i$$
$$= \alpha_i + \left(\sqrt{\alpha_i} - \alpha_i^2\right)\frac{2T}{1+3T} \tag{2.47}$$

上式と同様に直上層では i を $i+1$ に置き換えて次式が得られる。

$$A_{i+1}\,\alpha_{i+1} = \alpha_{i+1} + \left(\sqrt{\alpha_{i+1}} - \alpha_{i+1}^2\right)\frac{2T}{1+3T} \tag{2.48}$$

(2.47) 式から (2.48) 式を引いて $(\alpha_i - \alpha_{i+1})$ で除すと,震度を表す式が次のように得られる。

$$\frac{A_i\,\alpha_i - A_{i+1}\,\alpha_{i+1}}{\alpha_i - \alpha_{i+1}} = 1 + \left(\sqrt{\alpha_i} - \sqrt{\alpha_{i+1}} - \alpha_i^2 + \alpha_{i+1}^2\right)\frac{2T}{1+3T}\cdot\frac{1}{\alpha_i - \alpha_{i+1}} \tag{2.49}$$

上式の最後の部分に,次式の関係を代入すると,上の (2.49) 式は (2.43) 式の第2式となる。

$$\frac{1}{\alpha_i - \alpha_{i+1}} = \frac{\sum_{i=1}^{n} m_i}{m_i} \tag{2.50}$$

第5 層間変位

各階の層間変位は,損傷限界時に各階に生ずる層間変位とする。ただし,固有値解析などによって損傷限界応答周期 T_d を計算した場合は,その T_d における各階の層間変位とすることができる。

> **極稀地震に関する計算** 第6〜第9は極稀地震(安全限界)のみに関する計算の規定である。なお,第10には稀地震(損傷限界)に関する規定も含まれている。

第6 安全限界変位

1項 安全限界変位

安全限界変位は,保有水平耐力時にその階の1つの部材が次の (2.51) 式の限界変形角 R_u (rad) に達した時の層間変位以下とする。ただし,その部材を取り除いたと仮定しても架構が倒壊・崩壊に至らない場合は,その部材を取り除いた架構につ

2.3 限界耐力計算

いて安全限界変位を求めることができる。

$$R_u = R_b + R_s + R_x \quad (2.51)$$

ここで，R_b (rad) は次式による曲げに対する部材の変形角，R_s (rad) は安全限界耐力時の部材のせん断変形角，R_x (rad) は隣接部材との接合部における変形と構造形式に応じて求まる部材の変形角である。

$$R_b = \frac{\phi_y a}{3} + (\phi_u - \phi_y) l_p \left(1 - \frac{l_p}{2a}\right) \quad (2.52)$$

ここで，ϕ_y (rad/m) は損傷限界時の部材の曲率，a (m) は部材のせん断スパンで，部材の内法長さの 1/2，ϕ_u (rad/m) は部材の最大耐力時のヒンジ領域での曲率（ただし，安全限界耐力時に部材の耐力が低下していない場合はその曲率とすることができる），l_p (m) はヒンジ領域の長さである。

2 項　安全限界変位の高さに対する割合

　安全限界変位の各階の高さに対する割合は，1/75（木造階では 1/30）を超えないものとする。ただし，特別な調査研究による場合は，この限りではない。

解説「安全限界変位」

　部材の限界変形角 R_u が図 2.18 に示す曲げによる変形角 R_b，せん断による変形角 R_s，部材端部の接合部などによる変形角 R_x の 3 つの和であることを (2.51) 式は示している。

　曲げによる変形角 R_b が (2.52) 式のように少し複雑な形をしているのは，部材の長さ方向で曲げモーメント（それに比例する曲率も）が変化し，さらに部材端部に塑性ヒンジが生じている場合を考えているからである。

　すなわち，柱の中央に反曲点があり，上下で逆対称の変形をしているとして，柱の下半分を考える。図 2.19 の左のように，柱に損傷限界時のせん断力に相当する水平力 P が作用しているとすると，水平変位 δ_y は片持梁の弾性撓みの公式から次のようになる。

$$\delta_y = \frac{Pa^3}{3EI}$$

ここで，EI は柱の曲げ剛性である。

上式から損傷限界時の変形角は次式で与えられる。

$$R_y = \frac{\delta_y}{a}$$

上の 2 式から次式が得られる。

$$R_y = \frac{Pa^2}{3EI} = \frac{Pa}{EI}\frac{a}{3} \tag{2.53}$$

柱脚の曲げモーメント Pa を曲げ剛性 EI で除すと損傷限界時の曲率 ϕ_y、すなわち $Pa/(EI) = \phi_y$ となり、上式が次のように (2.52) 式の第 1 項となる。

$$R_y = \frac{\phi_y a}{3} \tag{2.54}$$

次に、端部に塑性ヒンジが生じたことによる変形角を考える。塑性ヒンジの曲率にヒンジの長さを乗じると回転角が得られる。安全限界時の曲率 ϕ_u には損傷限界時の回転角 ϕ_y が含まれているので、塑性による曲率 $(\phi_u - \phi_y)$ にヒンジの長さ l_p を乗じると回転角が得られ、これに $a' = a - l_p/2$ を乗じると変位 δ_u が得られる。それを a で除すと回転角 R_{uy} が次のように得られ、これが (2.52) 式の第 2 項となる。

$$R_{uy} = (\phi_u - \phi_y) l_p \frac{a - l_p/2}{a} = (\phi_u - \phi_y) l_p \left(1 - \frac{l_p}{2a}\right) \tag{2.55}$$

よって、(2.54) 式と (2.55) 式を加えると (2.52) 式が得られる。

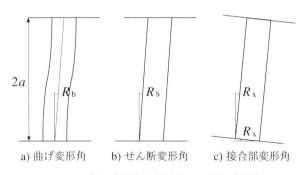

a) 曲げ変形角　　b) せん断変形角　　c) 接合部変形角

図 2.18　柱の変形角を構成する 3 種の変形角

2.3 限界耐力計算

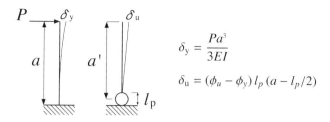

図 2.19 柱の曲げによる変位 δ_y とヒンジによる変位 δ_u

$$\delta_y = \frac{Pa^3}{3EI}$$

$$\delta_u = (\phi_u - \phi_y) l_p (a - l_p/2)$$

第7 安全限界応答周期

1項 安全限界応答周期

建築物の安全限界応答周期 T_s (s) は次式によって計算する。ただし，地盤調査によって地盤特性を求めた場合は周期調整係数 r を乗じることができる。また，次式の代わりに固有値解析などによって T_s を求めることができる。

$$T_s = 2\pi \sqrt{M_{us} \frac{\Delta_s}{Q_s}} \tag{2.56}$$

ここで，M_{us} (t) は建築物の安全限界時の有効質量で，次式による。

$$M_{us} = \frac{(\sum m_i \delta_{si})^2}{\sum m_i \delta_{si}^2} \tag{2.57}$$

ここで，m_i (t) は i 階の質量，δ_{si} (m) は次式による安全限界の地震力 P_{si}^* (kN) が生ずる際の i 階の基礎からの変位である。

$$P_{si}^* = \frac{B_{si} m_i}{\sum_{i=1}^{n} B_{si} m_i} Q_s \tag{2.58}$$

ここで，B_{si} は安全限界時の i 階の加速度分布係数，Q_s (kN) は建築物の安全限界耐力である。

Q_s (kN) は次式による1階の層せん断力係数（の換算値）q_{si} の最小値に建築物の全重量 (kN) を乗じて計算する。

$$q_{si} = \frac{Q_{ui}}{F_{ei} \frac{\sum_{i=i}^{n} B_{si} m_i}{\sum_{i=1}^{n} B_{si} m_i} \sum_{i=1}^{n} m_i g} \tag{2.59}$$

ここで，Q_{ui} (kN) は i 階の保有水平耐力，F_{ei} は i 階の形状係数，すなわち i 階の F_e の値である。

Δ_s (m) は建築物の安全限界代表変位で，次式によって計算する。

$$\Delta_s = \frac{\sum m_i \delta_{si}^2}{\sum m_i \delta_{si}} \tag{2.60}$$

2 項　安全限界の周期調整係数

安全限界の周期調整係数 r は，(2.29) 式によって T_d, M_{ud} をそれぞれ T_s, M_{us} に置き換えて損傷限界と同様に計算する。

3 項　靭性保証設計

安全限界時において，構造部材とその接合部が脆性的な破壊が生じないことを次によって確かめる。

1 号　塑性ヒンジ部材にあっては，1 項に規定する Δ_s を 1.5 倍し，塑性ヒンジ部材の変形角が第 6 の 1 項の限界変形角を超えないこと。

2 号　塑性ヒンジ部材以外にあっては，平成 19 年国土交通省告示第 594 号第 4 第 3 号[†]の構造計算を行う。

4 項　塔状比（架構の幅に対する高さの比）が 4 を超える場合，次の各号の層せん断力が作用した場合に，地盤の極限支持力を超えないこと，基礎杭・地盤アンカーの材料強度から計算した耐力ならびに圧縮と引抜きの極限支持力を超えないことを確かめる。ただし，特別な調査研究による場合はこの限りでない。

1 号　標準せん断力係数を 0.3 以上とした層せん断力
2 号　安全限界時の層せん断力

第 8　安全限界時の加速度分布係数

安全限界の加速度分布係数 B_{si} は第 4 の損傷限界の加速度分布係数 B_{di} の計算式において T_d, M_{ud}, b_{di} をそれぞれ T_s, M_{us}, b_{si} に置き換えて計算する。

[†] 保有水平耐力の計算方法の告示で局部座屈，せん断破壊等によって急激な耐力の低下が生ずるおそれのないことを確かめる。

2.3 限界耐力計算

第9 加速度低減率

1項 加速度低減率

加速度低減率 F_ζ は次式[†]によって計算する。ただし、地震応答に対する建築物またはその部材の減衰性から F_ζ を計算することができる場合は、その計算によることができる。

$$F_\zeta = \frac{1.5}{1 + 10\zeta} \tag{2.61}$$

> **解説「加速度低減率」**
>
> 構造物の地震応答は、構造物の減衰定数によって左右され、一般に減衰が大きいほど応答は小さくなる。しかし、特殊な減衰装置（ダンパー）などを用いる以外に、減衰の大きさを調整することは難しく、建築物の振動実験による過去の実測データなどから減衰定数を推測しているのが実状である。今までの解析などでは、減衰定数を 0.05（5%）としている場合が多く、(2.61) 式は $\zeta = 0.05$ の時に低減する必要のない 1.0 となり、減衰定数が大きくなるにつれ F_ζ の値は次第に小さくなっている。(2.61) 式では減衰定数を小さくすると F_ζ の値は次第に大きくなり、減衰定数を 0 とすると $F_\zeta = 1.5$ となる［図 2.20］。
>
> 他の基準でも同様な係数が取り入れられているが、(2.61) 式は減衰定数が大きくなった時に低減しすぎる傾向があり、危険側の値を与えることもある。このため、減衰定数が 20% を超える場合は、他の適切な式を用いることが望ましいことが解説書 [21] の 435 頁に記述されている。

2項 建築物の減衰定数

(2.61) 式の ζ は建築物の減衰定数で、次の各号のいずれかにより計算する（鉄筋コンクリート造などで弾性状態における剛性低下のおそれがある場合は、2 号を除く）。ただし、建築物またはその部材を弾性と見なして粘性減衰定数によって減衰性を表すことができる場合は、その値によることができる。

[†] 同様の係数がユーロコードでは (8.24) 式［317 頁］のように与えられており、参考のため図 2.20 に点線で示してある。なお、本書では減衰定数を表す記号として（h ではなく）ζ を用いている。

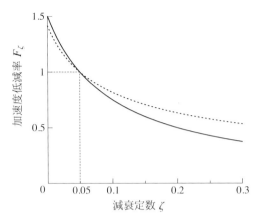

図 2.20　加速度低減率 F_ζ

(実線は (2.61) 式，点線はユーロコード (8.24) 式 [317 頁] を示している。)

1 号　建築物の減衰定数 ζ を部材の減衰定数 $_m\zeta_{ei}$ から求める場合は，次式による．

$$\zeta = \frac{\sum_{i=1}^{N}(_m\zeta_{ei} \cdot {_mE_i})}{\sum_{i=1}^{N} {_mE_i}} + 0.05 \tag{2.62}$$

ここで，$_mE_i$ (kN·m)[†] は建築物の安全限界変形時の各部材の変形とその時の部材の耐力の積の 1/2，N は部材の総数である．

イ　木造，鉄骨造，鉄筋コンクリート造の部材の減衰定数 $_m\zeta_{ei}$ は次式によって計算する．

$$_m\zeta_{ei} = \gamma_1 (1 - 1/\sqrt{_mD_{fi}}) \tag{2.63}$$

ここで，

$$\gamma_1 = \begin{cases} 0.25 & \text{隣接部材と緊結されている部材} \\ 0.20 & \text{その他の部材と座屈が生ずる圧縮筋かい} \end{cases} \tag{2.64}$$

$_mD_{fi}$ は各部材の塑性の程度[‡]を表し，次式により計算する．

$$_mD_{fi} = \frac{_m\delta_{si}}{_m\delta_{di}} \geq 1 \tag{2.65}$$

[†] 建築基準法に基づく告示ではエネルギー (Energy) や仕事 (Work) を表すのに記号 W が用いられているが，本書では E を用いる．

[‡] 一般には，塑性率（ダクティリティ・ファクター，ductility factor）といわれるもので，記号は μ で表されることが多い．

2.3 限界耐力計算

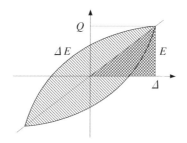

図 2.21　歪みエネルギー E と消費エネルギー ΔE

ここで，${}_m\delta_{si}$ (m) は建築物の安全限界変位時に各部材に生ずる変形，${}_m\delta_{di}$ (m) は各部材の損傷限界時の変形である。

☐ 木造，鉄骨造，鉄筋コンクリート造以外の減衰定数 ${}_m\zeta_{ei}$ は，γ_1 を 0.25 とした (2.63) 式の値を上限とし，次式によって求める安全限界時の等価粘性減衰定数を 0.8 倍した数値以下とする。

$${}_m\zeta_{ei} = \frac{1}{4\pi} \frac{\Delta E_i}{{}_m E_i} \tag{2.66}$$

ここで，ΔE_i (kN·m) は安全限界時に生ずる各部材の変形を最大点とする履歴特性曲線で囲まれる面積，${}_m E_i$ (kN·m) は安全限界時に生ずる各部材の変形とその際の部材の耐力の積の 1/2 とする。

> **解説「部材の減衰定数から建築物の減衰定数を求める」**
>
> 　変形と耐力の積の 1/2 はその時に蓄えられるエネルギーの大きさ ${}_m E_i$ を表しているので，(2.62) 式右辺の第 1 項は全部材の履歴減衰による減衰定数 ${}_m\zeta_{ei}$ を歪みエネルギー ${}_m E_i$ で重み付けした減衰定数を表していることになる。第 2 項の 0.05 は構造物が弾性範囲にあっても一般に想定している減衰定数の値で，これに第 1 項の履歴減衰を加え，建築物全体の減衰定数を求めているのが (2.62) 式である。
>
> 　木造，鉄骨造，鉄筋コンクリート造部材の減衰定数を示す (2.63) 式は，剛性低下バイリニアの履歴特性から得られる 6.3 節の (6.49) 式 [253 頁] に示す理論式を基に，地震応答解析から得られた係数を用いた実験（経験）式である。係数 γ_1 は，理論的には $2/\pi \approx 0.64$ となるが，減衰を高く評価しすぎないように低減し，0.25 または 0.20 が用いられるようになっている。
>
> 　(2.63) 式を用いると減衰定数は，塑性率を表している ${}_m D_{fi}$ を 1 とすると 0 とな

り，当然ながら履歴による減衰は生じないことになる．塑性率が大きくなり，（例えば）塑性率が 4 となると減衰定数は（γ_1 の 1/2 となるので）0.125 または 0.10 となり，塑性率が無限大になると減衰定数は（γ_1 に等しくなるので）0.25 または 0.20 となることを (2.63) 式は示している．

(2.64) 式の γ_1 の値は，地震応答解析から経験的に与えられたもので，部材の両端が他の部材に緊結されている場合には部材の減衰が大きく，座屈を生ずるような場合には減衰が小さくなるということを考慮している．

(2.65) 式は，右辺が部材の安全限界時の変形を損傷限界時の変形で除した値であるので，安全限界時の（損傷限界時に対する）塑性率を表している．

一般に荷重と変位の関係が図 2.21 のような紡錘形とすると，変位 Δ と荷重 Q の積に 1/2 を乗じると，その時に蓄えられるエネルギー E（図の網目の三角形の面積）となる．図の斜線の紡錘形の面積は 1 サイクル（周期）ごとに消費されるエネルギー ΔE を表し，これから等価粘性に置き換えて減衰定数 ζ を求めると次式となる（6.3 節の中の (6.47) 式［253 頁］を誘導した部分参照）．

$$\zeta = \frac{1}{4\pi} \frac{\Delta E}{E} \tag{2.67}$$

上式に添字を付けたものが (2.66) 式である．この式は理論的に導かれたが，減衰係数を大きく見積もりすぎる危険性があるため，0.8 を乗じた値以下とし，さらに (2.63) 式で $\gamma_1 = 0.25$ とした値を上限としている．

2 号 前号において $_mD_{fi}$ が 1 以上である部材について，γ_1 がすべて等しい場合は，建築物の減衰定数 ζ を次式によって計算することができる．

$$\zeta = \gamma_1(1 - 1/\sqrt{D_f}) + 0.05 \tag{2.68}$$

ここで，γ_1 は (2.64) 式により，D_f は建築物の塑性の程度を表す数値で次式によって計算する．

$$D_f = \frac{\Delta_s}{\Delta_d} \frac{Q_d}{Q_s} \geq 1 \tag{2.69}$$

ここで，Δ_s (m) は安全限界代表変位，Q_d (kN) は損傷限界耐力，Δ_d (m) は損傷限界代表変位，Q_s (kN) は安全限界耐力である．

解説「建築物全体の塑性率から減衰定数を求める」

(2.68) 式は（部材からではなく）建築物全体の塑性率から減衰定数を求める場合

2.3 限界耐力計算

に用いる．右辺の第 1 項は (2.63) 式と同じであり，0.05 が加算されているのは，塑性を考えない場合においても一般に減衰定数を 0.05 としていることを考慮しているからである．なお，(2.63) 式では 0.05 が加算されていないのは，(2.62) 式で部材ごとに 0.05 がすでに加算されているからである．

建築物全体の塑性率を図 2.22 から考えてみる．損傷限界時に対する安全限界時の塑性率を単に限界変形の比 Δ_s/Δ_d で表すと，塑性率を大きく見積もりすぎ，危険側の値となる可能性がある．このため，図 2.22 の Δ'_d に対する塑性率を求めるのが (2.69) 式である．

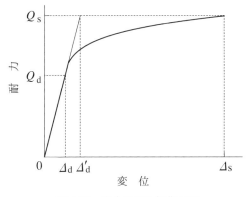

図 2.22 安全限界と損傷限界

3 号 減衰定数 ζ を建築物に生ずる水平力とそれによって建築物に生ずる変位の関係†から求める場合は，次式による．

$$\zeta = \gamma_1(1 - 1/\sqrt{D_f}) + 0.05 \qquad (2.70)$$

ここで，γ_1 は 1 号の (2.64) 式の係数，D_f は建築物の塑性率で，次式による．

$$D_f = \Delta_s/\Delta_y \geqq 1 \qquad (2.71)$$

ここで，Δ_s (m) は第 7 の (2.60) 式による建築物の安全限界代表変位，Δ_y (m) は図 2.23 の点 X_2 における建築物の変位である．

---

† 図 2.23 に示すように，本告示では「特性曲線」といっているが，一般には「荷重変位（変形）曲線」と呼ばれることが多い．

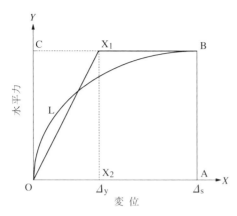

図 2.23 建築物に生じる水平力と変位

解説「等価バイリニア履歴」
　等価バイリニア履歴に置き換えて塑性率を算出する際には，2 次勾配は 0 とすることが原則である．ただし，応答変位を精算する場合は，その応答変位を安全限界とし，その点での接線を 2 次勾配とすることができる．

4 号　地盤調査によって地盤特性を求めた場合は，建築物の減衰定数 ζ を次式によって計算することができる．

$$\zeta = \frac{1}{r^3}\left\{\zeta_{sw}\left(\frac{T_{sw}}{T_s}\right)^3 + \zeta_{ro}\left(\frac{T_{ro}}{T_s}\right)^3 + \zeta_b\right\} \tag{2.72}$$

ここで，r は安全限界時の周期調整係数，$\zeta_{sw} \leqq 0.3$（上限）は水平地盤粘性減衰定数，$\zeta_{ro} \leqq 0.15$（上限）は回転地盤粘性減衰定数，ζ_b は前の 1 号または 2 号で求めた建築物の地上部分の減衰定数，T_s (s) は安全限界応答周期，T_{sw} (s) は安全限界時のスウェイ固有周期，T_{ro} (s) は安全限界時のロッキング固有周期である．

解説「スウェイ，ロッキングを考慮した減衰定数の考え方」
　すでに示した図 2.17［61 頁］の右図のような SR モデルを考える．このモデル

2.3 限界耐力計算

の場合，質点 M の水平方向の全体変位 x_t は次式で表される。

$$x_t = x + x_s + x_r = x + x_s + \theta H \tag{2.73}$$

ここで，x は基礎固定時の変位，x_s はスウェイによる変位，x_r はロッキングによる変位，θ はロッキングによる回転角，H は質点の高さである。

この時の歪みエネルギー E は次式で表される。

$$E = \frac{1}{2}(Kx^2 + K_s x_s^2 + K_r \theta_r^2) = \frac{1}{2} K_t x_t^2 \tag{2.74}$$

ここで，K は基礎固定時の剛性，K_s はスウェイによる剛性，K_r はロッキングによる剛性，K_t はスウェイとロッキングを含めた全体剛性である。

一方，減衰による消費（吸収）エネルギー ΔE は次式で表される（6.3 節の (6.47) 式［253 頁］を誘導した部分参照）。

$$\Delta E = \pi \omega c_t x_t^2 = \pi \omega (c x^2 + c_s x_s^2 + c_r \theta^2) \tag{2.75}$$

ここで，ω は円振動数，c_t はスウェイとロッキングを含めた全体の減衰係数，c は基礎固定時の減衰係数，c_s はスウェイの減衰係数，c_r はロッキングの減衰係数である。

(2.67) 式と上の 2 式を用いると次のようになる。

$$\zeta_t = \frac{1}{4\pi} \frac{\Delta E}{E} = \frac{\pi \omega (c x^2 + c_s x_s^2 + c_r \theta^2)}{2\pi K_t x_t^2} \tag{2.76}$$

次の関係を用いて，上式を整理する。

$$\zeta = \frac{c}{2\sqrt{MK}} \qquad \zeta_s = \frac{c_s}{2\sqrt{MK_s}} \qquad \zeta_r = \frac{c_r}{2\sqrt{MH^2 K_r}}$$

$$\frac{x}{x_t} = \frac{K}{K_t} = \left(\frac{T}{T_t}\right)^2 \qquad \frac{x_s}{x_t} = \frac{K_s}{K_t} = \left(\frac{T_s}{T_t}\right)^2 \qquad \frac{x_r}{x_t} = \frac{H^2 K_r}{K_t} = \left(\frac{T_r}{T_t}\right)^2$$

ここで，ζ は基礎固定時の減衰定数，ζ_s はスウェイによる減衰定数，ζ_r はロッキングによる減衰定数，T は基礎固定時の固有周期，T_s はスウェイによる固有周期，T_r はロッキングによる固有周期，T_t はスウェイとロッキングを含めた全体の固有周期である。

(2.76) 式の右辺の括弧をはずし，第 1 項を計算すると次のようになる．

$$\frac{\pi \omega c\, x^2}{2\pi K_{\mathrm{t}} x_{\mathrm{t}}^2} = \frac{\omega}{2K_{\mathrm{t}}}\frac{x^2}{x_{\mathrm{t}}^2}2\zeta\sqrt{MK} = \zeta\left(\frac{T}{T_{\mathrm{t}}}\right)^4 \frac{1}{K_{\mathrm{t}}}\sqrt{\frac{K_{\mathrm{t}}}{M}}\sqrt{MK}$$

$$= \zeta\left(\frac{T}{T_{\mathrm{t}}}\right)^4 \sqrt{\frac{M}{K_{\mathrm{t}}}}\sqrt{\frac{K}{M}} = \zeta\left(\frac{T}{T_{\mathrm{t}}}\right)^4 \frac{T_{\mathrm{t}}}{T} = \zeta\left(\frac{T}{T_{\mathrm{t}}}\right)^3$$

よって，(2.76) 式から全体の減衰定数 ζ_{t} が次式のように得られる．

$$\zeta_{\mathrm{t}} = \zeta\left(\frac{T}{T_{\mathrm{t}}}\right)^3 + \zeta_{\mathrm{s}}\left(\frac{T_{\mathrm{s}}}{T_{\mathrm{t}}}\right)^3 + \zeta_{\mathrm{r}}\left(\frac{T_{\mathrm{r}}}{T_{\mathrm{t}}}\right)^3 \tag{2.77}$$

上式に (2.29) 式 ［61 頁］ の周期調整係数 r を用いると次式のようになる．

$$\zeta_{\mathrm{t}} = \frac{1}{r^3}\left\{\zeta_{\mathrm{s}}\left(\frac{T_{\mathrm{s}}}{T_{\mathrm{t}}}\right)^3 + \zeta_{\mathrm{r}}\left(\frac{T_{\mathrm{r}}}{T_{\mathrm{t}}}\right)^3 + \zeta\right\} \tag{2.78}$$

上式の添字を若干変えると (2.72) 式が得られる．

第 10　表層地盤の加速度増幅率

1 項　表層地盤の加速度増幅率

工学的基盤以浅にある表層地盤の加速度増幅率 G_{s} は，第 1 種地盤の場合は，次式によって計算する．

$$G_{\mathrm{s}} = \begin{cases} 1.5 & T < 0.576 \text{ の場合} \\ \dfrac{0.864}{T} & 0.576 \leq T < 0.64 \text{ の場合} \\ 1.35 & 0.64 \leq T \text{ の場合} \end{cases} \tag{2.79}$$

ここで，T (s) は建築物の応答（固有）周期である．

第 2 種地盤または第 3 種地盤の場合は，次式によって計算する．

$$G_{\mathrm{s}} = \begin{cases} 1.5 & T < 0.64 \text{ の場合} \\ 1.5\left(\dfrac{T}{0.64}\right) & 0.64 \leq T < T_{\mathrm{u}} \text{ の場合} \\ g_{\mathrm{v}} & T_{\mathrm{u}} \leq T \text{ の場合} \end{cases} \tag{2.80}$$

ここで，

$$T_{\mathrm{u}} = 0.64\left(\frac{g_{\mathrm{v}}}{1.5}\right) \tag{2.81}$$

2.3 限界耐力計算

$$g_v = \begin{cases} 2.025 & \text{第 2 種地盤の場合} \\ 2.7 & \text{第 3 種地盤の場合} \end{cases} \tag{2.82}$$

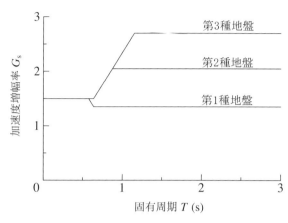

図 2.24　表層地盤の加速度増幅率 G_s

> **解説「加速度増幅率を地盤種別から求める」**
>
> 　1 項では，損傷限界と安全限界にも適用することができる加速度増幅率 G_s を地盤種別から求める方法が示されている．この場合，地盤種別から (2.79) 式または (2.80) 式から G_s が算定できる．この結果得られる第 1～3 種地盤の G_s を図 2.24 に示す．短周期で 1.5，長周期では第 2 種地盤でおよそ 2.0（正確には 2.025）となっているのは，図 2.13［55 頁］の説明を行った 54 頁からの解説「加速度応答スペクトル」で示しているので参照してほしい．
>
> 　なお，安全限界に対しては次の 2 項のように，表層地盤の特性から求める方法もある．

次の項は安全限界のみに対して適用される．

2 項　前項の規定にかかわらず安全限界に対しては，地盤の液状化による表層地盤の変形による影響が G_s の計算に支障を生ずるおそれがなく，崖地その他の傾斜した地盤またはその近傍にない場合（特別な調査研究に基づき加速度増幅率を計算できる場合を除く）は，次の 1 号～3 号によって G_s を計算することができる．

1 号　地盤調査によって，次に適合する工学的基盤を有することを確かめる．

イ 地盤のせん断波速度 ≧ 400 (m/s)
ロ 地盤の厚さ ≧ 5 (m)
ハ 表層地盤の厚さの5倍程度の範囲において，地盤の深さが一様 ≦ 5°（ただし特別な調査研究に基づく場合を除く。）

2号 表層地盤の加速度増幅率 G_s は建築物の安全限界応答周期に応じて表 2.7 によって計算する。G_s は 1.23 以上とし，建築物と表層地盤との相互作用を考慮して相互作用に関する係数 β を G_s に乗じることができる。ただし，表層地盤に伝わる弾性波の実測に基づき G_s を計算する場合にあっては，その計算によることができる。

表 2.7 表層地盤の加速度増幅率 G_s
（相互作用に関する係数 β を乗じることができる）

T	$G_s \geq 1.23$
$T \leq 0.8\,T_2$	$G_{s2} \dfrac{T}{0.8\,T_2}$
$0.8\,T_2 < T \leq 0.8\,T_1$	$\dfrac{G_{s1} - G_{s2}}{0.8(T_1 - T_2)} T + G_{s2} - 0.8 \dfrac{G_{s1} - G_{s2}}{0.8(T_1 - T_2)} T_2$
$0.8\,T_1 < T \leq 1.2\,T_1$	G_{s1}
$1.2\,T_1 < T$	$\dfrac{G_{s1} - 1}{\dfrac{1}{1.2\,T_1} - 0.1} \dfrac{1}{T} + G_{s1} - \dfrac{G_{s1} - 1}{\dfrac{1}{1.2\,T_1} - 0.1} \dfrac{1}{1.2\,T_1}$

T (s)：建築物の安全限界応答周期

解説「表層地盤の加速度増幅率」

表層地盤の加速度増幅率 G_s を与える表 2.7 の式は少し複雑に見えるかもしれないが，図で表示すると例えば図 2.25 のようになる（G_{s1} と G_{s2} には (2.93) 式と (2.94) 式を用い，$\zeta = 0.15$，$\alpha = 0.2$，$T_1 = 1$(s) として算定）。

表層地盤の1次卓越周期の近く（$0.8\,T_1 < T \leq 1.2\,T_1$）では G_s は1次卓越周期の増幅率 G_{s1} に等しい（図の点 B～C 間）。G_s は原点 O から $T = 0.8\,T_2 = 0.8\,T_1/3$ で G_{s2} になる点 A まで直線的に増加し，そこからも直線的に点 B まで増加している。点 C 以降は双曲線で減少していくが，周期が無限大となるにつれ表 2.7 の最後の式の第2項と第3項の和（式を変形すると1より若干小さめの値）に収束していく。なお，G_s には下限値が 1.23 と定められている。

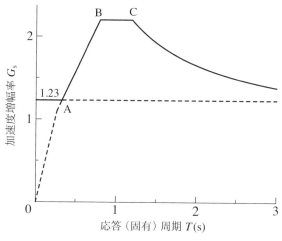

図 2.25 表層地盤の加速度増幅率 G_s

イ 表 2.7 において，表層地盤の 1 次卓越周期 T_1 (s) と 2 次卓越周期 T_2 (s) は次式によって計算する。

$$T_1 = \frac{4(\sum H_i)^2}{\sum \sqrt{\frac{G_i}{\rho_i}} H_i} \qquad T_2 = \frac{T_1}{3} \tag{2.83}$$

ここで，H_i (m) は地盤の i 層の層厚，ρ_i (t/m³) は地盤の i 層の密度，G_i は地盤の i 層のせん断剛性で，次式によって計算する[†]。

$$G_i = r_{Gi} G_{0i} \tag{2.84}$$

ここで，r_{Gi} は地盤の i 層のせん断剛性低減係数，地盤の i 層の基本せん断剛性 G_{0i} は次式により計算する。

$$G_{0i} = \rho_i V_{si}^2 \tag{2.85}$$

ここで，V_{si} (m/s) は地盤の i 層のせん断波速度である。

解説「表層地盤の卓越周期」

図 2.26 a) のような工学的基盤の上に n 層よりなる成層地盤があるとし，各々の

[†] 告示では式ではなく文章で示されており，低減係数の記号 r_{Gi} もここで導入したものである。

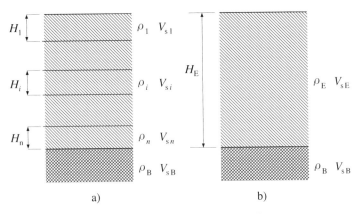

図 2.26 成層地盤と等価な 2 層地盤

層は,層厚 H_i,密度(単位体積質量)ρ_i,せん断波速度 V_{si} とする。この表層にある成層地盤を同図 b) のような等価な表層地盤に置き換える。この等価な表層地盤において,層厚 H_E,密度(単位体積質量)ρ_E,せん断波速度 V_E として,次式の関係があるとする。

すなわち,表層地盤の厚さについては次の関係がある。

$$H_E = \sum H_i$$

せん断波速度については,各層の厚みで重みづけた各層のせん断波速度の平均に等しいとすると,次式が得られる。

$$V_E = \frac{\sum(V_{si}H_i)}{\sum H_i}$$

一般に,せん断変形が支配的な地層について,せん断波速度,せん断剛性,密度(単位体積質量)には次の関係がある(5.4 節の (5.51) 式 [222 頁] 参照)。

$$V_{si} = \sqrt{\frac{G_i}{\rho_i}} \tag{2.86}$$

2.3 限界耐力計算

上式の関係を用い (2.83) 式を変形すると次のようになる。

$$T_1 = \frac{4(\sum H_i)^2}{\sum \sqrt{\frac{G_i}{\rho_i}} H_i} = \frac{4 \sum H_i}{\frac{\sum (V_{si} H_i)}{\sum H_i}} = \frac{4 H_E}{V_{sE}}$$

すなわち，(2.83) 式の第 1 式は厚さ H_E，せん断波速度 V_{sE} のせん断地盤における，基部固定・上部自由の 1 次固有周期を表している。

上式は，基部固定の均質なせん断棒に適用できるので，（高さ H のせん断棒と見なすことができる）高さ H のせん断型建築物や厚さ H の表層地盤において，1 次固有周期 T，せん断波速度 V_s の間には一般に次の関係がある。

$$T = \frac{4H}{V_s} \tag{2.87}$$

上式の関係は「1/4 波長則」と呼ばれている [26]。

基部固定・上部自由の均一せん断部材の場合と同様で，(5.24) 式 [207 頁] からも分かるように j 次の卓越周期は $T_j = T_1/(2j-1)$ で表されるので，(2.83) 式の第 2 式は基部固定・上部自由のせん断部材の 2 次固有周期を表している。

(2.84) 式はせん断歪みが大きくなると，せん断剛性が低くなることを考慮するもので，旧告示では低減係数が表形式で与えられており，それを図で示したものが図 2.27 である。

(2.86) 式を変形すると，（せん断変形が支配的な場合に共通する）次式が得られる。

$$G_i = \rho_i V_{si}^2$$

上式の添字を少し変え，せん断歪みが小さい場合に限定して表現したのが (2.85) 式である。極稀地震（大地震動）時を想定し，せん断歪みが大きくなっても適用できるように，(2.84) 式には低減係数 r_{Gi} が乗じられている。

解説「地盤のせん断剛性低減係数と減衰定数」

旧告示では表で与えられていた地盤のせん断剛性低減係数［図 2.27］と地盤の減衰定数［図 2.28］は，次に示す大崎・原式と呼ばれる一連の式から求められていた [26, 27]。

大崎・原式ではせん断応力度 τ を与えるとせん断剛性低減係数 r_G が次のよう

に求まる．

$$r_G = \frac{G}{G_0} = \frac{1}{1+\alpha\left|\frac{\tau}{\tau_f}\right|^\beta} \tag{2.88}$$

ここで，α と β は地盤のパラメータ，τ_f は地盤のせん断強度である．

地盤の減衰定数 ζ は次式によって求まる．

$$\zeta = \frac{2}{\pi}\frac{\beta}{\beta+2}\left(1 - \frac{G}{G_0}\right) \tag{2.89}$$

なお，せん断歪み度 γ は次式で算定される．

$$\gamma = \frac{\tau_f}{G_0}\frac{\tau}{\tau_f}\left(1+\alpha\left|\frac{\tau}{\tau_f}\right|^\beta\right) \tag{2.90}$$

各パラメータの値は，粘性土で $\alpha = 10, \beta = 1.6, G_0/\tau_f = 1100$，砂質土で $\alpha = 5, \beta = 1.4, G_0/\tau_f = 600$ である．

以上のように，大崎・原式ではせん断歪み度 γ を与え剛性低減係数と減衰係数を求めるのではなく，せん断応力度 τ を与えると，その他の値が算定される．このため，旧告示ではせん断歪み度に対する剛性低減係数と減衰定数が表形式で与えられており，それらを図で示したが図 2.27 と図 2.28 である．

2007 年版の解説書 [21] では，代表的な土の非線形モデルとして Hardin-Drnevich (HD) モデルを次のように紹介している [27]．

せん断剛性低減係数 r_G と地盤の減衰定数 ζ は次式のように表される．

$$r_G = \frac{G}{G_0} = \frac{1}{1+\gamma/\gamma_{0.5}} \tag{2.91}$$

$$\zeta = \zeta_{max}(1 - G/G_0) \tag{2.92}$$

ここで，$\gamma_{0.5}$ は基準せん断歪み ($G/G_0 = 0.5$ でのせん断歪み)，ζ_{max} は最大減衰定数で，それらの値は粘性土で $\gamma_{0.5} = 0.18\%$, $\zeta_{max} = 17\%$，砂質土で $\gamma_{0.5} = 0.10\%$, $\zeta_{max} = 21\%$ である．

試験結果との比較によると，Hardin-Drnevich モデルの方が平均値に近い値を与えている．旧告示モデルでは，減衰定数を大きく評価する傾向がある．よって，旧告示モデルを用いる際には，減衰定数の設定において安全率を適切に評価する必要がある．

2.3 限界耐力計算

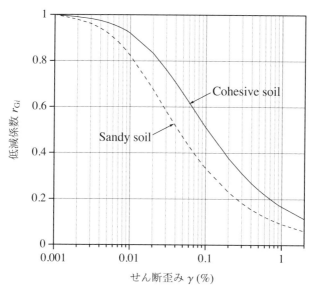

図 2.27 旧告示で示されていた地盤のせん断剛性低減係数 r_{Gi}
（実線は粘性土，点線は砂質土）

□ 表層地盤の1次卓越周期の増幅率 G_{s1} と2次卓越周期の増幅率 G_{s2} は，次式によって計算する。

$$G_{s1} = \frac{1}{1.57\zeta + \alpha} \geqq 1.2 \qquad (2.93)$$

$$G_{s2} = \frac{1}{4.71\zeta + \alpha} \qquad (2.94)$$

ここで，α は波動インピーダンス比[†]で，次式によって計算する。

$$\alpha = \frac{\sum \sqrt{\frac{G_i}{\rho_i}} H_i \cdot \sum \rho_i H_i}{(\sum H_i)^2} \cdot \frac{1}{\rho_B V_B} \qquad (2.95)$$

ここで，ρ_B (t/m³) は工学的基盤の密度，V_B (m/s) は工学的基盤のせん断波速度である。

[†] (5.81) 式 [228 頁] の複素波動インピーダンス比参照。

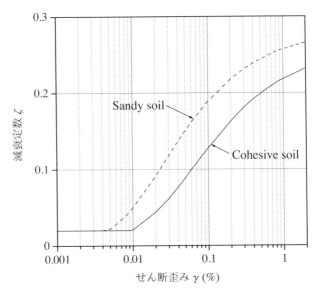

図 2.28　旧告示で示されていた地盤の減衰定数
（実線は粘性土，点線は砂質土）

表層地盤の減衰定数は次式によって計算する．

$$\zeta = \frac{\sum \zeta_i E_i}{\sum E_i} \geq 0.05 \tag{2.96}$$

ここで，ζ_i は表層地盤の i 層の減衰定数，E_i は表層地盤の i 層の最大弾性歪エネルギーで，次式により計算する．

$$E_i = \frac{G_i}{2H_i}(u_i - u_{i-1})^2 \tag{2.97}$$

ここで，u_i (m) は i 層最上部の工学的基盤からの相対変位である．

解説「表層地盤の 1 次，2 次卓越周期の増幅率」
　表層地盤の 1 次卓越周期の増幅率 G_{s1} は (2.93) 式，2 次卓越周期の増幅率 G_{s2} は (2.94) 式で求めるが，これらの式は理論式を基に安全側に求めた近似式で，次のように表される [5.4 節（220 頁）]．

2.3 限界耐力計算

$$G_{sj} = \cfrac{1}{\cfrac{2j-1}{2}\pi\zeta + \alpha} \qquad (2.98)$$

これらの式を示したのが図 2.29 である．当然のことであるが，減衰が小さいほど，また波動インピーダンス比 α が小さいほど G_{s1} と G_{s2} は大きくなる．

(2.95) 式で表される波動インピーダンス比 α は，すでに述べた G_i, ρ_i の関係を用いると次のようになる．

$$\alpha = \frac{\sum \sqrt{\frac{G_i}{\rho_i}} H_i \cdot \sum \rho_i H_i}{(\sum H_i)^2} \cdot \frac{1}{\rho_B V_B} = \frac{\sum(V_{si} H_i)}{\sum H_i} \frac{\sum \rho_i H_i}{\sum H_i} \cdot \frac{1}{\rho_B V_B}$$
$$= V_{sE}\rho_E \cdot \frac{1}{\rho_B V_B} = \frac{\rho_E V_{sE}}{\rho_B V_B}$$

上式が表層地盤と工学的基盤の波動インピーダンス比 [28] を表しており，$V_s = \sqrt{G/\rho}$ の関係を用いると次のようにも表現できる．

$$\alpha = \frac{\rho_E V_{sE}}{\rho_B V_B} = \sqrt{\frac{\rho_E G_E}{\rho_B G_B}} \qquad (2.99)$$

なお，上式と比較するため (5.81) 式［228 頁］の複素波動インピーダンス比も参照してほしい．

解説「表層地盤の減衰定数」

表層地盤の減衰定数 ζ は (2.96) 式で求めるが，この式は，各層の減衰定数を各層の歪みエネルギー E_i で重み付けした平均として表層地盤の減衰定数を求めることを示している．なお，表層地盤の減衰定数が 0.05 を下回っても 0.05 とし，建築物の減衰定数としてよく用いられている値を用いるようになっている．

（旧告示では，各層の減衰定数が数表として与えられており，これを図示したのが図 2.28 である．しかし，この図に示されている減衰定数の値は減衰を大きめに評価する傾向があり，このために旧告示では減衰を過大に評価しないように (2.96) 式には 0.8 が乗じられていた．）

一般に，剛性 k の系に力 P を加えた時，変位 x が生じたとすると，弾性歪みエ

ネルギー E は次式で表される。

$$E = \frac{1}{2}Px = \frac{1}{2}kx^2$$

上式の後の等式には $P = kx$ の関係が用いられている。

以上と同じことを厚さ H の地層で考え，せん断剛性 G，せん断力 Q，変位 u とする。せん断変形 γ とせん断力 Q は次式で与えられる。

$$\gamma = \frac{u}{H} \qquad Q = G\gamma = G\frac{u}{H}$$

よって，せん断力 Q に変位 u を乗じて 1/2 倍したものが次式のように歪みエネルギー E となる。

$$E = \frac{1}{2}Qu = \frac{1}{2}G\frac{u}{H}u = \frac{G}{2H}u^2$$

上式を，成層地盤の i 層について考え，変位は隣接する層との相対変位 ($u_i - u_{i-1}$) とし，他の記号に添字 i を付けると (2.97) 式となる。

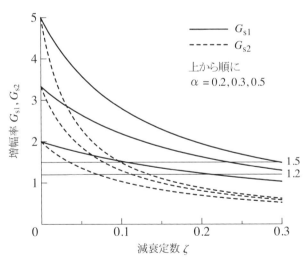

図 2.29 表層地盤の増幅率 G_{s1}, G_{s2}（α はインピーダンス比）

2.3 限界耐力計算

> 次のハの相互作用に関する係数 β は極稀地震（安全限界）のみに適用する。

ハ 建築物と表層地盤との相互作用に関する係数 β は，次式によって計算する．

$$\beta = \frac{K_{hb}\left\{1-\left(1-\dfrac{1}{G_s}\right)\dfrac{D_e}{\sum H_i}\right\}+K_{he}}{K_{hb}+K_{he}} \geq 0.75 \qquad (2.100)$$

ここで，K_{hb} (kN/m) は建築物の地下部分の底面における水平地盤ばね定数，G_s は表 2.7 によって計算する値，H_i (m) は地盤の i 層の層厚，D_e (m) は地表面から基礎底面までの深さ，K_{he} (kN/m) は建築物の地下部分の側面における水平地盤ばね定数である．

> 解説「相互作用による係数」

(2.100) 式は多少複雑であるので，図 2.30 を使い，この式の意味を考えてみる．

図 2.26 b)［82 頁］のような地盤において，工学的基盤面の地震動が地表面で G_s 倍になったとする．すなわち，図 2.30 の上下に示した値のように，地震動が地表面で 1，工学的基盤面で $1/G_s$ となる場合を考える．基礎底面の地表面からの深さを D とし，表層地盤の厚さを H として，図 2.30 の基礎底面位置での B の値を計算すると次のようになる．

$$B = 1-\left(1-\dfrac{1}{G_s}\right)\dfrac{D}{H} \qquad (2.101)$$

D を D_e に置き換え，$H = \sum H_i$ と表すと，上式は (2.100) 式の { } 内の値を表していることになる．よって，上式を使って (2.100) 式を表すと次のようになる．

$$\beta = \frac{K_{hb}\,B+K_{he}}{K_{hb}+K_{he}} \geq 0.75 \qquad (2.102)$$

一般に，地下階のある建築物への地震力は，基礎底面から生ずる地震力と地下階の外周壁から生ずる地震力の和として算定される．

よって，(2.100) 式は，地下階のある建築物への地震力は，（ばね定数 K_{hb} によって生ずる）基礎底面には地表面の B 倍の（一般には地表面より少し小さくなる）地震力が作用し，（ばね定数 K_{he} によって生ずる）地下階の外周面から生ずる地震力には影響しないとして得られる地震力の比を，相互作用の係数 β として求めていることになる．なお，(2.100) 式の下限値 0.75 はこの低減係数によって地震力が極端に小さく算定されることを防ぐためである．

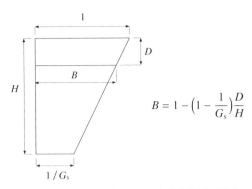

図 2.30　表層地盤による地震動増幅の模式図

3 号　表層地盤の各層について，その上層においてせん断波速度に地盤密度を乗じた値が 2 倍程度変化する場合は，その層を工学的基盤とみなして G_s を計算し，前号の規定による値との大きな方を G_s とする。

以上で説明した平 12 建告 1457「限界耐力計算告示」には**第 11 屋根ふき材等**，**第 12 土砂災害特別警戒区域**の規定があるが，耐震規定以外の部分が大半のため，本書では省略する。

ちょっと一言「限界耐力計算の使用に際して」

　限界耐力計算は，概説の 49 頁で説明したように，新耐震に比べて，(1) 地震時の**応答変位**の計算，(2) **地盤特性**を考慮した地震力，(3) 建築物と地盤の**相互作用**の導入，(4) 加速度**応答スペクトル**から計算する地震力などの特徴がある。しかし，限界耐力計算で想定している地震は新耐震と同じで，稀地震＝中地震動，極稀地震＝大地震動である。よって，限界耐力計算を用いたからといって，設計した建築物の耐震性が高まるということにはならない。

　限界耐力計算が新耐震より優っているのは，より精緻な地震力の計算と，それに基づく地震時の応答変位を計算し，これからの耐震設計が目指すであろう，性能設計に対応できるという点にある。しかし，実際の設計では，新耐震と限界耐力計算の両方で構造計算を行い，結局は経済設計となる方を選択しているような話を聞くことがある。この真偽は分からないが，単に経済設計のためではなく，地震時の建築物の被害程度を想定した設計ができるという，限界耐力計算の本来の趣旨が生かされるようになることを強く期待している。

2.4 免震告示

平成12年建設省告示2009号「免震構造物の構造方法に関する安全上必要な技術基準」（以下，平12建告2009「免震構造告示」，平27国交告184改正）は，次のように第1〜第6よりなっている。

第1 **用語** 本告示で用いる用語を定義している。
第2 **構造方法** 「構造計算方法」のことで，構造方法1,2,3がある。なお，構造方法1に対する地盤の規定もある。
第3 **基礎の構造** 構造方法1（一部は構造方法2）に適用する。
第4 **技術的基準** 構造方法1に適用する。
第5 **耐久性等関係規定** 構造方法2,3に適用する規定を示している。
第6 **限界耐力と同等以上の構造計算** 構造方法2に適用する。

以下では，改正後の「免震告示」本文を分かりやすいように簡潔に，かつ意味する内容が損なわれないように示している。部分的には，枠で囲み若干の解説を加えている。しかし，用語や表現は必ずしも告示通りではないので，実務に当たっては，告示本文やその解説書 [29, 30, 31] などを参照してほしい。

第1 用語

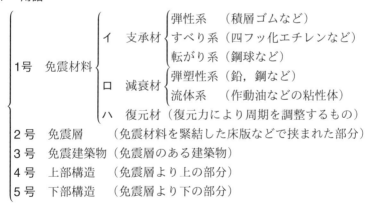

解説「用語」
　本告示では「免震材料」と表現されているが，材料を表しているのではなく，免震支承（アイソレータ，支承材），ダンパー（減衰材），復元装置（復元材）を含む各種の免震装置を示している。

第2 構造方法

1項 免震建築物の構造方法は，表 2.8 に示す建築物の規模や高さに応じて，表 2.9 に示す構造方法 1, 2, 3 のいずれかを選択する。

表 2.8 免震建築物の規模や高さと構造方法

免震建築物の規模など	選択できる構造方法
小規模（法 20 条の 4 号建築物*）	構造方法 1, 2, 3 のいずれか
大・中規模（2, 3 号建築物，高さ ≤ 60 m）	構造方法 2, 3 のいずれか
超高層（1 号建築物，高さ > 60 m）	構造方法 3

* 構造計算不要の建築物で次のいずれにも該当しない：特殊建築物で床面積 > 100 m^2，木造で 3 階以上，延べ面積 > 500 m^2，高さ > 13 m，軒高 > 9 m，木造以外で 2 階以上，延べ面積 > 200 m^2

表 2.9 構造方法の選択

構造方法	適用規定
1 号（構造方法 1） 構造計算不要	建築基準法施行令 3 章 1 節，2 節 　36 条（構造方法の技術基準） 　36 条の 2（地階を除く階数が 4 以上である 　　　　　　鉄骨造の建築物等に準ずる建築物） 　36 条の 3（構造設計の原則） 　37 条（構造部材の耐久） 　38 条（基礎） 　39 条（屋根ふき材等の緊結） 免震告示 　第 2 の 2 項（地盤の許容応力度） 　第 3（基礎の構造） 　第 4（技術的基準）
2 号（構造方法 2） 限界耐力計算 と同等以上	建築基準法施行令 　36 条 1 項（耐久性等関係規定） 免震告示 　第 5（耐久性等関係規定） 　第 6（限界耐力計算と同等以上の構造計算）
3 号（構造方法 3） 時刻歴応答解析	建築基準法 20 条 1 号（超高層建築物） 建築基準法施行令 　36 条 1 項（耐久性等関係規定） 免震告示 　第 5（耐久性等関係規定）

2.4 免震告示

解説「構造方法」

　構造方法1は，木造の2階建以下のような小規模な建築物（いわゆる4号建築物）を対象にして，構造計算の必要はないが，最下階の床は鉄筋コンクリート造，平面形状は整形にするなど表2.9の1号に示す構造規定のすべてを満足する必要がある。

　構造方法2は，通常の構造計算を行う建築物（高さ60m以下）を対象として，限界耐力計算と同等の計算を行うことによって，（耐久性に関する部分を除き）構造規定に従う必要がない。

　構造方法3は，超高層建築物と同様な時刻歴応答解析を行うことによって，（耐久性に関する部分を除き）構造規定に従う必要がなく，自由な設計が可能となり，また免震構造の採用によって上部構造のコスト低減の可能性がある。

2項　構造方法1の場合，長期許容応力度は$50\,\mathrm{kN/m^2}$以上の地盤に建築する。

解説「地盤」

　本項（第2の2項）は**構造方法1**に適用される。軟弱地盤に免震建築物を建設する場合には，構造方法1の規定のみでは十分でないこともある。このため，良好な地盤（第1種地盤と液状化のおそれがない第2種地盤）を対象としている。

第3　基礎の構造

解説「基礎の構造」

　第3「基礎の構造」は**構造方法1**に適用する。

　杭基礎の場合，杭頭は鉄筋コンクリート造の基礎版で結合される必要がある。なお，**構造方法2**を用いると，第3の2号を除き第3の規定を適用除外とすることができ，さらに**構造方法3**を用いると，第3の2号も適用除外とすることができる。

1号　基礎杭を用いた構造または一体の鉄筋コンクリート造のべた基礎とする。

2号　基礎底部は第1種地盤または（液状化のおそれがない）第2種地盤に達する。

3号 基礎杭
　イ 基礎杭は，構造耐力上安全にその上部を支えるように配置する。
　ロ 基礎杭の構造は建告1347号第1の2項3号による。

> 解説「基礎杭」
> 　建告1347号「建築物の基礎の構造方法及び構造計算の基準を定める件」の第1の2項3号では次のように規定している。
> イ 場所打ちコンクリート杭の場合，主筋は異形鉄筋6本以上，鉄筋比0.4%以上，帯筋で緊結すること。
> ロ 高強度プレストレストコンクリート杭の場合，JIS A5337-1995に適合すること。
> ハ 遠心力鉄筋コンクリート杭の場合，JIS A5310-1995に適合すること。
> ニ 鋼管杭の場合，肉厚は6mm以上かつ直径の1/100以上とすること。

4号 べた基礎
　イ 基礎の底盤の厚さは25cm以上とする。
　ロ 根入れ深さ15cm以上，かつ凍結深度以深とする。
　ハ 立ち上がり部の主筋は上端1-D12，下端2-D12以上とする。
　ニ 立ち上がり部の縦筋は9ϕ以上，間隔は20cm以下とする。
　ホ 底盤は12ϕ以上，間隔は縦横20cm以下の複配筋とする。

第4 技術的基準

> 解説「技術的基準」
> 　以下の第4「技術的基準」は**構造方法1**に適用する。

1号 免震層は次に適合すること。
　イ 免震層上下の床版などの間隔は，免震材料および配管や設備の点検に支障がないこと。
　ロ 上部構造に作用する荷重・外力を免震材料のみによって下部構造に伝達させること。ただし，（必要に応じて）暴風による著しい変位を防止する部材を設けることができる。
　ハ 免震材料は次に適合すること。

2.4 免震告示

   (1) 点検・検査が容易にできる。
   (2) 上部構造に対して釣り合いよく配置する。
   (3) 上部構造，下部構造に緊結する。
 ニ 免震層の設計限界変位は 35 cm 以上とする。
 ホ 上部構造の建築面積を支承材の総数で除した値は 15 m² 以下とする。
 ヘ 免震材料に生じる水平力の和を建築面積で除した値は表 2.10 の範囲とする。
 ト 免震層の設計限界変位時の等価粘性減衰は 20 % 以上とする。

表 2.10　免震材料に生じる水平力 (kN/m²)

建築物の種類		免震層の降伏時	免震層の設計限界変位時
木造，鉄骨造，その他重量の小さな建築物	平屋建	0.22～0.36	0.72～1.09
	2 階建	0.29～0.49	0.98～1.47
その他の建築物		0.34～0.58	1.17～1.75

> **解説「免震層」**
>
> 表 2.10 は，免震層の降伏時の層せん断力係数が 0.03～0.05，設計限界変位時の層せん断力係数が 0.1～0.15 となるように定めた規定である。表中の値は，上部構造の単位建築面積当り重量（自重，積載荷重，RC 造床版の計）は，木造平屋建で 7.252，木造 2 階建で 9.800，RC 造平屋建で 11.662（単位はいずれも kN/m²）とし，それらに層せん断力係数を乗じて算定している [30]。すなわち，木造平屋建の場合，降伏時 $7.252 \times (0.03 \sim 0.5) \approx 0.22 \sim 0.36$ (kN/m²)，設計限界変形時 $7.252 \times (0.1 \sim 0.15) \approx 0.72 \sim 1.09$ (kN/m²) となる。

2 号　上部構造は次に適合すること。
 イ 建築基準法施行令の仕様規定に適合する。
 ロ 最下階の柱・耐力壁・土台などは床版に緊結する。
 ハ 平面形状は長方形に類する整形で，辺長比は 4 以下とする。
 ニ 立面形状が長方形に類する安定した形状である。
 ホ 倉庫など積載荷重の大きな変動がある用途ではない。
 ヘ 周囲との水平距離は，人の通行がある場合は 0.5 m，それ以外は 0.4 m 以上とする。
 ト 上部構造最下階の床版は厚さ 18 cm 以上の一体の鉄筋コンクリート造で，

D12以上の鉄筋を縦横20 cm以下の間隔で複配筋とする。

> **解説「上部構造」**
> 平面的にも立面的にも構造的に整形な建築物を対象としている。なお，辺長比とは張間と桁行の長さの比のことである。

3号　下部構造（基礎を除く）は次に適合すること。
　イ　一体の鉄筋コンクリート造である。
　ロ　下部構造の上端に厚さ18 cm以上の鉄筋コンクリート造の床版を設け，D12以上の鉄筋を縦横20 cm以下の間隔で複配筋とする。
　ハ　階を設ける場合は土圧が全周に一様に作用している。

> **解説「地下階」**
> 本告示は，いわゆる中間層免震を対象としていない。しかし，ハは下部構造に地下階があり，地下階に偏土圧が作用しない場合は適用範囲であることを示している。

4号　建築物の周囲に安全上支障のある空隙を生じさせない。

5号　出入口などに免震建築物であることを表示する。

> **解説「免震建築物であることの表示」**
> 免震建築物は地震時に大きな変位が生じる。このことが周囲に悪影響を及ぼさないように，免震建築物は地震時や暴風時に動くことを表示し，使用者に周知する。

6号　暴風雨による変位を防止するための措置を講じた場合は，構造耐力上安全であることを確かめる。

7号　積雪時に免震建築物の変位を妨げないようにする。

8号　必要に応じて免震材料の交換ができる構造とする。

9号　免震層に浸水するおそれのある場合は，免震材料の冠水を防止する措置を講ずる。

2.4 免震告示

> **解説「冠水防止」**
> 　冠水防止の措置として　具体的には，排水ピットを設け，たまった水をポンプアップするようにしたり，免震材料をかさ上げして免震層が浸水しても免震材料が冠水しないようにする方法などが考えられる．

> **ちょっと一言「中間層免震の要望」について**
> 　本告示では中間層免震は対象外であるが，多雪地域では積雪のため1階部分がすべて雪で覆われてしまうこともある．このような場合は，7号のような「積雪時に変位を妨げないようにすること」が実際には不可能に近い．このため，積雪地では中間層免震でなければ免震の性能を発揮できないので，少なくとも1階と2階の間を免震層とすることができるように，本告示が早急に改正されることを期待している．

第5　耐久性等関係規定

耐久性等関係規定は表 2.11 に示す通りである．

表 2.11　耐久性等関係規定

適用規定	規定の概要
構造方法 2, 3 に適用する規定	
第4の1号 イ	免震層の上下間隔
ロ	免震材料のみで力を伝える構造
ハ (1)	検査点検が容易
4号	周囲の空隙
5号	免震建築物の表示
7号	積雪時の措置
8号	免震材料の交換
9号	冠水防止
構造方法 2 の場合に加わる規定	
第3の2号	第1種または第2種地盤
第4の1号 ハ (3)	免震材料の上部・下部構造への緊結
3号 ハ	地下階の一様な土圧

> **解説「耐久性等関係規定」**
> 　第5「耐久性等関係規定」は**構造方法2**と**構造方法3**の場合に適用する本告示の耐久性等関係規定を定めている．なお，表2.11に示すように構造方法2と構造方法3では適用する規定が若干異なっている．
> 　さらに，表2.9に示したように耐久性に関して，**構造方法1**では建築基準法37条，**構造方法2, 3**では同法36条1項も適用されるので，この部分は建築基準法を直接参照してほしい．

第6　限界耐力計算と同等以上の構造計算

> **解説「限界耐力計算と同等以上の構造計算」**
> 　第6「限界耐力計算と同等以上の構造計算」は**構造方法2**に適用する．

　限界耐力計算と同等以上の構造計算として，次の2項～5項までの構造計算を行う．

2項　免震層について次の計算を行う．

1号　地震時・暴風時を除き令82条1～3号（狭義の許容応力度計算[†]）による．この場合，免震材料の許容応力度は6項による．

2号　暴風時を除き令82条の5の2号（材料強度計算[‡]）による．この場合，免震材料の材料強度は7項による．

3号　令82条の6の2号（偏心率）による免震層の偏心率が0.03以内であることを確かめる．ただし，捩り変形による割増を考慮して安全上支障がないことが確かめられた場合は，この限りではない．

4号　免震層の設計限界変位を，免震材料が次式の設計限界変形 $_m\delta_d$ (m) に達した場合の層間変位以下として求める．

$$_m\delta_d = \beta\, \delta_u \qquad (2.103)$$

ここで，β は免震材料の支持条件に関する係数で，表2.12による．ただし，

[†]（許容応力度等計算）のうち新耐震以前から行われている許容応力度計算の部分．

[‡]（限界耐力計算）のうち，おおむね500年再現期待値に相当する雪荷重1.4倍，風荷重1.6倍とする材料強度計算の部分．

免震材料の変形特性を考慮し，安全上支障のないことが確認された場合は，この限りでない．δ_u (m) は 9 項による免震材料の水平基準変形である．

表 2.12　免震材料の支持条件に関する係数

免震材料の種類		β
支承材	弾性系	0.8
	すべり系および転がり系	0.9
減衰材		1.0
復元材		1.0

解説「免震材料の支持条件に関する係数」

表 2.12 の β は，積層ゴム支承材が安定した復元力特性を確保するための係数として 0.8，すべり系と転がり系は不確定要因に対する安全率として 0.9，鉛直力を支持しない減衰材と復元材については安全率を考慮しない 1.0 としている．

---

5 号　免震層に生ずる水平方向の最大層間変位（免震層の地震応答変位）を次によって計算し，設計限界変位を超えないことを確かめる．

イ　免震層の設計限界変位時の建築物の固有周期（設計限界固有周期）T_s (s) を次式により計算する．ただし，免震層の剛性と減衰性に基づき固有値解析などによって周期を計算してもよい．

$$T_s = 2\pi \sqrt{\frac{M}{K}} \tag{2.104}$$

ここで，M (t) は上部構造の質量，K (kN/m) は免震層の等価剛性である．

ロ　免震層に作用する地震力を次のように計算する．
(1) 支承材および弾塑性系の減衰材（履歴免震材料）による免震層の等価粘性減衰定数 ζ_d を，次式により計算する[†]．

$$\zeta_d = \frac{0.8}{4\pi} \frac{\sum \Delta E_i}{\sum E_i} \tag{2.105}$$

ここで，ΔE_i (kN·m) は設計限界変位時に履歴免震材料に生じる変形が最大となる場合の履歴曲線により囲まれた面積，E_i (kN·m) は設計限界変位

[†] 法令では減衰定数を h で表しているが，高さ h と紛らわしいので本書では，添字に用いる場合を含め減衰定数を ζ で表す．

時に履歴免震材料に生じる変形にその際の材料の耐力を乗じて 2 で除した値である[†]。

(2) 流体系の減衰材による等価粘性減衰定数 ζ_v を，次式により計算する．

$$\zeta_v = \frac{1}{4\pi} \frac{T_s \sum C_{vi}}{M} \tag{2.106}$$

ここで，T_s (s) は設計限界固有周期，C_{vi} は流体系減衰材の減衰係数で，免震層に次式の等価速度 V_{eq} (m/s) が生じている時に減衰材に生ずる減衰力 (kN) をこの等価速度で除した値，M (t) は上部構造の質量である．

$$V_{eq} = 2\pi \frac{\delta_s}{T_s} \tag{2.107}$$

ここで，δ_s (m) は免震層の設計限界変位である．

(3) 加速度の低減率 F_ζ を次式によって計算する．ただし，免震層の剛性と減衰性の影響を考慮し低減率を計算してもよい．

$$F_\zeta = \frac{1.5}{1 + 10(\zeta_d + \zeta_v)} \geq 0.4 \tag{2.108}$$

ここで，ζ_d は (1) の履歴免震材料による等価粘性減衰定数，ζ_v は (2) の流体系減衰材による等価粘性減衰定数である．

(4) 免震層に作用する地震力 Q (kN) を次式によって計算する．

$$Q = S_{As} M F_\zeta Z G_s \tag{2.109}$$

S_{As} (m/s^2) は次のように与えられる[‡]［図 2.31］．

$$S_{As} = \begin{cases} (3.2 + 30 T_s) & T_s < 0.16 \text{ の場合} \\ 8.0 & 0.16 \leq T_s < 0.64 \text{ の場合} \\ 5.12/T_s & 0.64 \leq T_s \text{の場合} \end{cases} \tag{2.110}$$

ここで，T_s (s) は設計限界固有周期，M (t) は上部構造の総質量，F_ζ は (3) の加速度低減率，Z は令 88 条 1 項［図 2.4 c（36 頁）］，G_s は令 82 条の 5 の 3 号の表による［第 10 表層地盤の加速度増幅率（78 頁）］．

[†] 本告示ではエネルギーや仕事を W で表しているが，本書では E で表す．
[‡] 本告示では記号 S_{As} を用いず，(2.109) 式に (2.110) 式の S_{As} が代入された形となっている．

2.4 免震告示

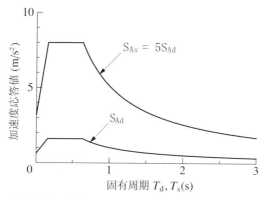

図 2.31 損傷限界と安全限界の加速度応答スペクトル（図 2.12 再掲）

> 解説「免震層に作用する地震力」
> 免震建築物では，大地震動の構造安全性を検証すると，中地震動の許容応力度設計は自ずと満足されるため，大地震動の地震力のみが与えられている。なお，(2.110) 式の S_{As} は (2.18) 式の限界耐力計算の安全限界の加速度応答スペクトルと同一である。

ハ　免震層の地震応答変位 δ_r (m) を次式により計算する。

$$\delta_r = 1.1\,\delta_{r'} \tag{2.111}$$

ここで，$\delta_{r'}$ (m) は次式による免震層の代表変位である。

$$\delta_{r'} = \alpha\,\delta \tag{2.112}$$

ここで，α は免震材料のばらつき，環境および経年変化に関する係数で 1.2 以上，δ (m) はロ (4) による地震力を免震層の等価剛性で除した値（「免震層の基準変位」）である。

> 解説「地震応答変位」
> (2.111) 式の係数 1.1 は捩れを考慮するための係数，(2.112) 式の係数 α は免震材料のばらつきや経年劣化によって応答変位が増大することを考慮するための係数である。

6号 暴風により免震層に作用する力を次のように計算し，その力によって免震層に生じる変位（「免震層の風応答変位」）が設計限界変位（4号で$\beta = 1.0$とする）を超えないこと．この場合，第4の1号ロただし書（著しい変位を防止する部材）による措置によって風応答変位の最大値が定まる場合は，その最大を風応答変位とすることができる．

 イ 暴風時の風圧力を令82条によって計算した風圧力の1.6倍とする．
 ロ 暴風により免震層に作用する力をイの風圧力と令3章（構造強度）8節（構造計算）2款（荷重および外力）の荷重外力が作用するものとして計算する．

7号 免震層が次の(2.113)式†の応答速度V_r(m/s)に達した場合の流体系の減衰材に生じる速度が，平12建告示1446号の限界速度を超えないこと．ただし，免震材料の特性の変動を考慮して応答速度を求めることができる場合はこの限りでない．

$$V_r = 2.0 \sqrt{\frac{(Q_\zeta + Q_e)\delta_r}{M}} \quad (2.113)$$

ここで，Q_ζ(kN)は免震層の基準変位が生じている時に弾塑性系の減衰材およびこれと同等の減衰特性を有する支承材が負担する水平力の合計，Q_e(kN)は免震層の基準変位が生じている時に支承材（弾塑性系の減衰材と同等の減衰特性を有する部分を除く）および復元材が負担する水平力の合計，δ_r(m)は5号ハの免震層の地震応答変位，M(t)は上部構造の総質量である．

8号 免震層に作用する地震力のうち減衰材（これと同等の減衰特性を有する支承材を含む）の負担する次式のせん断力係数μが0.03以上であることを確かめる．

$$\mu = \frac{\sqrt{(Q_\zeta + Q_e)^2 + 2\varepsilon(Q_\zeta + Q_e)Q_v + Q_v^2}}{Mg} \cdot \frac{Q_\zeta + Q_v}{Q_\zeta + Q_v + Q_e} \quad (2.114)$$

ここで，Q_ζとQ_eは前号と同じ，εは流体系の減衰材の特性に応じた表2.13の値，Q_v(kN)は免震層に表2.13のV_r'に相当する速度が生じている時に減衰材に生じる速度に流体系の減衰材の減衰係数を乗じた値の合計，M(t)は上部構造の総質量である．

---

† この式は基本周期から算定した速度に，短周期成分による割増のため2.0が乗じられている．

2.4 免震告示

表 2.13 流体系の減衰材の特性に応じた値 ε

$V_{r'} \leq V_y$ の場合	0
$V_{r'} > V_y$ の場合	0.5
$V_{r'}$(m/s)：前 7 号に規定する免震層の応答速度 V_r で，δ_r を 5 号ハの基準変位で読み替えた値 V_y (m/s)：流体系の減衰材の降伏速度の最小値	

9 号 免震建築物の接線周期 T_t (s) を次式で計算し，2.5 (s)（建築物の高さが 13 m 以下，かつ軒高が 9 m 以下の場合は 2 (s)）以上[†]であることを確かめる。

$$T_t = 2\pi \sqrt{\frac{M}{K_t}} \tag{2.115}$$

ここで，M(t) は上部構造の総質量，K_t (kN/m) は免震材料の接線剛性の合計である。

10 号 免震材料（鉛直荷重を支持するものに限る）について，次の構造計算を行う。
- イ 上部構造の総質量の 1.3 倍の荷重と次項 1 号の地震力による圧縮力の和による圧縮応力度が免震材料の材料強度を超えないこと。
- ロ 上部構造の総質量（積雪を除く）の 0.7 倍と次項 1 号による地震力による引張力との和による免震材料の圧縮応力度が 0 未満とならないこと。

3 項 上部構造について次の構造計算を行う。ただし，法 20 条 4 号（構造計算不要）の免震建築物で，上部構造が第 4 の 2 号イおよびロに適合（仕様規定を満足し，最下部を床版に緊結）し，かつ 1 号によって計算した上部構造最下階の地震層せん断力係数が 0.2 以下の場合は，1 号〜3 号，6 号，7 号を適用しない。

> **解説「上部構造の構造計算」**
> 本項は，上部構造の構造計算を定めているが，小規模である場合には構造計算規定の適用除外となる。具体的には，(1) 小規模建築物，(2) 仕様規定に適合，(3) 1 階の地震層せん断力係数が 0.2 以下の場合には，本項の 4 号と 5 号のみが適用される。

[†] 免震層の固有周期が短いと免震性能を発揮できないための下限値。

1号 令82条1号～3号(狭義の許容応力度計算)による。この場合,令88条の地震力を計算するに当たって同条1項の「建築物の地上部分」は「免震建築物の下部構造を除いた部分」と読み替え,(下部構造を除いた部分の)地震層せん断力係数 C_{ri} は次式による。

$$C_{ri} = \gamma \frac{\sqrt{(Q_\zeta + Q_e)^2 + 2\varepsilon(Q_\zeta + Q_e)Q_v + Q_v^2}}{Mg} \cdot \frac{A_i(Q_\zeta + Q_v) + Q_e}{Q_\zeta + Q_v + Q_e} \quad (2.116)$$

ここで,γ は免震材料のばらつき,環境および経年変化に関する係数で,1.3を下回る場合は1.3とし,免震材料のばらつき,環境および経年変化の影響を考慮し求めることができる場合はこの限りでない。Q_ζ(kN) と Q_e(kN) は前項7号による,Q_v(kN) は前項8号による,ε は前項8号[表2.13]による,M(t) は上部構造の総質量,A_i は令88条1項の A_i である。

2号 令82条の5の2号(材料強度計算)による。ただし,上部構造が第4の2号イおよびロ(仕様規定を満足し,最下部を床版に緊結)に適合する場合はこの限りでない。

3号 1号の地震力による上部構造の各階の層間変形角は 1/300(高さ 13 m 以下,かつ軒高 9 m 以下にあっては 1/200)以内である。

4号 上部構造の最下部が,水平力を構造耐力上有効に免震層に伝えることができる剛性と耐力を有する。

5号 上部構造と周囲の構造物などとの水平距離は,免震層の地震応答変位に表2.14 の距離を加えた値以上,かつ免震層の風応答変位以上であること。

表 2.14 周囲との水平距離
(免震層の地震応答変位に加える値)

	使用状況	距離 (m)
(1)	通行に供する場合	0.8
(2)	(1) 以外で人の通行がある場合	0.2
(3)	(1), (2) 以外の場合	0.1

6号 令82条4号(変形・振動による支障が起こらないこと,平12建告1459)による。

2.4 免震告示

7号 令82条の4（屋根ふき材等の構造計算，平12建告1458）による。

4項 下部構造について，次の構造計算を行う。

1号 地震時を除き令82条1〜3号（狭義の許容応力度計算）による。
2号 令82条の5の2号（材料強度計算）による。ただし，第3（基礎の構造）および第4の3号（下部構造）に適合している場合はこの限りでない。
3号 令88条4項の地震力（地下部分の地震力）を2倍した地震力および次式の免震層に作用する地震力 Q_{iso}(kN) により下部構造に生ずる応力度を令82条1号および2号によって計算し，令3章（構造強度）8節（構造計算）3款（許容応力度）の短期許容応力度を超えないこと（狭義の許容応力度計算）。

$$Q_{\mathrm{iso}} = \gamma \sqrt{(Q_\zeta + Q_\mathrm{e})^2 + 2\varepsilon(Q_\zeta + Q_\mathrm{e})Q_\mathrm{v} + Q_\mathrm{v}^2} \tag{2.117}$$

ここで，γ は前項1号と同じ，Q_ζ(kN) と Q_e(kN) は2項7号と同じ，Q_v(kN) は2項8号と同じ，ε は2項8号［表2.13］と同じである。

4号 令82条4号（変形・振動による支障が起こらないこと，平12建告示1459）による。

5項 土砂災害防止対策の推進に関する法律に規定する土砂災害特別警戒区域内における居室を有する建築物にあっては，平13国交告示383号第2の2号イ〜ハ，第3の2号イおよびロまたは第4の2号イおよびロによる。

6項 免震材料の許容応力度は表2.15による。

7項 免震材料の材料強度は表2.16による。

8項 支承材の鉛直基準強度(N/mm²)は平12建告示1446号に規定する圧縮限界強度の0.9倍以下とする。

解説「支承材の鉛直基準強度」

　平12建告示1446号「建築材料のJIS規格」の別表第2第1第9号の（ろ）欄第4号では，支承材の圧縮限界強度の基準値を「支承材が水平変位によって座屈や破断することなく安全に支持できる鉛直荷重を免震材料の水平断面積で除した値」と規定している。

表 2.15 免震材料の許容応力度

種類	許容応力度 (N/mm²)			
	長期許容応力度		短期許容応力度	
	圧縮	せん断	圧縮	せん断
支承材	$F_c/3$	F_{s1}	$2F_c/3$	F_{s2}
減衰材	—	F_{s1}	—	F_{s2}
復元材	—	F_{s1}	—	F_{s2}

F_c：支承材の鉛直基準強度 (N/mm²)
F_{s1}：水平基準変形の 1/3 時の水平方向の応力度または水平基準変形時の水平方向の応力度の 1/3 の大きい方の値 (N/mm²)
F_{s2}：水平基準変形の 2/3 時の水平方向の応力度または水平基準変形時の水平方向の応力度の 2/3 の大きい方の値 (N/mm²)

表 2.16 免震材料の材料強度

種類	材料強度 (N/mm²)	
	圧縮	せん断
支承材	F_c	F_s
減衰材	—	F_s
復元材	—	F_s

F_c：支承材の鉛直基準強度 (N/mm²)
F_s：水平基準変形時の水平方向の応力度 (N/mm²)

9 項 免震材料の水平基準変形は次による。

1 号 支承材の鉛直基準強度の 1/3 に相当する荷重における水平方向の限界変形 (m) とする。

2 号 減衰材と復元材にあっては，平 12 建告示 1446 号に規定する限界変形 (m) とする。

> 解説「限界変形」
> 平 12 建告示 1446 号「建築材料の JIS 規格」の別表第 2 第 1 第 9 号の（ろ）欄第 3 号では，限界変形を次のように規定している．減衰材の場合，(1) 定変位繰り返し載荷試験で破断回数が 5 以上となる変形の限界値，疲労損傷蓄積の少ない減衰材では最大荷重時の変形，(2) 流体および摩擦系では可動範囲の 1/2 とする．

2.5 現行規定と今後の規定に対する期待

1) 新耐震に対するコメント

　新耐震は 1981 年から施行されており，1995 年阪神・淡路大震災の際の被害からその有効性が実証され（その後，形状係数の改正など若干の変更を要したが），それ以降も主要な耐震設計法として用いられている。大幅な変更なしに現在も用いられている原因としては，総合技術開発プロジェクトの成果として 1977 年に新耐震（案）を公表した後に，その成果を実際の設計法として 1980 年建築基準法施行令を改正し，1981 年に施行されるまでの約 3 年間の法制化の作業の中で外部からのコメントを（十分ではなかったかもしれないが）受け入れる体制と時間があったことが大きい。例えば，4 種の地盤種別について各々に 3 つの式で与えられていたものをまとめて表 2.1 振動特性係数 R_t ［40 頁］のように表現したり，地震力の分布について (2.3)～(2.8) 式で表されていたものを A_i 分布として (2.10) 式［46 頁］にまとめて示したような改善・簡素化はこの 3 年間に行われたものである。

　また，限界耐力計算の導入と同時に SI 単位を用いることになり，新耐震に対しても種々の改定を行ったが，ほとんど改定する必要のなかった部分と，数式などに改定を行った部分がある。この相違は，偶然ではなく必然であり，改定の必要がなかった部分には適切な基準化などが当初から考慮されていたことにある。一方，改定が必要だった部分については基準化などが適切ではなかった，あるいはそのようなことを考慮していなかったからである。

　その例をいくつか指摘しておきたい。例えば，鉄筋コンクリート造の設計ルートを判別する際に用いる次式があった。

$$\sum 25A_w + \sum 7A_c \geq ZA_iW_i \tag{2.118}$$

　上式の左辺は，耐震壁の終局せん断応力度が 25 kg/cm²，柱の終局せん断応力度が 7 kg/cm² と仮定し，各階の保有水平耐力を略算したものである。

　上式を SI 単位に変換し，さらにコンクリート強度による補正を加えるため，次式のように改定された。

$$\sum 2.5A_w + \sum 0.7A_c \geq ZA_iW_i\beta \tag{2.119}$$

ここで，$1/\sqrt{2} \leq \beta (=\sqrt{18/F_c}) \leq 1$ である。

さらに，2007年の改正で次のように改正された。

$$\sum 2.5\alpha A_\mathrm{w} + \sum 0.7\alpha A_\mathrm{c} \geq ZA_iW_i \tag{2.120}$$

ここで，$1 \leq \alpha (= \sqrt{F_\mathrm{c}/18}) \leq \sqrt{2}$ である。

上の 2 式を比べると，コンクリートの強度を補正するための右辺の係数 β を逆数の α にして左辺に移しただけである。しかし，そもそも (2.118) 式は，右辺がベースシヤー係数が 1g となる時の層せん断力を表し，それより左辺の略算した保有水平耐力が上回れば安全ということを意味している。このことを考えると，そもそも β を右辺に乗ずるべきではなかったので，今回の改正はその欠点を解消した点では評価できる。

しかし，(2.119) 式も (2.120) 式も単位が N, mm^2 でなければ成り立たないのが気になる。単位は（どこかでは）必要となるが，できる限り単位に関係のない形式にするのがよい。例えば次のように表現することが考えられる。

$$\sqrt{F_\mathrm{c}F_\mathrm{c0}}\,(0.14\sum A_\mathrm{w} + 0.04\sum A_\mathrm{c}) \geq ZA_iW_i \tag{2.121}$$

ただし，$F_\mathrm{c0} \leq \sqrt{F_\mathrm{c}F_\mathrm{c0}} \leq \sqrt{2}F_\mathrm{c0}$，$F_\mathrm{c0} = 18\ \mathrm{N/mm^2}$ とする。

(2.121) 式の単位に必ずしも N と mm を用いる必要はない。根号部分の単位はコンクリート強度の単位となるので，A_w と A_c の面積はコンクリート強度の算定に用いた単位，右辺の W は左辺の強度と同じ単位を用いると成立する。よって，(2.121) 式はヤードポンド法の単位を用いても成立することになる。

以上の 4 式をまとめたのが表 2.17 である。表 2.17 の (4) のように表示すると単位とは直接は関係がなくなり，ただし書き部分のみに単位を表示するだけでよい。

表 2.17　特定建築物を定める式

(1)	$\sum 25A_\mathrm{w} + \sum 7A_\mathrm{c} \geq ZA_iW_i$
(2)	$\sum 2.5A_\mathrm{w} + \sum 0.7A_\mathrm{c} \geq ZA_iW_i\beta$ ここで，$1/\sqrt{2} \leq \beta (= \sqrt{18/F_\mathrm{c}}) \leq 1$ である。
(3)	$\sum 2.5\alpha A_\mathrm{w} + \sum 0.7\alpha A_\mathrm{c} \geq ZA_iW_i$ ここで，$1 \leq \alpha (= \sqrt{F_\mathrm{c}/18}) \leq \sqrt{2}$
(4)	$\sqrt{F_\mathrm{c}F_\mathrm{c0}}\,(0.14\sum A_\mathrm{w} + 0.04\sum A_\mathrm{c}) > ZA_iW_i$ ただし，$F_\mathrm{c0} \leq \sqrt{F_\mathrm{c}F_\mathrm{c0}} \leq \sqrt{2}F_\mathrm{c0}$，$F_\mathrm{c0} = 18\ \mathrm{N/mm^2}$ とする。

2.5 現行規定と今後の規定に対する期待

要するに，できるかぎり単位に直接関係のない基準化した式を用いるのがよい。例えば，ヤード・ポンド法を採用している米国でも用いることができるような式にすると，おのずと基準化された式となるので，このようなことを考えるのもよい方法であろう。

2) 限界耐力計算に対するコメント

（地震力の表示について）

限界耐力計算では，建築物の各階に作用する安全限界地震力を，表 2.18 に掲げる式によって計算した当該階以上の各階に水平方向に生ずる力の総和として計算することになっている。

表 2.18 安全限界の各階に水平方向に生ずる力（現行規定）

$T_s < 0.16$ の場合	$P_{si} = (3.2 + 30 T_s) m_i B_{si} F_\zeta Z G_s$
$0.16 \leq T_s < 0.64$ の場合	$P_{si} = 8 m_i B_{si} F_\zeta Z G_s$
$0.64 \leq T_s$ の場合	$P_{si} = 5.12 m_i B_{si} F_\zeta Z G_s / T_s$

T_s　建築物の安全限界固有周期 (s)
P_{si}　各階に水平方向に生ずる力 (kN)
m_i　各階の質量 (t)
B_{si}　各階に生ずる加速度の分布を表す係数
F_ζ　振動の減衰による加速度の低減を表す係数*
Z　地震地域係数
G_s　表層地盤による加速度の増幅率

* 本書では減衰定数を表すのに h ではなく ζ を用いている。

表 2.18 に示された 3 つの式は，加速度応答スペクトルに相当する部分を除き同一であるので，例えば表 2.19 のように表現すべきである。（このように表現すると，告示第 1461 号「超高層の基準」の極めて稀に発生する地震動の加速度応答スペクトルを ZS_{As} で表すことができるメリットもある。）

地震力を求める際に用いる各階の質量 m_i は「各階の荷重（各階の固定荷重及び積載荷重との和（……多雪区域においては，さらに積雪荷重を加えたもの……）を重力加速度で除したもの）（単位　トン）」として規定されている。一方，SI 単位の導入により固定荷重と積載荷重は 1 平方メートルにつきニュートンで与えられた表から算定するので，荷重の単位はニュートンとなる。そして，地震力を求め

表 2.19　安全限界の各階に水平方向に生ずる力（現行規定の修正案）

$P_{si} = S_{As} m_i B_{si} F_\zeta Z G_s$	
周期 (s)	安全限界加速度応答スペクトル S_{As} (m/s²)
$T_s < 0.16$	$(3.2 + 30 T_s)$
$0.16 \leq T_s < 0.64$	8
$0.64 \leq T_s$	$5.12/T_s$

T_s　　建築物の安全限界固有周期 (s)
P_{si}　各階に水平方向に生ずる力 (kN)
m_i　　各階の質量 (t)
B_{si}　各階に生ずる加速度の分布を表す係数
F_ζ　振動の減衰による加速度の低減を表す係数
Z　　地震地域係数
G_s　表層地盤による加速度の増幅率

るに際には，荷重 w を mg として求め，それを重力加速度 g で除して質量 m を求め，基本的にはそれに加速度応答 S_A を乗じて地震力を求めている．すなわち，

$$\text{地震力} = \frac{(mg)}{g} S_A \tag{2.122}$$

しかし，上式は表 2.20 のように表示し，加速度応答スペクトルを重力加速度で基準化しておくと，用いる単位に関係のない表示が可能となる．

$$\text{地震力} = (mg)\left(\frac{S_A}{g}\right) \tag{2.123}$$

限界耐力計算では，「地震により建築物の各階に作用する地震力を，……当該階以上の各階に水平方向に生ずる力の総和として計算すること．」といっているので，結局は地震層せん断力を用いている．このため，最初から地震層せん断力を与えるべきと，表 2.19 をさらに発展させ表 2.20 のように表示することができる．この表の方が容易に損傷限界の地震力も算定することもできる．すなわち，損傷限界には含まれていない係数を $F_\zeta = 1$，$G_s = 1$ とおき，さらに損傷限界震度を $K_0 = 0.0656$ とすることにより損傷限界の地震力が算定できる上に，何よりも重要なのは表 2.20 のように表示することによって限界耐力計算で地震力をどのように与えているかが一層明瞭になるからである．

限界耐力計算に対するパブリックコメントを求めた際に示されていた建築基準法施行令改正（案）では単位が 3 桁も異なっていた．人間である以上誤りを避けるこ

2.5 現行規定と今後の規定に対する期待

表2.20 安全限界地震層せん断力 Q_i
(地震層せん断力表示による新提案)

$Q_i = C_i W_i$	$C_i = Z S_{A0} A_i F_\zeta G_s K_0$
周期 (s)	基準化加速度応答スペクトル S_{A0}
$T_s < 0.16$	$(1 + 9.375 T_s)$
$0.16 \leq T_s < 0.64$	2.5
$0.64 \leq T_s$	$1.6/T_s$

T_s 　建築物の安全限界固有周期 (s)
W_i 　i 階より上の重量の和
A_i 　層せん断力係数の分布係数
F_ζ 　振動の減衰による加速度の低減を表す係数
Z 　地震地域係数
G_s 　表層地盤による加速度の増幅率
K_0 　安全限界震度 (= 0.328)

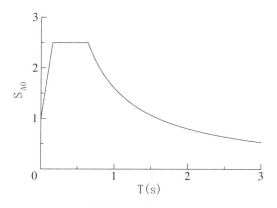

図2.32 基準化加速度スペクトル S_{A0}

とができないが、このように1000倍もの誤りを(案)の段階とはいえ、見落としていたことの最大の原因は基準化が適切に行われていなかったからである。

（表層地盤の増幅率の表示について）

表層地盤の 1 次卓越周期の増幅率 G_{s1} と 2 次卓越周期の増幅率 G_{s2} は (2.93) 式と (2.94) 式によって次のように与えられている。

$$G_{s1} = \frac{1}{1.57\zeta + \alpha} \geq 1.2 \tag{2.93}$$

$$G_{s2} = \frac{1}{4.71\zeta + \alpha} \tag{2.94}$$

ここで，1.57 と 4.71 はそれぞれ $\pi/2$ と $3\pi/2$ を小数で表したものである。このように表示した理由には親切心があるのかもしれないが，式の意味を表すためにも $\pi/2$ と $3\pi/2$ と π を用いて表現しておく方がよいと考えられる。他の式では π が用いられており，これら 2 つの式のみ π を用いない理由は見当たらず，規定全体で統一の取れた表現方法を用いるべきである[†]。

3) 今後の耐震規定に対する期待

i) 国際化

いろいろな分野において，国際化が話題となっている。構造設計においても国際化が必要で，将来的には外国の構造技術者も日本国内の建築物を設計するようになるであろう（もちろん，その逆もある）。その際には，日本国内で日本の規定または国際的な規定のいずれを用いてもよいようになるであろう。このようなことを考えると，日本の耐震規定も，国際的に受け入れられるかどうかを考慮しながら作成される必要がある。このことは世界の規定に追従するのではなく，日本規定の独自性を保持し，優れている点があるならば，それが理解できるように示しておき，それが世界的に採用されるようにする努力が必要である。

次で説明する基準化とも関連するが，数式に用いる単位と数式の表現形式にも国際的に理解されるかどうかということを考えておく必要がある。基準化が適切に行われていないと，国際的に認められることが難しい。このためにも，今後は SI 単位を用いているヨーロッパ諸国やヤード・ポンド法を今後も使い続けるであろう米国にも適用可能な表現を用いる必要があろう。この基準化の点から限界耐力計算を

[†] π の値を知らない人がこの式を使うとは思われず，また π の値を代入してあるのは，この式を導いた人にも使う人に対しても失礼であると思っている。

2.5 現行規定と今後の規定に対する期待

見ると，法令化するための準備期間が十分なかったためかもしれないが，基準化などについて十分検討されていない点が多々ある。

ii) 基準化

数式や表現形式に単位が含まれることが多いが，この場合においてもできる限り単位に左右されない表現を心がけるべきである。次に，単位を持つ coefficient と単位を持たない factor の説明をするが，どうしても単位を用いなければならない部分以外は，単位に関係のない表現にしておくのがよい。

これと関連して，規定が容易に理解されるように，記号の簡素化にも十分考慮し，記号の用い方のルールを守るのがよい。限界耐力計算では，複雑な式が多く，用いる記号もアルファベットの大文字・小文字に加えて，ギリシャ文字も多く用いられるようになった。さらに，添字も多く使用されるようになった。このこと自体は，多くの異なる物理量を異なる記号で表すことができ，記号を混同することが少なくなるというメリットがあるので歓迎されるべきであるが，分かりやすさにも配慮すべきと考える。

新耐震作成時に，A_i 分布の中で用いられている基準化重量に α_i というギリシャ文字を用いてよいかどうか，（手計算で行うことができるように考えていたため）$\sqrt{\alpha_i}$ と平方根で表現してもよいかなどが真剣に検討されていたことを思い出す。限界耐力計算の規定の中では，このような余分な検討をする必要がなかったようであるが，一目で理解できない数式も多く，理解するのに困難を感じる技術者も多いようである。

（Coefficient と Factor について）

ISO 80000-1 では coefficient と factor を次のように使い分けている。すなわち，次のような比例関係を示している式はよく見られる。

$$A = kB$$

上式において，A と B の単位が異なる場合は k を coefficient，A と B の単位が同じ場合は k を factor と区別している。

このように区別することによって，式が持っている意味を容易に理解できる場合が少なくない。この区別によると，coefficient に分類されるのは，ヤング係数，剛性などで，factor に分類されるのは，層せん断力係数 C_i，地震地域係数 Z，振動特性係数 R_t，地震層せん断力係数の分布係数 A_i，標準せん断力係数 C_0 などである。

日本語では，"coefficient" は「係数，率」などと呼ばれていて，"factor" は「係数，倍率，率，比，因数」などと呼ばれている．いずれにしても，"coefficient" と "factor" の区別ができる用語が定着されればよいと思っているが，なかなかよい用語が浮かばない．読者の皆さんにも，よい提案をしてほしいと思っている．

iii) 性能規定

限界耐力計算は性能規定を目指した規定である（実際は性能設計ができる規定とはなっていないとの意見も多い）．性能規定とは，想定した地震動によってどの程度の被害が生じるかが想定でき，クライアント（施主，依頼者）の要望に応じて被害程度を設計時にコントロールできるなどの特徴がある．

このような考え方は世界的な傾向で，米国の Vision 2000[†] と呼ばれるものがよく紹介されている．その基本的な考えを示しているのが図 2.33 である．性能規定が必要となってきた背景には，現在の耐震規定を満足したからといって，どのような地震を受けても無被害で安全が保証されるものではないことがある．特に，大地震動を受けた場合に，耐震規定ではかなりの被害を容認しているのに対して，一般市民はほとんど被害が生じないことを期待している．このため，現在の規定ではどの程度の被害が生じるかを明確にし，それ以上の性能を要望する場合には，その目標を明確にし，設計に反映させ（設計料も建設費も上昇するであろうが），その性能を満足する建築物を提供するという仕組みが性能設計の基本にある．

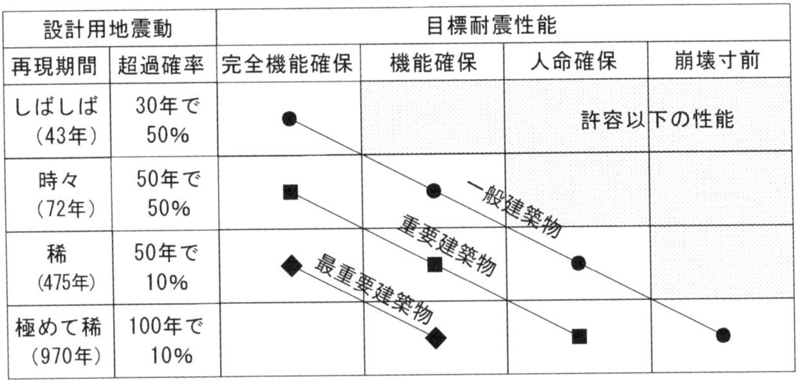

設計用地震動		目標耐震性能			
再現期間	超過確率	完全機能確保	機能確保	人命確保	崩壊寸前
しばしば (43年)	30年で 50%	●		許容以下の性能	
時々 (72年)	50年で 50%	■	● 一般建築物		
稀 (475年)	50年で 10%	◆	■ 重要建築物	●	
極めて稀 (970年)	100年で 10%		◆ 最重要建築物	■	●

図 2.33　Vision 2000 による耐震性能マトリックス

[†] SEAOC（米国カルフォルニア州構造技術者協会）が 1995 年に公表したものである．

2.5 現行規定と今後の規定に対する期待

　1995年阪神・淡路大震災以前は，日本の規定は（外国に比べて）厳しすぎるので，性能規定の導入により建設費を低く抑えることができるのではという期待もあったようである．しかし，阪神・淡路大震災では想定を超えた被害が生じたため，経済性を優先させるのではなく，本来の性能規定を目指す方向に転換された感じがしており，このことは歓迎すべきと思っている．

　これからは，さらに本来の性能規定が取り入れられていくであろうが，建築物の性能をどのように表示し，それをどのように満足させるかについて，一般市民にも構造技術者にも納得できる表現が必要である．また，限界耐力計算では水平変位から算定される層間変形角が建築物の性能を表す尺度となっている場合が多いが，将来的にはその他の尺度も必要となるであろう．

iv) 確率的な取り扱い

　建築物の使用期間中にたびたび生じる程度の中地震動に対しては，建築物がほぼ被害を受けないことが期待される．しかし，数百年に1度（場合によっては数千年あるいはそれ以上に1度）起こるかもしれないような大地震動に対して，どのように設計するかについては，まだまだ議論の余地があるようである．

　すなわち，経済的な面からのみ考えるならば，被害を受けた場合には，その被害に対して補償をする方が（完璧な耐震設計を行うより）得策なのかもしれない．しかし，人命のことを考えるとそうはいかない．どのような地震が起きても人命だけは守るという耐震設計の基本を確保した上で，経済的なことを考えるべきで，そのための設計法の確立が望まれる．

v) 重要度・用途係数

　新耐震（案）には用途係数が含まれていたが，建築基準法は最低基準を規定しているということで，新耐震に用途係数を入れることができなかった．しかし，1995年阪神・淡路大震災以降は重要な建築物や施設，避難所として用いられる学校などの耐震性をあらかじめ高くしておくことが社会的に受け入れられるようになってきた．

　将来的には用途係数のような考え方が建築基準法の中にも組み込まれることが期待されるが，そのためにも用途係数の考え方を整理しておく必要がある．この場合，（単に工学的判断に頼るのではなく）性能規定や確率的な考え方がさらに重要な役割を果たすことになるであろう．

vi) 地域係数

　日本の地震地域係数は $Z = 1.0, 0.9, 0.8, 0.7$ と4つに区分され，値が0.1ずつ異なっている．この区分と値は工学的判断によって決められたもので，土木構造物ではほぼ同じ区分を用いているが，Zの値は1.0, 0.85, 0.7 と3区分で，それらの値は0.15ずつ異なっている．

　確率的に地震の発生と地震動の大きさを（現時点の方法で）求めると，同じ再現期間に対する最大値は地域によって現行の地震地域係数よりもっと大きな差があり，解析方法によっては日本国内で10倍以上の差が出ることもある．工学的判断と確率的計算のいずれが正しいか，どちらを採用するかを決めることは，今でも将来的にも難しいであろう．日本国内において地震活動度に差違があることは明確であるが，その差をどの程度の数値とするかについては，単に同じ再現期間に対する最大値を用いるのがよいとは限らないようである．

　近年では，過去の地震発生のメカニズムや活断層の大きさなどによって，かなり正確な地震動の予測マップが提示されている．これを，実際の設計にどのように取り入れるかについては，まだまだ議論の余地があり，このような面での研究の進歩が期待される．

vii) 基準の定期的な見直し制度の導入

　新耐震以降，耐震規定が複雑になり，限界耐力計算ではその傾向がさらに強まり，詳細な計算方法などが告示などで決められている．しかし，学問や技術の進歩をすみやかに規定に反映させるためには，法令では基本的なことのみを規定し，その他の規定は構造技術者や関連する学会・協会に任せるのがよいと思っている．

　ちなみに，新耐震以前の耐震規定では，水平震度と許容応力度のみが建築基準法に規定されており，その他の計算方法などは日本建築学会の技術書などに任されていたことに立ち返り，何を建築基準法で定めるべきかなどを根本的に考え直すべきであろう．（2007年の建築基準法改正では，偽装事件が発生したため仕方がなかったかもしれないが，すべてを建築基準法に基づく告示などで決めるという方向に向かっており，非常に残念である．）

　また，規定を定期的に見直す制度も取り入れるべきで，海外の規定の多くは数年ごとに見直し，必要な改定を定常的に行い，よりよい規定を目指している．日本でも，規定を（例えば）5年ごとに見直すような制度ができればよいと望んでいる．

第 II 部

構造動力学の基礎

第 3 章
1 自由度系

3.1 1 自由度系とは

　地震動を受ける構造物を解析する際に，図 3.1 のように構造物を 1 自由度系にモデル化することが多い．特に，図 3.1(a) ように構造物の質量を 1 点に集中させ，これを 1 質点系というが，1 自由度系と同じである．

　実際の構造物を 1 自由度系にモデル化するのは大雑把すぎるのではないかと思うかもしれないが，1 自由度系の解析からいろいろと重要なことが分かる．もっとも，構造物の詳細な挙動を解析するには，部分的な動きを知る必要があり，この場合は多自由度系にモデル化することになる．この場合でも（構造物が弾性挙動をする範囲では），1 自由度系を組み合わせて解析することもできる．このような理由から，最も簡単かつ基本となる 1 自由度系から本章を始めることにする．

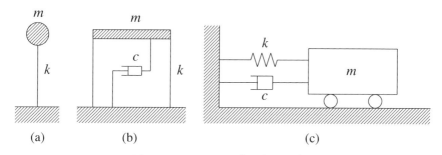

図 3.1　いろいろな 1 自由度系モデル

3.2 運動方程式

(簡単な 1 自由度系[†]の場合)

図 3.1 のようなモデルを解析するためには，運動方程式を求める必要がある。そこで，図 3.2 の 1 自由度系に作用する動的な力の釣り合いを考えると，次式のようになる。

$$-m\ddot{x}(t) - c\dot{x}(t) - kx(t) + P(t) = 0 \tag{3.1}$$

ここで，m, c, k はそれぞれ質量，減衰係数[‡]，剛性を示し，$x(t)$ は変位，$P(t)$ は外力を示している。(t) は時間の関数（時間によって変化すること）を表しており，$\cdot$ と $\cdot\cdot$ は時間に関する 1 回と 2 回の微分を表しているので，$\dot{x}(t)$ は速度，$\ddot{x}(t)$ は加速度を示している。(すなわち，$\dot{x}(t) = \frac{d}{dt}x(t)$, $\ddot{x}(t) = \frac{d^2}{dt^2}x(t)$ である。)

質量 m は構造物の重量 w を重力加速度 g で除して得られ，減衰係数 c は構造物の振動エネルギーが時間とともに減少していく度合いを示し，剛性 k は構造物に変位を与えると，もとの位置に戻ろうとする「ばね」の強さのようなもので「ばね定数」と呼ばれれることも多い。なお，m は時間によって変化しないが，c と k は時間とともに変化する場合もあるが，本章と次章では時間によって変化しない，すなわち線形として解析する。なお，非線形の場合については 6.1 節［233 頁］で扱っている。

(3.1) 式は，外力 $P(t)$ を受け，変位 $x(t)$ により復元力 $-kx(t)$ が生じ，速度 $\dot{x}(t)$ により減衰力 $-c\dot{x}(t)$ が生じ，加速度 $\ddot{x}(t)$ により慣性力 $-m\ddot{x}(t)$ が生じ，それらすべての和が釣り合っていることを示している。なお，符号の − は変位・速度・加速度が + の場合に − 方向に復元力・減衰力・慣性力が生じることを示している。

(3.1) 式を整理すると次式が得られ，これが一般によく見られる 1 自由度系の運動方程式である。

$$m\ddot{x}(t) + c\dot{x}(t) + kx(t) = P(t) \tag{3.2}$$

[†] 「1 自由度」という難しそうな名称となったのは英語の single degree of freedom (SDOF) を訳したからで，ある一つの値（座標）でその構造物の挙動を表す場合，それを 1 自由度系という。例えば，図 3.1 や図 3.3 に示す系はいずれも 1 自由度系である。なお，限界耐力計算では図 2.16［59 頁］のように多自由度系を 1 自由度系に縮約して，それを等価 1 自由度系といっている。

[‡] 図 3.1 や図 3.2 の中のシリンダーとピストンで表されている部分はダッシュポットと呼ばれ，ゆっくり押し引きするには大きな力を要しないが，速く押し引きするには大きな力が必要となるような機構を持っていて，解析しやすいように，この力は速度に比例すると仮定する場合が多い。

3.2 運動方程式

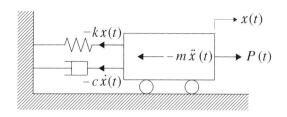

図 3.2　1 自由度系に作用する力の釣り合い

上の (3.2) 式が 1 自由度系の運動方程式という説明から始める場合も多いが，(3.1) 式のように考えた方が分かりやすい場合がある．なお，地震動による加速度 $\ddot{x}_g(t)$ を受ける場合は，(3.1) 式または (3.2) 式において外力の $P(t)$ を慣性力 $-m\ddot{x}_g(t)$ に置き換えるとよいことになる．

（多少複雑な 1 自由度系の場合）

図 3.3 の系は，剛な梁が A 点でローラー支持，D 点でピン接合，F 点でピン支持されている．この系が B 点に外力 $p(t)$ を受け，C 点に質量 m，D 点に剛性 k のばね，E 点に減衰係数 c のダッシュポットが取り付けられている．この系の運動は上下の変位のみによって決定されるので，この系は多少複雑であっても 1 自由度である．しかし，このように複雑な系の運動方程式を力の釣り合いから求めることはかなり難しい．そこで以下のように仮想仕事の定理[†]を用いて運動方程式を導く．

図 3.3 において D 点の変位を $y(t)$ とすると，B, C, D, E 点に作用している力をそれぞれ $p(t), -m\frac{2}{3}\ddot{y}(t), -ky(t), -c\frac{1}{2}\dot{y}(t)$ と表すことができる．もちろん，この系は動的に釣り合っているものとし，これに仮想変位 δ を D 点に与えると，仮想仕事の定理からこの仮想変位による仮想仕事は 0 となる．すなわち，次式が得られる．

$$p(t) \cdot \frac{1}{3}\delta - m\frac{2}{3}\ddot{y}(t) \cdot \frac{2}{3}\delta - ky(t) \cdot \delta - c\frac{1}{2}\dot{y}(t) \cdot \frac{1}{2}\delta = 0 \tag{3.3}$$

上式の符号は，仮想変位と力の向きが同じ場合は正，向きが反対の場合は負であることを表している．

[†] 仮想仕事の定理によると，力が釣り合っている系に仮想の変位を与えると，その仮想変位による仕事は 0 となる．

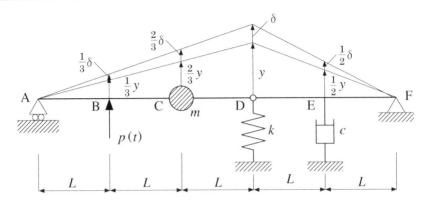

図 3.3　多少複雑な1自由度系とその仮想変位

上式を整理すると次式となる。

$$\left(\frac{2}{3}\right)^2 m\ddot{y}(t) + \left(\frac{1}{2}\right)^2 c\dot{y}(t) + k y(t) = \frac{1}{3} p(t) \tag{3.4}$$

ここで，次のような新しい記号を導入する。

$$m^* = \frac{4}{9}m \quad c^* = \frac{1}{4}c \quad k^* = k \quad p^*(t) = \frac{1}{3}p(t) \tag{3.5}$$

上式の記号を用いると (3.4) 式は次のように表される。

$$m^*\ddot{y}(t) + c^*\dot{y}(t) + k^*y(t) = p^*(t) \tag{3.6}$$

ここで，$m^*, c^*, k^*, p^*(t)$ はそれぞれ一般化質量，一般化減衰係数，一般化剛性，一般化外力と呼ばれる。

　上式は簡単な1自由度系の運動方程式である (3.2) 式と同じであり，複雑な1自由度系であっても運動方程式を導き，一般化された質量，減衰係数，剛性，外力を用いることによって，簡単な1自由度系の解析がすべて適用できることになる。

3.3 自由振動

(3.2) 式の右辺を 0 とすると，外力が作用しない場合，すなわち自由振動の運動方程式が次のように得られる。

$$m\ddot{x}(t) + c\dot{x}(t) + kx(t) = 0 \tag{3.7}$$

微分方程式の解を求めるには，解になりそうな関数を仮定し，その関数を代入し，その微分方程式を満足するようにするのが一般的な方法である[†]。そこで，(3.7) 式の解を次式のように e 関数である De^{st} と仮定し，その 1 回微分と 2 回微分を計算すると次のようになる。

$$x(t) = De^{st} \tag{3.8}$$
$$\dot{x}(t) = sDe^{st} \tag{3.9}$$
$$\ddot{x}(t) = s^2 De^{st} \tag{3.10}$$

これらの 3 式を (3.7) 式に代入し整理すると次式のようになり，s と D を決めると解が求まることになる。

$$(ms^2 + cs + k)De^{st} = 0 \tag{3.11}$$

上式は時間が変化しても常に満足される必要がある。e^{st} は時間とともに変化するので，( ) 内が 0 とならなければならない[‡]ので，次式が得られる。

$$ms^2 + cs + k = 0 \tag{3.12}$$

上式は (3.7) 式の特性方程式と呼ばれる。この根は（通常の 2 次方程式の解と同様で）次のようになる。

$$s_{1,2} = -\frac{c}{2m} \pm \sqrt{\left(\frac{c}{2m}\right)^2 - \frac{k}{m}} \tag{3.13}$$

よって，(3.7) 式の解は次のように表されることになる。

$$x(t) = D_1 e^{s_1 t} + D_2 e^{s_2 t} \tag{3.14}$$

[†] 詳しくは数学の教科書，例えばワイリー著「工業数学」ブレイン図書出版（株）などを参照してほしい。
[‡] $D = 0$ でも式を満足するのであるが，その場合は振動していない静止の状態を示すことになり，振動している状態の解とはならない。

なお，(3.13) 式の根が等しくなる場合，すなわち $s_1 = s_2 = s$ の重根の場合は次のようになる。

$$\left(\frac{c}{2m}\right)^2 = \frac{k}{m}$$

この時，(3.7) 式の解は次式のように得られる[†]。

$$x(t) = (D_1 + D_2 t) e^{st} \tag{3.15}$$

ここで，D_1 と D_2 は任意定数である。

解として得られた (3.14) 式と (3.15) 式をどのように用いるかは以下で説明する。

1) 非減衰自由振動

ここで次の記号を導入する。なお，この ω_n が非減衰固有円振動数であることは後で分かる。

$$\omega_n^2 = \frac{k}{m} \tag{3.16}$$

よって，減衰がない $c = 0$ の場合について考えると，根の (3.13) 式は次のようになる。

$$s_{1,2} = \pm i\omega_n \tag{3.17}$$

すると，(3.14) 式は次のようになる。

$$x(t) = D_1 e^{i\omega_n t} + D_2 e^{-i\omega_n t} \tag{3.18}$$

ここで，次のオイラーの公式を用いる。

$$e^{\pm i\omega_n t} = \cos\omega_n t \pm i\sin\omega_n t \tag{3.19}$$

> **ちょっと一言「オイラーの公式」について**
>
> この公式をすぐに理解できなくても落胆する必要はない。$i^2 = -1$ という関係を用いると簡単な計算で正しい解が得られるという便利さのため，証明なしに数学者は 16 世紀後半から 200 年ほど虚数単位 i を用いてきた経緯があるくらいである。興味のある方には「数学のおもしろさ」ソーヤー著，東健一訳（岩波書店）を推薦するが，ここではその一部を紹介する。

[†] これも，詳しくは数学の教科書を参照してほしい。

3.3 自由振動

最初に $\cos x$ が次のように表されると仮定する。

$$\cos x = a_0 + a_1 x + a_2 x^2 + a_3 x^3 + a_4 x^4 + a_5 x^5 + a_6 x^6 + a_7 x^7 + \cdots \quad (3.20)$$

ここで, $a_0, a_2, a_3, \cdots$ を定めるため, 上式に $x = 0$ を代入すると, 左辺は $\cos 0 = 1$, 右辺は x が含まれる項はすべて 0 となるので, $a_0 = 1$ とならなければならない。
　上式を微分すると次式となる。

$$-\sin x = a_1 + 2a_2 x + 3a_3 x^2 + 4a_4 x^3 + 5a_5 x^4 + 6a_6 x^5 + 7a_7 x^6 + \cdots$$

上式に $x = 0$ を代入すると, 左辺は $-\sin 0 = 0$, 右辺は x が含まれる項はすべて 0 となるので, $a_1 = 0$ となる。
　上式を微分すると次式となる。

$$-\cos x = 2a_2 + 6a_3 x + 12a_4 x^2 + 20a_5 x^3 + 30a_6 x^4 + 42a_7 x^5 + \cdots$$

上式に $x = 0$ を代入すると, 左辺は $-\cos 0 = -1$, 右辺は x が含まれる項はすべて 0 となるので, $a_2 = -\frac{1}{2}$ となる。
　以上を繰り返すと x を含む項のすべての係数が求まり, 結局 $\cos x$ は次のように表すことができる。

$$\cos x = 1 - \frac{1}{2}x^2 + \frac{1}{24}x^4 - \frac{1}{720}x^6 + \cdots \quad (3.21)$$

$\sin x$ についても (3.20) 式の右辺と同じように表せると仮定すると, $\cos$ と同様な計算によって, 次のように表すことができる。

$$\sin x = x - \frac{1}{6}x^3 + \frac{1}{120}x^5 - \frac{1}{7!}x^7 + \cdots \quad (3.22)$$

次に, e^x という関数は x で何回微分しても同じ e^x になるという性質がある。この性質を用い, e^x が (3.20) 式の右辺と同じように表せると仮定すると, 次のように表すことができる。

$$e^x = 1 + x + \frac{1}{2}x^2 + \frac{1}{6}x^3 + \frac{1}{24}x^4 + \frac{1}{120}x^5 + \frac{1}{720}x^6 + \cdots$$

上式に $x = ia$ を代入し，$i^2 = -1$ とすると次のようになる．

$$e^{ia} = 1 + ia + \frac{1}{2}i^2 a^2 + \frac{1}{6}i^3 a^3 + \frac{1}{24}i^4 a^4 + \frac{1}{120}i^5 a^5 + \frac{1}{720}i^6 a^6 + \cdots$$
$$= 1 + ia - \frac{1}{2}a^2 - \frac{1}{6}ia^3 + \frac{1}{24}a^4 + \frac{1}{120}ia^5 - \frac{1}{720}a^6 + \cdots$$

上式の右辺で i を含む項は (3.22) 式の sin の各項に i を乗したもので表され，その他の項は (3.21) 式の cos の各項で表されるので，結局次式が得られる．

$$e^{ia} = \cos a + i \sin a$$

cos は偶関数，sin は奇関数なので，上式は次のように表される．

$$e^{\pm ia} = \cos a \pm i \sin a$$

上式の a を単に $\omega_n t$ に置き換えたものが (3.19) 式である．

定数 D_1 と D_2 は複素数であっても構わないので，次のように表す．

$$D_1 = a + ib$$
$$D_2 = c + id$$

上式と (3.19) 式を用いると (3.18) 式は次のようになる．

$$x(t) = (a + ib)(\cos \omega_n t + i \sin \omega_n t) + (c + id)(\cos \omega_n t - i \sin \omega_n t)$$
$$= \{(a + c) + i(b + d)\} \cos \omega_n t + \{(d - b) + i(a - c)\} \sin \omega_n t$$

ここで，次のように表す．

$$A = (a + c) + i(b + d)$$
$$B = (d - b) + i(a - c)$$

すると (3.18) 式は次のようになる[†]．

$$x(t) = A \cos \omega_n t + B \sin \omega_n t \tag{3.23}$$

[†] (3.7) 式から非減衰自由振動の運動方程式は $m\ddot{x}(t) + kx(t) = 0$ となるので，解を sin と cos 関数の和と仮定すると (3.23) 式が容易に求まる．しかし，解を (3.8) 式のように仮定すると以下に示す減衰のある場合も含めた解を求めることができ，非常に便利である．

3.3 自由振動

$x(t)$ は実関数であるから，A と B の虚部は 0 となる．そのためには，次の関係が満足される必要がある．

$$c = a$$
$$d = -b$$

すなわち，$D_2 = a - ib$ となるので，定数 D_2 と D_1 は複素共役の関係がある．

定数 A と B は初期条件によって決まる．例えば，初期変位 $x(0)$ と初期速度 $\dot{x}(0)$ を (3.23) 式とその 1 回微分の次式に代入する．

$$\dot{x}(t) = -\omega_n A \sin \omega_n t + \omega_n B \cos \omega_n t \tag{3.24}$$

すると，次式が得られる．

$$x(0) = A$$
$$\dot{x}(0) = \omega_n B$$

よって，(3.23) 式は次のようになる．

$$x(t) = x(0) \cos \omega_n t + \frac{\dot{x}(0)}{\omega_n} \sin \omega_n t \tag{3.25}$$

ここで，次の三角関数の公式を思い出そう．

$$\sin(\alpha + \beta) = \sin \alpha \cos \beta + \cos \alpha \sin \beta$$

そして，図 3.4 の三角形の辺の長さの関係を用いると，(3.25) 式は次のように書き換えることができる．

$$\begin{aligned} x(t) &= \rho \left\{ \frac{x(0)}{\rho} \cos \omega_n t + \frac{\dot{x}(0)/\omega_n}{\rho} \sin \omega_n t \right\} \\ &= \rho \{ \sin \theta \cos \omega_n t + \cos \theta \sin \omega_n t \} \\ &= \rho \sin(\omega_n t + \theta) \end{aligned} \tag{3.26}$$

ここで，ρ と θ は次のように表される．

$$\rho = \sqrt{\{x(0)\}^2 + \left\{\frac{\dot{x}(0)}{\omega_n}\right\}^2} \tag{3.27}$$

$$\tan \theta = \frac{\omega_n x(0)}{\dot{x}(0)} \tag{3.28}$$

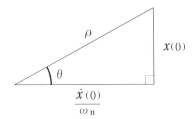

図 3.4　直角三角形の両辺と斜辺

(3.26) 式は図 3.5 の右図に示すように単純調和運動[†]を示している。なお，ω_n は非減衰系の固有円振動数（角速度）である。通常用いられる固有振動数 f_n は次式で与えられる。

$$f_n = \frac{\omega_n}{2\pi} \tag{3.29}$$

上式の固有振動数の逆数が固有周期 T_n である。

$$T_n = \frac{1}{f} = \frac{2\pi}{\omega_n} \tag{3.30}$$

(3.26) 式は図 3.5 の左図の矢印のように長さ ρ の回転するベクトルで示すことができ，$x(t)$ はベクトルの縦座標，$\dot{x}(t)/\omega_n$ はベクトルの横座標で表される。

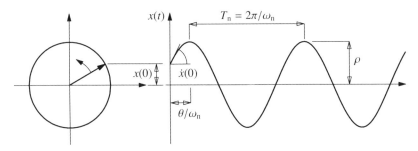

図 3.5　非減衰自由振動

[†] simple harmonic motion の訳で，単に「単振動」ともいう。

3.3 自由振動

> **例題「重力式」**
> 図 3.6 a) に示すように，上端が固定されている（質量のない）ばねに質量 m の錘を付けたところばねに δ の伸びが生じた。この錘に変位を与え，放つと上下に振動する。この際の固有周期を求める。

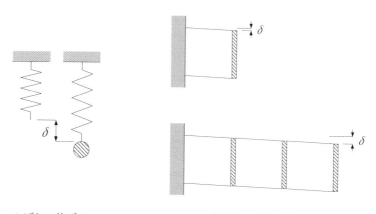

a) ばねの伸び δ　　　　b) 建築物の頂部の変位 δ

図 3.6　重力によって生じる変位 δ

「解」重力によって質量 m に作用する力は mg で，この時のばねの伸びは δ であるから，このばねの剛性（剛性とは単位の変位を与えるのに必要な力）k は次のようになる。

$$k = \frac{mg}{\delta} \tag{3.31}$$

非減衰固有円振動数は (3.16) 式より次のようになる。

$$\omega_n = \sqrt{\frac{k}{m}} \tag{3.32}$$

固有周期は (3.30) 式で次のように与えられており，これに (3.31) 式を変形した $m/k = \delta/g$ を代入すると次のようになる。

$$T_n = \frac{1}{f} = \frac{2\pi}{\omega_n} = 2\pi\sqrt{\frac{m}{k}} = 2\pi\sqrt{\frac{\delta}{g}} \tag{3.33}$$

上式に $\pi = 3.14$ と $g = 980\,(\text{cm/s}^2)$ を代入すると，固有周期 (s) の近似式が次の

ように得られる．

$$T_\mathrm{n} = \frac{\sqrt{\delta}}{5} \tag{3.34}$$

上式は「重力式」と呼ばれ，自重による変位を (cm) で表し，その平方根を 5 で割ると固有周期が「秒」の単位で求まる．この近似式を用いる際には，単位を間違えないことが肝要で，ちなみに上式で単位に (m) を用い，δ を d で表したのがユーロコードの (8.34) 式［323 頁］である．

上式がユーロコードでは建築物の固有周期の算定に用いられているうことからも分かるが，(3.34) 式はばねでつり下げられた錘の固有周期のみならず，建築物などの固有周期にも適用できるので非常に便利である．すなわち，図 3.6 b) の上図のように建築物を片持ち梁のように横にしたと仮定した時に重力によって生ずる変位を求めると，(3.34) 式から固有周期が求まる．なお，図 3.6 b) の下図のような多層の場合，頂部の変位 δ (cm) から固有周期 (s) を推定するには，次式のように (3.34) 式の分母の 5 を 5.5 程度にする必要がある [32]．

$$T_\mathrm{n} = \frac{\sqrt{\delta}}{5.5} \tag{3.35}$$

例題「重力式による 5 層せん断モデルの固有周期」

図 3.7 に示す 5 層せん断モデルの 1 次固有周期を (3.35) 式で表される重力式で求める．

「解」図 3.7 のモデルに自重と等しい水平力を加えたときの頂部の変位は次のように与えられる．

$$\delta_{st} = \frac{490}{300} + \frac{490 \times 2}{350} + \frac{490 \times 3}{400} + \frac{490 \times 4}{450} + \frac{490 \times 5}{500}$$
$$= 1.63 + 2.80 + 3.68 + 4.36 + 4.90 = 17.37 \,(\mathrm{cm})$$

よって，1 次固有周期 T_1 は次のように算定される．

$$T_1 = \frac{\sqrt{17.37}}{5.5} = 0.76 \,(\mathrm{s})$$

3.3 自由振動

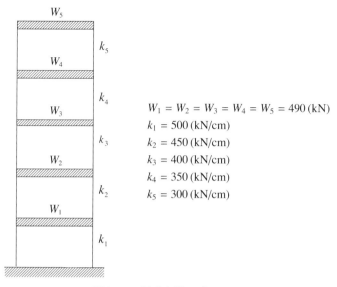

$W_1 = W_2 = W_3 = W_4 = W_5 = 490\,(\mathrm{kN})$
$k_1 = 500\,(\mathrm{kN/cm})$
$k_2 = 450\,(\mathrm{kN/cm})$
$k_3 = 400\,(\mathrm{kN/cm})$
$k_4 = 350\,(\mathrm{kN/cm})$
$k_5 = 300\,(\mathrm{kN/cm})$

図 3.7　5 層せん断モデル

ちょっと一言「重力式」について

　図 3.7 の 5 層モデルについて固有値解析を行い 1 次固有周期を求めると，4.5 節で示している 186 頁と 191 頁の例題のように $T_1 = 0.75\,(\mathrm{s})$ となるので，(3.35) 式はかなり高い精度の略算式であることが分かる．もっとも，各層の重量 W_i と水平剛性 k_i が分かれば容易に固有周期や固有モードが求まる固有値解析のコンピュータ・ソフトがあるので，重力式で略算する必要性は最近では低いであろう．しかし，構造計算などをすべて手計算で行っていた時代には「重力式」は非常に便利な式であった．

　手計算で多自由度系の固有値解析を行う方法として，「ホルツァー (Holzer) 法」や「ストドラ (Stodola) 法」がある．コンピュータが普及したので，このような方法を用いることは今後あまりないかもしれないが，興味のある方は，例えば文献 [32] などを参照してほしい．なお，本書では 4.5 節の例題［186 頁，191 頁］で，これらの方法を簡単に説明している．

例題「成層地盤の重力式による固有周期」
　図 3.8 に示す成層地盤の固有周期を重力式によって求める。

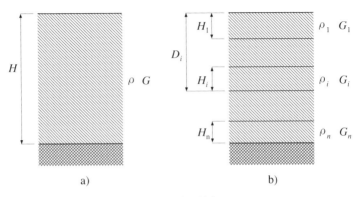

図 3.8　成層地盤

「解」最初に，図 3.8 の a) に示した基盤の上にある表層地盤の固有周期を求めるため，重力に相当する水平力が作用した場合の基盤面に対する表層面の変位を求める。せん断剛性を G とすると高さ H の水平剛性は G/H となる。単位質量を ρ とすると，単位断面積の高さ H に作用する水平力 $\rho g H$ は（表層面に作用するのではなく），その合力は深さ $H/2$ の位置に作用するので（見かけ上は剛性が 2 倍となり），水平変位 δ は次式のようになる。

$$\delta = g\rho H \frac{H}{2G} = \frac{g\rho H^2}{2G} \tag{3.36}$$

(3.33) 式［129 頁］に上式を代入し，固有周期を求めると次のようになる。

$$T = 2\pi \sqrt{\frac{\delta}{g}} = 2\pi \sqrt{\frac{\rho H^2}{2G}} \tag{3.37}$$

(2.86) 式［82 頁］や (5.51) 式［222 頁］より，$V_s^2 = G/\rho$ を代入すると，上式は次のようになる。

$$T = \sqrt{2}\pi \frac{H}{V_s} \approx 4.44 \frac{H}{V_s} \tag{3.38}$$

3.3 自由振動

せん断変形のみが生ずると仮定した地盤の固有周期の正解はすでに (2.87) 式 [83 頁] のように与えられていて，上式における係数は 4.44 ではなく 4 となるべきである．この相違は重力式が 1 自由度系には正解を与えるが，多自由度系に対しては誤差が生じることに起因している．このため，多自由度系に対しては，(3.35) 式のように分母を 5 ではなく 5.5 としており，上式を 5/5.5 倍すると，係数がほぼ 4 となり次式のように正解値を与えることになる．

$$T = \frac{4H}{V_s} \tag{3.39}$$

次に，図 3.8 b) の多層地盤の場合を考えてみると，第 1 層に生じる変位は (3.36) 式と同じであるので，次式となる．

$$\delta_1 = \frac{g\rho_1 H_1^2}{2G_1} = g(\rho_1 H_1)\frac{H_1}{2G_1} \tag{3.40}$$

第 2 層と第 3 層について考えると，それぞれ次式のようになる．

$$\delta_2 = g(\rho_1 H_1)\frac{H_2}{G_2} + g(\rho_2 H_2)\frac{H_2}{2G_2} \tag{3.41}$$

$$\delta_3 = g(\rho_1 H_1 + \rho_2 H_2)\frac{H_3}{G_3} + g(\rho_3 H_3)\frac{H_3}{2G_3} \tag{3.42}$$

よって，第 i 層では次のようになる．

$$\delta_i = g\left(\sum_{i=1}^{i-1}\rho_i H_i\right)\frac{H_i}{G_i} + g(\rho_i H_i)\frac{H_i}{2G_i} \tag{3.43}$$

結局，n 層よりなる地盤の全変位 δ_t は 1〜n 層の δ_i の和となり次式で表される．

$$\delta_t = \sum_{i=1}^{n}\left\{g\left(\sum_{i=1}^{i-1}\rho_i H_i\right)\frac{H_i}{G_i} + g(\rho_i H_i)\frac{H_i}{2G_i}\right\} \tag{3.44}$$

ここで，ρ_i は一定の ρ とし，第 i 層底面までの深さを D_i とし，$V_{si}^2 = G_i/\rho$ の関係を用いて上式を変形すると，次式のようになる．

$$\delta_t = g\sum_{i=1}^{n}\left\{\frac{D_{i-1}+D_i}{2}\frac{\rho H_i}{G_i}\right\} = g\sum_{i=1}^{n}\left\{\frac{D_{i-1}+D_i}{2}\frac{H_i}{V_{si}^2}\right\} \tag{3.45}$$

上式を (3.33) 式に代入し固有周期を求めると次式になる。

$$T = 2\pi\sqrt{\frac{\delta}{g}} = \sqrt{2}\pi\sqrt{\sum_{i=1}^{n}\left\{(D_{i-1} + D_i)\frac{H_i}{V_{si}^2}\right\}} \quad (3.46)$$

係数の $\sqrt{2}\pi \approx 4.44$ を多自由度系に適用するため 4 に置き換えると次式が得られる。

$$T = 4\sqrt{\sum_{i=1}^{n}\left\{(D_{i-1} + D_i)\frac{H_i}{V_{si}^2}\right\}} \quad (3.47)$$

上式が（記号を若干変更すると）2007 年版の解説書 [21] の 270 頁に示された地盤周期の式となる。

上式は新耐震施行直後の解説書 [19] に示されており，現在も解説書に示されている。上式を用いるためには，表層地盤の各層の厚さとせん断波速度が必要である。これらの値が分かるのであれば，重力式を用いる必要がなく，限界耐力計算に用いられている (2.83) 式［81 頁］を直接用いる方がよいと思われる。

2) 減衰自由振動

減衰自由振動の解は (3.13) 式［123 頁］の根号の中の部分が正・負・0 と 3 つの場合に分類される。

i) 臨界減衰

初めに (3.13) 式の根号の部分が 0 となる特別な場合を考えると次式が得られる。

$$\left(\frac{c}{2m}\right)^2 = \frac{k}{m} = \omega_n^2 \quad (3.48)$$

上式の後の等号は (3.16) 式の定義から得られる。(3.48) 式を満たす場合には（後で分かるが）振動を生じない最小の減衰を表しており，これを臨界減衰という。この場合の減衰係数を臨界減数係数 c_{cr} で表すと，上式から次のようになる[†]。

$$c_{cr} = 2\,m\,\omega_n \quad (3.49)$$

[†] 添字の cr は critical「臨界」の意味である。

3.3 自由振動

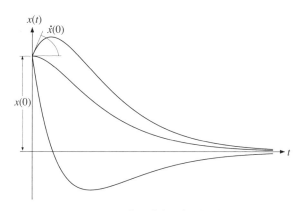

図 3.9　臨界減衰の自由振動

この場合の (3.7) 式 ［123 頁］の解はすでに (3.15) 式 ［124 頁］で次のように与えられている。すなわち，

$$x(t) = (D_1 + D_2 t) e^{st} \tag{3.15}$$

ここで，s は (3.13) 式と (3.49) 式から次のようになる。

$$s = -\frac{c_{cr}}{2m} = -\omega_n \tag{3.50}$$

よって次式が得られる。

$$x(t) = (D_1 + D_2 t) e^{-\omega_n t} \tag{3.51}$$

上式を時間で微分して速度を求めると次のようになる。

$$\dot{x}(t) = D_2 e^{-\omega_n t} - \omega_n (D_1 + D_2 t) e^{-\omega_n t} \tag{3.52}$$

上の 2 式から時刻 0 における初期変位 $x(0)$ と初期速度 $\dot{x}(0)$ は次のようになる。

$$x(0) = D_1 \tag{3.53}$$

$$\dot{x}(0) = D_2 - \omega_n D_1 \tag{3.54}$$

上の 2 式から求まる D_1 と D_2 を (3.51) 式に代入し整理すると，次式が得られる。

$$x(t) = \{x(0)(1 + \omega_n t) + \dot{x}(0) t\} e^{-\omega_n t} \tag{3.55}$$

これが図 3.9 に示されている．この図から分かるように，臨界減衰系の自由振動は振幅が正負に繰り返す振動ではなく，(3.55) 式の指数関数 $e^{-\omega_n t}$ の影響により，時間が経過すると変位が次第に 0 に戻っていくことになる．

ii) 弱減衰

減衰が臨界減衰より小さい場合を弱減衰[†]といい，ほとんどすべての構造物は弱減衰である．弱減衰の場合，(3.49) 式の c_{cr} より減衰係数 c が小さいので，次式が得られる．

$$c < 2m\omega_n \tag{3.56}$$

この場合，(3.13) 式の根号の中が負になり，減衰を臨界減衰に対する比として次のように表すのが一般的である．

$$\zeta = \frac{c}{c_{cr}} = \frac{c}{2m\omega_n} < 1 \tag{3.57}$$

ここで，ζ は減衰定数（または臨界減衰比）と呼ばれる．上式より $c/(2m) = \zeta\omega_n$，(3.16) 式より $k/m = \omega_n^2$ なので，これらを (3.13) 式に代入すると次式が得られる．

$$s_{1,2} = -\zeta\omega_n \pm \sqrt{(\zeta\omega_n)^2 - \omega_n^2} = -\zeta\omega_n \pm i\omega_d \tag{3.58}$$

ここで，ω_d は次式で表され，減衰固有円振動数と呼ばれる．

$$\omega_d = \omega_n\sqrt{1-\zeta^2} \tag{3.59}$$

実際の構造物では減衰定数 ζ があまり大きくない（$\zeta < 0.2$）ので，一般に減衰固有円振動数 ω_d は非減衰固有円振動数 ω_n とほとんど同じ値である．すなわち，ω_d/ω_n と ζ の関係は上の (3.59) 式より $(\omega_d/\omega_n)^2 + \zeta^2 = 1$ となり図 3.10 のように円弧で表され，$\zeta < 0.2$ の範囲では ω_d/ω_n の値はほぼ 1 に等しくなるからである．

弱減衰系の自由振動は (3.14) 式［123 頁］に (3.58) 式を代入し，次のようになる．

$$\begin{aligned}x(t) &= D_1 e^{(-\zeta\omega_n + i\omega_d)t} + D_2 e^{(-\zeta\omega_n - i\omega_d)t} = e^{-\zeta\omega_n t}(D_1 e^{i\omega_d t} + D_2 e^{-i\omega_d t}) \\ &= e^{-\zeta\omega_n t}(A\cos\omega_d t + B\sin\omega_d t)\end{aligned} \tag{3.60}$$

上の (3.60) 式の最後の ( ) 内は (3.23) 式［126 頁］と添字を除いて同一であり，その導き方も同様である．

[†] underdamping の訳で「不足減衰」ともいわれるが，本書では「弱減衰」という用語を用いる．

3.3 自由振動

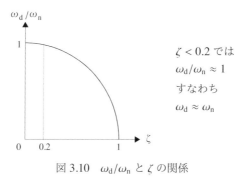

図 3.10 ω_d/ω_n と ζ の関係

(3.60) 式を時間で微分して速度を求めると，次のようになる。

$$\dot{x}(t) = -\zeta\omega_n e^{-\zeta\omega_n t}(A\cos\omega_d t + B\sin\omega_d t)$$
$$+ e^{-\zeta\omega_n t}(-A\omega_d \sin\omega_d t + B\omega_d \cos\omega_d t) \tag{3.61}$$

(3.60) 式と (3.61) 式から時刻 0 における初期変位 $x(0)$ と初期速度 $\dot{x}(0)$ は次のようになる。

$$x(0) = A \tag{3.62}$$
$$\dot{x}(0) = -\zeta\omega_n A + B\omega_d \tag{3.63}$$

(3.60) 式に上の 2 式の初期条件を代入し整理すると次式となる。

$$x(t) = e^{-\zeta\omega_n t}\left\{x(0)\cos\omega_d t + \frac{\dot{x}(0) + \zeta\omega_n x(0)}{\omega_d}\sin\omega_d t\right\} \tag{3.64}$$

上式は回転ベクトル形式として次のように表すことができる。

$$x(t) = e^{-\zeta\omega_n t}\rho\sin(\omega_d t + \theta) \tag{3.65}$$

ここで，ρ と θ は次のように表される。

$$\rho = \sqrt{\{x(0)\}^2 + \left\{\frac{\dot{x}(0) + \zeta\omega_n x(0)}{\omega_d}\right\}^2} \tag{3.66}$$

$$\tan\theta = \frac{x(0)}{\{\dot{x}(0) + \zeta\omega_n x(0)\}/\omega_d} \tag{3.67}$$

弱減衰系の自由振動の様子は図 3.11 の右図に示されている。この図から，系が変位 0 の横軸を中心に一定の振動数で振動していて，その固有円振動数は ω_d，固有周期は $T_\mathrm{d} = 2\pi/\omega_\mathrm{d}$ である。この場合も図 3.11 の左図の矢印のように回転するベクトルで表示することができるが，非減衰の場合［図 3.5, 128 頁］とは異なり，ベクトルの長さは次第に小さくなっていく。

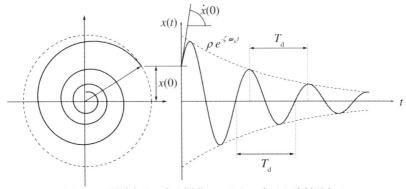

図 3.11　弱減衰系の自由振動のベクトル表示と時刻歴表示

例えば，自由振動の時刻歴記録が図 3.12 のように得られたとする。このような記録の 2 つの連続するピークの振幅を x_i と x_{i+1} とすると，(3.65) 式から次のような関係が得られる。

$$x_i = \rho\, e^{-\zeta\omega_\mathrm{n} t_i} \tag{3.68}$$

$$x_{i+1} = \rho\, e^{-\zeta\omega_\mathrm{n}(t_i + \frac{2\pi}{\omega_\mathrm{d}})} \tag{3.69}$$

上の 2 式の比を求めると次のようになる。

$$\frac{x_i}{x_{i+1}} = e^{\zeta\omega_\mathrm{n}\frac{2\pi}{\omega_\mathrm{d}}} \tag{3.70}$$

上式の対数を取ると次式が得られる。

$$\ln\frac{x_i}{x_{i+1}} = 2\pi\zeta\frac{\omega_\mathrm{n}}{\omega_\mathrm{d}} = \frac{2\pi\zeta}{\sqrt{1-\zeta^2}} \tag{3.71}$$

減衰が小さい場合，上式は次のように表される。

$$\ln\frac{x_i}{x_{i+1}} \approx 2\pi\zeta \tag{3.72}$$

3.3 自由振動

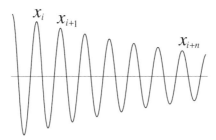

図 3.12　弱減衰系の自由振動の記録

ここで，ティラー級数展開†を考えると次式が得られる。

$$\frac{x_i}{x_{i+1}} = e^{2\pi \zeta} = 1 + 2\pi\zeta + \frac{(2\pi\zeta)^2}{2!} + \ldots$$

よって，ζ の値が小さい場合，次式を得る。

$$\zeta \approx \frac{x_i - x_{i+1}}{2\pi x_{i+1}} \tag{3.73}$$

減衰が非常に小さい場合，数サイクル離れたピークを考えると，より正確な減衰定数が得られる。すなわち，

$$\ln \frac{x_i}{x_{i+n}} = 2\pi n \zeta \frac{\omega_n}{\omega_d} \tag{3.74}$$

よって減衰が非常に小さい場合，次式が得られる。

$$\zeta \approx \frac{x_i - x_{i+n}}{2\pi n\, x_{i+n}} \tag{3.75}$$

以上の式を用い，減衰定数を求める計算例としての例題［250 頁］がある。

iii) 過減衰

減衰が臨界減衰より大きい場合は過減衰と呼ばれる。通常の構造物では過減衰ということはあり得ないが，(3.13) 式の根号の中が（正・0・負となる場合の最後として）正となる場合を考えてみよう。すなわち過減衰の場合 $\zeta > 1$ となるので (3.13) 式は次のようになる。

$$s_{1,2} = -\zeta \omega_n \pm \omega_n \sqrt{\zeta^2 - 1} = -\zeta \omega_n \pm \omega_n' \tag{3.76}$$

---

† $f(z) = f(a) + f'(a)(z-a) + f''(a)\frac{(z-a)^2}{2!} + f'''(a)\frac{(z-a)^3}{3!} + \cdots$

ここで，ω'_n は次式で表される．

$$\omega'_n = \omega_n \sqrt{\zeta^2 - 1} \tag{3.77}$$

(3.76) 式を (3.18) 式［124 頁］に代入すると次式となる．

$$x(t) = e^{-\zeta \omega_n t}(D_1 e^{\omega'_n t} + D_2 e^{-\omega'_n t}) \tag{3.78}$$

次の 2 つの公式を利用すると，

$$\sinh \zeta = \frac{e^\zeta - e^{-\zeta}}{2} \qquad \cosh \zeta = \frac{e^\zeta + e^{-\zeta}}{2}$$

(3.78) 式は次のようになる．

$$x(t) = e^{-\zeta \omega_n t}(A \cosh \omega'_n t + B \sinh \omega'_n t) \tag{3.79}$$

この場合の $x(t)$ をグラフに描くと図 3.9 臨界減衰の場合に似ていて，振幅が正負に繰り返す振動ではなく，時間の経過とともに単に変位が徐々に小さくなっていく．

ちょっと一言「臨界減衰・弱減衰・過減衰」について

以上，i) 臨界減衰，ii) 弱減衰，iii) 過減衰の自由振動について説明したが，実際の構造物は弱減衰である．それならば，弱減衰の説明のみでもよさそうであるが，本節の最初で述べたように，(3.13) 式［123 頁］の根号の中の部分が正・負・0 と 3 つの場合が考えられので，最初に，減衰定数を定義するためにも必要なため，根号の中が 0 となる臨界減衰について説明した．

続いて，ほとんどの構造物に当てはまる，根号の中が負となる弱減衰を説明した．減衰については 6.3 節［247 頁］で多少詳しく説明しているが，建築物の減衰定数の値は数 % である．

我々が通常経験することの中で，減衰が非常に小さいものの 1 つに，お寺の鐘がある．数分間も鳴り続けるような場合には，減衰定数はほぼ 0 と考えてよいであろう．減衰が大きなものとしては，ドア・クローザがある．ドアを開くと，その後にドアをゆっくりと閉じるようにする装置で，ドアが閉まる様子は図 3.9 に似ていて，減衰定数は臨界減衰に近いだろう．過減衰は通常の構造物にはみられないが，根号の中が正になる場合を最後に説明した次第である．

3.4 調和外力による応答

図 3.2[121 頁]に示す 1 自由度系が振幅 P_0,円振動数 ω の調和外力[†](ここでは sin 関数を考える)を受けると,運動方程式は次のように表される。

$$m\ddot{x}(t) + c\dot{x}(t) + kx(t) = P_0 \sin \omega t \tag{3.80}$$

上式の一般解は次のように補関数 $x_c(t)$ と特殊積分 $x_p(t)$ の和となる[‡]。

$$x(t) = x_c(t) + x_p(t) \tag{3.81}$$

1) 非減衰の場合

減衰がない場合には,運動方程式は次のようになる。

$$m\ddot{x}(t) + kx(t) = P_0 \sin \omega t \tag{3.82}$$

補関数は (3.82) 式の自由振動であり,自由振動はすでに (3.23) 式[126 頁]で得られているので,次のように表される。

$$x_c(t) = A \cos \omega_n t + B \sin \omega_n t \tag{3.83}$$

調和外力による応答は,外力と同じ振動数の調和(正弦波)運動と仮定することができるので,特殊積分を次のように表してみる。

$$x_p(t) = G_1 \cos \omega t + G_2 \sin \omega t \tag{3.84}$$

上式とその 2 回微分を (3.82) 式に代入すると,次の 2 式が得られる。

$$G_1 = 0 \tag{3.85}$$

$$G_2 = \frac{P_0}{k} \frac{1}{1 - r_n^2} \tag{3.86}$$

[†] 一般に sin や cos で表される正弦波形の外力を示す。
[‡] 詳しくは数学の教科書を参照してほしい。なお,添字の c は complementary function「補関数」,p は particular integral「特殊積分」の頭文字である。

ここで，r_n は次式で与えられる振動数比である。

$$r_n = \frac{\omega}{\omega_n} \tag{3.87}$$

よって (3.82) 式の一般解は次のようになる。

$$x(t) = A\cos\omega_n t + B\sin\omega_n t + \frac{P_0}{k}\frac{1}{1-r_n^2}\sin\omega t \tag{3.88}$$

$G_1 = 0$ であることは，外力が sin 関数の時は定常応答も sin 関数になるので，定常応答は調和外力と同位相であることを示している。これは減衰がないからである[†]。

初期条件として，最初は系が静止している，すなわち $x(0) = 0, \ \dot{x}(0) = 0$ とすると，上式は次のようになる。

$$x(t) = \frac{P_0}{k}\frac{1}{1-r_n^2}(\sin\omega t - r_n \sin\omega_n t) \tag{3.89}$$

ここで，P_0/k は静的変位と呼ばれる。この理由は，P_0/k は外力 P_0 を静的に加えたときに生じる変位を表しているからである。$1/(1-r_n^2)$ は動的応答倍率 R_{dy} であり，調和外力を加えた時の動的な増幅効果を表している。

(3.88) 式を導いた時に，$r_n \neq 1$ と仮定している。しかし，$r_n = 1$ すなわち $\omega = \omega_n$ ならば，特殊積分は次のような形になる[‡]。

$$x_p(t) = G_1 t\cos\omega_n t + G_2 t\sin\omega_n t \tag{3.90}$$

上式とその 2 回微分を (3.82) 式に代入すると次の 2 式が得られる。

$$G_1 = -\frac{P_0}{2m\omega_n} \tag{3.91}$$

$$G_2 = 0 \tag{3.92}$$

よって，次式が得られる。

$$x_p(t) = -\frac{P_0}{2m\omega_n}t\cos\omega_n t \tag{3.93}$$

[†] 次に説明する弱減衰の場合には位相が異なってくる。
[‡] 詳しくは数学の教科書を参照してほしい。

3.4 調和外力による応答

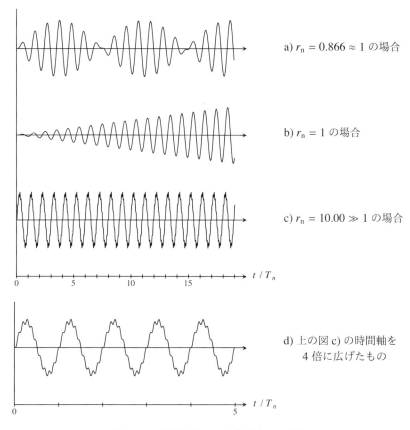

図 3.13 調和外力による非減衰系の応答

結局，一般解は次のようになる．

$$x(t) = A\cos\omega_n t + B\sin\omega_n t - \frac{P_0}{2m\omega_n} t\cos\omega_n t \tag{3.94}$$

初期条件として系は静止（$t = 0$ で速度も変位も 0）と仮定すると，次式が得られる．

$$\begin{aligned} x(t) &= \frac{P_0}{2m\omega_n^2}(\sin\omega_n t - \omega_n t\cos\omega_n t) \\ &= \frac{P_0}{2k}(\sin\omega_n t - \omega_n t\cos\omega_n t) \end{aligned} \tag{3.95}$$

上式では次式の関係を用いている。

$$\omega_n^2 = \frac{k}{m} \tag{3.96}$$

(3.89) 式と (3.95) 式についてパラメータとして振動数比 $r_n = \omega/\omega_n$ を変えた例が図 3.13 に示されている。

図 3.13 から分かるように，外力の円振動数 ω と構造物の固有円振動数 ω_n がほぼ等しい場合 ($\omega/\omega_n = r_n \approx 1$) は，振幅が周期的に増減する「うなり」のような現象が生じる。外力の (円) 振動数と構造物の固有 (円) 振動数が等しい場合 ($r_n = 1$) は，振幅が時間に比例して増大する。(式の上では時間が無限大になると振幅も無限大になることになるが，実際には減衰があるので無限大とはならず，または構造物がその前に崩壊してしまうことになる。) 外力の (円) 振動数が構造物の固有 (円) 振動数よりかなり大きい場合 ($r_n \gg 1$) の応答は，固有 (円) 振動数で振動し，それに外力の (円) 振動数が小さな振幅で重なる。なお，図 3.13 には示していないが，外力の (円) 振動数が構造物の固有 (円) 振動数よりかなり小さい場合 ($r_n \ll 1$) は，構造物は剛体のような挙動を示す。

2) 弱減衰系

弱減衰の場合，補関数 $x_c(t)$ は自由振動の (3.60) 式 [136 頁] と同じで，特殊積分 $x_p(t)$ は (3.84) 式と同様と考え，次のように表してみる。

$$x_c(t) = e^{-\zeta \omega_n t}(A \cos \omega_d t + B \sin \omega_d t) \tag{3.97}$$

$$x_p(t) = G_1 \cos \omega t + G_2 \sin \omega t \tag{3.98}$$

(3.98) 式とその微分を (3.80) 式に代入すると次のようになる。

$$(-\omega^2 G_1 + \frac{c}{m}\omega G_2 + \frac{k}{m}G_1)\cos \omega t$$
$$+ (-\omega^2 G_2 - \frac{c}{m}\omega G_1 + \frac{k}{m}G_2 - \frac{P_0}{m})\sin \omega t = 0 \tag{3.99}$$

$\cos \omega t$ も $\sin \omega t$ も時間とともに変化するので，上式が成立するためには，左辺の第 1 項と第 2 項の ( ) 内が 0 となる必要がある。さらに，(3.96) 式より $k/m = \omega_n^2$，(3.57) 式より $c/m = 2\zeta \omega_n$，(3.87) 式より振動数比 $r_n = \omega/\omega_n$ の関係を用いると，

3.4 調和外力による応答

次の 2 式が得られる。

$$(1 - r_n^2)G_1 + 2\zeta r_n G_2 = 0 \tag{3.100}$$

$$-2\zeta r_n G_1 + (1 - \zeta^2)G_2 = \frac{P_0}{k} \tag{3.101}$$

上の 2 式から G_1, G_2 が次のように得られる。

$$G_1 = \frac{-2\zeta r_n}{(1 - r_n^2)^2 + (2\zeta r_n)^2} \frac{P_0}{k} \tag{3.102}$$

$$G_2 = \frac{1 - r_n^2}{(1 - r_n^2)^2 + (2\zeta r_n)^2} \frac{P_0}{k} \tag{3.103}$$

結局,一般解 $x(t)$ は次式のようになる。

$$x(t) = e^{-\zeta \omega_n t}(A\cos\omega_d t + B\sin\omega_d t)$$
$$+ \frac{P_0}{k}\frac{1}{(1 - r_n^2)^2 + (2\zeta r_n)^2}\{(1 - r_n^2)\sin\omega t - 2\zeta r_n \cos\omega t\} \tag{3.104}$$

ここで,上式の右辺の第 1 項は過渡応答,第 2 項は定常応答と呼ばれる。このように呼ばれるのは,第 1 項は減衰のため時間が経過すると指数関数的に消失し,第 2 項のみが定常状態として残るからである。

(3.104) 式右辺の第 2 項の定常応答は,(3.26) 式 [127 頁] を導いたのと同様に,次のような形式で表すことができる。

$$x_p(t) = \frac{P_0}{k}\frac{1}{\sqrt{(1 - r_n^2)^2 + (2\zeta r_n)^2}}\sin(\omega t - \theta)$$
$$= \frac{P_0}{k}R_{dy}\sin(\omega t - \theta) \tag{3.105}$$

ここで,右辺の最初の係数 P_0/k は前に述べたように静的変位で,次の係数は動的応答倍率 R_{dy} である。すなわち,

$$R_{dy} = \frac{1}{\sqrt{(1 - r_n^2)^2 + (2\zeta r_n)^2}} \tag{3.106}$$

減衰があることにより入力と応答の間に時間的なずれが生じ,この位相角は次のように与えられる。

$$\tan\theta = \frac{2\zeta r_n}{1 - r_n^2} \tag{3.107}$$

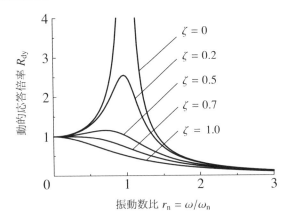

図 3.14　動的応答倍率 R_{dy} と振動数比 $r_n = \omega/\omega_n$

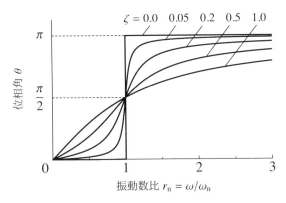

図 3.15　減衰定数 ζ をパラメータとした位相角 θ と振動数比 $r_n = \omega/\omega_n$ の関係

図 3.14 に (3.106) 式の動的応答倍率 R_{dy}，図 3.15 に (3.107) 式の位相角 θ を示す．両図とも減衰定数 ζ と振動数比 $r_n = \omega/\omega_n$ の関数である．

ちょっと一言「動的応答倍率と位相角」について
　動的応答倍率を示している図 3.14 より，振動数比が 1，すなわち系の固有振動数と外力の振動数が等しい場合には，減衰が小さいと応答倍率が非常に大きくなり，いわゆる共振を起こすことが分かる．減衰が 0 の場合には，動的応答倍率が

3.4 調和外力による応答

無限大となるが，実際には減衰が 0 ということがないので，応答の振幅が無限大となることはないし，または応答が非常に大きくなる前に系が破壊してしまうことになる。

自動車のエンジンをスタートさせる際に，車体が一時大きく振動し，その後に振動が小さくなるという経験をした人も多いと思う。これは，エンジンの振動数（回転数）が 0 から数十ヘルツ（Hz，1 秒間の回転数）に移行していく間に，車体の固有振動数と一致する瞬間があり，その時に大きく振動するからである。また，エンジンを止める際にも，エンジンの振動数が数十 Hz から 0 に戻るので，その間にも共振状態となり車体が大きく揺れることがある。もっとも，最近では自動車の性能が向上したため，気が付くほど大きな振動になることは少ないが，古い自動車に乗ったときに少し注意していると，この共振を感じるはずである。（途上国ではかなり古い車が多いので，このようなことをよく経験する。）

減衰定数が大きくなると，共振という状態が起こらなくなり，$\zeta = 0.7$ では振動数比が 0 から 0.6 位までは応答倍率がほぼ 1 となる。7.2 節［272 頁］で説明するように，変位計はこの特性を利用したものである。

位相角を示している図 3.15 から，振動数比が 0，すなわち外力がゆっくりとした振動の場合には，系の応答は外力と同位相である。振動数比が 1，すなわち共振状態では位相が $\pi/2$ となり，振動数比が 1 より大きくなると逆位相になっていくことが分かる。

例題「1 自由度系の応答」

図 3.16 に示す 1 自由度系が静止状態から外力 $p(t)$ を受ける時の応答を求める。

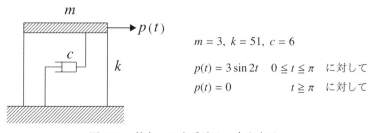

$m = 3,\ k = 51,\ c = 6$

$p(t) = 3 \sin 2t \quad 0 \leq t \leq \pi$ に対して
$p(t) = 0 \qquad\qquad\ \ t \geq \pi$ に対して

図 3.16 外力 $p(t)$ を受ける 1 自由度系

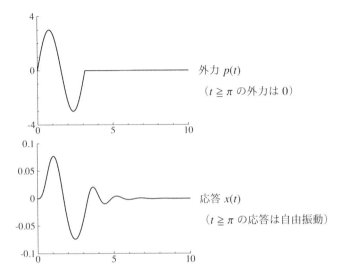

図 3.17 外力 $p(t)$（上図）とそれによる 1 自由度系の応答 $x(t)$（下図）

「**解**」外力 $p(t)$ は $0 \leq t \leq \pi$ の間に作用し，その後 $t = \pi$ 以降は自由振動が始まることになる。この 1 自由度系の運動方程式は次のように表される。

$$3\ddot{x}(t) + 6\dot{x}(t) + 51x(t) = p(t)$$

特性方程式は次のようになる。

$$3s^2 + 6s + 51 = 0 \quad \text{すなわち} \quad s^2 + 2s + 17 = 0$$

上式の根は $s = -1 \pm 4i$ となるので，補関数は次のようになる。

$$x_c(t) = e^{-t}(A\cos 4t + B\sin 4t)$$

一方，特殊積分は次のように表される。

$$x_p(t) = C\cos 2t + D\sin 2t$$
$$\dot{x}_p(t) = -2C\sin 2t + 2D\cos 2t$$
$$\ddot{x}_p(t) = -4C\cos 2t - 4D\sin 2t$$

3.4 調和外力による応答

これらの関係を運動方程式に代入すると次のようになる。

$$3(-4C\cos 2t - 4D\sin 2t) + 6(-2C\sin 2t + 2D\cos 2t)$$
$$+ 51(C\cos 2t + D\sin 2t) = 3\sin 2t$$

$$(39C + 12D)\cos 2t + (-12C + 39D)\sin 2t = 3\sin 2t$$

よって,

$$39C + 12D = 0$$
$$-12C + 39D = 3$$

すなわち,

$$C = -\frac{4}{185} \qquad D = \frac{13}{185}$$

すると,解は次のようになる。(これは (3.104) 式を用いるとすぐに得られるが,ここでは復習の意味もあるので運動方程式から式を導いてみた。)

$$x(t) = e^{-t}(A\cos 4t + B\sin 4t) - \frac{4}{185}\cos 2t + \frac{13}{185}\sin 2t$$

上式を時間で微分すると,

$$\dot{x}(t) = -e^{-t}(A\cos 4t + B\sin 4t) + e^{-t}(-4A\sin 4t + 4B\cos 4t)$$
$$+ \frac{8}{185}\sin 2t + \frac{26}{185}\cos 2t$$

初期条件は静止なので,

$$x(0) = A - \frac{4}{185} = 0 \quad \text{すなわち} \quad A = \frac{4}{185}$$

$$\dot{x}(0) = -A + 4B + \frac{26}{185} = 0$$

$$B = \frac{1}{4}(-\frac{26}{185} + \frac{4}{185}) = -\frac{11}{370}$$

よって,$0 \leq t \leq \pi$ の間の解は次のようになる。

$$x(t) = \frac{1}{185}\left\{e^{-t}(4\cos 4t - \frac{11}{2}\sin 4t) - 4\cos 2t + 13\sin 2t\right\}$$

上式を時間で微分すると次のようになる。

$$\dot{x}(t) = \frac{1}{185}\{-e^{-t}(4\cos 4t - \frac{11}{2}\sin 4t)$$
$$+ e^{-t}(-16\sin 4t - 22\cos 4t) + 8\sin 2t + 26\cos 2t\}$$

上の 2 式から時刻 $t = \pi$ では次のようになる。

$$x(\pi) = \frac{1}{185}(4e^{-\pi} - 4) = \frac{4}{185}(e^{-\pi} - 1)$$
$$\dot{x}(\pi) = \frac{1}{185}(-4e^{-\pi} - 22e^{-\pi} + 26) = -\frac{26}{185}(e^{-\pi} - 1)$$

これらが $t \geq \pi$ に対する境界条件となる。

補関数は次のようになる。

$$x_c(t) = e^{-t}(A\cos 4t + B\sin 4t)$$
$$\dot{x}_c(t) = -e^{-t}(A\cos 4t + B\sin 4t) + e^{-t}(-4A\sin 4t + 4B\cos 4t)$$

時刻 $t = \pi$ での境界条件を代入すると次のようになる。

$$Ae^{-\pi} = \frac{4}{185}(e^{-\pi} - 1) \quad \text{すなわち} \quad A = \frac{4}{185}(1 - e^{\pi})$$

$$-Ae^{-\pi} + 4Be^{-\pi} = -\frac{26}{185}(e^{-\pi} - 1)$$

$$4Be^{-\pi} = -\frac{22}{185}(e^{-\pi} - 1) \quad \text{すなわち} \quad B = \frac{11}{370}(e^{\pi} - 1)$$

よって，$t \geq \pi$ に対する解は次のようになる。

$$x(t) = e^{-t}\{\frac{4}{185}(1 - e^{\pi})\cos 4t + \frac{11}{370}(e^{\pi} - 1)\sin 4t\}$$
$$= \frac{(e^{\pi} - 1)}{185}e^{-t}(-4\cos 4t + \frac{11}{2}\sin 4t)$$

図 3.17 に外力とその応答が示されている。

3.5 任意外力による応答

1) 線形加速度法

　任意の外力を受ける系の応答を求めるには，時間刻み法（逐次積分法）がよく用いられる。時間刻み法は系が線形（弾性）のみではなく非線形の場合にも適用できるという大きな特徴がある。ここでは時間刻み法の一つである線形加速度法を説明する。

　地動加速度 $\ddot{x}_g(t)$ を受ける場合には，(3.2) 式 ［120 頁］で与えられる運動方程式において，外力を $-m\ddot{x}_g(t)$ に置き換えると運動方程式が次のように得られる。

$$m\ddot{x}(t) + c\dot{x}(t) + kx(t) = -m\ddot{x}_g(t) \tag{3.108}$$

両辺を m で除すと次式となる。

$$\ddot{x}(t) + \frac{c}{m}\dot{x}(t) + \frac{k}{m}x(t) = -\ddot{x}_g(t) \tag{3.109}$$

上の (3.109) 式は次の形で表すことができる。

$$\ddot{x}(t) + 2\zeta\omega_n\dot{x}(t) + \omega_n^2 x(t) = -\ddot{x}_g(t) \tag{3.110}$$

ここで，$\zeta = \dfrac{c}{2\sqrt{mk}}$，$\omega_n^2 = \dfrac{k}{m}$ であり，(3.57) 式［136 頁］と (3.16) 式［124 頁］の定義から得られる。

　(3.110) 式は常に成立しなければならないので，時刻 $t = t$ で成立しているとし，さらに時刻 $t = t + \Delta t$ の時には (3.110) 式は次のようになる。

$$\ddot{x}(t + \Delta t) + 2\zeta\omega_n\dot{x}(t + \Delta t) + \omega_n^2 x(t + \Delta t) = -\ddot{x}_g(t + \Delta t) \tag{3.111}$$

ここで，テイラー級数展開[†]を用いると次のように表すことができる。

$$x(t + \Delta t) = x(t) + \dot{x}(t)\Delta t + \ddot{x}(t)\frac{(\Delta t)^2}{2} + \dddot{x}(t)\frac{(\Delta t)^3}{6} + \cdots \tag{3.112}$$

$$\dot{x}(t + \Delta t) = \dot{x}(t) + \ddot{x}(t)\Delta t + \dddot{x}(t)\frac{(\Delta t)^2}{2} + \cdots \tag{3.113}$$

[†] $f(x + h) = f(x) + f'(x)h + f''(x)\dfrac{h^2}{2!} + f'''(x)\dfrac{h^3}{3!} + \cdots$

時間刻み Δt の間，加速度は直線的に変化すると仮定するならば，次式が得られる．

$$\dddot{x}(t) = \frac{\ddot{x}(t+\Delta t) - \ddot{x}(t)}{\Delta t} \tag{3.114}$$

上式を (3.112) と (3.113) 式に代入すると次の 2 式となる．

$$x(t+\Delta t) = x(t) + \dot{x}(t)\Delta t + \ddot{x}(t)\frac{(\Delta t)^2}{3} + \ddot{x}(t+\Delta t)\frac{(\Delta t)^2}{6} \tag{3.115}$$

$$\dot{x}(t+\Delta t) = \dot{x}(t) + \ddot{x}(t)\frac{\Delta t}{2} + \ddot{x}(t+\Delta t)\frac{\Delta t}{2} \tag{3.116}$$

これらの式を (3.111) 式に代入すると次式となる．

$$\ddot{x}(t+\Delta t) + 2\zeta\omega_n\left\{\dot{x}(t) + \ddot{x}(t)\frac{\Delta t}{2} + \ddot{x}(t+\Delta t)\frac{\Delta t}{2}\right\}$$
$$+ \omega_n^2\left\{x(t) + \dot{x}(t)\Delta t + \ddot{x}(t)\frac{(\Delta t)^2}{3} + \ddot{x}(t+\Delta t)\frac{(\Delta t)^2}{6}\right\} = -\ddot{x}_g(t+\Delta t)$$

すなわち，

$$\ddot{x}(t+\Delta t)\left\{1 + \zeta\omega_n\Delta t + \frac{\omega_n^2(\Delta t)^2}{6}\right\} + x(t)\omega_n^2$$
$$+ \dot{x}(t)\{2\zeta\omega_n + \omega_n^2\Delta t\} + \ddot{x}(t)\left\{\zeta\omega_n\Delta t + \frac{\omega_n^2}{3}(\Delta t)^2\right\} = -\ddot{x}_g(t+\Delta t) \tag{3.117}$$

よって次式が得られる．

$$\ddot{x}(t+\Delta t) = -\frac{1}{A}\{\ddot{x}_g(t+\Delta t) + x(t)B + \dot{x}(t)C + \ddot{x}(t)D\} \tag{3.118}$$

ここで，

$$A = \{1 + \zeta\omega_n\Delta t + \frac{\omega_n^2}{6}(\Delta t)^2\}, \quad B = \omega_n^2$$

$$C = \{2\zeta\omega_n + \omega_n^2\Delta t\}, \quad D = \{\zeta\omega_n\Delta t + \frac{\omega_n^2}{3}(\Delta t)^2\}$$

これらの A, B, C, D の値は時間に対して独立（時間によって変化しない）なので，系が線形範囲である内は，時間刻みごとに計算する必要がない．

初期条件として系は静止，すなわち $x(0) = \dot{x}(0) = 0$ であると，時刻 $t = \Delta t$ では次のようになる．

$$\ddot{x}(\Delta t) = -\frac{1}{A}\ddot{x}_g(\Delta t) \tag{3.119}$$

3.5 任意外力による応答

この式を (3.115) 式と (3.116) 式に代入すると $x(\Delta t)$ と $\dot{x}(\Delta t)$ が求まる。次に，(3.118) から $\ddot{x}(2\Delta t)$ を計算し，その次に $\dot{x}(2\Delta t)$ と $x(2\Delta t)$ を計算し，その後も同様の計算を続けると，系の時間的な応答がすべて計算できることになる。ちなみに，地震の加速度記録の Δt は通常 0.01 または 0.02 (s) である。

以上が線形加速度法の概要であるが，このように呼ばれるのは (3.114) 式のように時間刻みの間に加速度が直線的，すなわち線形に変化すると仮定したからである。この他にも，いくつかの時間刻み法がある†。なお，非線形範囲の解析 [6.1 非線形解析（233 頁）]を行う場合には，地震加速度の時間刻みをいくつかに分割しさらに短い時間刻みで計算することもある。また，非線形範囲では系の特性の変化に応じて時間刻みごとに A, B, C, D の値を計算し直す必要が生じる。

2) デュアメル積分・畳み込み積分

系に外力 P がほんの短い Δt 時間作用すると，加わる力積（＝力×時間）は $P\Delta t$ となり，この値はその系の運動量の増分 $m\Delta\dot{x}$ に等しくなるので，次式が得られる。

$$P\Delta t = m\Delta\dot{x} \tag{3.120}$$

初期条件として静止している系が力積 $P\Delta t$，すなわち初期速度 $P\Delta t/m$ を受けると，(3.64) 式 [137 頁]に $x(0) = 0, \dot{x}(0) = P\Delta t/m$ を代入した次式の自由振動が生じることになる。

$$x(t) = e^{-\zeta\omega_n t}\frac{P\Delta t}{m\omega_d}\sin\omega_d t \tag{3.121}$$

外力が変動する場合は，外力を短い時間に分割し，その変動する短時間の外力が次々と作用すると考える。すると，系の任意時刻の応答は，分割した個々の外力による系の応答として生ずる自由振動の和として求まることになる [図 3.18]。すなわち，上式の関係を時間をずらしながら次々に用いると，任意荷重 $P(t)$ による系の時刻 t の応答が次式のように表される。

$$x(t) = \frac{1}{m\omega_d}\int_0^t P(\tau)\,e^{-\zeta\omega_n(t-\tau)}\sin\omega_d(t-\tau)\,d\tau \tag{3.122}$$

---

† 例えば，平均加速度法，ニューマークの β 法などがある。

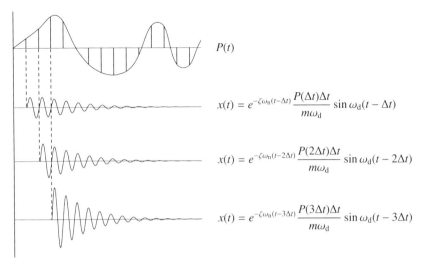

図 3.18 デュアメル積分(畳み込み積分)の考え方

これがデュアメル積分と呼ばれており,次のような形式で表すこともできる。

$$x(t) = \int_0^t P(\tau)h(t-\tau)d\tau \tag{3.123}$$

この形式は畳み込み積分と呼ばれ,新しい記号は次のように定義される。

$$h(t-\tau) = \frac{1}{m\omega_d}e^{-\zeta\omega_n(t-\tau)}\sin\omega_d(t-\tau) \tag{3.124}$$

上式は (3.123) 式において $P(\tau) = 1$ すなわち単位の力積(インパルス)を与えたときの応答を示しているので,単位インパルス応答と呼ばれる。

なお,外力が地動加速度 $\ddot{x}_g(t)$ によって引き起こされる場合には (3.122) 式は次式となる。(この式は,応答スペクトルを計算する際に (5.1) 式[197 頁]で用いられている。)

$$x(t) = -\frac{1}{\omega_d}\int_0^t \ddot{x}_g(\tau)e^{-\zeta\omega_n(t-\tau)}\sin\omega_d(t-\tau)d\tau \tag{3.125}$$

時間刻み法はコンピュータを用い,力ずくで解く方法であるのに対し,デュアメル積分は動力学を利用したスマートな解法である。しかし,後者は非線形解析には用いることができない。

第 4 章

多自由度系

4.1 運動方程式

（簡単な 2 自由度系の場合）

図 4.1 に示すモデルは x_1 と x_2 の 2 つが変動する未知数となっているので，2 自由度系と呼ばれる。この運動方程式は，質量 m_1 に作用する力の釣り合いを考えると次式が得られる[†]。

$$-m_1 \ddot{x}_1 - c_1 \dot{x}_1 + c_2(\dot{x}_2 - \dot{x}_1) - k_1 x_1 + k_2(x_2 - x_1) + P_1 = 0 \tag{4.1}$$

同様に質量 m_2 に作用する力の釣り合いから次式が得られる。

$$-m_2 \ddot{x}_2 - c_2(\dot{x}_2 - \dot{x}_1) - k_2(x_2 - x_1) + P_2 = 0 \tag{4.2}$$

上の 2 式を整理すると次のようになる。

$$m_1 \ddot{x}_1 + (c_1 + c_2)\dot{x}_1 - c_2 \dot{x}_2 + (k_1 + k_2)x_1 - k_2 x_2 = P_1 \tag{4.3}$$

$$m_2 \ddot{x}_2 - c_2 \dot{x}_1 + c_2 \dot{x}_2 - k_2 x_1 + k_2 x_2 = P_2 \tag{4.4}$$

これらの 2 式をマトリックス形式で表すと次のようになる。

$$\begin{bmatrix} m_1 & 0 \\ 0 & m_2 \end{bmatrix} \begin{Bmatrix} \ddot{x}_1 \\ \ddot{x}_2 \end{Bmatrix} + \begin{bmatrix} c_1 + c_2 & -c_2 \\ -c_2 & c_2 \end{bmatrix} \begin{Bmatrix} \dot{x}_1 \\ \dot{x}_2 \end{Bmatrix} + \begin{bmatrix} k_1 + k_2 & -k_2 \\ -k_2 & k_2 \end{bmatrix} \begin{Bmatrix} x_1 \\ x_2 \end{Bmatrix} = \begin{Bmatrix} P_1 \\ P_2 \end{Bmatrix} \tag{4.5}$$

[†] この節以降では，簡単に表示するため時間の関数であることを表す (t) を省き，$x(t)$ と $P(t)$ の代わりに x と P という記号を用いるが，これらは時間の関数である。

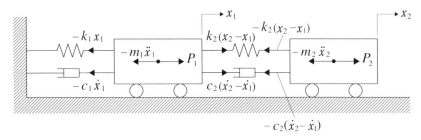

図 4.1　2 自由度系に作用する力の釣り合い

$$\begin{bmatrix} m_1 & 0 \\ 0 & m_2 \end{bmatrix} \begin{Bmatrix} \ddot{x}_1 \\ \ddot{x}_2 \end{Bmatrix} + \begin{bmatrix} c_{11} & c_{12} \\ c_{21} & c_{22} \end{bmatrix} \begin{Bmatrix} \dot{x}_1 \\ \dot{x}_2 \end{Bmatrix} + \begin{bmatrix} k_{11} & k_{12} \\ k_{21} & k_{22} \end{bmatrix} \begin{Bmatrix} x_1 \\ x_2 \end{Bmatrix} = \begin{Bmatrix} P_1 \\ P_2 \end{Bmatrix} \quad (4.6)$$

上式を一般化して，次式のように表す．

$$[m]\{\ddot{x}\} + [c]\{\dot{x}\} + [k]\{x\} = \{P\} \quad (4.7)$$

ここで，$[m]$, $[c]$, $[k]$ は順に質量マトリックス，減衰マトリックス，剛性マトリックス，$\{\ddot{x}\}, \{\dot{x}\}, \{x\}, \{P\}$ は順に加速度ベクトル，速度ベクトル，変位ベクトル，外力ベクトル（または，荷重ベクトル）と呼ばれる．

なお，基礎に加速度 $\ddot{x}_g$ を受ける多自由度系の運動方程式は，1 自由度系の (3.108) 式［151 頁］をマトリックス表示にして，次のように表される．

$$[m]\{\ddot{x}\} + [c]\{\dot{x}\} + [k]\{x\} = -\ddot{x}_g[m]\{1\} \quad (4.8)$$

(4.7) 式はマトリックス表示であることを除いて，1 自由度系の運動方程式である (3.2) 式［120 頁］と全く同じであることが分かる．マトリックスを用いると，(4.7) 式は 2 自由度系のみならず，どんなに複雑な多自由度系の運動方程式も表すことができるというメリットがある．なお，マトリックスやベクトルを表すのに太文字を用いる場合もあるが，太文字のみではマトリックスとベクトルの区別がつかず，混同することもある．このため本書ではマトリックスを [　]，ベクトルを {　} で表した方が分かりやすいと考え，このように表示する．

(4.6) 式の左辺第 3 項の掛け算をすると，ばねと変位によって生じる力（復元力）P_{s1} と P_{s2} が次のように計算されることになる．

$$\begin{aligned} P_{s1} &= k_{11}x_1 + k_{12}x_2 \\ P_{s2} &= k_{21}x_1 + k_{22}x_2 \end{aligned} \quad (4.9)$$

4.1 運動方程式

上の (4.9) 式の第 1 式で $x_1 = 1, x_2 = 0$ とすると $P_{s1} = k_{11}$ となるので，要素 k_{11} は第 1 の質量のみに単位の変位 1 を与える時の第 1 の質量に加える力である．同様に，$x_1 = 0, x_2 = 1$ とすると $P_{s1} = k_{12}$ となるので，k_{12} は第 2 の質量のみに単位の変位 1 を与える時の第 1 の質量に加える力である．

他の要素も同様な意味を持っているので，剛性マトリックスの第 1 列は第 1 の質量のみに単位の変位を与えるときの各質量に加える力，第 2 列は第 2 の質量のみに単位の変位を与えるときの各質量に加える力を示していることになる．同様に，減衰マトリックスの第 1 列は，第 1 の質量のみに単位の速度を与えるときの各質量に加える力を示している．

質量マトリックスについては，通常は分布している質量を集中質量（質点）としてモデル化するので，ある質量に単位の加速度を与えるには，その質量のみを考えるとよいので，対角マトリックスとなる．（なお，次に説明する図 4.2 の系の基礎部分は分布質量であるが，重心位置における質量 M と慣性モーメント[†]I_θ を考えると，質量マトリックスは対角マトリックスとなる．）

さらに，相反作用の定理[‡]により，$m_{ij} = m_{ji}, c_{ij} = c_{ji}, k_{ij} = k_{ji}$，すなわち各マトリックスは対称となっている．

結局，各マトリックスの各要素は次のような物理的意味を持っている．m_{ij}, c_{ij}, k_{ij} は第 j の質量のみに単位の加速度，速度，変位を与える（その他の質量の加速度，速度，変位は 0 とする）場合の第 i の質量に加える力である．

（多少複雑な系の場合）

次に，図 4.2 に示す多少複雑な系についても運動方程式は (4.7) 式で与えられる．この場合，変位ベクトルは次のように定義できるので 4 自由度系である．

$$\{x\} = \begin{Bmatrix} x_1 \\ x_2 \\ \theta \\ x_s \end{Bmatrix} \tag{4.10}$$

[†] 慣性モーメントとは回転し難さを表す物理量で，質量と加速度の積で力が得られるのと同様に，慣性モーメントと角加速度の積でモーメントが得られる．

[‡] i 点に力 P_i を加えたとき k 点に生じる変位を δ_{ki} とし，k 点に力 P_k を加えたとき i 点に生じる変位を δ_{ik} とする．この時 $P_i\delta_{ik} = P_k\delta_{ki}$ となり，これをベッティの相反作用の定理という．$P_i = P_k$ の場合には $\delta_{ik} = \delta_{ki}$ となり，これをマックスウェルの相反作用の定理という [33]．

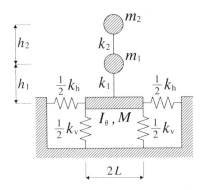

図 4.2 多自由度系のモデル（SR モデル）

ここで，x_1, x_2, θ, x_s は順に質量 m_1 の水平変位，質量 m_2 の水平変位，慣性モーメント I_θ の回転角，質量 M の水平変位である。

すると，質量マトリックスは次のように表される。

$$[m] = \begin{bmatrix} m_1 & 0 & 0 & 0 \\ 0 & m_2 & 0 & 0 \\ 0 & 0 & I_\theta & 0 \\ 0 & 0 & 0 & M \end{bmatrix} \tag{4.11}$$

このモデルについて，力の釣り合いを考え，剛性マトリックスを求めるのはかなり難しい。このため，k_{ij} は質量 j のみに単位の変位を与える質量 i に加える力であるということを用いて剛性マトリックスを求める。

すなわち，剛性マトリックスの第 1 列は m_1 のみに単位の変位を与えるために質量 i に加える力であるから，図 4.3 a) を参照し，各要素が次のように求まる。

$$\begin{aligned} k_{11} &= k_1 + k_2 \\ k_{21} &= -k_2 \\ k_{31} &= k_1 h_1 - k_2 h_2 \\ k_{41} &= -k_1 \end{aligned} \tag{4.12}$$

同様に，第 2 列の各要素は図 4.3 b) を参照し，次のように求まる。

$$\begin{aligned} k_{12} &= -k_2 \\ k_{22} &= k_2 \\ k_{32} &= k_2 h_2 \\ k_{42} &= 0 \end{aligned} \tag{4.13}$$

4.1 運動方程式

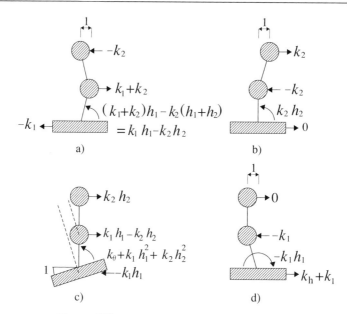

図 4.3 剛性マトリックスの各要素の求め方

第 3 列の各要素は図 4.3 c) を参照し，次のように求まる。

$$
\begin{aligned}
k_{13} &= k_1 h_1 - k_2 h_2 \\
k_{23} &= k_2 h_2 \\
k_{33} &= k_\theta + k_1 h_1^2 + k_2 h_2^2 \\
k_{43} &= -k_1 h_1
\end{aligned}
\tag{4.14}
$$

ここで，$k_\theta = L^2 k_v$ である。

第 4 列の各要素は図 4.3 d) を参照し，次のように求まる。

$$
\begin{aligned}
k_{14} &= -k_1 \\
k_{24} &= 0 \\
k_{34} &= -k_1 h_1 \\
k_{44} &= k_h + k_1
\end{aligned}
\tag{4.15}
$$

よって，剛性マトリックスは次のように得られる。

$$[k] = \begin{bmatrix} k_{11} & k_{12} & k_{13} & k_{14} \\ k_{21} & k_{22} & k_{23} & k_{24} \\ k_{31} & k_{32} & k_{33} & k_{34} \\ k_{41} & k_{42} & k_{43} & k_{44} \end{bmatrix}$$

$$= \begin{bmatrix} k_1 + k_2 & -k_2 & k_1 h_1 - k_2 h_2 & -k_1 \\ -k_2 & k_2 & k_2 h_2 & 0 \\ k_1 h_1 - k_2 h_2 & k_2 h_2 & k_\theta + k_1 h_1^2 + k_2 h_2^2 & -k_1 h_1 \\ -k_1 & 0 & -k_1 h_1 & k_h + k_1 \end{bmatrix} \quad (4.16)$$

図 4.2 のモデルには減衰はないが，減衰のある場合には次の例題のように，$[k]$ マトリックスを求めたのと同様な考え方で $[c]$ マトリックスを求める

例題「2 自由度系の運動方程式」

図 4.4 に示す 2 層せん断モデルが基礎に加速度 $\ddot{x}_g$ を受ける場合の運動方程式を導く。ここで，$m_1 = m_2 = m, c_1 = 3c, c_2 = 2c, k_1 = 3k, k_2 = 2k$ とする。

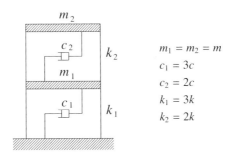

図 4.4　2 層せん断モデル

「**解**」質量マトリックスは次のようになる。

$$[m] = \begin{bmatrix} m_1 & 0 \\ 0 & m_2 \end{bmatrix} = \begin{bmatrix} m & 0 \\ 0 & m \end{bmatrix}$$

減衰マトリックスは次のようになる。

$$[c] = \begin{bmatrix} c_1 + c_2 & -c_2 \\ -c_2 & c_2 \end{bmatrix} = \begin{bmatrix} 5c & -2c \\ -2c & 2c \end{bmatrix}$$

4.1 運動方程式

剛性マトリックスは次のようになる。

$$[k] = \begin{bmatrix} k_1 + k_2 & -k_2 \\ -k_2 & k_2 \end{bmatrix} = \begin{bmatrix} 5k & -2k \\ -2k & 2k \end{bmatrix}$$

よって，運動方程式は次のようになる。

$$\begin{bmatrix} m & 0 \\ 0 & m \end{bmatrix} \begin{Bmatrix} \ddot{x}_1 \\ \ddot{x}_2 \end{Bmatrix} + \begin{bmatrix} 5c & -2c \\ -2c & 2c \end{bmatrix} \begin{Bmatrix} \dot{x}_1 \\ \dot{x}_2 \end{Bmatrix} + \begin{bmatrix} 5k & -2k \\ -2k & 2k \end{bmatrix} \begin{Bmatrix} x_1 \\ x_2 \end{Bmatrix} = -\ddot{x}_g \begin{bmatrix} m & 0 \\ 0 & m \end{bmatrix} \begin{Bmatrix} 1 \\ 1 \end{Bmatrix}$$

例題「多自由度せん断モデルの運動方程式」

図 4.4 に示す 2 層せん断モデルを 5 層とした場合の質量マトリックスと剛性マトリックスを求める。ここで，各層の質量と水平剛性は $m_1, \cdots, m_5$ と $k_1, \cdots, k_5$ とする。

「解」質量マトリックスは次のようになる。

$$[m] = \begin{bmatrix} m_1 & 0 & 0 & 0 & 0 \\ 0 & m_2 & 0 & 0 & 0 \\ 0 & 0 & m_3 & 0 & 0 \\ 0 & 0 & 0 & m_4 & 0 \\ 0 & 0 & 0 & 0 & m_5 \end{bmatrix} \quad (4.17)$$

剛性マトリックスは次のようになる。

$$[k] = \begin{bmatrix} k_1 + k_2 & -k_2 & 0 & 0 & 0 \\ -k_2 & k_2 + k_3 & -k_3 & 0 & 0 \\ 0 & -k_3 & k_3 + k_4 & -k_4 & 0 \\ 0 & 0 & -k_4 & k_4 + k_5 & -k_5 \\ 0 & 0 & 0 & -k_5 & k_5 \end{bmatrix} \quad (4.18)$$

以上のように，質量マトリックスは対角マトリックス（対角要素以外の要素はすべて 0 のマトリックス）となる。また，せん断モデルの場合，剛性マトリックスは対角の 3 要素以外はすべて 0 のマトリックスとなる[†]。

[†] 対角の 3 要素をすべて左に寄せると，層数が大きくなっても 3 列のマトリックスを用いて計算ができるので，コンピュータの記憶容量が小さい時は，計算上非常に有利であった。

4.2 非減衰自由振動

1) 振動数ベクトルとモード形状マトリックス

(4.7) 式 [156 頁] から減衰力と外力を除くと，非減衰自由振動の運動方程式は次のようなる．

$$[m]\{\ddot{x}\} + [k]\{x\} = \{0\} \tag{4.19}$$

1 自由度系と同様に自由振動は単純調和運動と仮定し，変位ベクトル $\{x\}$ を次のように表す．

$$\{x\} = \{u\}\sin(\omega_j t + \theta) \tag{4.20}$$

ここで，$\{u\}$ は時間によって変化しない形状関数，θ は位相角である．上式の 2 回微分は次のようになる．

$$\{\ddot{x}\} = -\omega_j^2\{u\}\sin(\omega_j t + \theta) \tag{4.21}$$

上の 2 式を (4.19) 式に代入すると次のようになる．

$$-\omega_j^2[m]\{u\}\sin(\omega_j t + \theta) + [k]\{u\}\sin(\omega_j t + \theta) = \{0\}$$

上式を整理すると次のようになる．

$$([k] - \omega_j^2[m])\{u\}\sin(\omega_j t + \theta) = \{0\}$$

上式の sin 関数は時間によって変動するので，次の関係が成立する必要がある[†]．

$$([k] - \omega_j^2[m])\{u\} = \{0\} \tag{4.22}$$

$\{u\} = \{0\}$ ではない解があるためには，$([k] - \omega_j^2[m])$ の行列式（の値，determinant を略して det と表示することもある）が 0 とならなければならない[‡]．すなわち，

$$\left|[k] - \omega_j^2[m]\right| = 0 \tag{4.23}$$

[†] このような式を満足する解，すなわち固有振動数 ω_j と固有モード $\{u\}$ を求めることを固有値解析という．なお，固有値とは厳密には (4.81) 式 [181 頁] のように表現した場合の λ，すなわち ω_j^2（または式を変形し，それに比例したもの）を示すが，固有振動数を固有値に含める場合もある．

[‡] 詳しくは数学の参考書などを参照してほしい．

4.2 非減衰自由振動

上式は系の振動数方程式（または特性方程式）と呼ばれる。行列式を展開すると，n 自由度系の場合には固有振動数[†]のパラメータ ω_j^2 に関する n 次の方程式となる。この方程式の n 個の根は系の n 個の固有振動モード[‡]の固有振動数を表すことになる。最も低い固有振動数のモードを 1 次または基本モード，第 2 番目に低い固有振動数のものを 2 次モードと呼ぶ。次式のようにモードの固有振動数を 1 次から順に並べたベクトルを固有振動数ベクトル $\{\omega\}$ と呼ぶ。

$$\{\omega\} = \begin{Bmatrix} \omega_1 \\ \omega_2 \\ \vdots \\ \omega_n \end{Bmatrix} \tag{4.24}$$

固有振動数を (4.23) 式から求めると (4.22) 式は次のようになる。

$$[E_j]\{u\} = \{0\} \tag{4.25}$$

ここで，

$$[E_j] = [k] - \omega_j^2[m] \tag{4.26}$$

$[E_j]$ は固有振動数に依存していて，各モードごとに異なっている。

$\{u\}$ の振幅は不定であるが，モードの形状は決めることができる。振動数とそれに対応する振幅の形状を求める手法は，数学では固有値問題と呼ばれている。

ベクトルをある要素（通常は最初または最大の要素）で除することによって基準化することができ，そのようにして求めた次式のベクトルが j 次モード $\{\phi\}_j$ である。

$$\{\phi\}_j = \begin{Bmatrix} \phi_{1j} \\ \phi_{2j} \\ \vdots \\ \phi_{nj} \end{Bmatrix} \tag{4.27}$$

n 個のモード形状からなる次の正方マトリックス $[\phi]$ を，モード形状マトリックスという。

[†] ω_j は正確には「固有円振動数」であるが，単に「固有振動数」と呼ばれることも多い。以下では，特に強調する必要のない場合は，「円振動数」の代わりに「振動数」という。

[‡] 振動モード，固有モード，またはモードともいう。以下では単に「モード」という場合もあるが，これは固有振動モードのことである。

$$[\phi] = [\{\phi\}_1 \{\phi\}_2 \cdots \{\phi\}_n] = \begin{bmatrix} \phi_{11} & \phi_{12} & \cdots & \phi_{1n} \\ \phi_{21} & \phi_{22} & \cdots & \phi_{2n} \\ \vdots & \vdots & \ddots & \vdots \\ \phi_{n1} & \phi_{n2} & \cdots & \phi_{nn} \end{bmatrix} \quad (4.28)$$

以上のことを理解するために,次の例題を示す.

例題「固有値解析」

図4.5 a) に示すせん断モデルで表される系の固有振動数と固有モードを求める.ここで,$m_1 = m_2 = m$, $k_1 = 3k$, $k_2 = 2k$ とする.

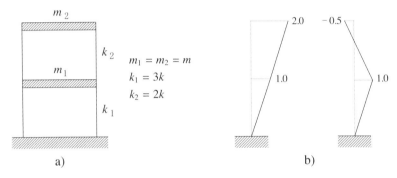

図4.5 非減衰2層せん断モデルとその固有モード

「解」質量マトリックスは次のようになる.

$$[m] = \begin{bmatrix} m_1 & 0 \\ 0 & m_2 \end{bmatrix} = \begin{bmatrix} m & 0 \\ 0 & m \end{bmatrix}$$

剛性マトリックスは次のようになる.

$$[k] = \begin{bmatrix} k_1 + k_2 & -k_2 \\ -k_2 & k_2 \end{bmatrix} = \begin{bmatrix} 5k & -2k \\ -2k & 2k \end{bmatrix}$$

振動数方程式は次のようになる.

$$|[k] - \omega_n^2 [m]| = \left| \begin{bmatrix} 5k & -2k \\ -2k & 2k \end{bmatrix} - \omega_n^2 \begin{bmatrix} m & 0 \\ 0 & m \end{bmatrix} \right| = 0$$

4.2 非減衰自由振動

$$\begin{vmatrix} 5k - m\omega_j^2 & -2k \\ -2k & 2k - m\omega_j^2 \end{vmatrix} = 0$$

$$(5k - m\omega_j^2)(2k - m\omega_j^2) - (-2k)(-2k) = 0$$

$$(m\omega_j^2)^2 - 7k(m\omega_j^2) + 6k^2 = 0$$

$$(m\omega_j^2 - k)(m\omega_j^2 - 6k) = 0$$

$$m\omega_j^2 = k \quad \text{または} \quad m\omega_j^2 = 6k$$

$$\omega_j^2 = \frac{k}{m} \quad \text{または} \quad \omega_j^2 = \frac{6k}{m}$$

$$\omega_j = \sqrt{\frac{k}{m}} \quad \text{または} \quad \omega_j = \sqrt{\frac{6k}{m}}$$

よって，固有振動数ベクトルは次のようになる．

$$\{\omega\} = \left\{ \begin{array}{c} \sqrt{\frac{k}{m}} \\ \sqrt{\frac{6k}{m}} \end{array} \right\} = \sqrt{\frac{k}{m}} \left\{ \begin{array}{c} 1 \\ \sqrt{6} \end{array} \right\}$$

$\omega_1 = \sqrt{k/m}$ の時，(4.22) 式は次のようになる．

$$\begin{bmatrix} 4k & -2k \\ -2k & k \end{bmatrix} \begin{Bmatrix} u_1 \\ u_2 \end{Bmatrix} = \begin{Bmatrix} 0 \\ 0 \end{Bmatrix} \quad \text{よって，} u_2 = 2u_1$$

$\omega_2 = \sqrt{6k/m}$ の時，(4.22) 式は次のようになる．

$$\begin{bmatrix} -k & -2k \\ -2k & -4k \end{bmatrix} \begin{Bmatrix} u_1 \\ u_2 \end{Bmatrix} = \begin{Bmatrix} 0 \\ 0 \end{Bmatrix} \quad \text{よって，} u_2 = -0.5u_1$$

よって，モード形状マトリックスは次式となる．

$$[\phi] = [\{\phi\}_1 \{\phi\}_2] = \begin{bmatrix} \phi_{11} & \phi_{12} \\ \phi_{21} & \phi_{22} \end{bmatrix} = \begin{bmatrix} 1 & 1 \\ 2 & -0.5 \end{bmatrix}$$

上式を図示したのが図 4.5 b) である．

2) 剛性マトリックスと柔性マトリックス

以上の説明は剛性マトリックスを用いて行ったが，剛性マトリックスの代わりに柔性マトリックスを用いた方が便利なことも多い。柔性マトリックス $[f]$ とは次式に示すように剛性マトリックス $[k]$ の逆マトリックス[†]である。

$$[f] = [k]^{-1} \tag{4.29}$$

(4.9) 式［156 頁］は次のマトリックス表示形式で表すことができる。

$$\{P_s\} = [k]\{x\} \tag{4.30}$$

上式に (4.29) 式を前から乗じると次式となる。

$$\{x\} = [f]\{P_s\} \tag{4.31}$$

上式を展開すると次のようになる。

$$\begin{aligned} x_1 &= f_{11}P_{s1} + f_{12}P_{s2} \\ x_2 &= f_{21}P_{s1} + f_{22}P_{s2} \end{aligned} \tag{4.32}$$

上の 2 つの方程式から柔性マトリックス $[f]$ の要素 f_{ij} は第 j の質量のみに単位の力を加えた（他の質量には力を何も加えない）ときの第 i の質量の変位を表していることが分かる。

前節では図 4.2［158 頁］のモデルについて，(4.9) 式［156 頁］の関係を用い，図 4.3［159 頁］のように各質量に単位の変位（回転角も含む）を与え，(4.12)～(4.15) 式のように剛性マトリックスの各要素を求めた。

一方，(4.32) 式の関係を用いると，各質量に単位の力（トルクも含む）を与え，その際の各質量の変位を求めると柔性マトリックスの各要素が求まる。この場合，柔性マトリックスを求める方が剛性マトリックスを求めるより容易となる。なお，剛性マトリックスを求めるには柔性マトリックスの逆マトリックスを求める必要がある。手計算で逆マトリックスを求めるのは，簡単なモデル以外は難しいが，コンピュータ・ソフトが開発されているのでコンピュータを用いると容易に求まる。

[†] 「逆マトリックス」の説明［167 頁］参照。

4.2 非減衰自由振動

（もっともコンピュータを用いるのであれば剛性マトリックスを直接求めることも容易である。）

なお，柔性マトリックスを用いると (4.23) 式の振動数方程式は次のように表すことができる。

$$\left| \frac{1}{\omega_j^2}[I] - [f][m] \right| = 0 \tag{4.33}$$

ここで，$[I]$ は n 次の単位マトリックスである。

例題「柔性マトリックス」

図 4.5 a) に示す系の柔性マトリックス $[f]$ を求める。ここで，$m_1 = m_2 = m$，$k_1 = 3k$, $k_2 = 2k$ とする。

「解」m_1 に単位の力を与えると，m_1 の変位は $1/k_1$，m_2 の変位も同じで $1/k_1$ となる。次に，m_2 に単位の力を与えると，m_1 の変位は $1/k_1$，m_2 の変位は $1/k_1 + 1/k_2$ となる。よって，柔性マトリックスは次のようになる。

$$[f] = \begin{bmatrix} \dfrac{1}{k_1} & \dfrac{1}{k_1} \\ \dfrac{1}{k_1} & \dfrac{1}{k_1} + \dfrac{1}{k_2} \end{bmatrix} = \begin{bmatrix} \dfrac{1}{3k} & \dfrac{1}{3k} \\ \dfrac{1}{3k} & \dfrac{1}{3k} + \dfrac{1}{2k} \end{bmatrix}$$

上式の逆マトリックスを求めると剛性マトリックスとなる。

$$\begin{bmatrix} \dfrac{1}{3k} & \dfrac{1}{3k} \\ \dfrac{1}{3k} & \dfrac{1}{3k} + \dfrac{1}{2k} \end{bmatrix}^{-1} = \begin{bmatrix} 5k & -2k \\ -2k & 2k \end{bmatrix} = [k]$$

ちょっと一言「逆マトリックス」について

A と B を乗じて 1 になるような数値をお互いに逆数といい，例えば，2 と 1/2 はお互いに逆数である。

マトリックスの場合にも逆マトリックスという表現がある。この場合，マトリックス $[A]$ と $[B]$ を乗じて単位マトリックス $[I]$ となるようなマトリックスをお互いに逆マトリックスという。$[A]$ の逆マトリックスを $[A]^{-1}$ で表す。単位マトリックス $[I]$ とは対角要素すべてが 1 で他の要素はすべて 0 のマトリックスで，

$[I][A] = [A][I] = [A]$ となる．なお，I は Identity「同一性」の頭文字である．

上の例題で求められている柔性マトリックス $[f]$ と剛性マトリックス $[k]$ の積を計算してみると，次のように単位マトリックス $[I]$ となる．

$$[f][k] = \begin{bmatrix} \dfrac{1}{3k} & \dfrac{1}{3k} \\ \dfrac{1}{3k} & \dfrac{1}{3k} + \dfrac{1}{2k} \end{bmatrix} \begin{bmatrix} 5k & -2k \\ -2k & 2k \end{bmatrix} = \begin{bmatrix} 1 & 0 \\ 0 & 1 \end{bmatrix} = [I]$$

一般に，柔性マトリックスは剛性マトリックスの逆マトリックス $[f] = [k]^{-1}$ として与えられ，剛性マトリックスは柔性マトリックスの逆マトリックス $[k] = [f]^{-1}$ として与えられる．

逆マトリックスは一般的に次のように得られる．すなわち，$[A] = [a_{ij}]$，$[A]^{-1} = [b_{ij}]$ とすると，逆マトリックスの各要素は次式のように表される．

$$b_{ij} = \frac{\left|[A]_{ji}\right|}{\left|[A]\right|}$$

ここで，$[A]_{ji}$ は a_{ji} の余因子（j 行，i 列を取り除き $(-1)^{(j+i)}$ を乗じたマトリックス）である．

よって，2 次や 3 次の逆マトリックスは次のように容易に求まるが，それ以上になると手計算では難しく，コンピュータを用いることになる．

$$[A]^{-1} = \begin{bmatrix} \dfrac{a_{22}}{a_{11}a_{22} - a_{12}a_{21}} & \dfrac{-a_{12}}{a_{11}a_{22} - a_{12}a_{21}} \\ \dfrac{-a_{21}}{a_{11}a_{22} - a_{12}a_{21}} & \dfrac{a_{11}}{a_{11}a_{22} - a_{12}a_{21}} \end{bmatrix}$$

$$[A]^{-1} = \begin{bmatrix} \dfrac{a_{22}a_{33} - a_{23}a_{32}}{\left|[A]\right|} & \dfrac{a_{13}a_{32} - a_{12}a_{33}}{\left|[A]\right|} & \dfrac{a_{12}a_{23} - a_{13}a_{22}}{\left|[A]\right|} \\ \dfrac{a_{23}a_{31} - a_{21}a_{33}}{\left|[A]\right|} & \dfrac{a_{11}a_{33} - a_{13}a_{31}}{\left|[A]\right|} & \dfrac{a_{13}a_{21} - a_{11}a_{23}}{\left|[A]\right|} \\ \dfrac{a_{21}a_{32} - a_{22}a_{31}}{\left|[A]\right|} & \dfrac{a_{12}a_{31} - a_{11}a_{32}}{\left|[A]\right|} & \dfrac{a_{11}a_{22} - a_{12}a_{21}}{\left|[A]\right|} \end{bmatrix}$$

上式において，3 次の行列式（の値）$\left|[A]\right|$ は定義から次のようになる．

$$\left|[A]\right| = a_{11}a_{22}a_{33} + a_{12}a_{23}a_{31} + a_{13}a_{32}a_{21} - a_{11}a_{23}a_{32} - a_{12}a_{21}a_{33} - a_{13}a_{22}a_{31}$$

4.3 直交性

(4.22) 式 [162 頁] を少し変形すると，非減衰系の j 次固有振動のモード形状には次の関係があることが分かる．

$$[k]\{u\}_j = \omega_j^2 [m]\{u\}_j \tag{4.34}$$

上式はすべてのモードについて成立するので，k 次モードについても上式と同様な次式が得られる．

$$[k]\{u\}_k = \omega_k^2 [m]\{u\}_k \tag{4.35}$$

ちょっと一言「転置マトリックスとマトリックスの積」について

マトリックスの行と列を入れ替えたものを転置マトリックスという．行と列の数は同じである必要はなく，ベクトルの場合には，要素が縦に並んだベクトルを転置すると要素が横に並んだベクトルになる．$[A]$ の転置マトリックスは $[A]^T$ で表される．なお，T は Transpose「転置」の頭文字である．

2 つのマトリックスの積の転置マトリックスを求めるには，（簡単なマトリックスの積を計算してみるとすぐに分かるが）個々のマトリックスを転置するのではなく，マトリックスの前後を入れ替え，各々を転置マトリックスにするとよいことになる．

すなわち，$[A][B]$ の転置マトリックスは次のように求まる．

$$([A][B])^T = [B]^T [A]^T$$

なお，マトリックスとマトリックスの積を求める場合，マトリックスの順序によって値が変わるので，マトリックスを乗ずる際には，前から乗ずるか後から乗ずるかを区別する必要がある．

また，スカラー量（係数）をマトリックスに乗ずるということは，マトリックスの各要素にそのスカラー量を乗ずることになるので，前から乗じても，後から乗じても同じことになる．よって，スカラー量を乗ずる際には，このような区別をする必要がない．

(4.34) 式の両辺を転置し $\{u\}_k$ を後から乗ずると，次式が得られる．

$$([k]\{u\}_j)^T \{u\}_k = \omega_j^2 ([m]\{u\}_j)^T \{u\}_k \tag{4.36}$$

一般に $([A][B])^\mathrm{T} = [B]^\mathrm{T}[A]^\mathrm{T}$ であり，$[k]$ と $[m]$ が対称マトリックスなので $[k]^\mathrm{T} = [k]$ かつ $[m]^\mathrm{T} = [m]$ となるため，上式は次のようになる。

$$\{u\}_j^\mathrm{T}[k]\{u\}_k = \omega_j^2\{u\}_j^\mathrm{T}[m]\{u\}_k \tag{4.37}$$

次に，(4.35) 式の両辺に前から $\{u\}_j^\mathrm{T}$ を乗じると次式が得られる。

$$\{u\}_j^\mathrm{T}[k]\{u\}_k = \omega_k^2\{u\}_j^\mathrm{T}[m]\{u\}_k \tag{4.38}$$

(4.37) 式の各辺から上式の各辺を減ずると（左辺は同一なので）次式が得られる。

$$(\omega_j^2 - \omega_k^2)\{u\}_j^\mathrm{T}[m]\{u\}_k = 0 \tag{4.39}$$

明らかに $\omega_j \neq \omega_k$ なので（j 次と k 次と異なるモードを考えているため），上式が成立するためには，異なるモード形状には次の関係があることになる。

$$\{u\}_j^\mathrm{T}[m]\{u\}_k = 0 \qquad \omega_j \neq \omega_k \text{ の場合} \tag{4.40}$$

上式が固有モードの第 1 の直交性で，異なる次数のモード形状は質量マトリックスを介して直交していることを示している。このことから，$[u]$ をモード形状マトリックスとして，積 $[u]^\mathrm{T}[m][u]$ は対角要素を除き 0 の対角マトリックス[†]となる。

ちょっと一言「直交」という表現について

直交とは 2 つの直線が直角に交わっていることを示す。例えば，図 4.6 において原点を通る傾き（勾配）が 2 の直線 a と傾きが $-1/2$ の直線 b は直交している。

数式によって表すために，傾き 2 をベクトル $\begin{Bmatrix} 1 \\ 2 \end{Bmatrix}$，傾き $-1/2$ を $\begin{Bmatrix} -2 \\ 1 \end{Bmatrix}$ で表し，それらの積を求めると次のように 0 になる。

$$\begin{Bmatrix} 1 \\ 2 \end{Bmatrix}^T \begin{Bmatrix} -2 \\ 1 \end{Bmatrix} = \begin{Bmatrix} 1 & 2 \end{Bmatrix} \begin{Bmatrix} -2 \\ 1 \end{Bmatrix} = \{1 \times (-2) + 2 \times 1\} = 0$$

以上の関係を要素が 3 以上のベクトルの場合に拡大し，ベクトル $\{a\}$ と $\{b\}$ が次式を満足するならば「直交している」と一般的にいう。

$$\{a\}^T\{b\} = \{a_1 \cdots a_n\} \begin{Bmatrix} b_1 \\ \vdots \\ b_n \end{Bmatrix} = 0 \tag{4.41}$$

[†] 正方マトリックスで対角要素を除きすべての要素が 0 のものを対角マトリックスという。

4.3 直交性

更に，あるマトリックス $[c]$ を介して次式が成立する場合もある．

$$\{a\}^T[c]\{b\} = 0 \tag{4.42}$$

上の (4.42) 式のような場合は，ベクトル $\{a\}$ と $\{b\}$ はマトリックス $[c]$ を介して直交しているという．

「直交」という用語は，直角に交わるという意味で，直線が 2 本の場合はすぐに理解できるし，立体的に考えると 3 本の直線の場合も容易に理解できる．しかし，それ以上となると，感覚的には分からなくなるが，ベクトルの要素が 4 以上になった場合には，(4.41) 式や (4.42) 式が成立する場合を「直交する」ということのみを覚えているだけも十分である．（もちろん，これらの式は 2 本あるいは 3 本の直線に当てはめても成立している．）

なお，文献 [28] で，大崎順彦先生は，直交性というものを「‥‥‥ 自分自身と掛け合わせたときだけ，ある一定の値をとり，自分以外の他人と掛け合わされたときは，全部 0 になってしまう，という大変なエゴイズムを表している訳である．」という面白い表現で「直交性」というものを感覚的に示している．

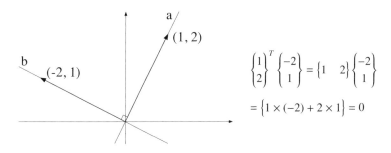

図 4.6 直交している 2 直線

第 2 の直交性を求めるため，(4.35) 式の両辺に $\{u\}_j^T$ を前から乗じると次式が得られる．

$$\{u\}_j^T[k]\{u\}_k = \omega_k^2 \{u\}_j^T[m]\{u\}_k$$

(4.40) 式の直交性から上式の右辺は 0 となるので，次式が得られ，これが第 2 の直交性である．

$$\{u\}_j^T[k]\{u\}_k = 0 \qquad \omega_j \neq \omega_k \text{ の場合} \tag{4.43}$$

上式は異なる次数のモード形状が剛性マトリックスを介して直交していることを示しており，このことから積 $[u]^{\mathrm{T}}[k][u]$ も対角要素を除き 0 の対角マトリックスとなる。

第 3 の直交性を求めるため，(4.35) 式の両辺に $\{u\}_j^{\mathrm{T}}[k][m]^{-1}$ を前から乗じると次式となる。

$$\{u\}_j^{\mathrm{T}}[k][m]^{-1}[k]\{u\}_k = \omega_k^2 \{u\}_j^{\mathrm{T}}[k][m]^{-1}[m]\{u\}_k$$
$$= \omega_k^2 \{u\}_j^{\mathrm{T}}[k]\{u\}_k$$

(4.43) 式から上式の右辺は 0 となるので，次の直交性が得られる。

$$\{u\}_j^{\mathrm{T}}[k][m]^{-1}[k]\{u\}_k = 0 \qquad \omega_j \neq \omega_k \text{ の場合} \tag{4.44}$$

更に，(4.35) 式の両辺に $\{u\}_j^{\mathrm{T}}[k][m]^{-1}[k][m]^{-1}$ を前から乗じると次のようになる。

$$\{u\}_j^{\mathrm{T}}[k][m]^{-1}[k][m]^{-1}[k]\{u\}_k = \omega_k^2 \{u\}_j^{\mathrm{T}}[k][m]^{-1}[k][m]^{-1}[m]\{u\}_k$$
$$= \omega_k^2 \{u\}_j^{\mathrm{T}}[k][m]^{-1}[k]\{u\}_k$$

(4.44) 式から上式の右辺は 0 となるので，新たな直交性が次式のように得られる。

$$\{u\}_j^{\mathrm{T}}[k][m]^{-1}[k][m]^{-1}[k]\{u\}_k = 0 \qquad \omega_j \neq \omega_k \text{ の場合} \tag{4.45}$$

更なる直交性を求めるため，(4.35) 式の両辺に $\frac{1}{\omega_k^2}\{u\}_j^{\mathrm{T}}[m][k]^{-1}$ を前から乗じると次のようになる。

$$\frac{1}{\omega_k^2}\{u\}_j^{\mathrm{T}}[m][k]^{-1}[k]\{u\}_k = \omega_k^2 \frac{1}{\omega_k^2}\{u\}_j^{\mathrm{T}}[m][k]^{-1}[m]\{u\}_k$$
$$\frac{1}{\omega_k^2}\{u\}_j^{\mathrm{T}}[m]\{u\}_k = \{u\}_j^{\mathrm{T}}[m][k]^{-1}[m]\{u\}_k$$

(4.40) 式より上式の左辺は 0 となるので，次の直交性が得られる。

$$\{u\}_j^{\mathrm{T}}[m][k]^{-1}[m]\{u\}_k = 0 \qquad \omega_j \neq \omega_k \text{ の場合} \tag{4.46}$$

同様にして次式が得られる。

$$\{u\}_j^{\mathrm{T}}[m][k]^{-1}[m][k]^{-1}[m]\{u\}_k = 0 \qquad \omega_j \neq \omega_k \text{ の場合} \tag{4.47}$$

4.3 直交性

なお，上式は $[k]^{-1} = [f]$ の関係を用いると次式となる。

$$\{u\}_j^T[m][f][m][f][m]\{u\}_k = 0 \qquad \omega_j \neq \omega_k \text{ の場合} \qquad (4.48)$$

以上で述べた直交性はまとめて次のように表される。

$$\{u\}_j^T[m]([m]^{-1}[k])^b\{u\}_k = 0 \qquad \omega_j \neq \omega_k \text{ の場合, } -\infty < b < \infty \text{ に対して} \qquad (4.49)$$

なお，第1と第2の直交性である (4.40) 式と (4.43) 式はそれぞれ $b=0$ と $b=1$ とすると上式から求まる。

形状関数 $\{u\}$ の代わりにモード形状ベクトル $\{\phi\}$ を用いても同様な直交性が得られるので，上式は次のように表される。

$$\{\phi\}_j^T[m]([m]^{-1}[k])^b\{\phi\}_k = 0 \qquad \omega_j \neq \omega_k \text{ の場合, } -\infty < b < \infty \text{ に対して} \qquad (4.50)$$

例題「モードの直交性」

前節の例題 [164頁] で得られた結果から，(4.40) 式と (4.43) 式の直交性を確認する。

「解」 質量，剛性，モード形状の各マトリックスは次のように得られている。

$$[m] = \begin{bmatrix} m & 0 \\ 0 & m \end{bmatrix} \qquad [k] = \begin{bmatrix} 5k & -2k \\ -2k & 2k \end{bmatrix} \qquad [\phi] = \begin{bmatrix} 1 & 1 \\ 2 & -0.5 \end{bmatrix}$$

(4.40) 式と (4.43) 式に上の値を代入すると，次のような結果が得られる。

$$\{\phi\}_1^T[m]\{\phi\}_2 = \begin{Bmatrix} 1 \\ 2 \end{Bmatrix}^T \begin{bmatrix} m & 0 \\ 0 & m \end{bmatrix} \begin{Bmatrix} 1 \\ -0.5 \end{Bmatrix} = \begin{Bmatrix} m & 2m \end{Bmatrix} \begin{Bmatrix} 1 \\ -0.5 \end{Bmatrix} = m - m = 0$$

$$\{\phi\}_1^T[k]\{\phi\}_2 = \begin{Bmatrix} 1 \\ 2 \end{Bmatrix}^T \begin{bmatrix} 5k & -2k \\ -2k & 2k \end{bmatrix} \begin{Bmatrix} 1 \\ -0.5 \end{Bmatrix} = \begin{Bmatrix} k & 2k \end{Bmatrix} \begin{Bmatrix} 1 \\ -0.5 \end{Bmatrix} = k - k = 0$$

よって，(非常に単純な例ではあるが) 直交性を確認することができた。

ちょっと一言「モード形状ベクトルと直交性」について

モード形状ベクトルの直交性が重要なのは，単に数学的に面白い (美しい) 関係があるということのみではなく，次節で説明するように，この関係を利用して多自由度系の応答を1自由度系の応答の重ね合わせとして求めることができる点にある。

4.4 基準化座標とモード解析

1) 基準化座標

モード形状はフーリエ級数の三角関数のような働きをする。すなわち，n 自由度の系においては n 個の振動モードの振幅を適切な大きさにして重ね合わせると，どのような変位ベクトル $\{x\}$ も表すことができる。例えば，図 4.7 の 3 自由度系を考えてみると次のようになる。

$$\{x\} = \begin{Bmatrix} x_a \\ x_b \\ x_c \end{Bmatrix} = x_1^* \begin{Bmatrix} \phi_{a1} \\ \phi_{b1} \\ \phi_{c1} \end{Bmatrix} + x_2^* \begin{Bmatrix} \phi_{a2} \\ \phi_{b2} \\ \phi_{c2} \end{Bmatrix} + x_3^* \begin{Bmatrix} \phi_{a3} \\ \phi_{b3} \\ \phi_{c3} \end{Bmatrix} = \begin{bmatrix} \phi_{a1} & \phi_{a2} & \phi_{a3} \\ \phi_{b1} & \phi_{b2} & \phi_{b3} \\ \phi_{c1} & \phi_{c2} & \phi_{c3} \end{bmatrix} \begin{Bmatrix} x_1^* \\ x_2^* \\ x_3^* \end{Bmatrix} \quad (4.51)$$

すなわち，図 4.7 に示されるように上式は任意の変位ベクトル $\{x\}$ が各モード形状ベクトル $\{\phi\}_j$ と基準化座標 x_j^* の積の和（この場合 3 自由度なので $j = 1, 2, 3$）で表されることを示している。上式は一般化して（自由度の数にかかわらず）次のように表される。

$$\{x\} = [\phi]\{x^*\} \quad (4.52)$$

ここで，$\{x\}, [\phi], \{x^*\}$ は順に変位ベクトル，モード形状マトリックス，基準化座標ベクトルである。

次に，(4.7) 式［156 頁］から減衰に関する項を除いて次の非減衰の運動方程式を考えてみる。

$$[m]\{\ddot{x}\} + [k]\{x\} = \{P\} \quad (4.53)$$

(4.52) 式とその 2 回微分 $\{\ddot{x}\} = [\phi]\{\ddot{x}^*\}$ を代入すると次式が得られる。

$$[m][\phi]\{\ddot{x}^*\} + [k][\phi]\{x^*\} = \{P\} \quad (4.54)$$

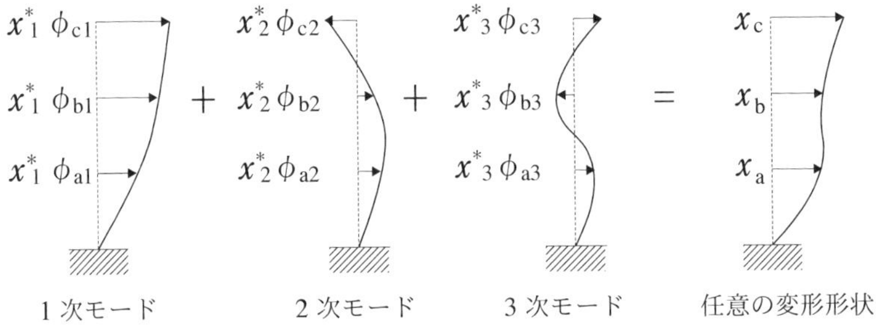

図 4.7 基準化座標 x_1^*, x_2^*, x_3^* の概念図

4.4 基準化座標とモード解析

上式に j 次のモード形状ベクトル $\{\phi\}_j$ を転置した $\{\phi\}_j^T$ を前から乗ずると次式となる。

$$\{\phi\}_j^T[m][\phi]\{\ddot{x}^*\} + \{\phi\}_j^T[k][\phi]\{x^*\} = \{\phi\}_j^T\{P\} \tag{4.55}$$

上の (4.55) 式の左辺の第 1 項を展開し，前節の直交条件を用いると次式が得られる。

$$\underbrace{\{\phi\}_j^T[m]\{\phi\}_1\ddot{x}_1^* + \{\phi\}_j^T[m]\{\phi\}_2\ddot{x}_2^* + \ldots}_{0} + \{\phi\}_j^T[m]\{\phi\}_j\ddot{x}_j^*$$
$$+ \underbrace{\ldots + \{\phi\}_j^T[m]\{\phi\}_n\ddot{x}_n^*}_{0} = \{\phi\}_j^T[m]\{\phi\}_j\ddot{x}_j^* \tag{4.56}$$

よって，(4.55) 式は次のようになる。

$$\{\phi\}_j^T[m]\{\phi\}_j\ddot{x}_j^* + \{\phi\}_j^T[k]\{\phi\}_j x_j^* = \{\phi\}_j^T\{P\} \tag{4.57}$$

ここで，次のような新しい記号（いずれもスカラー量）を導入する。

$$\begin{aligned} m_j^* &= \{\phi\}_j^T[m]\{\phi\}_j \\ k_j^* &= \{\phi\}_j^T[k]\{\phi\}_j \\ P_j^* &= \{\phi\}_j^T\{P\} \end{aligned} \tag{4.58}$$

これらは順に j 次の（基準化座標による）一般化質量，一般化剛性，一般化外力と呼ばれる。これらの記号を用いると (4.57) 式は次のようになる。

$$m_j^* \ddot{x}_j^* + k_j^* x_j^* = P_j^* \tag{4.59}$$

これは（j 次モードに関する）非減衰 1 自由度系の運動方程式である。

前節で示した (4.34) 式［169 頁］の u を ϕ に置き換えた $[k]\{\phi\}_j = \omega_j^2[m]\{\phi\}_j$ の両辺に $\{\phi\}_j^T$ を前から乗じると，j 次モードの一般化剛性は一般化質量と振動数に関して次の関係があることになる。

$$\{\phi\}_j^T[k]\{\phi\}_j = \omega_j^2\{\phi\}_j^T[m]\{\phi\}_j \tag{4.60}$$

(4.58) 式の関係を用いると次のようになる。

$$k_j^* = \omega_j^2 m_j^* \tag{4.61}$$

すると，(4.59) 式は次のように書き換えることができる。

$$\ddot{x}_j^* + \omega_j^2 x_j^* = \frac{P_j^*}{m_j^*} \tag{4.62}$$

減衰がある系の運動方程式はすでに (4.7) 式 [156 頁] で次のように与えられている。

$$[m]\{\ddot{x}\} + [c]\{\dot{x}\} + [k]\{x\} = \{P\} \quad (4.7)$$

減衰マトリックスが次の直交条件を満足すると仮定する†。

$$\{\phi\}_j^T[c]\{\phi\}_k = 0 \qquad j \neq k \quad (4.63)$$

上式を用いると 1 自由度である j 次モードの運動方程式は次のようになる。

$$m_j^* \ddot{x}_j^* + c_j^* \dot{x}_j^* + k_j^* x_j^* = P_j^* \quad (4.64)$$

ここで，c_j^* は次式で表される j 次モードの一般化減衰係数である。

$$c_j^* = \{\phi\}_j^T[c]\{\phi\}_j \quad (4.65)$$

すると (4.64) 式は次のように表すことができる。

$$\ddot{x}_j^* + 2\omega_j \zeta_j \dot{x}_j^* + \omega_j^2 x_j^* = \frac{P_j^*}{m_j^*} \quad (4.66)$$

ここで，ζ_j は j 次モードの減衰定数である。

$$\zeta_j = \frac{c_j^*}{2 m_j^* \omega_j} \quad (4.67)$$

以上のように j 次モードの運動方程式は，1 自由度系の運動方程式と同じになるので，モードごとに得られる応答を加えると，多自由度系の応答が求まることになる。

2) 刺激係数と刺激関数

(4.66) 式の右辺を次のように変形してみよう。すなわち，(4.58) 式を代入し，外力の代わりに加速度 $\ddot{x}_g$ が作用する場合を考えると次のようになる。

$$\frac{P_j^*}{m_j^*} = \frac{\{\phi\}_j^T\{P\}}{\{\phi\}_j^T[m]\{\phi\}_j} = -\ddot{x}_g \frac{\{\phi\}_j^T[m]\{1\}}{\{\phi\}_j^T[m]\{\phi\}_j} \quad (4.68)$$

上式で加速度 $-\ddot{x}_g$ に乗じられているものは（j 次の）刺激係数と呼ばれ，次のように β_j で表されることが多い。

$$\beta_j = \frac{\{\phi\}_j^T[m]\{1\}}{\{\phi\}_j^T[m]\{\phi\}_j} \quad (4.69)$$

---

† (4.63) 式が成立するかどうかは分からないが，この式が成立するとして話を進める。

4.4 基準化座標とモード解析

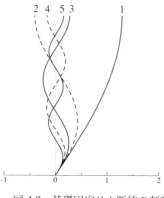

図 4.8 基礎固定せん断棒の刺激関数（図 1.15 再掲）

この関係を用いると (4.66) 式は次のように表される。

$$\ddot{x}_j^* + 2\omega_j \zeta_j \dot{x}_j^* + \omega_j^2 x_j^* = -\beta_j \ddot{x}_g \tag{4.70}$$

ここで，全要素が 1 のベクトル $\{1\}$ がモードベクトル $\{\phi\}_j$ の和として次のように展開できると仮定する。

$$\{1\} = \sum_{j=1}^{n} \beta_j \{\phi\}_j = \beta_1 \{\phi\}_1 + \beta_2 \{\phi\}_2 + \cdots + \beta_j \{\phi\}_j + \cdots + \beta_n \{\phi\}_n \tag{4.71}$$

上式に $\{\phi\}_s^T[m]$ を前から乗じ，モードの直交性から $s \neq j$ の場合 $\{\phi\}_s^T[m]\{\phi\}_j = 0$ となるので，次式が得られる。

$$\{\phi\}_s^T[m]\{1\} = \beta_s \{\phi\}_s^T[m]\{\phi\}_s \tag{4.72}$$

すなわち，β_s が次のように得られる。

$$\beta_s = \frac{\{\phi\}_s^T[m]\{1\}}{\{\phi\}_s^T[m]\{\phi\}_s} \tag{4.73}$$

上式は (4.69) 式と同一で刺激係数そのものである。

以上のような特徴があるため，刺激係数にモード形状ベクトル $\{\phi\}_j$ を乗じた (4.71) 式の右辺各項の $\beta_j\{\phi\}_j$ は刺激関数と呼ばれ，刺激関数の全モード（1～n 次まで）の和は全要素が 1 のベクトル $\{1\}$ となる。あるいは，全要素が 1 となるベクトル $\{1\}$ を展開すると刺激関数の和 $\beta_j\{\phi\}_j$ として得られることになる。

図 4.8 に示したのが基部固定とした均一な連続せん断棒の 1～5 次までの刺激関数で，各次の和を取ると次第に 1 に近づき，連続体の場合は固有モードが無限にあ

るので，1になるのは無限の次数までの和を取る必要があるが，図4.8から分かるように高次モードの刺激関数は次第に小さくなる。このことは，応答に及ぼす高次モードの影響は高次になればなるほど次第に小さくなることを示している。

3) モード解析と最大値の推定

(4.66) 式を導いた手順は各振動モードに対して独立の1自由度系の方程式を得る方法を示している。すなわち，基準化座標を用いると未知数が n 個の連立微分方程式を（n 個の）独立な基準化座標の方程式に変換することができる。よって，各基準化座標の応答を（時刻歴として）個別に解き，それらを重ね合わせることによって系の動的応答を（時刻歴として）求めることができる。この手法がモード重ね合わせ法と呼ばれる。なお，この解析法は厳密解を与えるが，以下に示す応答スペクトルを用いる方法は略算解を与える。

実際の設計に当たっては応答の時間的な変動（時刻歴）よりも最大値のみが分かれば十分なことが多い。このため，各次モードの最大値を応答スペクトルから求め，それから応答の最大値を推定する[†]こともよく行われる。最大値を推定する方法にはいくつかあるが，主な方法を次に示す。

ここでは，i 層の最大変位 $x_{i\max}$ を推定する場合を考えてみる。i 層 j 次モードの最大変位 $x_{ij\max}$ は変位応答スペクトルから次のように求まる。

$$x_{ij\max} = \beta_j \phi_{ij} S_d(\omega_j) \tag{4.74}$$

i) 絶対値和法

次式のように各次の絶対値の和を最大値とすると最も安全側（大きめ）の評価となる。

$$x_{i\max\text{ABS}} = \sum_{j=1}^{n} \left| \beta_j \phi_{ij} S_d(\omega_j) \right| \tag{4.75}$$

ii) 2乗和平方根（SRSS）法

しかし，各次モードの最大値は同時には生じないため，絶対値和法による最大値の推定は安全（大き）すぎることになる。このため，各次モードの最大応答が独立に生起すると仮定して得られるのが2乗和平方根（SRSS, square root of sum of squares）法で，次式のように各次モードの最大応答の2乗和の平方根を最大値とす

[†] ISO 3010 では「応答スペクトル解析」[293頁]，ユーロコードでは「モード応答スペクトル解析」[322頁]，米国の ASCE 7 でも「モード応答スペクトル解析」[359頁]，と呼ばれる。

4.4 基準化座標とモード解析

る方法である。

$$x_{i\text{maxSRSS}} = \sqrt{\sum_{j=1}^{n}\{\beta_j\,\phi_{ij}\,S_d(\omega_j)\}^2} \tag{4.76}$$

高次モードの影響は次第に小さくなるため，3次モードまでを用いてもかなりよく最大値を推定できる。このため固有値をすべての次数について解く必要は必ずしもなく，影響の大きな低次の数モードが分かれば十分であることが多い。

iii) 完全2次結合（CQC）法

2以上のモードの振動数が非常に近く[†]，それらの最大値が（ほぼ）同時に起こるような場合には2乗和平方根 (SRSS) 法による最大値の推定は低めの評価となる。この欠点を補ったものが次式の完全2次結合 (CQC, complete quadratic combination) 法である [34]。

$$x_{i\,\text{maxCQC}} = \sqrt{\sum_{j=1}^{n}\sum_{k=1}^{n}\{\beta_j\,\phi_{ij}\,S_d(\omega_j)\}\,\rho_{jk}\,\{\beta_k\,\phi_{ik}\,S_d(\omega_k)\}} \tag{4.77}$$

$$\rho_{jk} = \frac{8\sqrt{\zeta_j\zeta_k}\,(\zeta_j + r_{jk}\zeta_k)\,r_{jk}^{2/3}}{(1 - r_{jk}^2)^2 + 4\zeta_j\zeta_k r_{jk}(1 + r_{jk}^2) + 4(\zeta_j^2 + \zeta_k^2)\,r_{jk}^2} \tag{4.78}$$

ここで，ζ_j と ζ_k は j 次と k 次モードの減衰定数で，r_{jk} は j 次モードと k 次モードの振動数比である。

例題「応答スペクトル解析」

図 4.9 a) に示す3層せん断モデルが b) に示す速度応答スペクトルで表される地震動を受けるとする。

各層の重量は $W_1 = W_2 = W_3 = W = 9\,800\,(\text{kN})$，各層の水平剛性は $k_1 = 3k$，$k_2 = 5k, k_3 = 6k, k = 200\,(\text{kN/cm})$，$h_1 = h_2 = h_3 = h = 3\,(\text{m})$ とする。（層番号を上から数えた方がマトリックスや計算表との対応で分かりやすいと考え，ここでは上から順に 1, 2, 3 層とする。）

図 4.9 b) の速度応答スペクトルにおいて $v_0 = 49\,(\text{cm/s})$，$T_c = 1.0\,(\text{s})$ とする。最大値は2乗和平方根 (SRSS) 法によって，i) 各層の変位，ii) 各層の層せん断力，iii) 基礎に対する転倒モーメントを求める。

[†] ユーロコードでは (8.38) 式［325 頁］のように，固有周期の差が1割以上ある場合は独立と見なしている。

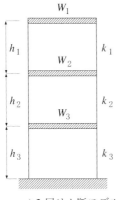
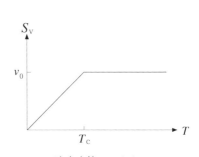

a) 3層せん断モデル　　　　b) 速度応答スペクトル

図 4.9　3層モデルのモード応答スペクトル解析

「**解**」質量マトリックスは次のようになる。

$$[m] = \begin{bmatrix} m_1 & 0 & 0 \\ 0 & m_2 & 0 \\ 0 & 0 & m_3 \end{bmatrix} = m \begin{bmatrix} 1 & 0 & 0 \\ 0 & 1 & 0 \\ 0 & 0 & 1 \end{bmatrix} \quad \text{ここで } m = \frac{9\,800}{980} = 10$$

剛性マトリックスは次のようになる。

$$[k] = \begin{bmatrix} k_1 & -k_1 & 0 \\ -k_1 & k_1+k_2 & -k_2 \\ 0 & -k_2 & k_2+k_3 \end{bmatrix} = k \begin{bmatrix} 3 & -3 & 0 \\ -3 & 8 & -5 \\ 0 & -5 & 11 \end{bmatrix} \quad \text{ここで } k = 200$$

モードベクトル $\{\phi\}$ を求めるため，(4.22)式 [162頁] の $\{u\}$ を $\{\phi\}$ に置き換えた次式を用いる。

$$([k] - \omega^2[m])\{\phi\} = \{0\} \tag{4.79}$$

$$\left(k\begin{bmatrix} 3 & -3 & 0 \\ -3 & 8 & -5 \\ 0 & -5 & 11 \end{bmatrix} - m\omega^2 \begin{bmatrix} 1 & 0 & 0 \\ 0 & 1 & 0 \\ 0 & 0 & 1 \end{bmatrix} \right) \begin{Bmatrix} \phi_1 \\ \phi_2 \\ \phi_3 \end{Bmatrix} = \begin{Bmatrix} 0 \\ 0 \\ 0 \end{Bmatrix} \tag{4.80}$$

上式を満足する $\{\phi\}$ を求めるため，最初に振動数方程式 $|[k] - \omega^2[m]| = 0$ を次のように解く。

$$\left| k\begin{bmatrix} 3 & -3 & 0 \\ -3 & 8 & -5 \\ 0 & -5 & 11 \end{bmatrix} - m\omega^2 \begin{bmatrix} 1 & 0 & 0 \\ 0 & 1 & 0 \\ 0 & 0 & 1 \end{bmatrix} \right| = 0$$

4.4 基準化座標とモード解析

$$k \begin{vmatrix} 3 - \frac{m}{k}\omega^2 & -3 & 0 \\ -3 & 8 - \frac{m}{k}\omega^2 & -5 \\ 0 & -5 & 11 - \frac{m}{k}\omega^2 \end{vmatrix} = 0$$

$\lambda = \frac{m}{k}\omega^2$ とおくと,上式は次のようになる.

$$(3 - \lambda)(8 - \lambda)(11 - \lambda) - (-3)^2(11 - \lambda) - (-5)^2(3 - \lambda) = 0$$
$$-\lambda^3 + 22\lambda^2 - 111\lambda + 90 = 0$$
$$(\lambda - 1)(\lambda - 6)(\lambda - 15) = 0 \tag{4.81}$$

よって,$\lambda = 1, 6, 15$ となる.

1) $\lambda = 1$ ($m\omega^2 = k$) を (4.80) 式に代入すると次のようになる.

$$\begin{bmatrix} 2 & -3 & 0 \\ -3 & 7 & -5 \\ 0 & -5 & 10 \end{bmatrix} \begin{Bmatrix} \phi_1 \\ \phi_2 \\ \phi_3 \end{Bmatrix} = \begin{Bmatrix} 0 \\ 0 \\ 0 \end{Bmatrix}$$

上式の第 1 式と第 3 式は次のようになる.

$$2\phi_1 - 3\phi_2 = 0$$
$$-5\phi_2 + 10\phi_3 = 0$$

よって,$\phi_2 = 2\phi_3, \phi_1 = 3\phi_3$ となり,1 次モードに対して次式が得られる.

$$\{\phi\}_1 = \begin{Bmatrix} 3 \\ 2 \\ 1 \end{Bmatrix}, \quad \omega_1^2 = \frac{k}{m} = \frac{200}{10} = 20\,(\text{rad/s})^2, \quad \omega_1 = 4.47\,(\text{rad/s}), \quad T_1 = 1.405\,(\text{s})$$

2) $\lambda = 6$ を (4.80) 式に代入すると次のようになる.

$$\begin{bmatrix} -3 & -3 & 0 \\ -3 & 2 & -5 \\ 0 & -5 & 5 \end{bmatrix} \begin{Bmatrix} \phi_1 \\ \phi_2 \\ \phi_3 \end{Bmatrix} = \begin{Bmatrix} 0 \\ 0 \\ 0 \end{Bmatrix}$$

$$-3\phi_1 - 3\phi_2 = 0$$
$$-5\phi_2 + 5\phi_3 = 0$$

よって,$\phi_2 = \phi_3, \phi_1 = -\phi_3$ となり,2 次モードに対して次式が得られる.

$$\{\phi\}_2 = \begin{Bmatrix} -1 \\ 1 \\ 1 \end{Bmatrix}, \quad \omega_2^2 = 6\frac{k}{m} = 120\,(\text{rad/s})^2, \quad \omega_2 = 10.96\,(\text{rad/s}), \quad T_2 = 0.574\,(\text{s})$$

3) $\lambda = 15$ を (4.80) 式に代入すると次のようになる.

$$\begin{bmatrix} -12 & -3 & 0 \\ -3 & -7 & -5 \\ 0 & -5 & -4 \end{bmatrix} \begin{Bmatrix} \phi_1 \\ \phi_2 \\ \phi_3 \end{Bmatrix} = \begin{Bmatrix} 0 \\ 0 \\ 0 \end{Bmatrix}$$

$$-12\phi_1 - 3\phi_2 = 0$$
$$-5\phi_2 - 4\phi_3 = 0$$

よって，$\phi_2 = -0.8\phi_3, \phi_1 = 0.2\phi_3$ となり，3次モードに対して次式が得られる．

$$\{\phi\}_3 = \begin{Bmatrix} 0.2 \\ -0.8 \\ 1 \end{Bmatrix}, \quad \omega_3^2 = 15\frac{k}{m} = 300\,(\text{rad/s})^2, \quad \omega_3 = 17.32\,(\text{rad/s}), \quad T_3 = 0.363\,(\text{s})$$

刺激係数は次のようになる．

$$\beta_1 = \frac{10 \times 3 + 10 \times 2 + 10 \times 1}{10 \times 3^2 + 10 \times 2^2 + 10 \times 1^2} = 0.429$$

$$\beta_2 = \frac{10 \times (-1) + 10 \times 1 + 10 \times 1}{10 \times (-1)^2 + 10 \times 1^2 + 10 \times 1^2} = 0.333$$

$$\beta_3 = \frac{10 \times 0.2 + 10 \times (-0.8) + 10 \times 1}{10 \times (0.2)^2 + 10 \times (-0.8)^2 + 10 \times 1^2} = 0.238$$

以上の計算結果を表 4.1 に記入し計算を進めると，最大応答値が表の i), ii), iii) のように求まる．なお，図 4.10 は 1～3 次のモードと刺激関数を示している．

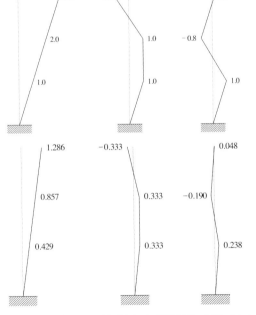

各次のモード（左）の単位は任意で（最下層で 1 となるように図示してあるが），モードの形状のみが意味を持つ．

上のモードに刺激係数を乗ずると刺激関数（左）となる．刺激関数は各層ごとに加えると全層とも 1 になる．

図 4.10 各次のモード（上）と刺激関数（下）（左から順に 1 次，2 次，3 次）

4.4 基準化座標とモード解析

表 4.1 3層モデルのモード解析

	1次モード	2次モード	3次モード	最大値***
ω_n^2	20	120	300	
ω_n	4.472	10.954	17.321	
T_n	1.405	0.574	0.363	
ϕ_1	3	−1	0.2	
ϕ_2	2	1	−0.8	
ϕ_3	1	1	1	
β_n	0.429	0.333	0.238	
$S_a = \omega S_v$	219.0	308.1	308.1	
S_v	49.000	28.126	17.787	
$S_d = S_v/\omega_n$	10.96	2.568	1.027	
δ_1 (cm)	14.11	−0.855	0.049	14.1
δ_2 (cm)	9.40	0.855	−0.196	i) 9.4
δ_3 (cm)	4.70	0.855	0.244	4.8
$\ddot{x}_1$ (gal)	281.9	−102.6	14.7	300.4
$\ddot{x}_2$ (gal)	187.9	102.6	−58.7	222.0
$\ddot{x}_3$ (gal)	94.0	102.6	73.3	157.3
p_1 (kN)	2 819	−1 026	147	3 004
p_2 (kN)	1 879	1 026	−587	2 220
p_3 (kN)	940	1 026	733	1 573
Q_1 (kN)	2 819	−1 026	147	3 004
Q_2 (kN)	4 698	0	−440	ii) 4 719
Q_3 (kN)	5 638	1026	293	5 738
C_B*	0.192	0.035	0.010	0.195
OTM**(kN·m)	39 465	0	0	iii) 39 465

*ベースシヤ係数,**転倒モーメント,***SRSS による最大値

表 4.2 基準化層せん断力と基準化層せん断力係数の算定

層せん断力 Q_i (kN)	基準化層せん断力	基準化層せん断力係数	α_i	A_i *
3 004	0.524	1.571	0.333	1.754
4 719	0.822	1.233	0.667	1.301
5 738	1.000	1.000	1.000	1.000

*:$T = 1.405$ (s) として計算した A_i の値

表 4.1 から分かるように，応答全体（最大値）に対する 1 次モードの影響が最も大きい．特に，転倒モーメント OTM は 1 次モードのみによって決定されており（高次モードが影響する構造物もあるがほぼ無視できる），変位応答 δ_i も 1 次モードによってほぼ決定される．しかし，加速度応答 $\ddot{x}_i$ やそれと関係する力 p_i や層せん断力 Q_i については，1 次モードの影響が最も大きいとはいえ，2 次モード以上の高次モードの影響も無視できないことが分かる．

　ベースシヤ係数 C_B について考えると，ベースシヤ Q_3 を全重量 $9\,800 \times 3 = 29\,400$(kN) で除すと C_B が求まり，SRSS による最大値は $C_B = 0.195$ となる．一方，1 次モードの加速度応答は $S_a = 219\,(\text{cm/s}^2)$ なので，1 自由度系のベースシヤ係数は $C_B = 219/980 = 0.223$ となる．よって，基本固有周期が 1 自由度と同じであっても，このモデルのベースシヤ係数は 1 自由度系に比べて（0.195/0.223 = 0.874 となり）約 13% 小さい．

　一般に応答スペクトルを用いて多自由度系のベースシヤ係数を求めると同じ固有周期の 1 自由度系に比べて 10〜20% 程度小さくなる [(5.35) 式，210 頁，(5.42) 式，212 頁参照]．これは，多自由度系の場合，地震による入力エネルギーが各次の振動モードに分散され，高次モードの（振動モードに刺激係数を乗じた）刺激関数 [図 4.10（182 頁），図 4.8（177 頁）] は小さくなり，また高次モードの地震力はいつも左右から作用するので，高次モードによるベースシヤの増加は小さいからである．しかし 10〜20% は実際の設計において大きな影響があるので，応答スペクトル解析を行ってもベースシヤを低減しないようにする，日本の規定 [185 頁の「A_i 分布の解析による算出」参照] や米国の規定 [361 頁の「力の調整」参照] もある．また，1 自由度系の応答スペクトルを用いる場合，等価静的解析・応答スペクトル解析にかかわらず，多自由度系のベースシヤを低減する規定もあり，ユーロコード [(8.30) 式，323 頁の λ 参照] では等価線形解析（水平力法）の場合，多自由度系のベースシヤを 0.85 倍している．

　なお，表 4.1 の層せん断力 Q_i から A_i に相当する基準化層せん断力係数を求めると表 4.2 のようになる．

　図 4.9 b) に示しているのは速度応答スペクトルであまりなじみがないかもしれないが，速度に円振動数を乗じる，すなわち周期で除し 2π を乗じると加速度に変換できる．このことを利用すると，図 4.11 の a)，b) は同じスペクトルであることが分かる．

4.4 基準化座標とモード解析

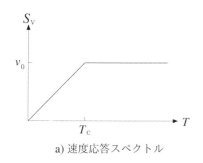
a) 速度応答スペクトル

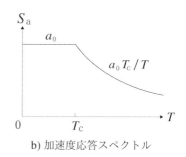
b) 加速度応答スペクトル

図 4.11 速度応答スペクトルと加速度応答スペクトル

「A_i 分布の解析による算出」

　昭 55 建告 1793 第 1（平 19 国交告 597 改正）では，A_i を算出する方法としていわゆる A_i 分布［47 頁］の式の他に，特別な調査研究に基づいて算出できることになっている。解説書 [21, 22] では「各次振動モードの寄与分を 2 乗和平方根によるモーダルアナリシスに従って計算してもよい。この場合，A_i の値として $A_1 = 1$ になるように基準化する必要があり，加速度応答スペクトルとしては，振動特性係数 R_t を用いることができる。」とされている。

　表 4.2 の第 3 列の基準化層せん断力係数は，図 4.11 b) のスペクトルは振動特性係数 R_t とは若干異なっているが，計算方法は上述の解説書で述べられていることである。

　すなわち，層せん断力を求める際には，表 4.1 の Q_1, Q_2, Q_3 のように，各モードごとに層せん断力を計算し，それらを基に同表の右端の列 ii) のように 2 乗和平方根（SRSS）によって各層の層せん断力を求める。それから，表 4.2 の第 2 列のように 1 階の層せん断力が 1 となるように基準化層せん断力を計算し，それを基に第 3 列のように 1 階の層せん断力係数が 1 となるように基準化層せん断力係数を求めると，これが A_i 分布に相当する係数となる。

　なお，以上の計算を行う際に，表 4.1 の各層の地震力 p_1, p_2, p_3 ではなく，各層の層せん断力 Q_1, Q_2, Q_3 を用いて計算することに注意してほしい。

4.5 ホルツァー法とストドラ法

1) ホルツァー法

ホルツァー (Holzer) 法は固有値を仮定し,それが正解かどうかを繰り返し計算し,固有値と固有モードを求める方法である。ここでは,図 4.12 と例題によって説明する。

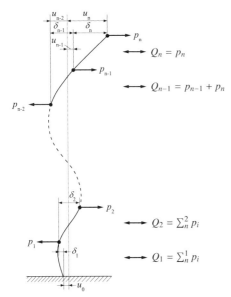

最上層の第 n 層では基礎からの相対変位 u_n が生じている。第 n 層に生じている水平力を p_n とし,最上層ではそれが層せん断力 Q_n となり,それによって生じる層間変位は δ_n である。よって,第 $(n-1)$ 層の基礎からの相対変位は $u_{n-1} = u_n - \delta_n$ である。

次の第 $(n-1)$ 層では水平力 p_{n-1} が生じ,層せん断力は水平力の和 $Q_{n-1} = p_{n-1} + p_n$ となり,それによって層間変位 δ_{n-1} が生じる。よって,第 $(n-2)$ 層の基礎からの相対変位は $u_{n-2} = u_{n-1} - \delta_{n-1}$ である

以上の計算を第 1 層まで行い,基礎位置での相対変位 u_0 が 0 であれば,最初に仮定した固有値は正しいことになる。もし,0 でないならば,固有値を新たに仮定し,正解が得られるまで繰り返す。

図 4.12　ホルツァー法の考え方

例題「ホルツァー法による固有値解析」
　図 3.7 [131 頁] の 5 層せん断モデルの固有値をホルツァー法によって求める。

「解」固有値を (4.81) 式 [181 頁] のように求めることは自由度が多くなると非常に難しく,何らかの方法で近似値を求めることになる。コンピュータを用いることによって,多自由度系の固有値を短時間にかなり高い精度の解を求めることができるようになってきたが,その解も近似値である。

4.5 ホルツァー法とストドラ法

ホルツァー法は手計算で多自由度系の固有値を求める手法で，その原理は図4.12に示すように固有振動数を仮定し，それによって生じる水平力による変位が基礎で0となるならば，それが正しい固有振動数であるということを利用している．（なお，この方法はせん断モデルにのみ適用できるものである．）

最初に固有値を仮定する必要がある．正解に近い値から始めると，計算の繰り返し回数が少なくなるので，ここでは例題［130頁］で重力式から得られた固有振動数を用い，第1回目は，$T_1 = 0.76$ (s)，すなわち $\omega_1 = 8.27$ (rad/s) なので，$\omega_1^2 = 68$ と仮定して，表4.3に従って横に（行ごとに）計算していくと，最後に $u_0 = 0.026$ が得られる．

すなわち，表中の i は層数を示し，m_i と k_i は与えられた構造物の質量と剛性で，どの表にも共通している．ここで，u_i は固有モードで最上層の振幅を1.000と仮定する（この値は任意である）．すると，最上層に生ずる水平力は $p_i = m_i u_i \omega_j^2$，水平力の総和として層せん断力 $Q_i = \sum p_i$ が得られる．この層せん断力によって生じる層間変位は $\delta = Q_i/k_i$ と計算される．次の行では，その直上層 δ から計算された δ を減じたものをその層の u_i として次々と横に計算していく．

第2回目の仮定値として $\omega_1^2 = 70$ として，表4.4に従って計算すると，$u_0 = 0.002$ となる．第3回目の仮定値（第1回目と第2回目の u_0 を用いて直線補間で $u_0 = 0.000$ となるように仮定する）として $\omega_1^2 = 70.2$ として，表4.5に従って計算すると，$u_0 = 0.000$ となり，これが正解である．

1次モードについて $\omega_1^2 = 70.2$ が得られたので，$\omega_1 = 8.38$ (rad/s)，$T_1 = 0.75$ (s) となる．なお，固有モードは正解が得られた表4.5の第3列に示されており，$\{u_1\}^T = \{0.230 \ 0.468 \ 0.694 \ 0.883 \ 1.000\}^T$ である．

ホルツァー法は高次モードにも適用できるので，2次モードを解析してみよう．

基礎固定の均一せん断棒の固有振動数には，(5.31)式［209頁］から，次の関係がある．

$$\omega_j = (2j-1)\omega_1$$

よって，第2次モードについて $\omega_2 \approx 3\omega_1 \approx 3 \times 8.38 \approx 25.1$，すなわち $\omega_2^2 \approx 25.1^2 \approx 630 \approx 600$ を第1回目の近似として表4.6に従って計算すると，$u_0 = 0.327$ となる．

第2回目の仮定値として $\omega_2^2 = 500$ として，表4.7に従って計算すると，$u_0 = -0.117$ となる．第3回目の仮定値として $\omega_2^2 = 526$ として，表4.8に従って

計算すると，$u_0 = 0.001$ とほぼ 0 になるので，これが固有値である。

よって，2 次モードについて $\omega_2^2 = 526$ が得られたので，$\omega_2 = 22.93\,(\text{rad/s})$，$T_2 = 0.274\,(\text{s})$ となる。なお，固有モードは表 4.8 の第 3 列から，$\{u_2\}^\text{T} = \{-0.644\ -0.985\ -0.721\ 0.123\ 1.000\}^\text{T}$ である。

表 4.3　ホルツァー法（1 次，第 1 回近似 $\omega_1^2 = 68$）

i	m_i	u_i	p_i $= m_i u_i \omega_j^2$	Q_i $= \sum p_i$	k_i	δ_i $= Q_i/k_i$
5	0.500	1.000	34.00	34.00	300	0.113
4	0.500	0.887	30.16	64.16	350	0.183
3	0.500	0.704	23.94	88.10	400	0.220
2	0.500	0.484	16.46	104.56	450	0.232
1	0.500	0.252	8.57	113.13	500	0.226

$u_0 = 0.026$

表 4.4　ホルツァー法（1 次，第 2 回近似 $\omega_1^2 = 70$）

i	m_i	u_i	p_i $= m_i u_i \omega_j^2$	Q_i $= \sum p_i$	k_i	δ_i $= Q_i/k_i$
5	0.500	1.000	35.00	35.00	300	0.117
4	0.500	0.883	30.91	65.91	350	0.188
3	0.500	0.695	24.33	90.24	400	0.226
2	0.500	0.469	16.42	106.66	450	0.237
1	0.500	0.232	8.12	114.78	500	0.230

$u_0 = 0.002$

表 4.5　ホルツァー法（1 次，第 3 回近似 $\omega_1^2 = 70.2$）

i	m_i	u_i	p_i $= m_i u_i \omega_j^2$	Q_i $= \sum p_i$	k_i	δ_i $= Q_i/k_i$
5	0.500	1.000	35.10	35.10	300	0.117
4	0.500	0.883	30.99	66.09	350	0.189
3	0.500	0.694	24.36	90.45	400	0.226
2	0.500	0.468	16.43	106.88	450	0.238
1	0.500	0.230	8.07	114.95	500	0.230

$u_0 = 0.000$

第 3 回近似 $\omega_1^2 = 70 + \dfrac{(70 - 68) \times 0.002}{0.026 - 0.002} = 70.2$

4.5 ホルツァー法とストドラ法

表 4.6 ホルツァー法 (2 次, 第 1 回近似 $\omega_2^2 = 600$)

i	m_i	u_i	p_i $= m_i u_i \omega_j^2$	Q_i $= \sum p_i$	k_i	δ_i $= Q_i / k_i$
5	0.500	1.000	300.00	300.00	300	1.000
4	0.500	0.000	0.00	300.00	350	0.857
3	0.500	−0.857	−257.14	42.86	400	0.107
2	0.500	−0.964	−289.24	−246.38	450	−0.548
1	0.500	−0.416	−124.95	−371.33	500	−0.743

$u_0 = 0.327$

表 4.7 ホルツァー法 (2 次, 第 2 回近似 $\omega_2^2 = 500$)

i	m_i	u_i	p_i $= m_i u_i \omega_j^2$	Q_i $= \sum p_i$	k_i	δ_i $= Q_i / k_i$
5	0.500	1.000	250.00	250.00	300	0.833
4	0.500	0.167	41.67	291.67	350	0.833
3	0.500	−0.667	−166.67	125.00	400	0.313
2	0.500	−0.979	−244.79	−119.79	450	−0.266
1	0.500	−0.713	−178.79	−298.03	500	−0.596

$u_0 = -0.117$

表 4.8 ホルツァー法 (2 次, 第 3 回近似 $\omega_2^2 = 526$)

i	m_i	u_i	p_i $= m_i u_i \omega_j^2$	Q_i $= \sum p_i$	k_i	δ_i $= Q_i / k_i$
5	0.500	1.000	263.00	263.00	300	0.877
4	0.500	0.123	32.35	295.35	350	0.844
3	0.500	−0.721	−189.62	105.73	400	0.264
2	0.500	−0.985	−259.06	−153.33	450	−0.341
1	0.500	−0.644	−169.37	−323.70	500	−0.645

$u_0 = 0.001$

第 3 回近似 $\omega_2^2 = 500 + \dfrac{(600 - 500) \times 0.117}{0.117 + 0.327} = 526$

2) ストドラ法

自由振動をしている非減衰系の j 次の振動モード $\{u\}_j$ には，(4.34) 式 [169 頁] より次の関係がある。

$$[k]\{u\}_j = \omega_j^2[m]\{u\}_j \tag{4.82}$$

上式に柔性マトリックス $[f] = [k]^{-1}$ を前から乗じると次式となる。

$$\{u\}_j = \omega_j^2[f][m]\{u\}_j = \omega_j^2[A]\{u\}_j \tag{4.83}$$

ここで，$[A] = [f][m]$ は動的マトリックスと呼ばれるものである。

ストドラ (Stodola) 法は，ホルツァー法とは逆に（固有値ではなく）固有モード $\{u\}_j$ を仮定し，上式の関係を利用し収斂計算によって正しい固有モードを求める方法である。

> **例題「ストドラ法の計算例 1」**
> 表 4.9 の左欄のように，動的マトリックス $[A]$ が与えられたとする。この場合の固有値を求める。

> 「解」表 4.9 の (1) 列のように，固有モードの第 1 回目の仮定として $\{\phi\}_{(1)}^T = \{1\ 1\ 1\}$ とし，$[A]\{\phi\}$ を計算し，第 2 回目の ϕ_3 が 1 となるように，$\{1\ 2\ 3\}\{1\ 1\ 1\}^T = 6$ で除し，第 2 回目の固有モードの仮定値が (2) 列のように $\{\phi\}_{(2)}^T = \{0.500\ 0.833\ 1\}$ が得られる。
> 以上の，計算を繰り返すと表 4.9 の第 (5) 列，第 (6) 列のように同じ結果が繰り返されることになり，これが最終結果である。

表 4.9 ストドラ法の計算例 1

[A]			$\{\phi\}$				
			(1)	(2)	(3)	(4)	(5)	(6)
1	1	1	1	0.500	0.452	0.446	0.445	0.445
1	2	2	1	0.833	0.806	0.803	0.802	0.802
1	2	3	1	1	1	1	1	1
$1/\omega^2$			6	5.166	5.064	5.052	5.049	5.049

よって，$\{\phi\}^T = \{0.445\ 0.802\ 1\}$，$1/\omega^2 = 5.049$ となる。
すると，$\omega^2 = 0.198$，$\omega = 0.445$，$T = 14.12$ となる。

4.5 ホルツァー法とストドラ法

ホルツァー法はせん断モデルにのみ適用できるが，ストドラ法は，動的マトリックスから固有モードを求めることができるので，曲げせん断モデルにも適用できるメリットがある。(4.83) 式はすべての次数に成立するが，計算を繰り返すと第 1 次モードに収斂する性質があるので，2 次以上の高次モードの固有モードを求めるには（求めようとするモードに収斂するように）計算上の工夫が必要である。

せん断モデルの場合は，動的マトリックスを用いてマトリックスとベクトルの計算をするのではなく，次の例題のようにホルツァー法と似たような計算を行うことによって固有モードを求め，そして固有値を求めることができる。

> **例題「ストドラ法の計算例 2」**
> 図 3.7［131 頁］の 5 層せん断モデル（ホルツァー法の例題と同じモデル）の固有値をストドラ法によって求める。

「解」第 1 回目は 1 次モードが逆三角形と仮定して $\{\phi\}^T = \{1\ 2\ 3\ 4\ 5\}^T$ とする。ストドラ法では 5〜1 層へと縦に計算を行い，順に次の列に移って計算を進める。

すなわち，表 4.10（表の上の小さな数字は説明のための列番号）の第 1 列の r は繰り返し回数，第 2 列の i は層の番号を上から順に書いてある。第 3 列は固有モードを逆三角形と仮定して 5, 4, 3, 2, 1 と書かれている。第 4 列は各層の質量である。第 5 列は水平力（に比例する）$m_i \phi_i$ である。第 6 列は第 5 列を上から加えた層せん断力（に比例する）$\sum m_i \phi_i$ である。第 7 列は各層の水平剛性である。第 8 列は第 6 列の値を第 7 列の値で除した層間変位（に比例する）$\delta_i = \sum_n^i m_i \phi_{1i}/k_i$ である。第 9 列は第 8 列の値を下から順に加えていき，基礎との相対変位（に比例する）$\sum \delta_i$ である。第 10 列は各層ごとに仮定した固有モードを基礎との相対層間変位 $\omega_1^2 = \phi_i/(\sum_n^i \delta_i)$ で除したもので，この値が固有値で全層で同一であれば，仮定した固有モードが正しいことになる。仮定した固有モードが偶然に正しい場合を除き，これらの値は異なっているので，第 9 列の最後の値が 1.0 となるように新しい固有モードを第 11 列のように仮定し，以上の計算を繰り返す。

最終的に，最後の列の固有モードがその回の最初に仮定したモードと同一になる（すなわちそれ以上，計算を繰り返しても同じことになる）とそれが正解の固有モードであり，最後から 2 行目の値が固有値である。

よって，最終的に $\{\phi\}^T = \{1\ 2.03\ 3.02\ 3.84\ 4.35\}^T$, $\omega^2 = 70.22$, $\omega = 8.38\,(\text{rad/s})$, $T = 0.75\,(\text{s})$ となる。

表 4.10 ストドラ法の計算例 2

1	2	3	4	5	6	7	8	9	10	11
r	i	ϕ_i	m_i	$m_i\phi_i$	$\sum m_i\phi_i$	k_i	δ_i *	$\sum \delta_i$	ω^2 **	ϕ_i
1	5	5	0.5	2.500	2.500	300	0.00833	0.06675	74.91	4.450
	4	4	0.5	2.000	4.500	350	0.01286	0.05842	68.47	3.895
	3	3	0.5	1.500	6.000	400	0.01500	0.04556	65.85	3.037
	2	2	0.5	1.000	7.000	450	0.01556	0.03056	65.45	2.037
	1	1	0.5	0.500	7.500	500	0.01500	0.01500	66.67	1.000
2	5	4.450		2.225	2.225		0.00742	0.06290	70.74	4.362
	4	3.895		1.948	4.173		0.01192	0.05548	70.21	3.847
	3	3.037	〃	1.519	5.692	〃	0.01423	0.04356	69.72	3.021
	2	2.037		1.019	6.711		0.01491	0.02933	69.45	2.034
	1	1.000		0.500	7.211		0.01442	0.01442	69.35	1.000
3	5	4.362		2.181	2.181		0.00727	0.06205	70.30	4.348
	4	3.847		1.924	4.105		0.01173	0.05478	70.23	3.839
	3	3.021	〃	1.511	5.616	〃	0.01404	0.04305	70.17	3.017
	2	2.034		1.017	6.633		0.01474	0.02901	70.11	2.033
	1	1.000		0.500	7.133		0.01427	0.01427	70.08	1.000
4	5	4.348		2.174	2.174		0.00725	0.06191	70.23	4.348
	4	3.839		1.920	4.094		0.01170	0.05466	70.23	3.838
	3	3.017	〃	1.509	5.603	〃	0.01401	0.04296	70.23	3.017
	2	2.033		1.017	6.620		0.01471	0.02895	70.22	2.033
	1	1.000		0.500	7.120		0.01424	0.01424	70.22	1.000
5	5	4.348		2.174	2.174		0.00725	0.06190	70.24	4.347
	4	3.838		1.919	4.093		0.01169	0.05465	70.23	3.838
	3	3.017	〃	1.509	5.602	〃	0.01401	0.04296	70.23	3.017
	2	2.033		1.017	6.619		0.01471	0.02895	70.22	2.033
	1	1.000		0.500	7.119		0.01424	0.01424	70.22	1.000
6	5	4.347		2.174	2.174		0.00725	0.06190	70.23	4.347
	4	3.838		1.919	4.093		0.01169	0.05465	70.23	3.838
	3	3.017	〃	1.509	5.602	〃	0.01401	0.04296	70.23	3.017
	2	2.033		1.017	6.619		0.01471	0.02895	70.22	2.033
	1	1.000		0.500	7.119		0.01424	0.01424	70.22	1.000

* $\delta_i = \sum_n^i m_i \phi_{1i}/k_i$, ** $\omega_1^2 = \phi_i/(\sum_n^i \delta_i)$

第 III 部

構造動力学の応用

第 5 章

地震工学への応用

5.1 応答スペクトル

1) 応答スペクトルとは？

　日本では地震動の揺れの大きさを表すのに，表 5.1 に示すように震度 0 から震度 7（震度 5 と 6 には強・弱がある）の 10 段階の気象庁震度階級 [35] が用いられているが，海外では震度 1〜12 の MSK 震度が用いられていることが多い。このような震度のみでも，構造物の被害程度を推測するある程度の情報を与えてくれる。しかし，同じ震度でも揺れの大きさが 3 倍ほど異なることもあり，震度のみで地震時の揺れの程度を表すのに十分ではないことはすぐに分かるであろう。

　正確な地面の動きは地震計や強震計によって記録され，その振幅が被害に対して最も影響が大きいが，どの周期（振動数）成分が卓越しているかも大きな影響を及ぼす。このようなことを勘案し，地震動の構造物への影響を示す便利な方法として応答スペクトルがあり，これは異なる固有周期を持つ 1 自由度系［図 5.1］の応答を求め，その最大値を図で示すものである。

　地震動による構造物の応答は系の動的特性によって変化する。この動的特性には 1 自由度系の場合，系の固有周期 T（またはその逆数の固有振動数）と減衰定数 ζ の 2 つがある。構造物の応答は時間とともに変動するが，構造設計には応答の時間的な変動（時刻歴）よりも応答の最大値さえ分かれば十分であることが多い。このために考案されたのが応答スペクトルである。

　相対変位, 相対速度, 絶対加速度それぞれの最大応答を $S_\mathrm{d}(\zeta, T), S_\mathrm{v}(\zeta, T), S_\mathrm{a}(\zeta, T)$

表 5.1 気象庁の震度階級（国立天文台編「理科年表」[35] による）

震度階級*	人　間**	木造建物**
0	人は揺れを感じない。	
1	屋内にいる人の一部が，わずかな揺れを感じる。	
2	屋内にいる人の多くが，揺れを感じる。眠っている人の一部が，目を覚ます。	
3	屋内にいる人のほとんどが，揺れを感じる。恐怖感を覚える人もいる。	
4	かなりの恐怖感があり，一部の人は，身の安全を図ろうとする。眠っている人のほとんどが，目を覚ます。	
5 弱	多くの人が，身の安全を図ろうとする。一部の人は，行動に支障を感じる。	耐震性の低い住宅では，壁や柱が破損するものがある。
5 強	非常な恐怖を感じる。多くの人が，行動に支障を感じる	耐震性の低い住宅では，壁や柱がかなり破損したり，傾くものがある。
6 弱	立っていることが困難になる。	耐震性の低い住宅では，倒壊するものがある。耐震性の高い住宅でも，壁や柱が破損するものがある。
6 強	立っていることができず，はわないと動くことができない。	耐震性の低い住宅では，倒壊するものが多い。耐震性の高い住宅でも，壁や柱がかなり破損するものがある。
7	揺れにほんろうされ，自分の意思で行動できない。	耐震性の高い住宅でも，傾いたり，大きく破壊するものがある。

　　*実際には震度計で震度を決定する。　　**この他に，屋内の状況，屋外の状況，鉄筋コンクリート造建物，ライフライン，地盤・斜面の解説もある。

とする[†]。これらは 3.5 節で説明した，「線形加速度法」［151 頁］のような時間刻み法による逐次積分，あるいは「デュアメル積分・畳み込み積分」［153 頁］を用いて求めることができる。

　すなわち，相対変位の最大応答 $S_d(\zeta, T)$ は (3.125) 式［154 頁］を用いて次式のように求まる。

　[†] (ζ, T) は応答スペクトルが減衰定数と固有周期の関数であることを示しているが，これを省略し応答スペクトルを単に S_d, S_v, S_a と表示することが多い。

5.1 応答スペクトル

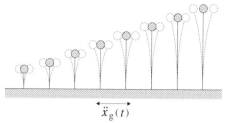
地震動の加速度 $\ddot{x}_g(t)$ による（異なる固有周期を有する種々の）1自由度系の最大応答を求め，グラフで表す。

図 5.1　応答スペクトルの概念図

$$S_\mathrm{d}(\zeta, T) = \left| -\frac{1}{\omega_\mathrm{d}} \int_0^t \ddot{x}_\mathrm{g}(\tau) e^{-\zeta\omega_\mathrm{n}(t-\tau)} \sin\omega_\mathrm{d}(t-\tau) d\tau \right|_\mathrm{max} \quad (5.1)$$

相対速度の最大応答 $S_\mathrm{v}(\zeta, T)$ は，上式を微分して次のように求まる。

$$\frac{d}{dt}\{e^{-\zeta\omega_\mathrm{n}(t-\tau)} \sin\omega_\mathrm{d}(t-\tau)\}$$
$$= e^{-\zeta\omega_\mathrm{n}(t-\tau)}\omega_\mathrm{d}\cos\omega_\mathrm{d}(t-\tau) - \zeta\omega_\mathrm{n} e^{-\zeta\omega_\mathrm{n}(t-\tau)} \sin\omega_\mathrm{d}(t-\tau)$$
$$= e^{-\zeta\omega_\mathrm{n}(t-\tau)}\{\omega_\mathrm{d}\cos\omega_\mathrm{d}(t-\tau) - \zeta\omega_\mathrm{n}\sin\omega_\mathrm{d}(t-\tau)\}$$

上式と $\omega_\mathrm{d} = \sqrt{1-\zeta^2}\omega_\mathrm{n}$ の関係を用いると，(5.1) 式から次式が得られる。

$$S_\mathrm{v}(\zeta, T) = \left| -\int_0^t \ddot{x}_\mathrm{g}(\tau) e^{-\zeta\omega_\mathrm{n}(t-\tau)}\{\cos\omega_\mathrm{d}(t-\tau) - \frac{\zeta}{\sqrt{1-\zeta^2}}\sin\omega_\mathrm{d}(t-\tau)\}d\tau \right|_\mathrm{max} \quad (5.2)$$

絶対加速度 $\ddot{x}(t) + \ddot{x}_\mathrm{g}(t)$ を求めるには，(3.110) 式 [151 頁] を少し変更した次式を用いる。

$$\ddot{x}(t) + \ddot{x}_\mathrm{g}(t) = -2\zeta\omega_\mathrm{n}\dot{x}(t) - \omega_\mathrm{n}^2 x(t)$$

$\dot{x}(t)$ と $x(t)$ は上の (5.2) 式と (5.1) 式で $S_\mathrm{v}(\zeta, T)$ と $S_\mathrm{d}(\zeta, T)$ を求めた際に得られているので，それらを代入すると次式が得られる。

$$\ddot{x}(t) + \ddot{x}_\mathrm{g}(t) = 2\zeta\omega_\mathrm{n}\int_0^t \ddot{x}_\mathrm{g}(\tau) e^{-\zeta\omega_\mathrm{n}(t-\tau)}\{\cos\omega_\mathrm{d}(t-\tau) - \frac{\zeta}{\sqrt{1-\zeta^2}}\sin\omega_\mathrm{d}(t-\tau)\}d\tau$$
$$+ \omega_\mathrm{n}^2 \frac{1}{\omega_\mathrm{d}}\int_0^t \ddot{x}_\mathrm{g}(\tau) e^{-\zeta\omega_\mathrm{n}(t-\tau)}\sin\omega_\mathrm{d}(t-\tau)d\tau$$

$$\ddot{x}(t) + \ddot{x}_\mathrm{g}(t) = 2\zeta\omega_\mathrm{n}\int_0^t \ddot{x}_\mathrm{g}(\tau) e^{-\zeta\omega_\mathrm{n}(t-\tau)}\cos\omega_\mathrm{d}(t-\tau)d\tau$$
$$+ \frac{1-2\zeta^2}{\sqrt{1-\zeta^2}}\omega_\mathrm{n}\int_0^t \ddot{x}_\mathrm{g}(\tau) e^{-\zeta\omega_\mathrm{n}(t-\tau)}\sin\omega_\mathrm{d}(t-\tau)d\tau$$

よって，上式の関係を用いると $S_a(\zeta, T)$ が次のように得られる．

$$S_a(\zeta, T) = \left| 2\zeta\omega_n \int_0^t \ddot{x}_g(\tau) e^{-\zeta\omega_n(t-\tau)} \cos\omega_d(t-\tau) d\tau \right. \\ \left. + \frac{1-2\zeta^2}{\sqrt{1-\zeta^2}} \omega_n \int_0^t \ddot{x}_g(\tau) e^{-\zeta\omega_n(t-\tau)} \sin\omega_d(t-\tau) d\tau \right|_{\max} \quad (5.3)$$

固有周期と最大応答との関係を示した図が応答スペクトルで，$S_d(\zeta, T)$ を表したものが相対変位応答スペクトル，$S_v(\zeta, T)$ を表したものが相対速度応答スペクトル，$S_a(\zeta, T)$ を表したものが絶対加速度応答スペクトルと呼ばれる．なお，相対や絶対という表現を省略し，加速度応答スペクトル，速度応答スペクトル，変位応答スペクトルと呼ばれる場合が多い．

構造設計においては，複数の地震動を用いることが多いが，世界的に最も有名なのが 1940 年米国カリフォルニア州インペリアルバレー地震の際にエルセントロの記録である．構造関係者の間では，地名であるエルセントロがこの記録を意味するくらい有名である．なお，この記録の応答スペクトルが図 5.2 に示されている．

多数の地震記録を解析した結果によると，速度応答スペクトルは固有周期が長くなるとほぼ一定になる．更に固有周期が長くなると変位応答スペクトルがほぼ一定となる．よって，応答スペクトルは図 5.3 に示すような特徴がある．

2) 擬似応答スペクトル

通常の構造物の減衰定数は 1 よりかなり小さいので，次のように減衰を考慮した固有振動数は（固有周期も）非減衰の場合とほぼ同じである．

$$\zeta \approx 0 \;,\; \sqrt{1-\zeta^2} \approx 1 \;,\; \omega_d \approx \omega_n = \frac{2\pi}{T} \quad (5.4)$$

上式を用いると，(5.1), (5.2), (5.3) 式はおよそ次のように書き換えることができる．

$$S_d(\zeta, T) \approx \frac{1}{\omega_n} \left| \int_0^t \ddot{x}_g(\tau) e^{-\zeta\omega_n(t-\tau)} \sin\omega_n(t-\tau) d\tau \right|_{\max} \quad (5.5)$$

$$S_v(\zeta, T) \approx \left| \int_0^t \ddot{x}_g(\tau) e^{-\zeta\omega_n(t-\tau)} \cos\omega_n(t-\tau) d\tau \right|_{\max} \quad (5.6)$$

$$S_a(\zeta, T) \approx \omega_n \left| \int_0^t \ddot{x}_g(\tau) e^{-\zeta\omega_n(t-\tau)} \sin\omega_n(t-\tau) d\tau \right|_{\max} \quad (5.7)$$

ここで次の新しい記号を用いる．

$$S_{pv}(\zeta, T) = \left| \int_0^t \ddot{x}_g(\tau) e^{-\zeta\omega_n(t-\tau)} \sin\omega_n(t-\tau) d\tau \right|_{\max} \quad (5.8)$$

5.1 応答スペクトル

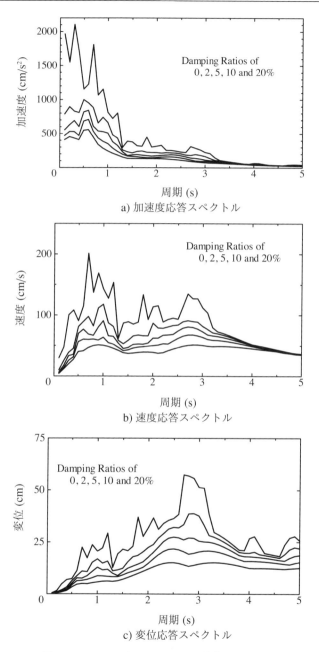

a) 加速度応答スペクトル

b) 速度応答スペクトル

c) 変位応答スペクトル

図 5.2 エルセントロ 1940NS の応答スペクトル
(4 本の線は上から順に減衰定数 $\zeta = 0, 0.02, 0.05, 0.1, 0.2$)

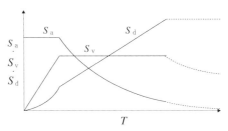

図 5.3 応答スペクトルの典型的な特徴

$S_{pv}(\zeta,T)$ と $S_v(\zeta,T)$ は式中の cos と sin が置き換わっているが,最大値はほとんど同じであることが分かっている.更に 2 つの新しい記号 $S_{pd}(\zeta,T)$ と $S_{pa}(\zeta,T)$ を導入し,(5.8) 式を用いると,(5.5) 式と (5.7) 式は次のようになる.

$$S_{pd}(\zeta,T) = \frac{1}{\omega_n}S_{pv}(\zeta,T) \approx S_d(\zeta,T) \tag{5.9}$$
$$S_{pa}(\zeta,T) = \omega_n S_{pv}(\zeta,T) \approx S_a(\zeta,T) \tag{5.10}$$

$S_{pd}(\zeta,T), S_{pv}(\zeta,T), S_{pa}(\zeta,T)$ は順に擬似(相対)変位応答,擬似(相対)速度応答,擬似(絶対)加速度応答と呼ばれる.

(5.9) 式や (5.10) 式のような簡単な関係が得られるのは,最大応答となる時間帯では,応答は固有円振動数 ω_n のほぼ正弦波(sin または cos)で表されるので,最大応答速度を固有円振動数 ω_n で除すと最大変位が求まり,最大応答速度に固有円振動数 ω_n を乗ずると最大加速度が求まるからである.

これらの簡単な関係により,3 つの応答を 1 つの図に表すことができる.すなわち,図 5.4 に示すように縦軸に対数目盛で $S_{pv}(\zeta,T)$,横軸に対数目盛で周期 T(または振動数を用いる場合もある)を描くと,左と右に 45 度傾いた対数目盛りが $S_{pd}(\zeta,T)$ と $S_{pa}(\zeta,T)$ を示すことになり,これをトリパータイト応答スペクトルという.トリパータイト応答スペクトルを用いると図 5.2 のような 3 つの応答スペクトルを図 5.4 のような 1 つの図で表すことができ,加速度・速度・変位の最大応答が 1 つの図から分かるので非常に便利である.(もっとも,対数目盛は分かり難いためか,図 5.2 のような線形目盛りの応答スペクトルもよく用いられる.)

応答スペクトルが与えられるならば,1 自由度系の最大応答が求まる.更に,多自由度系についても最大応答のおよその値が応答スペクトルから求めることができる.この際に用いるモード解析と最大値の推定方法は 4.4 節 [174 頁] に示してある.

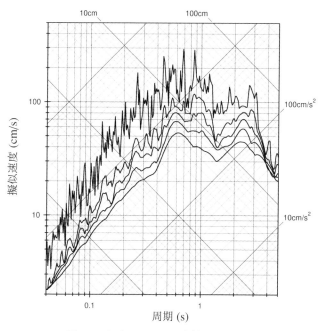

図 5.4　トリパータイト応答スペクトル
(エルセントロ 1940 NS, ζ = 0, 0.02, 0.05, 0.1, 0.2)

5.2　要求スペクトルと耐力スペクトル

1) 設計用加速度応答スペクトルと要求スペクトル

　各地震動はそれぞれ異なった応答スペクトルを持っているが，ある建設地に起こるであろう数多くの地震動の（通常，減衰定数 5% とした）加速度応答スペクトル S_a を平均し，理想化したものが耐震設計に用いられる．その一例が図 5.5 a の設計用加速度応答スペクトルである．

　一方，すでに示したように加速度・速度・変位の応答スペクトル S_a・S_v・S_d には (5.9) 式と (5.10) 式［200 頁］の関係がある（なお，$S_a \approx S_{pa}(\zeta, T)$, $S_v \approx S_{pv}(\zeta, T)$, $S_d \approx S_{pd}(\zeta, T)$ である）．この関係を用い，図 5.5 a のスペクトルを変換し，縦軸を S_a，横軸を S_d としたスペクトルとして図 5.5 b のように表すことができる（この図において，原点からの放射状の点線は周期 T が一定である）．この S_a–S_d の図は，この設計用スペクトルを持つ地震動に耐えるため，構造物に要求されるレベルを示

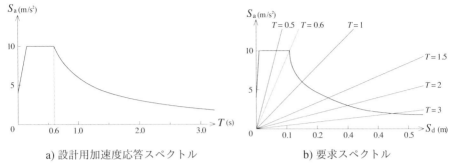

図 5.5　設計用加速度応答スペクトルと要求スペクトル

(a) 設計用加速度応答スペクトル　　(b) 要求スペクトル

しており要求スペクトル[†]と呼ばれる [23]。

2) 非線形静的解析と耐力スペクトル

図 2.14 [57 頁] に示すような非線形静的解析（増分解析，プッシュオーバ解析ともいわれる）を行うと各層のせん断力 Q_i と変形 δ_i の関係が図 5.6 a のように得られる。これを等価 1 自由度系 [図 2.16（59 頁）] の層せん断力－変形曲線に変換することができ，これを耐力スペクトルという[‡] [図 5.6 b]。

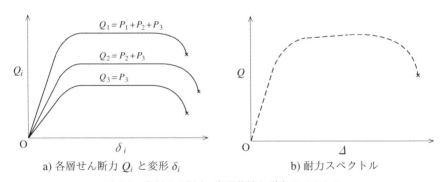

a) 各層せん断力 Q_i と変形 δ_i　　b) 耐力スペクトル

図 5.6　各層せん断力–変形曲線と耐力スペクトル

[†] 要求スペクトル（Demand Spectrum）（要求応答スペクトル，Demand Response Spectrum ともいう）は理想化した設計用スペクトルのみではなく，どのような（記録または模擬）地震動についても描くことができ，複数の異なる減衰定数について複数の要求スペクトルを描くことができる。これを ISO 3010 では要求曲線（Demand Curve）という [305 頁]。

[‡] 耐力スペクトル（Capacity Spectrum）は耐力スペクトル曲線（Capacity Spectrum Curve）ということもあり，ISO 3010 では性能曲線（Performance Curve）という [305 頁]。

3) 耐力スペクトル法

例えば，ある3棟の建築物を解析し，図 5.7 a に示すような a, b, c の耐力スペクトルが得られたとする．耐力スペクトルは要求スペクトルと同一の縦軸・横軸のグラフに描くことができるので，耐力スペクトル a, b, c は異なる地震動（あるいは異なる減衰定数）の要求スペクトル A, B と一緒に図 5.7 b のように重ねて描くことができる．耐力スペクトル（a, b, c）が要求スペクトル（A, B）を超えると，構造物はその地震に耐えることになり，それらの交点が構造物の最大応答である．耐力スペクトルが要求スペクトルを超えることができない場合は，その構造物はその地震動に耐えることができない．

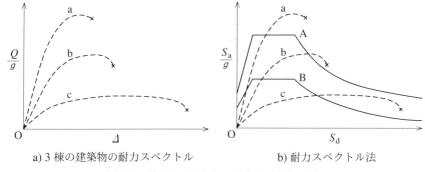

a) 3 棟の建築物の耐力スペクトル   b) 耐力スペクトル法

図 5.7　耐力スペクトルと耐力スペクトル法

よって，図 5.7 の耐力スペクトル a の建築物は要求スペクトル A, B の地震動に対して（ほぼ弾性範囲で）耐えることができる．耐力スペクトル b の建築物は要求スペクトル B の地震動に対して（弾性範囲で）耐えることができるが，要求スペクトル A の地震動に対しては（弾性域を超えるが）耐えることができる．耐力スペクトル c の建築物は要求スペクトル B の地震動に対して（弾性域を超えるが）耐えることができるが，要求スペクトル A の地震動には耐えることができない．

以上のように（建築物の耐震性能を示す）耐力スペクトルと（地震動による建築物の応答を示す）要求スペクトルを同一の図に示し，耐震性を判定する検証法は耐力スペクトル法[†]と呼ばれ，限界耐力計算［49 頁］にも取り入れられている手法である．

[†] Capacity Spectrum Method，"CSM" と略されることもある [23]．

5.3 地震荷重の分布と A_i 分布

1) 地震荷重を表すパラメータ

構造物へ作用する水平方向の地震荷重は，(1) 地震力をその層（部分）の重量で除した震度 k_i，(2) 地震層せん断力をその層（レベル）以上の重量で除した地震層せん断力係数 C_i，(3) 各層（部分）に作用する地震力 P_i，(4) 地震力のその層（レベル）までの和である地震層せん断力 Q_i のいずれでも表すことができる。そして，(1)〜(4) のいずれかが分かれば他の値を計算することができる。しかし，異なる耐震規定を比較する際には，これらの値を表すパラメータとして何を用いているかが重要である。特に，地震力の高さ方向の分布などを比較する場合には，建築物の層数も各層の重量 w_i も異なるので，どのようにすると容易かつ分かりやすく比較できるかが問題である。

このような場合に，地震力の分布を次式の基準化重量 α_i で表すと便利なことが分かる。

$$\alpha_i = \frac{\sum_{j=i}^{n} w_j}{\sum_{j=1}^{n} w_j} \tag{5.11}$$

ここで，n は全層数，i, j は層番号，w_j は j 層の重量である。

上式の基準化重量を用いると，(1) 震度 k_i，(2) 地震層せん断力係数 C_i，(3) 地震力 P_i，(4) 地震層せん断力 Q_i の関係を表 5.2 に示すように示すことができる [36]。このような関係が得られるのは，基準化重量を用いたからで，このことからも基準化重量が便利であることが分かる。

なお，(2.11) 式 [46 頁] ですでに示された基準化重量 α_i は，1981 年に施行された新耐震設計法で導入されたが，それ以前に日本建築学会の地震荷重第 2 案 [7] では無次元高さ ξ_i が用いられており，$\xi_i = 1 - \alpha_i$ の関係がある。ξ_i が α_i の基となったものであるが，ξ_i よりも α_i を用いると式などがより簡単になることが多い。

2) 均一せん断棒の簡単な解析

図 5.8 の均一せん断棒について，ある水平面を考え，作用しているせん断力を Q，水平断面積を A，せん断弾性係数を G とすると，せん断変形は dy/dx で表され

5.3 地震荷重の分布と A_i 分布

表 5.2 震度 k_i, 地震層せん断力係数 C_i, 地震力 P_i, 地震層せん断力 Q_i の関係

(1)	k_i	$= C_i + \alpha_i \dfrac{d}{d\alpha} C_i$	$= \dfrac{P_i}{W d\alpha_i}$	$= \dfrac{1}{W} \dfrac{d}{d\alpha} Q_i$
(2)	$\dfrac{1}{\alpha_i} \int_0^{\alpha_i} k_i d\alpha$	$= C_i$	$= \dfrac{1}{\alpha_i W} \int_0^{\alpha_i} \dfrac{P_i}{d\alpha_i} d\alpha$	$= \dfrac{Q_i}{\alpha_i W}$
(3)	$k_i W d\alpha_i$	$= (C_i + \alpha_i \dfrac{d}{d\alpha} C_i) W d\alpha_i$	$= P_i$	$= \dfrac{d}{d\alpha} Q_i d\alpha_i$
(4)	$W \int_0^{\alpha_i} k_i d\alpha$	$= \alpha_i C_i W$	$= \int_0^{\alpha_i} \dfrac{P_i}{d\alpha_i} d\alpha$	$= Q_i$

W は構造物の全重量である。

るので次式が得られる。

$$Q = AG \frac{dy}{dx} \tag{5.12}$$

上式を x で微分すると次式となる。

$$\frac{dQ}{dx} = AG \frac{d^2 y}{dx^2} \tag{5.13}$$

せん断力の増分 dQ は厚さ dx に作用する水平力 $P dx$ に等しいので，次式が得られる（負号は P と dQ の向きが逆になることを示している）。

$$dQ = -P dx \tag{5.14}$$

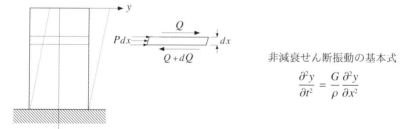

図 5.8 基部固定均一せん断棒

次に，せん断棒が水平方向に振動している場合を考える。(5.14) 式の水平力 P は慣性力として生じ，質量は $A\rho dx$，加速度は変位 y を時間 t で 2 回微分して計算

されるので次式が得られる（負号は加速度と慣性力の向きが逆になることを示している）．

$$P\,dx = -A\rho\,dx\frac{\partial^2 y}{\partial t^2} \tag{5.15}$$

上の 3 式を整理すると，非減衰せん断振動の基本式は次のようになる．（y は x と t の関数で，x で微分する場合と t で微分する場合を区別して考えるため，微分記号の d の代わりに偏微分記号 ∂ を用いる．）

$$\frac{\partial^2 y}{\partial t^2} = \frac{G}{\rho}\frac{\partial^2 y}{\partial x^2} \tag{5.16}$$

ここで，新しい記号 V_s を次式のように定義する[†]．

$$V_s = \sqrt{\frac{G}{\rho}} \tag{5.17}$$

上式を用いると，(5.16) 式は次のように表される．

$$\frac{\partial^2 y}{\partial t^2} = V_s^2\frac{\partial^2 y}{\partial x^2} \tag{5.18}$$

均一せん断棒が振動数 ω で自由振動をしている場合の解を求めるため，解が次式で表されると仮定する[‡]．

$$y(x,t) = \phi(x)\sin\omega t \tag{5.19}$$

上式を時間 t で 2 回偏微分すると次式が得られる．

$$\frac{\partial^2 y}{\partial t^2} = \phi(x)(-\omega^2\sin\omega t)$$

(5.19) 式を x で 2 回偏微分すると次式が得られる[§]．

$$\frac{\partial^2 y}{\partial x^2} = \frac{d^2\phi(x)}{dx^2}(\sin\omega t)$$

上の 2 式を (5.18) 式に代入すると次式となる．

$$\phi(x)(-\omega^2\sin\omega t) = V_s^2\frac{d^2\phi(x)}{dx^2}(\sin\omega t)$$

[†] (5.51) 式［222 頁］を参照すると分かるが，これはせん断波速度を表している．
[‡] この式は振動の形状 $\phi(x)$ は変化しないで，その振幅が振動数 ω で変化する調和振動をしていることを表している．
[§] $\phi(x)$ は x のみの関数であるから偏微分で表す必要がない．

5.3 地震荷重の分布と A_i 分布

時間とともに $\sin \omega t$ が変化しても，上式は常に成立しなければならないので，両辺を $\sin \omega t$ で除して整理すると次式が得られる。

$$\phi(x) = -\frac{V_s^2}{\omega^2}\frac{d^2\phi(x)}{dx^2} \tag{5.20}$$

上式の解は，$\phi(x)$ を 2 回微分したものに負号を付けると（係数が乗じられるが）再び $\phi(x)$ に戻るので，$\cos x$ や $\sin x$ が解になるのではないかということが容易に予想される。結局，C_1 と C_2 を定数として，解は次式となる[†]。

$$\phi(x) = C_1 \cos\frac{\omega}{V_s}x + C_2 \sin\frac{\omega}{V_s}x \tag{5.21}$$

境界条件として，自由端ではせん断力が 0 となるので，上式を微分し $x = 0$ で $d\phi(x)/dx = 0$ とすると次のようになる。

$$-C_1\frac{\omega}{V_s}\times 0 + C_2\frac{\omega}{V_s}\times 1 = 0$$

よって，$C_2 = 0$ となる。

次に，固定端では変位が 0 となるので，せん断棒の長さを H とし，$x = H$ で $\phi(x) = 0$ を代入すると次式となる。

$$C_1 \cos\frac{\omega}{V_s}H = 0$$

$j = 1, 2, 3, \cdots$ として次式は上式を満足する。

$$\frac{\omega}{V_s}H = \frac{(2j-1)\pi}{2} \tag{5.22}$$

よって，j 次の固有モード $\phi_j(x)$ は (5.21) 式に $C_2 = 0$ と上式を代入して次式のように得られる。

$$\phi_j(x) = C_1 \cos\frac{(2j-1)\pi}{2}\frac{x}{H} \tag{5.23}$$

j 次の固有振動数 ω_j は (5.22) 式より次のようになる。

$$\omega_j = \frac{(2j-1)\pi}{2}\frac{V_s}{H} \tag{5.24}$$

[†] この式を (5.20) 式に代入すると成立するので，解であることが容易に分かる。

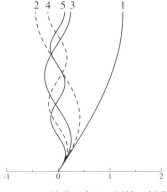

図 5.9 基礎固定せん断棒の刺激関数（図 1.15 再々掲）

j 次の刺激係数 β_j は (4.69) 式［176 頁］を参照し，次のようにして求まる．

$$\beta_j = \frac{\int_0^H \phi_j(x)dx}{\int_0^H \phi_j^2(x)dx} = \frac{\int_0^H C_1 \cos\frac{(2j-1)\pi}{2}\frac{x}{H}dx}{\int_0^H C_1^2 \cos^2\frac{(2j-1)\pi}{2}\frac{x}{H}dx}$$

$$= \frac{\left[\frac{2}{(2j-1)\pi}H\sin\frac{(2j-1)\pi}{2}\frac{x}{H}\right]_0^H}{C_1\int_0^H\{\frac{1}{2}\cos(2j-1)\pi\frac{x}{H}+\frac{1}{2}\}dx}$$

$$= \frac{\frac{(-1)^{j+1}2}{(2j-1)\pi}H}{C_1\left[\frac{1}{2}\frac{1}{(2j-1)\pi}H\sin(2j-1)\pi\frac{x}{H}+\frac{1}{2}x\right]_0^H} = \frac{\frac{(-1)^{j+1}2}{(2j-1)\pi}H}{C_1\frac{1}{2}H}$$

よって，

$$\beta_j = \frac{(-1)^{j+1}4}{C_1(2j-1)\pi} \tag{5.25}$$

$\beta_j \phi_j(x)$ は j 次の刺激関数［4.4 節，176 頁の 2)］と呼ばれ，次式となる．

$$\beta_j \phi_j(x) = \frac{(-1)^{j+1}4}{(2j-1)\pi}\cos\frac{(2j-1)\pi}{2}\frac{x}{H} \tag{5.26}$$

上式の刺激関数を示したのが図 5.9 である．

3) 均一せん断棒の解析による地震力の分布

建築物のような構造物の解析モデルとして連続体が用いられることがある [16]。ここでは，均一せん断棒の基部が固定されている片持式の構造体を解析した例を紹介する。

高さのレベル i における j 次振動モードの地震層せん断力 Q_{ij} は，頂部からそのレベルまでの水平力の和として次式のように与えられる。

$$Q_{ij} = \frac{S_{aj}}{g} W \int_0^{\alpha_i} \beta_j \phi_j(\alpha)\, d\alpha \tag{5.27}$$

ここで，S_{aj} は j 次固有周期の加速度応答値，W は構造体の全重量，$\beta_j \phi_j(\alpha)$ は j 次の刺激関数，α は基準化重量である。

基部固定均一せん断棒の場合，刺激関数 $\beta_j \phi_j(\alpha)$ は (5.26) 式の最後にある $\dfrac{x}{H}$ を α に置き換えると得られるので，これを (5.27) 式に代入すると次式となる。

$$\begin{aligned}
Q_{ij} &= \frac{S_{aj}}{g} W \int_0^{\alpha_i} \frac{(-1)^{j+1} 4}{(2j-1)\pi} \cos\frac{(2j-1)\pi}{2}\alpha\, d\alpha \\
&= \frac{(-1)^{j+1} 4 W S_{aj}/g}{(2j-1)\pi} \left[\frac{2}{(2j-1)\pi} \sin\frac{(2j-1)\pi}{2}\alpha \right]_0^{\alpha_i} \\
&= \frac{(-1)^{j+1} 8 W S_{aj}/g}{(2j-1)^2 \pi^2} \sin\frac{(2j-1)\pi}{2}\alpha_i
\end{aligned} \tag{5.28}$$

各次モードによる応答は同時には最大にならないと仮定して，SRSS 法 [4.4 節 3), 178 頁] によって応答の最大値を推定すると次式となる。

$$Q_i = 8 W \sqrt{\sum_{j=1}^{\infty} \frac{(S_{aj}/g)^2}{(2j-1)^4 \pi^4} \sin^2 \frac{(2j-1)\pi}{2}\alpha_i} \tag{5.29}$$

上式の値を計算するには，各次の加速度応答スペクトル値 S_{aj} を与える必要があり，次のように仮定する。

$$S_{aj} = S_{a1} \left(\frac{\omega_j}{\omega_1}\right)^k \tag{5.30}$$

ここで，ω_j は j 次モードの固有振動数である。

均一せん断棒の場合には (5.24) 式より，

$$\omega_j = (2j-1)\omega_1 \tag{5.31}$$

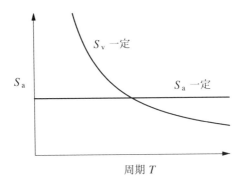

図 5.10　模式的な 2 つの応答スペクトル

であるから，(5.30) 式は次のようになる。

$$S_{aj} = (2j-1)^k S_{a1} \tag{5.32}$$

(5.32) 式を (5.29) 式に代入すると次式となる。

$$Q_i = \frac{8}{\pi^2} \frac{S_{a1}}{g} W \sqrt{\sum_{j=1}^{\infty} \frac{1}{(2j-1)^{4-2k}} \sin^2 \frac{(2j-1)\pi}{2} \alpha_i} \tag{5.33}$$

短周期または低層建築物の場合に相当すると考えられる加速度応答一定［図 5.10 の S_a 一定の直線］の場合には，(5.32) 式において $k=0$ とすると得られるので，(5.33) 式は次のようになる。

$$Q_i = \frac{8}{\pi^2} \frac{S_{a1}}{g} W \sqrt{\frac{3\pi^4 \alpha_i^2 - 2\pi^4 \alpha_i^3}{96}} = \sqrt{\frac{2}{3}} \frac{S_{a1}}{g} W \alpha_i \sqrt{3 - 2\alpha_i} \tag{5.34}$$

基部の固定端に作用する層せん断力（ベースシヤ）Q_B は，(5.34) 式に $\alpha_i = 1$ を代入して次のようになる。

$$Q_B = \sqrt{\frac{2}{3}} \frac{S_{a1}}{g} W \approx 0.816 \frac{S_{a1}}{g} W \tag{5.35}$$

上式より，加速度応答値が一定の場合，基部固定均一せん断棒のベースシヤは，それと同じ 1 次固有周期を持つ 1 自由度系の 0.816 倍であることが分かる。

5.3 地震荷重の分布と A_i 分布

ちょっと一言「無限級数の和」について

(5.33) 式から (5.34) 式や (5.41) 式を導く際には，数学の公式を用いるのが便利である．森口繁一他著「数学公式 II －級数・フーリエ解析－」（岩波全書）の第 2 章 数の無限級数の和 §13 Fourier 級数には次のような公式が示されている．

$$\sum_{n=1}^{\infty} \frac{\cos(2n-1)x}{(2n-1)^2} = \frac{\pi}{4}\left(\frac{\pi}{2} - |x|\right) = \begin{cases} \pi(\pi+2x)/8 & [-\pi \leqq x \leqq 0] \\ \pi(\pi-2x)/8 & [0 \leqq x \leqq \pi] \end{cases} \quad (5.36)$$

$$\sum_{n=1}^{\infty} \frac{\cos(2n-1)x}{(2n-1)^4} = \frac{\pi}{96}(\pi^3 - 6\pi x^2 + 4x^3) \qquad [0 \leqq x \leqq \pi] \quad (5.37)$$

$$\sum_{n=1}^{\infty} \frac{1}{(2nj-1)^2} = \frac{\pi^2}{8} \qquad \sum_{n=1}^{\infty} \frac{1}{(2n-1)^4} = \frac{\pi^4}{96} \quad (5.38)$$

(5.33) 式の根号の中は，$k = 0$ とし (5.37) 式と (5.38) 式の第 2 式を用いると次のようになる．

$$\sum_{j=1}^{\infty} \frac{1}{(2j-1)^4} \sin^2 \frac{(2j-1)\pi}{2}\alpha_i = \sum_{j=1}^{\infty} \frac{1}{(2j-1)^4} \frac{1 - \cos(2j-1)\pi\alpha_i}{2}$$

$$= \frac{1}{2}\sum_{j=1}^{\infty} \frac{1}{(2j-1)^4} - \frac{1}{2}\sum_{j=1}^{\infty} \frac{\cos(2j-1)\pi\alpha_i}{(2j-1)^4}$$

$$= \frac{1}{2}\frac{\pi^4}{96} - \frac{1}{2}\frac{\pi}{96}\{\pi^3 - 6\pi(\pi\alpha_i)^2 + 4(\pi\alpha_i)^3\} = \frac{3\pi^4 \alpha_i^2 - 2\pi^4 \alpha_i^3}{96} \quad (5.39)$$

上式の関係を用いると (5.33) 式から (5.34) 式が求まる．

同様にして，(5.33) 式の根号の中は，$k = 1$ とし (5.36) 式と (5.38) 式の第 1 式を用いると次のようになる．

$$\sum_{j=1}^{\infty} \frac{1}{(2j-1)^2} \sin^2 \frac{(2j-1)\pi}{2}\alpha_i = \sum_{j=1}^{\infty} \frac{1}{(2j-1)^2} \frac{1 - \cos(2j-1)\pi\alpha_i}{2}$$

$$= \frac{1}{2}\sum_{j=1}^{\infty} \frac{1}{(2j-1)^2} - \frac{1}{2}\sum_{j=1}^{\infty} \frac{\cos(2j-1)\pi\alpha_i}{(2j-1)^2}$$

$$= \frac{1}{2}\frac{\pi^2}{8} - \frac{1}{2}\frac{\pi(\pi - 2\pi\alpha_i)}{8} = \frac{\pi^2}{8}\alpha_i \quad (5.40)$$

上式の関係を用いると，(5.33) 式から (5.41) が求まる．

長周期または高層建築物の場合に相当すると考えられる，速度応答一定［図5.10の S_v 一定の曲線］の場合には(5.32)式において $k = 1$ となるので，(5.33)式は次のようになる．

$$Q_i = \frac{8}{\pi^2} \frac{S_{a1}}{g} W \sqrt{\frac{\pi^2}{8} \alpha_i} = \frac{2\sqrt{2}}{\pi} \frac{S_{a1}}{g} W \sqrt{\alpha_i} \tag{5.41}$$

よって，ベースシヤは次のようになる．

$$Q_B = \frac{2\sqrt{2}}{\pi} \frac{S_{a1}}{g} W \approx 0.900 \frac{S_{a1}}{g} W \tag{5.42}$$

上式より，速度応答値が一定の場合，基部固定均一せん断棒のベースシヤはその1次固有周期と同じ固有周期を持つ1自由度系の0.900倍になることが分かる．

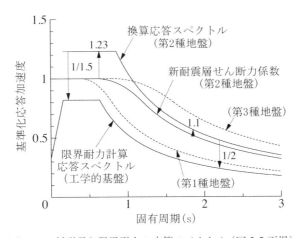

図5.11 新耐震と限界耐力の応答スペクトル（図2.5再掲）

図5.11に示されている，新耐震の層せん断力係数から換算応答スペクトルを求める際に用いた，固有周期が短い場合の1.23 (= 1/0.816) とした根拠が(5.35)式，固有周期が長い場合は1.1 (= 1/0.900) とした根拠が(5.42)式である．

(5.34)式をベースシヤで基準化した層せん断力 Q_i/Q_B，それを震度 k_i と地震層せん断力係数 C_i に換算したものが図5.12 a) である．この図から，加速度応答一定のスペクトルによる地震層せん断力係数と震度の分布は基部から頂部へほぼ直線的に増加しており，図5.12 b) の震度逆三角形分布に近似していることが分かる．また，この場合の地震層せん断力の分布は左に開いた放物線分布に近似している．同

5.3 地震荷重の分布と A_i 分布

様に (5.41) 式について Q_i/Q_B, k_i, C_i の分布を示しているのが図 5.12 c) である。この図から速度応答一定のスペクトルによる地震層せん断力係数と震度の分布は頂部で無限大となっている。しかし，地震層せん断力は頂部では無限とはならず 0 に収束し，地震層せん断力の分布は下に開いた放物線分布となる（この分布は $\sqrt{\alpha}$ に比例するので $\sqrt{\alpha}$ 分布と呼ぶことにする）。

なお，図 5.12 d) は震度一様分布の場合の Q_i/Q_B, k_i, C_i の分布を示しており，この場合には $k_i = C_i$ となる。

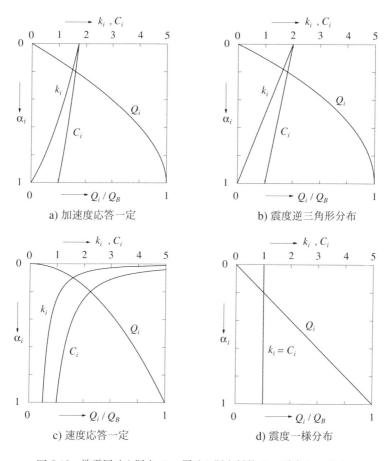

図 5.12 地震層せん断力 Q_i，層せん断力係数 C_i，震度 k_i の分布

4) 質点系の解析と地震力の分布

　実際の建築物を連続体のモデルで表すことには限界があり，質量や剛性の分布が一様ではない連続体を解析することが困難なため，建築物を質点系モデルで解析することも多い．ここでは，せん断，曲げ，せん断曲げのモデルについて，質量と剛性の分布を変化させた 5 自由度系（5 質点系）を解析し，適切な地震層せん断力分布を提案した著者の研究を紹介する [37]．

　地震層せん断力は図 5.13 に示す次の 4 つの分布を組み合わせたものとする．

a) 震度一様分布による地震層せん断力 Q_a
b) 震度逆三角形分布による地震層せん断力 Q_b
c) $\sqrt{\alpha}$ 分布による地震層せん断力 Q_c
d) 曲げモデルの高次モードによる地震層せん断力 Q_d

ここで，$\sqrt{\alpha}$ 分布とはホワイトノイズまたは速度応答一定スペクトルによるせん断型構造物の応答地震層せん断力の分布を示し，地震層せん断力の分布が $\sqrt{\alpha}$ に比例するのでこのように呼ぶことにする．これらの 4 つの地震層せん断力の組み合わせとして地震層せん断力を次式のように表す．

$$\frac{Q_i}{Q_B} = Q_a + k_1(Q_b - Q_a) + k_2(Q_c - Q_a) + k_3(Q_d - Q_a) \tag{5.43}$$

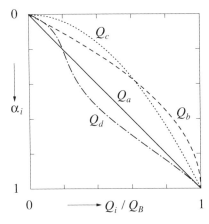

Q_a：震度一様分布による
　　　地震層せん断力
Q_b：震度逆三角形分布による
　　　地震層せん断力
Q_c：$\sqrt{\alpha}$ 分布による
　　　地震層せん断力
Q_d：曲げモデルの高次モードによる
　　　地震層せん断力

図 5.13　地震層せん断力の 4 つの分布

5.3 地震荷重の分布と A_i 分布

ここで，Q_B はベースシヤ，係数 k_1, k_2, k_3 は建築物と地震動の特性によって定まる係数である．

上式をベースシヤ係数 C_B で基準化した層せん断力係数で表すと次式となる．

$$\frac{C_i}{C_B} = 1 + k_1(1-\alpha_i) + k_2\left(\frac{1}{\sqrt{\alpha_i}} - 1\right) + k_3(0.2-\alpha_i)(1-\sqrt{\alpha_i})^2 \quad (5.44)$$

上式において，右辺の最初の3項は地震層せん断力の分布の a), b), c) から解析的に求まるが，最後の項は d) から経験的に導いたものである．なお，(5.44) 式の最後の項から計算される Q_d の値は非常に小さいため，$k_3 = 10$ として求まる Q_d の分布が図 5.13 に示してある．

種々のモデルの解析を行い k_1, k_2, k_3 の値を提案したことがある [37]．その説明は省略するが，ここでは (5.44) 式から曲げモデルの高次モードによる分布を表す最後の項†を取り除いた次式の方が受け入れられやすいと考え紹介する [38, 53]．

$$\frac{C_i}{C_B} = 1 + k_1(1-\alpha_i) + k_2\left(\frac{1}{\sqrt{\alpha_i}} - 1\right) \quad (5.45)$$

係数 k_1, k_2 は建築物の高さ（または層数）あるいは固有周期によって定まり，低層建築物の場合は $k_1 \approx 1, k_2 \approx 0$，高層建築物の場合は $k_1 \approx 0, k_2 \approx 1$，中層建築物の場合はこれらの中間の値となる．

ちなみに，(5.45) 式において $k_1 = k_2 = 2T/(1+3T)$ とすると，次式のように建築基準法のいわゆる A_i 分布となる [20]．

$$A_i = \frac{C_i}{C_B} = 1 + \left(\frac{1}{\sqrt{\alpha_i}} - \alpha_i\right)\frac{2T}{1+3T} \quad (5.46)$$

5) 低層建築物上の塔状建築物‡

A_i 分布は（各階の高さではなく）基準化重量 α_i をパラメータとしているため，高さ方向に不整形な建築物にも（ある程度）適用できるというメリットがある．さらに，(5.45) 式で k_1, k_2 を適切に選定すると，適用範囲が広がる．しかし，低層建築物上の高層建築物［図 5.14-1］を1つの建築物として A_i 分布を用いると次のような不都合が生じる．

---

† 曲げ変形が支配的となる煙突のような細長い構造物については，この項が支配的になるであろう．
‡ 本節は初版 [3] と基本的には同じであるが，拙著 [18] に準じ例題も含め変更した．

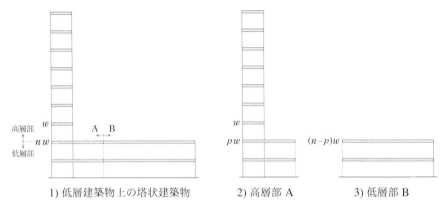

図 5.14　低層建築物上の塔状建築物を高層部 A と低層部 B に分割
(この図では高層部が低層部の左端に位置しているが，ここでは偏心を考えていない。)

a) 低層部が大きくなるにつれ，高層部の基準化重量 α_i が極端に小さくなり，その結果，高層部の地震層せん断力係数が極端に大きく計算される。
b) 高層部を含めた固有周期 T を用いて地震層せん断力を計算すると，振動特性係数 R_t が小さくなるため，低層部の地震層せん断力係数が（高層部のない場合よりも）小さくなる。

以上のようなことは新耐震導入当初から分かっていたので，低層部が極端に大きい場合は，低層部を切り離して，地震層せん断力を計算する方法が考えられた。その結果，低層部の平面が高層部の平面よりもおおむね 8 倍以下の場合は，一体の建築物とみなし，おおむね 8 倍を超える部分については，その部分が独立した建築物と考えて地震層せん断力を求めることにした [39]。平面の 8 倍という値は，詳細な検討に基づいた訳ではなく，塔屋の平面が建築物の平面の 1/8 以下の場合は，建築物の階数には含まれないという規定に準じた程度の暫定的な規定であった。しかし，必ずしも適切な値が求まるとは限らない暫定的な「タワー 8 倍則」が 2015 年に改訂された解説書 [22] に再び加えられた。

このため，低層建築物上の塔状建築物の地震力について検討したことがあるので，以前に発表した論文 [37] を日本の耐震規定による R_t, A_i などを用いることを前提として見直し，暫定的な「タワー 8 倍則」よりは適用範囲がかなり広くなる次の方法を提案する。

5.3 地震荷重の分布と A_i 分布

(提案) 低層建築物上の塔状建築物については,図 5.14 のように高層部 A と低層部 B に分割して以下のように地震層せん断力を求めてもよい.

低層建築物上の塔状建築物 [図 5.14-1] の高層部最下階の重量を w,低層部最上階の重量を nw とする.

(1) $n \leqq 2$ の場合,高層部と低層部を一体の建築物(通常の建築物)として計算する [これで終了].

(2) $n > 2$ の場合,低層部最上階の重量 pw までと高層部を一体として高層部 A [図 5.14-2],その他の部分を低層部 B [図 5.14-3] とする.高層部 A の(高さを用いた略算式による)固有周期から求まる**振動特性係数**を R_t,低層部 B の振動特性係数を 1 とする.

1) **ベースシヤ(係数)**:最下階の地震層せん断力は,$p = 10R_t$ として高層部 A の最下階の地震層せん断力 Q_A(その係数 C_A),低層部 B の最下階の地震層せん断力 Q_B(その係数 C_B)を求める [$p > n$ となる場合は分割不要で,この場合は $Q_B = C_B = 0$ とする].建築物全体の最下階の地震層せん断力は $Q_{AB} = Q_A + Q_B$(その係数 C_{AB})として求める.

2) **低層部各階の地震力**:低層部 B の基準化重量 α_i から求めた A_i と C_B を用い,低層部 B の各階の地震層せん断力を求める [分割不要の場合および低層部の階数が 1 の場合は,この計算は不要].

3) **高層部の A_i**:高層部 A について,$p = 1/R_t$($p < 2$ の場合は $p = 2$)とした場合の α_i を用い,A_i を求める.次に,$\gamma = C_{AB}/C_A$ を計算し,A_i を次のように補正する [分割不要の場合および $\gamma = 1$ の場合は補正不要].

   i) 低層部の階数が 1 の場合は,$\sqrt{\gamma}$ を最上階の A_i に乗ずる.

   ii) 低層部の階数が 2 以上の場合は,($\sqrt{\gamma}$ を最上階の A_i に乗ずる他に)最上階から数えて低層部の階数まで $\sqrt{\gamma}$ と 1 を直線補間した値を A_i に乗ずる.

4) **高層部各階の地震層せん断力**:高層部 A の各階地震層せん断力は,3) のように補正した A_i と C_A を用いて求める.

5) **建築物全体の各階地震層せん断力**:建築物全体としての各階の地震層せん断力は,高層部は高層部 A の地震層せん断力と同じで,低層部は高層部 A と低層部 B の地震層せん断力の和として求める [これで終了].

例題 「低層建築物上の塔状建築物の地震力」

図 5.14 において，15 階建（低層部 3 階），各階高 4m，重量は高層部各階 w，低層部各階 $n = 12$ の鉄骨造建築物について，$ZC_0 = 1.0$，第 2 種地盤 $T_c = 0.6\,(\text{s})$ の地震層せん断力 Q_i と地震層せん断力係数 C_i を求める。

「解」計算は表 5.3 のように行う。上の表の右 2 列が最終結果，下の表は高層部の A_i を求める部分，右下の部分は表の計算に用いる p, γ などの諸値を計算している部分である。図 5.15 に，この結果と表 5.4 の「タワー 8 倍則」の結果を示す。

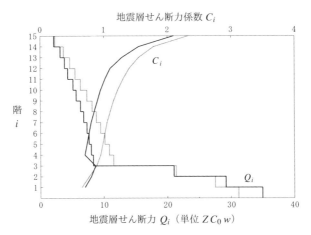

図 5.15　（例題）低層建築物上の塔状建築物の Q_i と C_i
（点線は解説書 [22] の「タワー 8 倍則」による）

　特殊な形状の建築物については，動的解析を行い設計用地震力を求めるのがよいであろうが，低層建築物上の塔状建築物について，動的解析を行わずに各階の地震層せん断力を求める方法を以上のように提案する。この提案では，最下層の地震層せん断力は比較的容易に求まるが，その高さ方向の分布（A_i）の計算は若干複雑である。この理由は，低層建築物上の塔状建築物に対する地震力の分布は通常の建築物とは大きく異なるからである。このため，高層部 A と低層部 B に分けて（図 5.14）最初に最下階の地震層せん断力（その係数）を求め，各階の地震層せん断力は（高層部 A を異なる割合で分けて）A_i 分布を用いて求め，さらに最上階が（低層部があることにより）大きく振動する現象を考慮するために，最上階（低層部の階数に等しい階数まで）の A_i を割増する方法となっている。

5.3 地震荷重の分布と A_i 分布

表 5.3 （例題）低層建築物上の塔状建築物（単位：重量 w，層せん断力 ZC_0w）

階	高層部 A			低層部 B					全体	
i	w_i	$\sum w_i$	Q_{Ai}	w_i	$\sum w_i$	α_i	A_i	Q_{Bi}	Q_i	C_i
15	1.00	1.00	2.09						2.09	2.090
14	1.00	2.00	3.11						3.11	1.557
13	1.00	3.00	3.86						3.86	1.286
12	1.00	4.00	4.41						4.41	1.103
11	1.00	5.00	5.10						5.10	1.019
10	1.00	6.00	5.72						5.72	0.953
9	1.00	7.00	6.28						6.28	0.898
8	1.00	8.00	6.80						6.80	0.850
7	1.00	9.00	7.27						7.27	0.808
6	1.00	10.00	7.69						7.69	0.769
5	1.00	11.00	8.07						8.07	0.734
4	1.00	12.00	8.41						8.41	0.701
3	5.33	17.33	11.10	6.67	6.67	0.333	1.48	9.89	20.99	0.875
2	5.33	22.67	13.26	6.67	13.33	0.667	1.19	15.91	29.17	0.810
1	5.33	28.00	14.93	6.67	20.00	1.000	1.00	20.00	34.93	0.728

	高層部 A の A_i				
i	w_i	$\sum w_i$	α_i	A_i	補正 A_i
15	1.00	1.00	0.056	3.36	3.92
14	1.00	2.00	0.111	2.63	2.92
13	1.00	3.00	0.167	2.28	2.41
12	1.00	4.00	0.222	2.07	同左
11	1.00	5.00	0.278	1.91	同左
10	1.00	6.00	0.333	1.79	同左
9	1.00	7.00	0.389	1.68	同左
8	1.00	8.00	0.444	1.59	同左
7	1.00	9.00	0.500	1.51	同左
6	1.00	10.00	0.556	1.44	同左
5	1.00	11.00	0.611	1.38	同左
4	1.00	12.00	0.667	1.31	同左
3	2.00	14.00	0.778	1.20	同左
2	2.00	16.00	0.889	1.10	同左
1	2.00	18.00	1.000	1.00	同左

層せん断力係数
高層部 A：（高さ 60 m）固有周期 $T_A = 1.8$(s)，
$R_t = 1.6T_c/T = 1.6 \times 0.6/1.8 = 0.533$，$C_A = 0.533$，
低層部 B：（高さ 12 m）固有周期 $T_B = 0.36$(s)，$C_B = 1.0$

高層と低層の分割
$p = 10R_t = 5.33$（A_i を計算する場合，$1/R_t = 1.875$ なので $p = 2.0$）

層せん断力と全体の層せん断力係数
高層部 A：$Q_A = 28.00 \times 0.533 = 14.93$
低層部 B：$Q_B = 20.00 \times 1.0 = 20.00$
全体：$Q_{AB} = 14.93 + 20.0 = 34.93$，$C_{AB} = 34.93/(28.00 + 20.00) = 0.728$

層せん断力係数の補正
$\gamma = C_{AB}/C_A = 0.728/0.533 = 1.36$，
A_i の補正係数：15 階 $\sqrt{\gamma} = \sqrt{1.36} = 1.168$，
（直線補間により）14 階 1.112，13 階 1.056

なお，米国の ASCE 7[40] には剛な下部に柔な上部の構造物には（ある条件の下で）上下に分離して地震荷重を求める「2 段階解析法」[347 頁] が加わったが，ここでの提案の方が適用範囲はより広いと思われる．

表5.4 （例題）「タワー8倍則」による低層建築物上の塔状建築物
（単位：重量 w，層せん断力 ZC_0w）

階	高層部 A				低層部 B				全体	
i	w_i	α_i	A_i	Q_{Ai}	w_i	α_i	A_i	Q_{Bi}	Q_i	C_i
15	1.00	0.028	4.36	2.33					2.33	2.325
14	1.00	0.056	3.36	3.58					3.58	1.789
13	1.00	0.083	2.90	4.64					4.64	1.548
12	1.00	0.111	2.63	5.60					5.60	1.400
11	1.00	0.139	2.43	6.48					6.48	1.297
10	1.00	0.167	2.28	7.31					7.31	1.218
9	1.00	0.194	2.17	8.09					8.09	1.155
8	1.00	0.222	2.07	8.83					8.83	1.103
7	1.00	0.250	1.98	9.53					9.53	1.058
6	1.00	0.278	1.91	10.19					10.19	1.019
5	1.00	0.306	1.85	10.83					10.83	0.984
4	1.00	0.333	1.79	11.44					11.44	0.953
3	8.00	0.556	1.44	15.38	4.00	0.333	1.48	5.94	21.32	0.888
2	8.00	0.778	1.20	17.93	4.00	0.667	1.19	9.55	27.47	0.763
1	8.00	1.000	1.00	19.20	4.00	1.000	1.00	12.00	31.20	0.650

5.4 地盤振動の初歩

1) せん断波速度

地震動がせん断波として地盤を伝わっていく場合を考えてみる [41]．地盤を一様なせん断棒として，図 5.16 a) のように下端に力 P が加わったとする．最終的には図 5.16 d) のようにせん断変形が一様に生じるが，そこに至る途中の状態を考えてみる．

時刻 t では図 5.16 b) のように長さ l の位置までせん断変形が生じていて，その Δt 時間後の時刻 $t + \Delta t$ にせん断変形の生じている長さが図 5.16 c) のように $l + \Delta l$ になったとする．

一般に，せん断応力度 τ，せん断剛性 G，せん断変形 γ には次の関係がある．

$$\tau = G\gamma$$

5.4 地盤振動の初歩

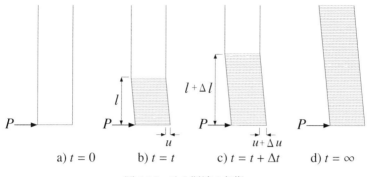

図 5.16 せん断波の伝搬

上式に図 5.16 の b) と c) の場合を当てはめると次式のようになる。

$$\tau = G\frac{u}{l} = G\frac{u + \Delta u}{l + \Delta l} \tag{5.47}$$

よって，次式を得る。

$$\tau = G\frac{\Delta u}{\Delta l} \tag{5.48}$$

一方，$\Delta l/\Delta t$ はせん断歪みが拡大していく速さ，すなわちせん断波速度 V_s を表し，$\Delta u/\Delta t$ は地盤の粒子が水平方向に移動（振動）する速さ，すなわち粒子速度 $\dot{u}$ を表しているので次式が得られる[†]。

$$V_s = \frac{\Delta l}{\Delta t} \qquad \dot{u} = \frac{\Delta u}{\Delta t}$$

上式の関係を用いると (5.48) 式は次のようになる。

$$\tau = G\frac{\dot{u}}{V_s} \tag{5.49}$$

次に，図 5.16 の b)，c) 間に作用した力積と運動量を考えてみる。力積は（力×時間）で与えられるので次式を得る。

$$P\Delta t = \tau A \Delta t$$

ここで，τ はせん断応力度，A はせん断棒（地盤）の水平断面積である。

[†] 英語では，せん断波速度を shear wave velocity，粒子速度を particle velocity という。

せん断歪みをしている部分の粒子速度 $\dot{u}$ は一定と仮定すると，運動量は（質量×速度）で与えられるので，時刻 t と時刻 $t + \Delta t$ における運動量は次のようになる。

$$\text{時刻 } t \text{ における運動量：} \quad \rho A l \dot{u}$$
$$\text{時刻 } t + \Delta t \text{ における運動量：} \quad \rho A (l + \Delta l) \dot{u}$$

ここで，ρ は地盤の密度である。

上の 2 式の運動量の差はその Δt 間の力積に等しいので，次式が与えられる。

$$\rho A (l + \Delta l) \dot{u} - \rho A l \dot{u} = \tau A \Delta t$$

すなわち，次式となる。

$$\rho \Delta l \dot{u} = \tau \Delta t$$

$$\tau = \rho \frac{\Delta l}{\Delta t} \dot{u} = \rho V_s \dot{u} \tag{5.50}$$

よって，(5.49) 式と (5.50) 式から次式が得られる。

$$G \frac{\dot{u}}{V_s} = \rho V_s \dot{u}$$

上式を変形すると (5.17) 式 [206 頁] で定義した V_s が，次のように得られる。

$$V_s = \sqrt{\frac{G}{\rho}} \tag{5.51}$$

これが地盤のせん断剛性 G と密度 ρ によって定まるせん断波速度 V_s を表す式である。

2) 成層地盤の振動

(地盤の運動方程式)

非減衰せん断振動の基本式は (5.16) 式 [206 頁] から次のように与えられる。

$$\rho \frac{\partial^2 y}{\partial t^2} = G \frac{\partial^2 y}{\partial x^2}$$

右辺を移項すると次式となる。

$$\rho \frac{\partial^2 y}{\partial t^2} - G \frac{\partial^2 y}{\partial x^2} = 0 \tag{5.52}$$

5.4 地盤振動の初歩

上式に減衰を考慮すると，減衰を考慮した地盤の運動方程式（波動方程式）が次のように得られる。

$$\rho \frac{\partial^2 y(x,t)}{\partial t^2} - \eta \frac{\partial^3 y(x,t)}{\partial t \partial x^2} - G \frac{\partial^2 y(x,t)}{\partial x^2} = 0 \tag{5.53}$$

ここで，η は地盤の粘性係数である。

> **解説「波動方程式と運動方程式」**
>
> (5.53) 式の波動方程式と (3.7) 式 [123 頁] で与えられている次の 1 自由度系の自由振動の運動方程式を比べてみよう。
>
> $$m\ddot{x}(t) + c\dot{x}(t) + kx(t) = 0 \tag{5.54}$$
>
> 　地盤は水平方向に無限に広がっていると仮定し，その中の単位面積を有する（せん断変形のみが生じる）鉛直方向のせん断棒について考えると，一般的な地盤の運動方程式が得られる。すなわち，(5.53) 式の第 1 項は，質量密度 ρ に変位を時間で 2 回偏微分して得られる加速度を乗じて求められる，単位体積に作用する慣性力を表しており，(5.54) 式の第 1 項は，質量 m に加速度 $\ddot{x}(t)$ を乗じて求められる慣性力を表しているので（記号と作用している部分は異なるが），両方とも慣性力を表している。
>
> 　(5.53) 式の第 3 項は，せん断剛性 G に水平変位を深さ方向の変数 x で 2 回偏微分して得られるせん断変形の変化を乗じているので，微少な単位体積部分の上面と下面のせん断力の差，すなわち復元力を表している。(5.54) 式の第 3 項は，剛性 k に相対変位 $x(t)$ を乗じた復元力を表しているので（記号と作用している部分は異なるが），意味していることは同じである。
>
> 　なお，(5.53) 式の左辺の負号はせん断力の方向によって決まったもので，ある面に作用しているせん断力が ↑↓ または ⇄ の場合を正方向と決めたからである。すなわち，図 5.8 [205 頁] においてせん断力が正方向に作用している場合，せん断力の増分 ΔQ が y 軸の負方向に向いているからである。
>
> 　(5.54) 式の第 2 項は減衰力を表しており，これと同様な減衰力を地盤について考えると，地盤のせん断変形の変化 $\frac{\partial^2 y(x,t)}{\partial x^2}$ の時間的な変化 $\frac{\partial^3 y(x,t)}{\partial t \partial x^2}$ に（減衰係数 c

に相当する）地盤の粘性係数 η を乗じると，地盤の減衰力が次のように求まる。

$$-\eta \frac{\partial^3 y(x,t)}{\partial t \, \partial x^2}$$

よって，(5.52) 式に上式の減衰力を加えると，減衰を考慮した地盤の運動方程式（波動方程式）が次のように得られる。

$$\rho \frac{\partial^2 y(x,t)}{\partial t^2} - \eta \frac{\partial^3 y(x,t)}{\partial t \, \partial x^2} - G \frac{\partial^2 y(x,t)}{\partial x^2} = 0$$

これが，(5.53) 式の波動方程式である。

なお，(5.18) 式［206 頁］では水平変位を単に y で表したが，y が深さ x と時間 t の関数であることを明確にするため，これ以降では y の代わりに $y(x,t)$ と表示する。

(5.53) 式を ρ で除すと次式となる。

$$\frac{\partial^2 y(x,t)}{\partial t^2} - \frac{\eta}{\rho} \frac{\partial^3 y(x,t)}{\partial t \, \partial x^2} - \frac{G}{\rho} \frac{\partial^2 y(x,t)}{\partial x^2} = 0 \tag{5.55}$$

（地盤の調和振動）

地盤が振動数 ω で調和振動するとして，その変位 $y(x,t)$ を次のように表す[†]。

$$y(x,t) = u(x) e^{i\omega t} \tag{5.56}$$

上の (5.56) 式を時間 t で 2 回偏微分すると次式が得られる。

$$\frac{\partial^2 y(x,t)}{\partial t^2} = -\omega^2 u(x) e^{i\omega t}$$

(5.56) 式を深さ x で 2 回偏微分すると次式が得られる。

$$\frac{\partial^2 y(x,t)}{\partial x^2} = \frac{d^2 u(x)}{dx^2} e^{i\omega t}$$

(5.56) 式を時間 t で偏微分し，さらに深さ x で 2 回偏微分すると次式が得られる。

$$\frac{\partial^3 y(x,t)}{\partial t \, \partial x^2} = i\omega \frac{d^2 u(x)}{dx^2} e^{i\omega t}$$

[†] この式は振動の形状 $u(x)$ は変化しないで，その振幅が振動数 ω で変化する調和振動をしていることを表している。

5.4 地盤振動の初歩

（なお，$u(x)$ は x のみの関数であるので，偏微分記号を用いる必要はない。）

上の 3 式の関係を (5.55) 式に代入すると次のようになる。

$$-\left[\omega^2 u(x) + \frac{G + i\eta\omega}{\rho}\frac{d^2 u(x)}{dx^2}\right]e^{i\omega t} = 0$$

$$\omega^2 u(x) + \frac{G + i\eta\omega}{\rho}\frac{d^2 u(x)}{dx^2} = 0 \tag{5.57}$$

ここで，次式で表される複素せん断剛性 G^* を導入する[†]。

$$G^* = G + i\eta\omega = (1 + i\frac{\eta\omega}{G})G \tag{5.58}$$

地盤の減衰定数 ζ を用いると複素せん断剛性は次のように表すことができる[‡]。

$$G^* = (1 + 2i\zeta)G \tag{5.59}$$

(5.58) 式を (5.57) 式に代入すると次のようになる。

$$\omega^2 u(x) + \frac{G^*}{\rho}\frac{d^2 u(x)}{dx^2} = 0 \tag{5.60}$$

さらに，

$$\frac{\rho\omega^2}{G^*} = p^2 \quad \text{すなわち} \quad p = \omega\sqrt{\frac{\rho}{G^*}} \tag{5.61}$$

と表すと，(5.60) 式は次のようになる。

$$\frac{d^2 u(x)}{dx^2} + p^2 u(x) = 0 \tag{5.62}$$

$u(x)$ に e^{ipx} または e^{-ipx} を代入すると上式が成立することは容易に分かるので，A, B を任意の定数として上式の解を次のように表す。

$$u(x) = A e^{ipx} + B e^{-ipx} \tag{5.63}$$

[†] 剛性を複素数と考えるといろいろと便利なことがある。例えば，非減衰の運動方程式を解析することは比較的容易であるが，それと同様な解析を行うことによって，応答の振幅や位相差などへの減衰による影響が自動的に考慮される。

[‡] (6.77) 式 [259 頁] によると $\zeta = \frac{1}{2}\frac{c\omega}{k}$ なので，c の代わりに η，k の代わりに G を代入すると，η と ζ の関係が得られ，それを (5.58) 式に代入すると (5.59) 式が得られる。

よって，(5.56) 式は次のように表すことができる。

$$y(x,t) = (A e^{ipx} + B e^{-ipx}) e^{i\omega t} \tag{5.64}$$
$$= A e^{i(\omega t + px)} + B e^{i(\omega t - px)} \tag{5.65}$$

(5.64) 式の変位 $y(x,t)$ を深さの x で微分するとせん断歪み $\gamma(x,t)$ が次のように得られる。

$$\gamma(x,t) = i p (A e^{ipx} - B e^{-ipx}) e^{i\omega t} \tag{5.66}$$

上式と $\tau = G^* \gamma$ の関係を用いると，せん断応力度 $\tau(x,t)$ は次のように得られる。

$$\tau(x,t) = i G^* p (A e^{ipx} - B e^{-ipx}) e^{i\omega t} \tag{5.67}$$

(上昇波と下降波)

次式は (5.65) 式の右辺の最後の項を表している。

$$y_d(t,x) = B e^{i(\omega t - px)} \tag{5.68}$$

上式は，時刻 t における深さ x の変位を表している。時間 Δt 後の時刻 $(t + \Delta t)$ における深さ $(x + \Delta x)$ の変位 $y_d(t + \Delta t, x + \Delta x)$ の値を考えてみると次のようになる。

$$y_d(t + \Delta t, x + \Delta x) = B e^{i\{\omega(t+\Delta t) - p(x+\Delta x)\}} = B e^{i\{(\omega t - px) + (\omega \Delta t - p \Delta x)\}} \tag{5.69}$$

ここで，次に示す (5.51) 式と (5.61) 式を比べてみよう。

$$V_s = \sqrt{\frac{G}{\rho}} \qquad p = \omega \sqrt{\frac{\rho}{G^*}}$$

もし，減衰が 0 ならば $G^* = G$ となるので，次式が得られる。

$$p = \frac{\omega}{V_s}$$

上式の関係を用いると，(5.69) 式の指数部分の最後の項は次のようになる。

$$\omega \Delta t - p \Delta x = \omega \Delta t - \frac{\omega}{V_s} \Delta x$$

ここで，$V_s = \dfrac{\Delta x}{\Delta t}$ ならば，上式は 0 となるので，(5.69) 式は次式となる。

$$y_d(t + \Delta t, x + \Delta x) = y_d(t, x) \tag{5.70}$$

5.4 地盤振動の初歩

上式は，ある位置の変位 $y_d(t,x)$ が，時間 Δt 後に Δx 離れた位置で再現されていることを示している。よって，$y_d(t,x)$ は速度 V_s で（x 軸の向きである）下方に移動していく波動，すなわち (5.65) 式右辺の第 2 項は下降波を表している。同様な解析によって，(5.65) 式右辺の第 1 項は速度 V_s で上方に移動していく波動，すなわち上昇波を表していることが分かる。

以上のように，減衰が 0 の場合は，上昇波も下降波も速度 V_s で振幅も変化しないで伝達されることになる。減衰が小さい範囲では，ほぼ同様に伝達されるが，減衰が大きくなるにつれ，振幅も徐々に小さくなり，また位相も変化していくことになる。

（多層地盤の調和振動）

成層地盤の場合，(5.64) 式はどの層でも成立するので，i 層について次式が得られる。

$$y_i(x_i, t) = (A_i e^{i p_i x_i} + B_i e^{-i p_i x_i}) e^{i \omega t} \tag{5.71}$$

せん断応力度については (5.67) 式より次式が得られる。

$$\tau_i(x, t) = i G_i^* p_i (A_i e^{i p_i x_i} - B_i e^{-i p_i x_i}) e^{i \omega t} \tag{5.72}$$

ここで，図 5.17 a) に示す 2 層地盤について考えてみる。地表面，すなわち $x_1 = 0$ ではせん断力が 0 となるので，次式が得られる。

$$\tau_1(0, t) = i G_1^* p_1 (A_1 - B_1) e^{i \omega t} = 0 \tag{5.73}$$

よって，次の関係が満足されなければならない。

$$A_1 = B_1 = 1 \tag{5.74}$$

ここで，最後の等号は，A_1, B_1 の大きさそのものにはあまり意味がなく，（次に出てくる A_2, B_2 を含め）それらの比に意味があるので，これ以降の式の誘導を簡単にするため，1 と仮定したためである。

次に，深さ H_1 における第 1 層と第 2 層の変位を考えると，（第 1 層では深さ H_1，

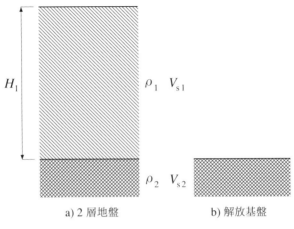

a) 2層地盤　　　　　　b) 解放基盤

図 5.17　地盤のモデル化

第 2 層では深さ 0 なので）次のようになる．

$$y_1(H_1, t) = (e^{ip_1H_1} + e^{-ip_1H_1})e^{i\omega t} \tag{5.75}$$

$$y_2(0, t) = (A_2 + B_2)e^{i\omega t} \tag{5.76}$$

さらに，深さ H_1 における第 1 層と第 2 層のせん断応力度を考えると，次のようになる．

$$\tau_1(H_1, t) = iG_1^* p_1 (e^{ip_1H_1} - e^{-ip_1H_1})e^{i\omega t} \tag{5.77}$$

$$\tau_2(0, t) = iG_2^* p_2 (A_2 - B_2)e^{i\omega t} \tag{5.78}$$

深さ H_1 の境界面では，変位もせん断力も釣り合っていなければならないので，(5.75) 式と (5.76) 式，(5.77) 式と (5.78) 式を等しいとおいて次の 2 式が得られる．

$$A_2 + B_2 = e^{ip_1H_1} + e^{-ip_1H_1} \tag{5.79}$$

$$A_2 - B_2 = \frac{G_1^* p_1}{G_2^* p_2}(e^{ip_1H_1} - e^{-ip_1H_1}) \tag{5.80}$$

上式右辺の分数で表されている部分を R_1 で表し，(5.61) 式より $p = \omega\sqrt{\rho/G^*}$ の関係を用いると，次式のようになる．

$$R_1 = \frac{G_1^* p_1}{G_2^* p_2} = \frac{G_1^* \omega \sqrt{\rho_1/G_1^*}}{G_2^* \omega \sqrt{\rho_2/G_2^*}} = \sqrt{\frac{\rho_1 G_1^*}{\rho_2 G_2^*}} = \sqrt{\frac{\rho_1 G_1(1+2i\zeta_1)}{\rho_2 G_2(1+2i\zeta_2)}} \tag{5.81}$$

5.4 地盤振動の初歩

上式の R_1 は複素波動インピーダンス比[†]と呼ばれるものである。

上式の R_1 を用いて (5.79) 式と (5.80) 式より A_2, B_2 を求めると次のようになる。

$$A_2 = \frac{1}{2}[(1+R_1)e^{ip_1H_1} + (1-R_1)e^{-ip_1H_1}] \tag{5.82}$$

$$B_2 = \frac{1}{2}[(1-R_1)e^{ip_1H_1} + (1+R_1)e^{-ip_1H_1}] \tag{5.83}$$

多層地盤についても同様に,境界面での変位とせん断力の釣り合いを考えると,次式が得られる。

$$A_{i+1} = \frac{1}{2}[(1+R_i)e^{ip_iH_i} + (1-R_i)e^{-ip_iH_i}] \tag{5.84}$$

$$B_{i+1} = \frac{1}{2}[(1-R_i)e^{ip_iH_i} + (1+R_i)e^{-ip_iH_i}] \tag{5.85}$$

(表層地盤の増幅率)

(5.71) 式を時間で 2 回偏微分すると加速度が次のように求まる。

$$\ddot{y}_i(x_i,t) = \frac{\partial^2 y_i(x_i,t)}{\partial t^2} = -\omega^2(A_i e^{ip_ix_i} + B_i e^{-ip_ix_i})e^{i\omega t} \tag{5.86}$$

上式より地表面と工学的基盤面の加速度は次のように求まる。

$$\ddot{y}_1(0,t) = \frac{\partial^2 y_1(0,t)}{\partial t^2} = -\omega^2(A_1 + B_1)e^{i\omega t} \tag{5.87}$$

$$\ddot{y}_2(0,t) = \frac{\partial^2 y_2(0,t)}{\partial t^2} = -\omega^2(A_2 + B_2)e^{i\omega t} \tag{5.88}$$

上の 2 式の比が表層地盤の加速度の増幅率 $G(\omega)$ で,(5.74) 式より $A_1 = B_1 = 1$ で,(5.82) 式と (5.83) 式の A_2 と B_2 を代入すると,$G(\omega)$ は次のようになる。

$$G(\omega) = \left|\frac{\ddot{y}_1(0,t)}{\ddot{y}_2(0,t)}\right| = \left|\frac{A_1+B_1}{A_2+B_2}\right| = \left|\frac{2}{e^{ip_1H_1}+e^{-ip_1H_1}}\right| \tag{5.89}$$

124 頁で説明したオイラーの公式 $e^{\pm ip_1H_1} = \cos p_1H_1 \pm i\sin p_1H_1$ を用いると,上式は次のように表される。

$$G(\omega) = \left|\frac{1}{\cos(p_1H_1)}\right| \tag{5.90}$$

[†] (2.95) 式 [85 頁] や (2.99) 式 [87 頁] の波動インピーダンス比には減衰が考慮されていないが,複素波動インピーダンス比では複素剛性を用いることによって減衰が考慮されている。

ここで，次のようにして (5.90) 式を計算する．

> **ちょっと一言「複素変数の三角関数・双曲線関数」について**
>
> 双曲線関数や複素変数の三角関数・双曲線関数を実務で用いることはほとんどないかもしれないので，森口繁一他著「数学公式 II －級数・フーリエ解析－」（岩波全書）を参照しよう．
>
> 第4章 複素変数の三角函数，双曲線函数には次の公式が示されている．
>
> $$\sin(x \pm iy) = \sin x \cosh y \pm i \cos x \sinh y \qquad (5.91)$$
>
> $$\cos(x \pm iy) = \cos x \cosh y \mp i \sin x \sinh y \qquad (5.92)$$
>
> 第3章 双曲線函数には次の公式が示されている．
>
> $$\sinh x = \frac{e^x - e^{-x}}{2} \approx x + \frac{x^3}{6} \qquad (5.93)$$
>
> $$\cosh x = \frac{e^x + e^{-x}}{2} \approx 1 + \frac{x^2}{2} \qquad (5.94)$$

(5.61) 式に (5.59) 式と (5.51) 式を代入すると次の関係が得られる．

$$p = \omega \sqrt{\frac{\rho}{G^*}} = \omega \sqrt{\frac{\rho}{G(1+2i\zeta)}} = \omega \sqrt{\frac{\rho}{G}} \frac{1}{\sqrt{1+2i\zeta}} = \frac{\omega}{V_s} \frac{1}{\sqrt{1+2i\zeta}}$$

上式の関係を用い，$p_1 H_1$ を次のように表す[†]．

$$p_1 H_1 = \frac{\omega H_1}{V_{s1}} \frac{1}{\sqrt{1+2i\zeta_1}} \approx \frac{\omega H_1}{V_{s1}}(1 - i\zeta_1) = \frac{\omega H_1}{V_{s1}} - i\frac{\omega H_1}{V_{s1}}\zeta_1 = \lambda - i\chi \qquad (5.95)$$

上式において，近似は $\zeta \ll 1$ と仮定して得られ，最後の等号から λ と χ が次のように表される．

$$\lambda = \frac{\omega H_1}{V_{s1}} \qquad \chi = \frac{\omega H_1}{V_{s1}}\zeta \qquad (5.96)$$

$\cos(p_1 H_1)$ は上式と (5.92) 式を用いて次のようになる．

$$\cos(p_1 H_1) = \cos(\lambda - i\chi) = \cos\lambda \cosh\chi + i \sin\lambda \sinh\chi \approx \cos\lambda + i\chi \sin\lambda \qquad (5.97)$$

[†] Taylor 展開より $f(a+h) = f(a) + \frac{h}{1!}f'(a) + \cdots$ なので，$1/\sqrt{1+2i\zeta} = (1+2i\zeta)^{-1/2} = 1 - i\zeta + \cdots$ となる．

5.4 地盤振動の初歩

上式の最後の近似には，$\zeta \ll 1$ すなわち $\chi \ll 1$ として (5.93), (5.94) 式から得られる次式の関係を用いている．

$$\cosh\chi = 1 \qquad \sinh\chi = \chi \tag{5.98}$$

よって，(5.90) 式は次式のようになる．

$$G(\omega) = \frac{1}{\sqrt{\cos^2\lambda + \chi^2 \sin^2\lambda}} \tag{5.99}$$

一方，(5.24) 式［207 頁］より j 次の固有振動数 ω_j は次のように得られている．

$$\omega_j = \frac{(2j-1)\pi}{2}\frac{V_s}{H} \tag{5.100}$$

よって，固有振動数 ω_j では次の関係が得られる．

$$\lambda = \frac{(2j-1)\pi}{2} \qquad \cos\lambda = 0 \qquad \sin\lambda = 1 \tag{5.101}$$

$$\chi = \frac{(2j-1)\pi}{2}\zeta \tag{5.102}$$

結局，(5.99) 式に上式の関係を代入すると，j 次の固有振動数 ω_j における増幅率 G_j が次式のように求まる．

$$G_j = \frac{2}{(2j-1)\pi}\frac{1}{\zeta_j} \tag{5.103}$$

なお，上式は図 5.17 a) のように基盤（下層を基盤と考える）の上に表層地盤がある場合の，基盤面に対する地表面の増幅率を表している．

（解放基盤面に対する地表面の増幅率）

次に，図 5.17 b) に示す表層地盤がない場合の基盤面（解放基盤面）に対する図 5.17 a) の表層地盤がある場合の地表面における加速度応答倍率 $G(\omega)$ を考えてみよう．(5.89) 式と同じように次式を考えてみる．

$$G(\omega) = \left|\frac{\ddot{y}_1(0,t)}{\ddot{y}_2(0,t)}\right| = \left|\frac{A_1 + B_1}{A_2 + B_2}\right| \tag{5.104}$$

地表面では (5.74) 式より $A_1 = B_1 = 1$ となる．同様に解放基盤面ではせん断力が 0 とならなければならないので，$A_2 = B_2$ となる．よって，B_2 を (5.82) 式の A_2

に置き換えると(解放基盤面では上昇波が2倍されると考えても同様で),$G(\omega)$として次式が得られる。

$$G(\omega) = \left|\frac{2}{(1+R_1)e^{ip_1H_1} + (1-R_1)e^{-ip_1H_1}}\right| \tag{5.105}$$

ここでも,オイラーの公式 $e^{\pm ip_1H_1} = \cos p_1H_1 \pm i\sin p_1H_1$ を用いると,上式は次のように表される。

$$G(\omega) = \left|\frac{1}{\cos(p_1H_1) + iR_1\sin(p_1H_1)}\right| \tag{5.106}$$

ここで,$\cos(p_1H_1)$ は (5.97) 式ですでに次のように得られている。

$$\cos(p_1H_1) \approx \cos\lambda + i\chi\sin\lambda \tag{5.107}$$

(5.97) 式と同様にして $\sin(p_1H_1)$ を求めると次のようになる。

$$\sin(p_1H_1) = \sin(\lambda - i\chi) = \sin\lambda\cosh\chi - i\cos\lambda\sinh\chi \approx \sin\lambda - i\chi\cos\lambda \tag{5.108}$$

固有振動数 ω_j では次の関係が得られる。

$$\lambda = \frac{(2j-1)\pi}{2} \qquad \cos\lambda = 0 \qquad \sin\lambda = 1 \qquad \chi = \frac{(2j-1)\pi}{2}\zeta \tag{5.109}$$

$$\cos(p_1H_1) + iR_1\sin(p_1H_1) = i\chi + iR_1 = i(\chi + R_1) \tag{5.110}$$

結局,(5.99) 式に上式の関係を代入すると,j 次の固有振動数 ω_j における増幅率 G_j が次式のように求まる。

$$G_j = \frac{1}{\chi + R_1} = \frac{1}{\frac{(2j-1)\pi}{2}\zeta + R_1} \tag{5.111}$$

複素波動インピーダンス比 R_1 を (2.99) 式 [87頁] の波動インピーダンス比 α に置き換えると,1次と2次の増幅率が次のように求まる。

$$G_{s1} \approx \frac{1}{(\pi/2)\zeta + \alpha} \approx \frac{1}{1.57\zeta + \alpha} \tag{5.112}$$

$$G_{s2} \approx \frac{1}{(3\pi/2)\zeta + \alpha} \approx \frac{1}{4.71\zeta + \alpha} \tag{5.113}$$

上の2式が限界耐力計算で用いられている (2.93) 式 [85頁] と (2.94) 式の増幅率である。

第 6 章

非線形応答への展開

6.1 非線形解析

1) 非線形解析の必要性

　任意の動的外力を受ける線形構造物の解析に有効な手法として，3.5 節［153 頁］2) で説明したデュアメル積分がある。しかし，この手法や 4.4 節［178 頁］の 3) で説明したモード重ね合わせ法も構造物の挙動が線形（弾性）範囲である場合にのみ適用できるものである。一方，大地震動を受ける構造物の応答は線形範囲を超えるため，非線形解析が必要となる。この最も有力な解析手法として，時間刻み法（逐次積分法）がある。この手法は，短い時間刻み Δt ごとに応答を逐次計算し，構造物の応答を時間的に次々と求める。この逐次計算では，各時間刻みの始めと終わりで動的な釣り合い条件を満足させ，かつ構造物の非線形性を考慮しながら計算を進めていく。地震動の加速度記録は 1/50 または 1/100 (s) の時間間隔で与えられる場合が多いので，計算の時間刻み Δt はその時間間隔を用いるか，非線形解析ではそれを更に分割して計算する。なお，この計算はコンピュータを用いなければ事実上実行は不可能である。

2) 1 自由度系の非線形解析

　いかなる瞬間 t においても次の関係が満足される必要がある。

$$p_I(t) + p_d(t) + p_s(t) = p(t) \tag{6.1}$$

ここで，$p_I(t)$，$p_d(t)$，$p_s(t)$，$p(t)$ は順に慣性力，減衰力，復元力，外力である。

時刻 t において上式は満足されているとし，時間刻み Δt 後に上式は次のようになる。

$$p_I(t+\Delta t) + p_d(t+\Delta t) + p_s(t+\Delta t) = p(t+\Delta t) \tag{6.2}$$

上式から (6.1) 式を引くと増分形式の運動方程式が次のように得られる。

$$\Delta p_I(t) + \Delta p_d(t) + \Delta p_s(t) = \Delta p(t) \tag{6.3}$$

ここで，増分の各力は次のように得られる。

$p_I(t+\Delta t) = p_I(t) + \Delta p_I(t)$ すなわち
$$\Delta p_I(t) = p_I(t+\Delta t) - p_I(t) = m\,\Delta \ddot{x}(t) \tag{6.4}$$

$p_d(t+\Delta t) = p_d(t) + \Delta p_d(t)$ すなわち
$$\Delta p_d(t) = p_d(t+\Delta t) - p_d(t) = c(t)\,\Delta \dot{x}(t) \tag{6.5}$$

$p_s(t+\Delta t) = p_s(t) + \Delta p_s(t)$ すなわち
$$\Delta p_s(t) = p_s(t+\Delta t) - p_s(t) = k(t)\,\Delta x(t) \tag{6.6}$$

$p(t+\Delta t) = p(t) + \Delta p(t)$ すなわち
$$\Delta p(t) = p(t+\Delta t) - p(t) = m\left(\ddot{x}_g(t) - \ddot{x}_g(t+\Delta t)\right) \tag{6.7}$$

上式の最後の等号には，外力として地震動の加速度による慣性力が作用する場合の $p(t) = -m\ddot{x}_g(t)$ となる関係を用いている。

通常 m は時間によって変化しないが，非線形を考慮すると時間の経過と共に c と k は変化するので，$c(t)$，$k(t)$ と (t) を付けて表示している。

(6.4)～(6.7) 式を (6.3) 式に代入すると次式となる。

$$m\,\Delta \ddot{x}(t) + c(t)\,\Delta \dot{x}(t) + k(t)\,\Delta x(t) = \Delta p(t) \tag{6.8}$$

上式を数値積分するにはいくつかの方法があるが，単純ではあるがよい結果が得られる方法として線形加速度法がある。この場合，計算の時間刻み Δt の間，加速度が直線的に変化すると仮定する。よって，次の関係が得られる[†]。

$$\Delta \dot{x}(t) = \ddot{x}(t)\,\Delta t + \Delta \ddot{x}(t)\frac{\Delta t}{2} \tag{6.9}$$

$$\Delta x(t) = \dot{x}(t)\,\Delta t + \ddot{x}(t)\frac{(\Delta t)^2}{2} + \Delta \ddot{x}(t)\frac{(\Delta t)^2}{6} \tag{6.10}$$

[†] (3.115) 式［152 頁］と (3.116) 式に $x(t+\Delta t) = x(t) + \Delta x(t)$，$\dot{x}(t+\Delta t) = \dot{x}(t) + \Delta \dot{x}(t)$，$\ddot{x}(t+\Delta t) = \ddot{x}(t) + \Delta \ddot{x}(t)$ を代入して，式を整理すると得られる。

6.1 非線形解析

(6.10) 式から加速度の増分 $\Delta \ddot{x}(t)$ を計算すると (6.11) 式となり，更にこの式を (6.9) 式に代入すると速度の増分 $\Delta \dot{x}(t)$ が (6.12) 式のように求まる．

$$\Delta \ddot{x}(t) = \frac{6}{(\Delta t)^2}\Delta x(t) - \frac{6}{\Delta t}\dot{x}(t) - 3\ddot{x}(t) \tag{6.11}$$

$$\Delta \dot{x}(t) = \frac{3}{\Delta t}\Delta x(t) - 3\dot{x}(t) - \frac{\Delta t}{2}\ddot{x}(t) \tag{6.12}$$

(6.11) 式と (6.12) 式を (6.8) 式に代入すると次式が得られる．

$$\begin{aligned}&m\Big[\frac{6}{(\Delta t)^2}\Delta x(t) - \frac{6}{\Delta t}\dot{x}(t) - 3\ddot{x}(t)\Big] \\ &+ c(t)\Big[\frac{3}{\Delta t}\Delta x(t) - 3\dot{x}(t) - \frac{\Delta t}{2}\ddot{x}(t)\Big] + k(t)\Delta x(t) = \Delta p(t)\end{aligned} \tag{6.13}$$

上式を次のように変形する．

$$\begin{aligned}&\Big[k(t) + \frac{6}{(\Delta t)^2}m + \frac{3}{\Delta t}c(t)\Big]\Delta x(t) \\ &= \Delta p(t) + m\Big[\frac{6}{\Delta t}\dot{x}(t) + 3\ddot{x}(t)\Big] + c(t)\Big[3\dot{x}(t) + \frac{\Delta t}{2}\ddot{x}(t)\Big]\end{aligned} \tag{6.14}$$

ここで，次のような新しい記号を導入する．

$$\tilde{k}(t) = k(t) + \frac{6}{(\Delta t)^2}m + \frac{3}{\Delta t}c(t) \tag{6.15}$$

$$\Delta \tilde{p}(t) = \Delta p(t) + m\Big[\frac{6}{\Delta t}\dot{x}(t) + 3\ddot{x}(t)\Big] + c(t)\Big[3\dot{x}(t) + \frac{\Delta t}{2}\ddot{x}(t)\Big] \tag{6.16}$$

すると，(6.14) 式は次のように表すことができる．

$$\tilde{k}(t)\Delta x(t) = \Delta \tilde{p}(t) \quad \text{すなわち} \quad \Delta x(t) = \frac{\Delta \tilde{p}(t)}{\tilde{k}(t)} \tag{6.17}$$

よって，変位の増分を (6.17) 式で求めると，速度の増分を (6.12) 式で求めることができる．次の時間刻みの初期条件となる時間刻みの終わりの変位と速度は，時間刻みの始めの値にこれらの増分値を加えることによって次のように得られる．

$$x(t + \Delta t) = x(t) + \Delta x(t) \tag{6.18}$$

$$\dot{x}(t + \Delta t) = \dot{x}(t) + \Delta \dot{x}(t) \tag{6.19}$$

なお，数値積分の各時間刻みごとに生じる誤差の蓄積を最小限にするため，各時間刻みごとに加速度は (6.1) 式から得られる次式によって計算する．

$$\ddot{x}(t) = \frac{1}{m}[\,p(t) - p_\mathrm{d}(t) - p_\mathrm{s}(t)] \tag{6.20}$$

以上の手法について，外力が地震動の加速度として与えられる場合をまとめると，次のようになる。

「時間刻み法の計算手順（1自由度系）」

与えられた初期値と初期条件の下で，系の加速度を (6.20) 式によって計算する。
（すなわち，系の動的特性から初期値として m, $c(t)$, $k(t)$ が与えられ，初期条件が静止とすると $\dot{x}(0) = 0$, $x(0) = 0$, よって $p_d(0) = 0$, $p_s(0) = 0$ である。この状態で，外力 $p(0) = -m\ddot{x}_g(0)$ が加わったとすると，(6.20) 式より $\ddot{x}(0) = -\ddot{x}_g(0)$ となる。）

(1) 時刻 t における $\tilde{k}(t)$ を (6.15) 式，$\Delta \tilde{p}(t)$ を (6.16) 式によって計算する。なお，$\Delta p(t) = m\left((\ddot{x}_g(t) - \ddot{x}_g(t + \Delta t)\right)$ である。
(2) (6.17) 式によって時刻 t の変位の増分 $\Delta x(t)$ を計算する。
(3) 時刻 t の速度の増分 $\Delta \dot{x}(t)$ を (6.12) 式によって計算する。
(4) 時刻 $t = t + \Delta t$ の変位 $x(t + \Delta t)$ と速度 $\dot{x}(t + \Delta t)$ を，それぞれの時間刻みの始まりの値に増分を加えて (6.18) 式と (6.19) 式から計算する。
(5) 減衰力の増分を (6.5) 式，復元力の増分を (6.6) 式から求め，時刻 $t = t + \Delta t$ の減衰力 $p_d(t + \Delta t)$ と復元力 $p_s(t + \Delta t)$ を，それぞれの時間刻みの始まりの値に増分を加えて計算する。なお，外力 $p(t + \Delta t) = -m\ddot{x}_g(t + \Delta t)$ である。
(6) 時刻 $t = t + \Delta t$ の加速度 $\ddot{x}(t + \Delta t)$ を (6.20) 式によって計算する。

(1) から (6) のステップを計算時間の終わりまで繰り返す。

　計算に用いる時間刻み Δt は必ずしも等間隔である必要はないが，地震動の加速度は通常 1/50 または 1/100 (s) 間隔で記録されているので，通常それ以下の時間刻みで計算を行うことになる。線形（弾性）範囲では，時間刻み Δt は系の固有周期の 1/10 以下であれば十分な精度の解が得られるので，極端に固有周期の短い構造物を解析する場合を除いて，加速度記録の時間刻みで計算を行ってよいことになる。ただし，非線形領域における計算精度を上げるため，それ以下の時間刻みで計算を行う場合がある。この場合，地震動の加速度記録を線形補間し，短くした時間刻みに対応する地震動の加速度の値を求めて計算する。

　応答が線形範囲の時（図 6.1 の点 O から○A の c 点まで）は剛性 k は，変位が増大しても減少しても一定である（図には簡略化のため変位と荷重が正の範囲のみを

6.1 非線形解析

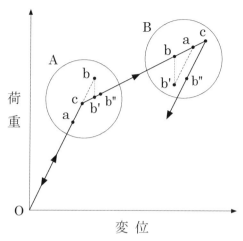

図 6.1　非線形領域の剛性 k と時間刻み計算

示している)．しかし，線形範囲を超え非線形領域に入る際には，剛性が変化するので，そのことを計算に取り入れなければならない．例えば，図 6.1 の○A に示すように，ある時間刻み Δt の間に応答が a 点から b 点に変化したと計算されたとする．しかし，b 点のようなことは（荷重変位曲線から外れるので）実際には起こらない．そこで，(i) 変位は変わらないが荷重が低下し，同図の b′ 点になったと仮定し，それ以降の計算を続けることがある．この仮定は安易過ぎると思われるかも知れないが，時間刻み Δt が小さければ，誤差は許容範囲に収まるはずである．もっとも，この際の計算誤差を小さくするため，(ii) 応答が c 点に達する時間を求め，その範囲までは線形，それ以降は非線形として b″ 点を求めて計算を行うこともある．あるいは，(iii) a 点から b 点の間の時間刻みを更に短くして，計算を行う場合もある．

それ以降の計算は，変位が増大している間は，第 2 分枝の剛性が保たれるが，変位が減少する際には，再び剛性が変化することを計算に取り入れる必要がある．例えば，同図の○B において応答が a 点から b 点に変化した（変位が減少した）と計算された場合，(i) 実際の応答は（変位は b 点と同じであるが荷重のみが減少し）b′ 点になったと仮定することもある．あるいは，(ii) 応答がちょうど c 点になる時間を求め，それ以前と以降を分けて計算したり，(iii) 誤差を少なくするため，時間刻みを更に短くする場合もある．

非線形応答を求めるには，既に説明した「時間刻み法の計算手順（1自由度系）」の計算ステップ(1)において，計算の時間刻みごとに以上のような修正を行う必要があるかどうかを判断し，必要ならば上述の(i)〜(iii)のような計算を加え，それ以降の剛性を変化させ計算を続けることになる。（ここでは剛性の変化を説明したが，減衰も同様に変化させることになる。）

応答がちょうどc点となる時間を正確に求めるよりも，繰り返し計算の方が容易なので，近似的にc点を求める場合が多い。また，剛性の変化が連続した曲線で表されるような場合には，c点を直接求めることができないので，結局は繰り返し計算によらなければならないこともある。

コンピュータの容量が小さく，計算速度も遅く，使用料も高価であった時代は，いかにして Δt を小さくせず，繰り返し回数を少なく，すなわち効率よく計算することが重要であった。しかし，コンピュータの使用料が無視できるようになった現在では，ある Δt で計算し，計算結果が発散する場合は，（妥当と思われる）結果が得られるまで時間刻みを小さくして計算する。そして，それ以上計算刻みを小さくしても計算結果が同じとなる時点をもって最終結果とすることもよくある。この方法は，安易な解決策とも考えられるが，非常に便利な方法で，このような方法を用いたからといって，恥じる必要は全くないであろう。

3) 多自由度系の非線形解析

多自由度系の非線形解析は（マトリックスとベクトルを用いる以外は）前項で説明した1自由度系の場合と同様である。

力の増分形式で表した運動方程式は次式となる。

$$\{\Delta p_I(t)\} + \{\Delta p_d(t)\} + \{\Delta p_s(t)\} = \{\Delta p(t)\} \tag{6.21}$$

上式の各力の増分ベクトルは次のようになる。

$\{p_I(t+\Delta t)\} = \{p_I(t)\} + \{\Delta p_I(t)\}$ すなわち
$$\{\Delta p_I(t)\} = \{p_I(t+\Delta t)\} - \{p_I(t)\} = [m]\{\Delta \ddot{x}(t)\} \tag{6.22}$$

$\{p_d(t+\Delta t)\} = \{p_d(t)\} + \{\Delta p_d(t)\}$ すなわち
$$\{\Delta p_d(t)\} = \{p_d(t+\Delta t)\} - \{p_d(t)\} = [c(t)]\{\Delta \dot{x}(t)\} \tag{6.23}$$

6.1 非線形解析

$$\{p_s(t + \Delta t)\} = \{p_s(t)\} + \{\Delta p_s(t)\} \quad \text{すなわち}$$

$$\{\Delta p_s(t)\} = \{p_s(t + \Delta t)\} - \{p_s(t)\} = [k(t)]\{\Delta x(t)\} \quad (6.24)$$

$$\{p(t + \Delta t)\} = \{p(t)\} + \{\Delta p(t)\} \quad \text{すなわち}$$

$$\{\Delta p(t)\} = \{p(t + \Delta t)\} - \{p(t)\} = \left(\ddot{x}_g(t) - \ddot{x}_g(t + \Delta t)\right)[m]\{1\} \quad (6.25)$$

上式の最後の等号には,外力として地震動の加速度による慣性力が作用する場合の $\{p(t)\} = -\ddot{x}_g(t)[m]\{1\}$ となる関係を用いている。

(6.21) 式に (6.22)〜(6.25) 式を代入すると,増分形式で表した運動方程式は次のようになる。

$$[m]\{\Delta \ddot{x}(t)\} + [c(t)]\{\Delta \dot{x}(t)\} + [k(t)]\{\Delta x(t)\} = \{\Delta p(t)\} \quad (6.26)$$

線形加速度法を用いると次式が得られる。

$$[\tilde{k}(t)]\{\Delta x(t)\} = \{\Delta \tilde{p}(t)\} \quad \text{すなわち} \quad \{\Delta x(t)\} = [\tilde{k}(t)]^{-1}\{\Delta \tilde{p}(t)\} \quad (6.27)$$

ここで,

$$[\tilde{k}(t)] = [k(t)] + \frac{6}{(\Delta t)^2}[m] + \frac{3}{\Delta t}[c(t)] \quad (6.28)$$

$$\{\Delta \tilde{p}(t)\} = \{\Delta p(t)\} + [m]\left(\frac{6}{\Delta t}\{\dot{x}(t)\} + 3\{\ddot{x}(t)\}\right) + [c(t)]\left(3\{\dot{x}(t)\} + \frac{\Delta t}{2}\{\ddot{x}(t)\}\right) \quad (6.29)$$

(6.27) 式から変位増分ベクトル $\{\Delta x(t)\}$ が求まると,速度増分ベクトルは次のように求まる。

$$\{\Delta \dot{x}(t)\} = \frac{3}{\Delta t}\{\Delta x(t)\} - 3\{\dot{x}(t)\} - \frac{\Delta t}{2}\{\ddot{x}(t)\} \quad (6.30)$$

次の時間刻みの初期条件となる時間刻みの終わりにおける変位ベクトルと速度ベクトルは,時間刻みの始めの値にこれらの増分値を加えることによって次のように得られる。

$$\{x(t + \Delta t)\} = \{x(t)\} + \{\Delta x(t)\} \quad (6.31)$$

$$\{\dot{x}(t + \Delta t)\} = \{\dot{x}(t)\} + \{\Delta \dot{x}(t)\} \quad (6.32)$$

なお,数値積分の各時間刻みごとに生じる誤差の蓄積を最小限にするため,加速度ベクトルは次式によって計算する。

$$\{\ddot{x}(t + \Delta t)\} = [m]^{-1}(\{p(t + \Delta t)\} - \{p_d(t + \Delta t)\} - \{p_s(t + \Delta t)\}) \quad (6.33)$$

よって，(6.27) 式から (6.33) 式の計算を繰り返すことによって，多自由度系の応答を計算することができる。

以上の手法について，外力が地震動の加速度として与えられる場合をまとめると次のようになる。

「時間刻み法の計算手順（多自由度系）」

与えられた初期値と初期条件の下で，系の加速度ベクトルを (6.33) 式によって計算する。

（すなわち，系の動的特性から初期値として $[m]$，$[c(t)]$，$[k(t)]$ が与えられ，初期条件が静止とすると $\{\dot{x}(0)\} = \{0\}$，$\{x(0)\} = \{0\}$，よって $\{p_\mathrm{d}(0)\} = \{0\}$，$\{p_\mathrm{s}(0)\} = \{0\}$ である。この状態で，外力 $\{p(0)\} = -\ddot{x}_\mathrm{g}(0)[m]\{1\}$ が加わったとすると，(6.33) 式より $\{\ddot{x}(0)\} = \{-\ddot{x}_\mathrm{g}(0)\}$ となる。）

(1) (6.28) 式から $[\tilde{k}(t)]$，(6.29) 式から $\{\Delta\tilde{p}(t)\}$ を計算する。なお，$\{\Delta p(t)\} = (\ddot{x}_\mathrm{g}(t) - \ddot{x}_\mathrm{g}(t+\Delta t))[m]\{1\}$ である。

(2) (6.27) 式から変位増分ベクトル $\{\Delta x(t)\}$ を計算する。

(3) (6.30) 式から速度増分ベクトル $\{\Delta \dot{x}(t)\}$ を計算する。

(4) (6.31) 式と (6.32) 式から変位ベクトル $\{x(t+\Delta t)\}$ と速度ベクトル $\{\dot{x}(t+\Delta t)\}$ を計算する。

(5) 減衰力ベクトルの増分を (6.23) 式，復元力ベクトルの増分を (6.24) 式から求め，時刻 $t = t + \Delta t$ の減衰力ベクトル $\{p_\mathrm{d}(t+\Delta t)\}$ と復元力ベクトル $\{p_\mathrm{s}(t+\Delta t)\}$ を，それぞれの時間刻みの始まりの値に増分を加えて計算する。なお，外力はベクトル $\{p(t+\Delta t)\} = -\ddot{x}_\mathrm{g}(t+\Delta t)[m]\{1\}$ である。

(6) (6.33) 式から加速度ベクトル $\{\ddot{x}(t+\Delta t)\}$ を求める。

(1)〜(6) のステップを計算時間の終わりまで繰り返す。

上記の計算ステップ (1) において，1 自由度系と同様に計算の時間刻みごとに剛性マトリックスや減衰マトリックスの修正を行う必要があるかどうかを判断し，必要ならば非線形を考慮するための計算を加え，それ以降の計算を続ける。

6.2 構造特性係数

1) 構造特性係数の必要性

　非線形解析が必要な理由は，大地震動を受けると建築物はその線形範囲を超える挙動をするからである。なぜならば，大地震動を受ける確率は低いが，大地震動の大きさは非常に大きく，通常の建築物を線形（弾性）範囲内に納めるように設計するのは経済的にも無理で，世界各国の耐震規定でも同様な考え方をしている。例えば，原子力発電所のような重要な施設は大地震動を受けても線形範囲に収まることを目標にしているが，それでも部分的には線形範囲を超えることが考えられる[†]。このため，非線形解析をあらかじめ行って，大地震動時に構造物がどのような挙動を示すかを知る必要がある。

　耐震規定では，個別の建築物の非線形解析を行う代わりに，非線形応答の一般的な挙動を考慮して地震力を定め，実際の設計においては非線形解析を行わないことが多い。すなわち，大地震動時の建築物の弾性応答から推定される地震力を，建築物の非線形挙動を考慮して低減し，これを設計用地震力として用いるのが一般的である。この低減係数が日本で導入されたのは 1981 年に施行された新耐震設計法で，(2.2) 式［35 頁］のように大地震動時の検証に用いる設計用地震力（必要保有水平耐力）には構造特性係数 D_s が乗じられている。D_s と同様な係数は，ISO 3010 では構造設計係数[‡]k_D と呼ばれ，ユーロコードには同様な係数の q ファクター[§]があり，米国では地震力を $1/R$ にする形で表現され，R ファクター[¶]と呼ばれている。

2) 変位一定則とエネルギー一定則

　Veletsos（ベレッツォス）と Newmark（ニューマーク）は 1 自由度の完全弾塑性モデルの地震応答解析を行い，現在でもよく用いられている変位一定則とエネルギー一定則という 2 つの経験則を発表している [17]。

[†] 事実，2007 年能登半島地震では原子力施設に被害が生じた。
[‡] ISO 3010 第 2 版（2001 年）では構造係数と呼ばれていたが，第 3 版（2017 年）では構造設計係数と呼ぶことになった。(8.1) 式，(8.2) 式［290 頁］，(2) 構造設計係数［300 頁］参照。
[§] (8.28) 式［320 頁］に用いられている挙動係数，参照。
[¶] 表 8.21 [345 頁］の応答補正係数，参照。

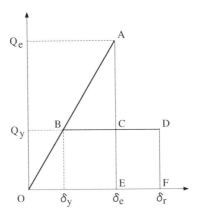

図 6.2　線形応答と非線形応答

　例えば，構造物が線形であると仮定すると，図 6.2 に示すように，地震動によって A 点まで変形し，その時の地震力を Q_e，変形を δ_e とする。ここで，構造物の実際の水平耐力は (Q_e より低い) Q_y であるとし，この場合の応答変形を δ_r としよう。構造物の固有周期・減衰定数・水平耐力を変化させ，種々の地震動を作用させた応答の解析結果から，次のようなことが分かったのである。

(1) 構造物の固有周期が比較的長い場合，δ_r はほぼ δ_e に等しくなり，これを「変位一定則」という。
(2) 構造物の固有周期が比較的短い場合，図 6.2 の三角形 OAE と台形 OBDF の面積が等しくなるように応答変位 δ_r が生じ，これを「エネルギー一定則」という。

塑性率（ダクティリティ・ファクター）を $\mu\ (=\delta_r/\delta_y)$ として，変位一定則とエネルギー一定則を用いて構造特性係数（に相当する値）$D_s\ (=Q_y/Q_e)$ を求めると，次式が得られる。

$$D_s = \frac{1}{\mu} \qquad \text{（変位一定則）} \tag{6.34}$$

$$D_s = \frac{1}{\sqrt{2\mu - 1}} \qquad \text{（エネルギー一定則）} \tag{6.35}$$

3) 構造特性係数の極値

構造特性係数の概念はよく知られており，世界各国の耐震規定で取り入れられている．しかし，その値は大きく異なっているのが現状で，例えば最も靭性（構造的「ねばり」のこと）のある構造物について，米国は R ファクターによって地震力を 1/8 に低減して（弾性解析を行って）いるのに対して，日本では D_s によって $0.25 = 1/4$ に低減し（弾塑性解析によって保有水平耐力を検証し）ている．最も靭性のある構造物といっても国によって相違があろうが，日本と米国の低減係数を比べてみると，その差が 2 倍もある．

また，(6.34) 式や (6.35) 式が塑性率 μ の範囲にかかわらず正しいとすると，μ が無限大ならば D_s は 0，すなわち設計用地震力は 0 としてもよいことになり，このようなことは実際にはあり得ない．

そこで，図 6.3 に示すような有限回転角モデル[†]を考えてみた [42]．このモデルは変位が小さい場合は通常の 1 自由度系であるが，変位（ここでは回転角）が大きくなると次第に重力によって生じる柱脚のモーメントが大きくなり，柱脚の降伏モーメントが小さければ，自重によって崩壊してしまう．重力による柱脚への付加モーメントなどは P-Δ 効果と呼ばれている［359 頁］．このモデルを用い，種々の地震動を与え，柱脚の降伏モーメントを徐々に減少させ，崩壊する直前の降伏モーメントから降伏層せん断力係数 C_y を求めた．この C_y と弾性応答による層せん断力係数 C_e の比が構造特性係数の極値で，構造特性係数をこの極値以下にすると，μ がたとえ無限大であっても構造物は崩壊することになる．図 6.4 の実線（点線と破線については後述）がこの極値の（多数の入力地震動による）平均値を示していて，この図から次のようなことが分かる．

(1) 構造特性係数の極値の平均値（図 6.4 の実線）は固有周期によって大きく変動するので，固有周期にかかわらず構造特性係数を一定とするのは適切ではない．

(2) 日本の構造特性係数の最小値である $D_s = 0.25$（図 6.4 の上方の水平な直線）より構造特性係数の極値の平均値は小さい．すなわち，D_s は安全側に設定されているが，入力地震動による（図には示されていない）バラツキが大きく，

[†] 通常の解析では微小変形（微少回転角）を仮定しているが，このモデルでは大変形（大きな回転角）まで考えているので「有限回転角モデル」という．

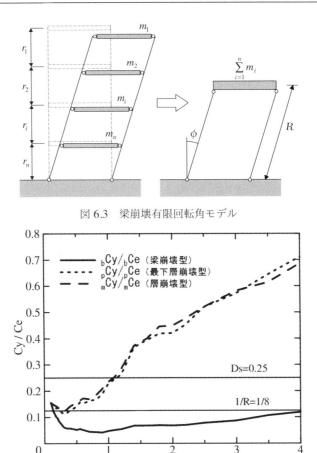

図 6.3 梁崩壊有限回転角モデル

図 6.4 構造特性係数の極値と周期

固有周期が 0.1〜0.2 (s) の短周期構造物は μ が無限大であっても崩壊する危険性がある。

(3) 米国の R ファクターの最大値である $R=8$ (図 6.4 の下方の水平な直線) より構造特性係数の極値の平均値は短周期で大きい。すなわち, $R=8$ とすると短周期構造物の崩壊の可能性は非常に高く, 長周期でも崩壊の可能性がある。

もっとも, 構造物には何らかの余剰強度があり, 以上のような解析から直ちに結論とはいかないかもしれない。しかし, 余剰強度は構造物によっては期待できない場合もあるので, 構造物の靭性を期待して設計用地震力を低減しすぎるのは要注意

6.2 構造特性係数

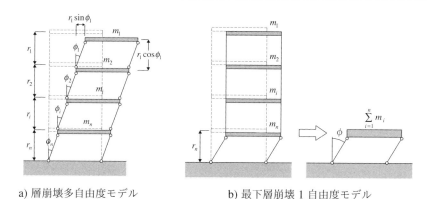

a) 層崩壊多自由度モデル　　　b) 最下層崩壊 1 自由度モデル

図 6.5　層崩壊有限回転角モデル

であることが分かる。

実際の構造物は多層であり，柱崩壊も生じることがあるため，図 6.5 a) のような多自由度の層崩壊有限回転角モデル，それを簡略化した図 6.5 b) 最下層崩壊有限回転角モデルについても同様の解析を行い，構造特性係数の極値を求め，その結果が図 6.4 の破線と点線に示されている [43]。これから次のようなことが分かる。

(4) 1 自由度である最下層崩壊型モデルと多自由度である層崩壊型モデルの解析結果はほぼ同じである。(すなわち，最下層崩壊型モデルによって層崩壊型モデルの構造特性係数の極値をほぼ近似できる。)

(5) 層崩壊となる場合の構造特性係数の極値は，全体崩壊となる梁崩壊の場合より極めて大きい。(すなわち，層崩壊が生じる場合は，長周期構造物になると構造特性係数によって設計用地震力を低減することがほとんどできない。)

次に，図 6.4 の破線または点線と実線の比を示したのが図 6.6 である。この図は保有水平耐力が立面的にバランスの悪い建築物の形状係数を表していると考えることができ，この図から次のことが分かる。

(6) 最下層崩壊型および層崩壊型モデルの解析と，梁崩壊型モデルの解析結果の比較から，現行の建築基準法の剛性率に基づく形状係数 F_s は (兵庫県南部地震後の改正によって強化されたが) 不十分である可能性がある。

なお，以上の解析は入力に用いる地震動によって大きなバラツキがあり，図 6.4

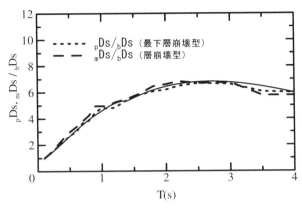

図 6.6　形状係数と周期（実線は近似式）

と図 6.6 は解析結果の平均を示したものである。

（以上，本節では解析手法に関する詳しい説明なしで，解析結果のみを示したが，興味のある方は文献 [42, 43] をぜひ参照してほしい。）

> **ちょっと一言「日米の耐震規定と構造材料の使用量」について**
>
> 　建築物に使用する構造材料の総量は，設計に用いる地震力の大きさに比例するとは限らない。このため，日米の耐震規定の比較を行った際に，同じ建築物を米国カリフォルニア州ロサンゼルスと東京に建設するとして，比較設計を行った例がある [44]。
>
> 　この比較設計の結果，地震力は日本の方が約 2 倍，米国より大きく，この違いの主な要因は構造特性係数の差である。このため，鉄筋コンクリート造では，コンクリート量は 1.3 倍，鉄筋量は 2.4 倍，いずれも日本の方が多く必要であった。一方，鉄骨造では，鋼材量は日米でほぼ同じであった。これは，日本では内側のフレームもすべてラーメン構造とするが，米国では変形制限によって断面が決まることの他に，外周フレームのみが地震力を負担する構造とするためであった。（比較設計は 20 年も前に，ある特定の建築物に対して行われたものであるが，日米の相違は基本的には変わっていないと思われる。）
>
> 　このように，日米の大きな相違は，構造特性係数にあり，これによって構造材料の使用量も大きく異なる。このようなこともあり，本節で説明した構造特性係数の極値に関する研究を行ったが，すべてが解明されたわけではない。

6.3 減衰とそのモデル化

1) 減衰の要因

すでに 120 頁の (3.2) 式で示したように，1 自由度系の運動方程式は次のように表される．

$$m\ddot{x}(t) + c\dot{x}(t) + kx(t) = P(t) \tag{6.36}$$

この運動方程式に含まれる質量 m，減衰 c，剛性 k の中で，明確に定めることが最も難しいのが c である．すなわち，m は構造物の重量から求めることができ，k も構造部材などの詳細が分かれば（少なくとも線形範囲では）かなり正確に求めることができる．

しかし，c については構造物の詳細が分かったとしても計算で求めることはほとんど不可能である．その理由は，構造物の減衰にはいろいろな要因が含まれているからで，ちなみに減衰を分類すると次のようになる [45]．

－構造要素（部材と接合部）の内部減衰
－弾塑性挙動に関連する履歴減衰
－非構造要素による減衰
－エネルギーの地盤への逸散による減衰

以上の減衰を個別に求めることはほとんど不可能のため，構造物の振動実験や地震時の記録から種々の要因からなる減衰をまとめて，1 つの減衰定数 ζ として計算するのが一般的である[†]．そして，設計では類似の構造物に対する減衰定数と同程度の減衰定数を通常用いる．

2) 減衰の与え方とその値

減衰を構造物の形状などから計算で求めることは非常に困難なため，設計では今までの慣例や過去のデータから減衰定数を経験的に与えている．すなわち，地震動

[†] 限界耐力計算では例えば (2.62) 式 [72 頁] のように減衰定数を計算によって求めてはいるが，計算しているのは履歴減衰による部分で，計算で求めることのできない部分を最後に 0.05 を加えて勘案している．

による加速度 $\ddot{x}_g(t)$ を受ける 1 自由度系の運動方程式は (6.36) 式を変形し，すでに (3.110) 式［151 頁］で示したように次のように表される．

$$\ddot{x}(t) + 2\zeta\omega_n \dot{x}(t) + \omega_n^2 x(t) = -\ddot{x}_g(t) \tag{6.37}$$

上式を用いて動的解析を行う場合に用いる減衰定数 ζ は 0.02〜0.05 (2%〜5%) 程度を採用することが多い．コンクリート系の方が鉄骨系の構造物より減衰定数は大きく，振幅が大きくなると減衰定数も大きくなる．大地震動を受ける際には，線形（弾性）範囲を超え非線形応答が生じることを考慮し，減衰定数を大きめに見積もることもある．日本建築学会の建築物荷重指針 [45] では次のような目安を示している．

$$\begin{cases} 鉄筋コンクリート造 & \zeta = 0.02\sim0.04 \\ 鉄骨造 & \zeta = 0.01\sim0.03 \end{cases} \tag{6.38}$$

現在では設計に際して慣用的に用いられている減衰定数の値は，コンクリート系で 0.03，鉄骨系の建築物で 0.02 である [46]．以前（1960 年代）には，これより大きな減衰定数が用いられており，例えばコンクリート系の建築物で 0.05，鉄骨系の建築物で 0.04〜0.05 程度が多くの建築物に用いられていた．これには，建築物と地盤の相互作用や構造部材の応答がその線形領域を超え非線形領域に入ることを考慮して大きめに設定していたと考えることができる．

　構造部材の非線形挙動を履歴特性として考慮する場合は，非線形応答による減衰を考慮するために減衰定数を大きく設定する必要はない．しかし，相互作用を直接考慮しない（基礎固定と仮定する）場合には，その効果を考慮し構造物のみの減衰定数より大きめの減衰定数を用いることが多い．

　減衰定数 ζ は (3.57) 式［136 頁］で示されているが，この式を変形し，(3.16) 式［124 頁］の関係を用いて減衰係数 c を求めると次のようになる．

$$c = 2\zeta m \omega_n = \frac{2\zeta}{\omega_n} k \tag{6.39}$$

上式から分かるように，減衰係数 c は k に比例することになるので，非線形領域の解析においても，減衰係数 c を線形領域のままの値を用いると，減衰を過大評価することになる．このため，非線形領域では初期剛性ではなく接線剛性に比例するように減衰係数を逐次変更する方法も用いられている．

6.3 減衰とそのモデル化

3) 減衰定数の求め方

振動実験などから減衰定数を求める方法にはいくつかあるが，以下にその主なものを紹介する．

a) 自由振動から求める

構造物をワイヤーなどで引っ張り初期変位を与え，そのワイヤーを突然切断すると構造物には自由振動が生じ，例えば図 6.7 のような記録（「自由振動曲線」という）が得られる．ここで，あるピーク（の高さ）x_i とそれから n 番目のピーク（の高さ）x_{i+n} の比を (3.70) 式［138 頁］と同様に求めると次式のようになる．

$$\frac{x_i}{x_{i+n}} = e^{\zeta \omega_n \frac{2\pi n}{\omega_d}} \tag{6.40}$$

上式の対数を取ると次式が得られる．

$$\ln \frac{x_i}{x_{i+n}} = 2\pi n \zeta \frac{\omega_n}{\omega_d} = \frac{2\pi n \zeta}{\sqrt{1-\zeta^2}} \tag{6.41}$$

減衰が小さい場合，上式は次のように表される．

$$\ln \frac{x_i}{x_{i+n}} \approx 2\pi n \zeta \tag{6.42}$$

ここで，ティラー級数展開を考えると次式が得られる．

$$\frac{x_i}{x_{i+n}} = e^{2\pi n \zeta} = 1 + 2\pi n \zeta + \frac{(2\pi n \zeta)^2}{2!} + \ldots$$

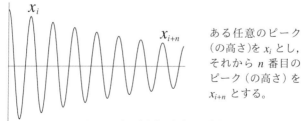

ある任意のピーク（の高さ）を x_i とし，それから n 番目のピーク（の高さ）を x_{i+n} とする．

図 6.7 自由振動の振幅の減衰

よって，ζ の値が小さい場合，次式を得る。

$$\zeta \approx \frac{x_i - x_{i+n}}{2\pi n x_{i+n}} \tag{6.43}$$

以上のように，自由振動の記録が得られるならば，減衰定数 ζ を求めることができる。

例題「自由振動曲線から求まる減衰定数」

図 6.8 に示すような自由振動曲線 a)，b) が実験によって得られたとして，減衰定数 ζ を求める。

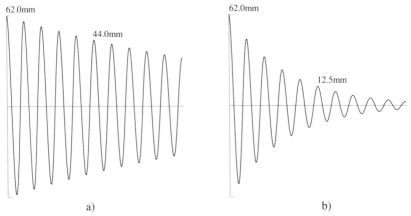

図 6.8 実験から得られた自由振動曲線（例題）

「解」 最初のピークと 5 サイクル離れたピークを測ったところ，図に記入したような値となった。ここで，(6.42) 式を用いて減衰定数 ζ を求めると次のようになる。

a) の場合

$$\zeta \approx \frac{1}{2\pi n} \ln \frac{x_i}{x_{i+n}} = \frac{1}{2\pi \times 5} \ln \frac{62.0}{44.0} = 0.011 \, (= 1.1\%)$$

b) の場合

$$\zeta \approx \frac{1}{2\pi n} \ln \frac{x_i}{x_{i+n}} = \frac{1}{2\pi \times 5} \ln \frac{62.0}{12.5} = 0.051 \, (= 5.1\%)$$

なお，(6.43) 式を用いて減衰定数 ζ を求めると次のようになる。

6.3 減衰とそのモデル化

a) の場合
$$\zeta \approx \frac{x_i - x_{i+n}}{2\pi n x_{i+n}} = \frac{62.0 - 44.0}{2\pi \times 5 \times 44} = 0.013 \, (= 1.3\%)$$

b) の場合
$$\zeta \approx \frac{x_i - x_{i+n}}{2\pi n x_{i+n}} = \frac{62.0 - 12.5}{2\pi \times 5 \times 12.5} = 0.126 \, (= 12.6\%)$$

以上のように，(6.43) 式を用いて減衰定数を算定すると，減衰が大きくなると，減衰定数が次第に実際より大きく算定される．このため，関数電卓でも容易に自然対数が計算できるので，(6.42) 式を用いる方がよい．

b) 共振曲線から求める

構造物に起振機†を取り付け，それによって調和外力を与え，その外力の振動数を徐々に変化させながら，その応答を求めていくと，図 6.9 のようなグラフ（「共振曲線」という）が得られる．この共振曲線から，減衰定数は次のように求めることができる．

応答曲線のピークの振動数を f_0 とし，その下にピークの $1/\sqrt{2}$ の位置に直線を引き，曲線と交わる 2 つの振動数の差を Δf とすると，減衰定数は次式で求まる．

$$\zeta \approx \frac{\Delta f}{2 f_0} \tag{6.44}$$

以上のように共振曲線のピークとその高さの $1/\sqrt{2}$ における振動数から減衰定数を求める方法を，「$1/\sqrt{2}$ 法」という場合がある．

c) 履歴曲線から減衰定数を換算する

非線形の履歴特性は，振動時にそのループの面積に相当するエネルギーが消費され，振動減衰の大きな要因となる．この場合，弾塑性を考慮した地震応答解析を行うと精緻な解析ができるが，等価な粘性減衰として履歴減衰を大まかに考慮することもできる．

例えば，図 6.10 のような履歴特性を持つ場合を考えてみる．剛性は逐次変化するが，図の紡錘形の頂点を結ぶ直線に相当する剛性 k を持ち，粘性減衰係数 c を有

---

† モーターの軸に対して偏心した位置に錘を取り付け，モーターを回転させると，偏心した錘によって構造物に調和力が加わる．このような装置を起振機と呼ぶ．2 つの錘を逆向きに回転させ，2 つの錘による力をある方向ではキャンセルさせ，1 方向にのみ力を加えたり，モーターの回転数を調整することによって任意の振動数の調和力を与えることができる．

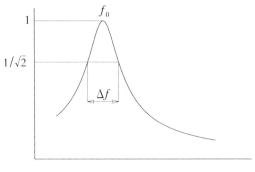

図 6.9　共振曲線

する線形 1 自由度系で近似する。

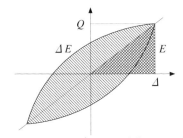

図 6.10　歪みエネルギー E と消費エネルギー ΔE

1 自由度系の運動方程式である (3.2) 式［120 頁］から減衰力は $c\dot{x}$ と表され，これを変位で積分すると減衰力による仕事，すなわち消費エネルギー ΔE を表す次式が得られる。

$$\Delta E = \int c\dot{x}\,dx$$

変位は速度と時間の積で与えられるので，$dx = \dot{x}\,dt$ を上式に代入すると次式となる。

$$\Delta E = \int c\dot{x}^2\,dt$$

履歴によって消費される（図 6.10 のハッチした紡錘形の面積に相当する）エネルギー ΔE を等価な粘性減衰に換算するため，減衰によって費やされるエネルギーがこの ΔE に等しいとする。

6.3 減衰とそのモデル化

振幅 Δ, 固有円振動数 $\omega = \sqrt{k/m}$, すなわち $x = \Delta \sin \omega t$ で定常振動している場合を考える. すると, 固有周期は $T = 2\pi/\omega$, 速度は $\dot{x} = \Delta \omega \cos \omega t$ となり, さらに (3.56) 式 [136頁] より導かれる $c = 2\zeta m\omega$ の関係を用いると, 上式は次のようになる.

$$\Delta E = \int_0^T c \Delta^2 \omega^2 \cos^2 \omega t\, dt = \int_0^T c \Delta^2 \omega^2 \frac{\cos 2\omega t + 1}{2} dt$$

$$= \Delta^2 \omega^2 c \left[\frac{\frac{1}{2\omega}\sin 2\omega t + t}{2} \right]_0^{2\pi/\omega} = \Delta^2 \omega^2 c \frac{\pi}{\omega} = \Delta^2 \omega^2 2\zeta m\omega \frac{\pi}{\omega}$$

$$= 2\pi\zeta m\omega^2 \Delta^2 = 2\pi\zeta m \frac{k}{m}\Delta^2 = 2\pi\zeta k \Delta^2 \tag{6.45}$$

一方, 図 6.10 において変位が最大になった時の網目の三角形の面積で表される歪みエネルギー E は, 次のように表すことができる.

$$E = \frac{1}{2}Q\Delta = \frac{1}{2}k\Delta^2 \tag{6.46}$$

上の2式から, ΔE を E で除して整理すると次式が得られる.

$$\zeta = \frac{1}{4\pi}\frac{\Delta E}{E} \tag{6.47}$$

上式を用いると, 履歴曲線が得られるならば, それから等価な粘性減衰係数を求めることができる.

例えば, 図 6.11 a のバイリニアの場合を考えると, (降伏時の耐力を1とすると) 塑性率を μ として, $\Delta E = 4(\mu - 1)$, $E = \mu/2$ となるので, (6.47) 式は次式となる.

$$\zeta = \frac{2}{\pi}\left(1 - \frac{1}{\mu}\right) \tag{6.48}$$

次に, 図 6.11 b の剛性低下バイリニアの場合を考える. 除荷時の剛性が初期剛性の $1/\sqrt{\mu}$ 倍と低くなったとすると, $\Delta E = 4(\mu - \sqrt{\mu})$, $E = \mu/2$ となり, 上式と同様に次式が得られる.

$$\zeta = \frac{2}{\pi}\left(1 - \frac{1}{\sqrt{\mu}}\right) \tag{6.49}$$

限界耐力計算 [2.3節 (49頁)] においては, 基本的には上の (6.49) 式を用いているが, シミュレーション結果などを基に係数 $2/\pi$ については, (2.63) 式 [72頁] や (2.68) 式 [74頁] の $\gamma_1 = 0.25$ または 0.20 のように, $2/\pi \approx 0.64$ とは異なる値を用いている.

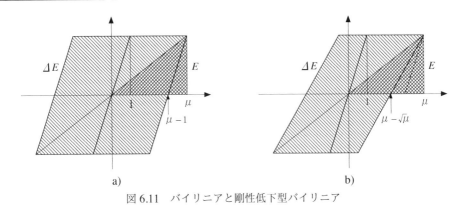

図 6.11　バイリニアと剛性低下型バイリニア

4) 減衰のモデル化

減衰のメカニズムを模式的に表すのに，ダッシュポットがよく用いられる。ダッシュポットには外側にシリンダーがあり内側にピストンが入っている。ピストンをゆっくり動かす時に必要な力は小さいが，ピストンを速く動かすには大きな力が必要となる。一方，構造物に力を与えると変形するが，力を取り除くと変形がもとに戻るメカニズムを模式的に表すのによく「ばね」が用いられる [28]。

（Voigt モデル）

ばねとダッシュポットの組み合わせで，構造物を表すことが多いが，すでに図 3.1 [119 頁] や図 3.2 [121 頁] に示したように，図 6.12 a) に示すばねとダッシュポットを並列に組み合わせたものは Voigt（フォークト）モデルと呼ばれる。

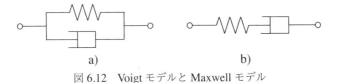

図 6.12　Voigt モデルと Maxwell モデル

ばね定数を k，減衰係数を c，外力を P，変形を δ とする。Voigt モデルの場合，ばねに生じる力を $P_1 = k\delta$，ダッシュポットに生じる力を $P_2 = c\dot{\delta}$ とすると，この

6.3 減衰とそのモデル化

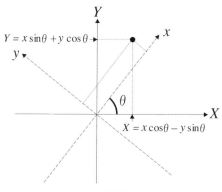

図 6.13 座標軸の回転

モデルに作用する力は $P = P_1 + P_2$ と表されるので，次式が得られる。

$$P = k\delta + c\dot{\delta} \tag{6.50}$$

このモデルが次式で表される振動数 ω の調和運動を行っていると仮定する。

$$\delta = \delta_0 \sin \omega t \tag{6.51}$$

上式を (6.50) 式に代入すると次式となる。

$$P = \delta_0(k \sin \omega t + c\omega \cos \omega t) \tag{6.52}$$

上式に (6.51) 式と $\sin^2 \omega t + \cos^2 \omega t = 1$ の関係を用いて整理する (ωt を消去する) と，力 P と変形 δ の関係が次のように得られる。

$$\left(\frac{P}{k\delta_0}\right)^2 - 2\left(\frac{P}{k\delta_0}\right)\left(\frac{\delta}{\delta_0}\right) + \left\{1 + \left(\frac{c\omega}{k}\right)^2\right\}\left(\frac{\delta}{\delta_0}\right)^2 = \left(\frac{c\omega}{k}\right)^2 \tag{6.53}$$

上式は以下に示すように楕円を表している。

すなわち，$Y = P/(k\delta_0)$，$X = \delta/\delta_0$，$d = c\omega/k$ と置くと，(6.53) 式は次のようになる。

$$Y^2 - 2YX + (1 + d^2)X^2 = d^2 \tag{6.54}$$

次に，X–Y 軸を θ 回転させ新しい x–y 軸にすると，図 6.13 から分かるように，これらの座標には次の関係がある。

$$X = x\cos\theta - y\sin\theta \tag{6.55}$$

$$Y = x\sin\theta + y\cos\theta \tag{6.56}$$

上の 2 式を (6.54) 式に代入すると次のようになる。

$(x\sin\theta + y\cos\theta)^2 - 2(x\sin\theta + y\cos\theta)(x\cos\theta - y\sin\theta)$
$\qquad\qquad\qquad\qquad + (1 + d^2)(x\cos\theta - y\sin\theta)^2 = d^2$

$x^2\sin^2\theta + 2xy\sin\theta\cos\theta + y^2\cos^2\theta$
$\quad - 2x^2\sin\theta\cos\theta + 2xy\sin^2\theta - 2xy\cos^2\theta + 2y^2\sin\theta\cos\theta$
$\quad + (1 + d^2)(x^2\cos^2\theta - 2xy\sin\theta\cos\theta + y^2\sin^2\theta) = d^2$

上式に，$\sin 2\theta = 2\sin\theta\cos\theta$ と $\cos 2\theta = 1 - 2\sin^2\theta = 2\cos^2\theta - 1$ の関係を用いると，次のようになる。

$$(1 - \sin 2\theta + d^2\frac{1+\cos 2\theta}{2})x^2 + (1 + \sin 2\theta + d^2\frac{1-\cos 2\theta}{2})y^2$$
$$- (2\cos 2\theta + d^2\sin 2\theta)xy = d^2 \qquad (6.57)$$

次に，xy を含む項を消去するため，X-Y 軸を回転させる θ には次の関係を満足するようにする。

$$\tan 2\theta = -\frac{2}{d^2} \quad すなわち \quad \sin 2\theta = -\frac{2}{\sqrt{4+d^4}} \quad \cos 2\theta = \frac{d^2}{\sqrt{4+d^4}} \qquad (6.58)$$

すると，(6.57) 式は次のように楕円を表す方程式となる。

$$\frac{x^2}{a^2} + \frac{y^2}{b^2} = 1 \qquad (6.59)$$

ここで，a^2 と b^2 は次式で表される値である。

$$a^2 = \frac{2d^2}{2 + d^2 + \sqrt{4+d^4}} \qquad b^2 = \frac{2d^2}{2 + d^2 - \sqrt{4+d^4}} \qquad (6.60)$$

x，y 座標の楕円で囲まれる面積は πab なので，初めの P，δ 座標の図 6.14 において傾いた楕円で囲まれる面積は，次のようになる。

$$\Delta E = \pi d\,(k\delta_0)\,\delta_0 = \pi c\omega\delta_0^2 \qquad (6.61)$$

この面積は各サイクルごとのエネルギー損失を表しており，これは振動数 ω に比例していることが分かる。

この値から (6.47) 式を用いて減衰定数を求めると，次のようになる。

$$\zeta = \frac{1}{4\pi}\frac{\pi c\omega\delta_0^2}{k\delta_0^2/2} = \frac{1}{2}\frac{c\omega}{k} \qquad (6.62)$$

6.3 減衰とそのモデル化

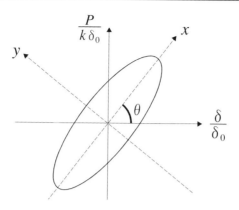

図 6.14 力と変形の関係を表す楕円

（Maxwell モデル）

ばねとダッシュポットが直列になっている図 6.12 b) に示す Maxwell（マックスウェル）モデルの場合は，$P_1 = P_2 = P$ となり，ばねの変形 δ_1 は次式で与えられる。

$$\delta_1 = \frac{P}{k}$$

ダッシュポットの速度は $\dot{\delta}_2 = P/c$ となるので，変形 δ_2 は次式で表される。

$$\delta_2 = \int \left(\frac{P}{c}\right) dt$$

ばねとダッシュポットが直列になっているので，変形には $\delta = \delta_1 + \delta_2$ の関係があり，次式が得られる。

$$\delta = \frac{P}{k} + \int \left(\frac{P}{c}\right) dt \tag{6.63}$$

上式を微分すると次式になる。

$$\dot{P} + \frac{k}{c}P = k\dot{\delta} \tag{6.64}$$

このモデルに次の調和外力が作用しているとする。

$$P = k\delta_0 \sin \omega t \tag{6.65}$$

上式より次式を得る。

$$\delta = \delta_0\left(\sin \omega t - \frac{k}{c\omega}\cos \omega t\right) \tag{6.66}$$

上式より ωt を消去して，次式を得る。

$$\left\{1 + \left(\frac{k}{c\omega}\right)^2\right\}\left(\frac{P}{k\delta_0}\right)^2 - 2\left(\frac{P}{k\delta_0}\right)\left(\frac{\delta}{\delta_0}\right) + \left(\frac{\delta}{\delta_0}\right)^2 = \left(\frac{k}{c\omega}\right)^2 \tag{6.67}$$

ここで，$Y = \dfrac{P}{k\delta_0}$，$X = \dfrac{\delta}{\delta_0}$，$d = \dfrac{c\omega}{k}$ とすると，(6.67) 式は次のようになる。

$$\left\{1 + \left(\frac{1}{d}\right)^2\right\}Y^2 - 2YX + X^2 = \left(\frac{1}{d}\right)^2 \tag{6.68}$$

(6.55) 式と (6.56) 式を (6.68) 式に代入すると，次式となる。

$$\left\{1 - \sin 2\theta + \left(\frac{1}{d}\right)^2\frac{1 - \cos 2\theta}{2}\right\}x^2 + \left\{1 + \sin 2\theta + \left(\frac{1}{d}\right)^2\frac{1 + \cos 2\theta}{2}\right\}y^2$$
$$- \left\{2\cos 2\theta - \left(\frac{1}{d}\right)^2\sin 2\theta\right\}xy = \left(\frac{1}{d}\right)^2 \tag{6.69}$$

xy を含む項を消去するために，X-Y 軸を次式を満足する θ だけ回転させる。

$$\tan 2\theta = \frac{2}{(1/d)^2} \quad \text{すなわち} \quad \sin 2\theta = \frac{2}{\sqrt{4 + (1/d)^4}} \quad \cos 2\theta = \frac{(1/d)^2}{\sqrt{4 + (1/d)^4}} \tag{6.70}$$

すなわち，上式を代入すると (6.69) 式は楕円を表す (6.59) 式となる。ここで，

$$a^2 = \frac{2(1/d)^2}{2 + (1/d)^2 - \sqrt{4 + (1/d)^4}} \qquad b^2 = \frac{2(1/d)^2}{2 + (1/d)^2 + \sqrt{4 + (1/d)^4}} \tag{6.71}$$

よって，P と δ 座標による楕円の面積は次のようになる。

$$\Delta E = \pi(1/d)(k\delta_0)\delta_0 = \pi\frac{k^2\delta_0^2}{c\omega} \tag{6.72}$$

Voigt モデルとは異なり，Maxwell モデルの場合，この面積は振動数 ω に逆比例している。

上式から (6.47) 式を用いて減衰定数を計算すると，次のようになる。

$$\zeta = \frac{1}{4\pi}\pi\frac{k^2\delta_0^2}{c\omega}\frac{2}{k\delta_0^2} = \frac{1}{2}\frac{k}{c\omega} \tag{6.73}$$

6.3 減衰とそのモデル化

（履歴減衰）

図 6.12 a) の Voigt モデルと基本的に同じであるが，減衰係数 c が次式のように振動数 ω に逆比例するとする．

$$c = \frac{\hat{c}}{\omega} \tag{6.74}$$

ここで，$\hat{c}$ は定数である．

上式を Voigt モデルの式に代入すると，楕円で囲まれる面積は次のようになる．

$$\Delta E = \pi \hat{c} \delta_0^2 \tag{6.75}$$

上式から減衰定数を計算すると，次のようになる．

$$\zeta = \frac{1}{4\pi} \pi \hat{c} \delta_0^2 \frac{2}{k\delta_0^2} = \frac{1}{2} \frac{\hat{c}}{k} \tag{6.76}$$

（履歴定数の比較）

本節で説明した減衰モデルについて減衰定数をまとめて示すと次のようになる．

$$\text{Voigt モデル} \qquad \zeta = \frac{1}{2} \frac{c\omega}{k} \tag{6.77}$$

$$\text{Maxwell モデル} \qquad \zeta = \frac{1}{2} \frac{k}{c\omega} \tag{6.78}$$

$$\text{履歴減衰モデル} \qquad \zeta = \frac{1}{2} \frac{\hat{c}}{k} \tag{6.79}$$

これらの関係を模式的に示したのが，図 6.15 である．この図が示しているように，ζ は Voigt モデルでは振動数 ω に比例し，Maxwell モデルでは振動数 ω に逆比例し，履歴減衰モデルでは振動数 ω にかかわらず一定である [47]．

5) 減衰による応答の変化

一般に，構造物の減衰が大きくなると応答は減少する．また，減衰のない構造物の応答スペクトルは周期（あるいは振動数）の少しの変化によって応答が大きく異なることがある．このような理由と，構造物には必ずある程度の減衰性があるので，構造物の減衰をあらかじめ考慮し，周期のわずかな変動に対して大きくは変

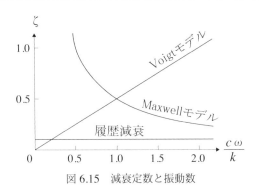

図 6.15 減衰定数と振動数

動†しないように，設計に用いる応答スペクトルはある減衰定数（例えば 0.05 の場合が多い）を持っているとして示されている。このため，異なる減衰定数の構造物に対しては与えられたスペクトルをその減衰定数に応じて増減させ修正したスペクトルを用いる必要がある。その時に用いられる式にはいろいろな提案があるが，例えば次式によって修正することが「建築物の荷重指針」[45] では紹介されている。

$$\mu_\mathrm{d} = \frac{1.5}{1 + 10\zeta} \tag{6.80}$$

上式は限界耐力計算で用いられている (2.61) 式［71 頁］と同一である。

同様の係数としてユーロコード [48] では減衰補正係数 η の (8.24) 式［317 頁］があり，減衰定数 ζ を％ではなく小数で表すと次式となる。

$$\eta = \sqrt{\frac{0.1}{0.05 + \zeta}} \geq 0.55 \tag{6.81}$$

上の 2 式とも $\zeta = 0.05$ で $\eta = 1$ となり，$\zeta = 0.05$ では補正の必要がないことになっている。なお，図 2.20［72 頁］には上の 2 式が示されている。

---

† 設計に用いる固有周期は略算式で求めることが多いため，周期の変動に敏感な応答スペクトルを直接設計に用いることは適切ではない。

6) 多自由度系の減衰

1自由度系については，減衰特性を定めるのに減衰定数 ζ を与えることのみでよいが，多自由度系についてはそう簡単ではない。この理由は，多自由度系の減衰マトリックス $[c]$ を計算で求めることは不可能なため，なんらかの仮定に基づいて $[c]$ を定めることになるからである。よく用いられているのは，モードの直交性を満足する質量マトリックス $[m]$ と剛性マトリックス $[k]$ を用いて $[c]$ を与える方法である [46]。例えば，第1の直交性の (4.40) 式 [170頁] を用いて，$[m]$ にある係数を乗ずることによって $[c]$ を次のように表すことができる。

$$[c] = a_0[m] \quad （質量比例減衰） \tag{6.82}$$

ここで，定数 a_0 は j 次の固有振動数を ω_j，減衰定数を ζ_j として，次のように与えられる。

$$a_0 = 2\zeta_j \omega_j \tag{6.83}$$

(6.82) 式は，減衰定数が振動数に逆比例することになり，高次モードに対する減衰は大きくなるという実測結果には反することになる。このため，第2の直交性の (4.43) 式 [171頁] を用いて，$[k]$ マトリックスに比例する形で $[c]$ を求める次式がよく用いられている。

$$[c] = a_1[k] \quad （剛性比例減衰） \tag{6.84}$$

ここで，定数の a_1 は j 次の固有振動数を ω_j，減衰定数を ζ_j として，次のように与えられる。

$$a_1 = \frac{2\zeta_j}{\omega_j} \tag{6.85}$$

(6.84) 式は，減衰定数が振動数に比例することになる。このため高次モードに対する減衰定数を過大に評価しすぎることが生じる。この欠点を補うため，任意の2つのモード（通常は1次モードと2次モード）に対する減衰定数を独立に与えることができる次のレイリー減衰を用いることも多い。

$$[c] = a_0[m] + a_1[k] \quad （レイリー減衰） \tag{6.86}$$

ここで，定数 a_0 と a_1 は j 次の固有振動数を ω_j，減衰定数を ζ_j，k 次の固有振動数を ω_k，減衰定数を ζ_k として，次のように与えられる．

$$a_0 = \frac{2\omega_j \omega_k (\zeta_k \omega_j - \zeta_j \omega_k)}{\omega_j^2 - \omega_k^2} \tag{6.87}$$

$$a_1 = \frac{2(\zeta_j \omega_j - \zeta_k \omega_k)}{\omega_j^2 - \omega_k^2} \tag{6.88}$$

レイリー減衰でも高次モードに対する減衰定数は固有振動数にほぼ比例したことになるため，直交性をまとめて示した (4.49) 式 [173 頁]，または (4.50) 式の関係を用い，レイリー減衰をさらに一般化した次式のカギ減衰がある．

$$[c] = [m] \sum_{j=0}^{n-1} a_j ([m]^{-1}[k])^j \quad (カギ減衰) \tag{6.89}$$

この式を用いると，すべての次数に対するモード減衰定数を独立に与えることができる．もっとも，すべてのモードに対する減衰を適切に定めることは難しいので，実際に用いられるのは剛性比例減衰やレイリー減衰である．以上のようなマトリックスで表される減衰はすべて比例減衰と呼ばれている．

最近では免震や制振機構を持っている構造物も多くなっている．このような構造物では，制振のためのダンパーを組み込むことがある．この場合は，そのダンパーの特性から（剛性マトリックスを求めるのと同様に）減衰マトリックス $[c]$ を直接求めることができる．この際には，ダンパーによる減衰に上述の比例減衰を加えて減衰マトリックスを作成することになる．このようにして作成された $[c]$ においては，モードが $[c]$ を介して直交するとは限らないので，モード合成法は厳密には適用できない．しかし，多自由度系の運動方程式を時間刻み法などで直接解くには，まったく差し支えがない．

多自由度系の場合においても，非線形領域の減衰係数を線形領域のままにすると，剛性比例減衰は減衰を過大評価することになる．このため，初期剛性ではなく接線剛性に比例するように減衰係数を逐次変更する方法も用いられている．

「減衰マトリックスの係数について」

(4.61) 式 [175 頁] から次のような関係が得られている．

6.3 減衰とそのモデル化

$$k_j^* = \omega_j^2 m_j^* \quad \text{すなわち} \quad \frac{k_j^*}{m_j^*} = \omega_j^2 \tag{6.90}$$

(4.67) 式 [176 頁] より次のような関係が得られている。

$$\zeta_j = \frac{c_j^*}{2 m_j^* \omega_j} \quad \text{すなわち} \quad \frac{c_j^*}{m_j^*} = 2 \omega_j \zeta_j \tag{6.91}$$

また，m_j^* と k_j^* は (4.58) 式 [175 頁] の第 1, 2 式から次のように与えられている。

$$m_j^* = \{\phi\}_j^T [m] \{\phi\}_j \tag{6.92}$$

$$k_j^* = \{\phi\}_j^T [k] \{\phi\}_j \tag{6.93}$$

さらに，一般化減衰係数 c_j^* は (4.65) 式 [176 頁] から次のように与えられている。

$$c_j^* = \{\phi\}_j^T [c] \{\phi\}_j \tag{6.94}$$

(質量比例減衰の場合)

(6.82) 式のように減衰マトリックスを次のように表す。

$$[c] = a_0 [m] \tag{6.95}$$

上式に前から $\{\phi\}_j^T$ を乗じ，後から $\{\phi\}_j$ を乗じると次式が得られる。

$$c_j^* = a_0 m_j^* \tag{6.96}$$

上式を変形し (6.91) 式の関係を用いると次のようになる。

$$a_0 = \frac{c_j^*}{m_j^*} = 2 \zeta_j \omega_j \tag{6.97}$$

このようにして (6.83) 式が得られる。

(剛性比例減衰の場合)

(6.82) 式のように減衰マトリックスを次のように表す。

$$[c] = a_1 [k] \tag{6.98}$$

上式に前から $\{\phi\}_j^{\mathrm{T}}$ を乗じ，後から $\{\phi\}_j$ を乗じると次式が得られる。

$$c_j^* = a_1\, k_j^* \tag{6.99}$$

上式を変形し，(6.90) 式と (6.91) 式の関係を用いると次のようになる。

$$a_1 = \frac{c_j^*}{k_j^*} = \frac{c_j^*/m_j}{k_j^*/m_j} = \frac{2\omega_j \zeta_j}{\omega_j^2} = \frac{2\zeta_j}{\omega_j} \tag{6.100}$$

このようにして (6.85) 式が得られる。

（レイリー減衰の場合）

(6.86) 式のように減衰マトリックスを次のように表す。

$$[\,c\,] = a_0[m] + a_1[\,k\,] \tag{6.101}$$

上式に前から $\{\phi\}_j^{\mathrm{T}}$ を乗じ，後から $\{\phi\}_j$ を乗じ，同様に前から $\{\phi\}_k^{\mathrm{T}}$ を乗じ，後から $\{\phi\}_k$ を乗じると次の 2 式が得られる。

$$c_j^* = a_0\, m_j^* + a_1\, k_j^* \tag{6.102}$$
$$c_k^* = a_0\, m_k^* + a_1\, k_k^* \tag{6.103}$$

上の 2 式から a_0 と a_1 を求めると次のようになる。

$$\begin{aligned}
a_0 &= \frac{c_k^* k_j^* - c_j^* k_k^*}{m_k^* k_j^* - m_j^* k_k^*} = \frac{(c_k^* k_j^* - c_j^* k_k^*)/(m_j^* m_k^*)}{(m_k^* k_j^* - m_j^* k_k^*)/(m_j^* m_k^*)} \\
&= \frac{(c_k^*/m_k^*)(k_j^*/m_j^*) - (c_j^*/m_j^*)(k_k^*/m_k^*)}{k_j^*/m_j^* - k_k^*/m_k^*} \\
&= \frac{(2\omega_k \zeta_k)(\omega_j^2) - (2\omega_j \zeta_j)(\omega_k^2)}{\omega_j^2 - \omega_k^2} = \frac{2\omega_j \omega_k(\zeta_k \omega_j - \zeta_j \omega_k)}{\omega_j^2 - \omega_k^2}
\end{aligned} \tag{6.104}$$

$$\begin{aligned}
a_1 &= \frac{c_j^* m_k^* - c_k^* m_j^*}{m_k^* k_j^* - m_j^* k_k^*} = \frac{(c_j^* m_k^* - c_k^* m_j^*)/(m_j^* m_k^*)}{(m_k^* k_j^* - m_j^* k_k^*)/(m_j^* m_k^*)} \\
&= \frac{c_j^*/m_j^* - c_k^*/m_k^*}{k_j^*/m_j^* - k_k^*/m_k^*} = \frac{2\omega_j \zeta_j - 2\omega_k \zeta_k}{\omega_j^2 - \omega_k^2} = \frac{2(\zeta_j \omega_j - \zeta_k \omega_k)}{\omega_j^2 - \omega_k^2}
\end{aligned} \tag{6.105}$$

このようにして (6.87) 式と (6.88) 式が得られる。

第7章

構造動力学ア・ラ・カルト

7.1 振動数領域での解析

概説

　フーリエ (Fourier) 解析[†]とは，通常の（時間とともに変動する波形のような）関数を振動数[‡]の異なる多くの単純調和関数（$e^{i\omega t}$, $\cos\omega t$, $\sin\omega t$ のような関数）の和として表し，解析を行う数学的な手法である．外力 $p(t)$ がフーリエ変換によって多くの単純調和力を表す項に展開されると，各単純調和力による応答は 3.4 節［141頁］で述べた手法によって求めることができる．そして，各単純調和力による解が求まると，$p(t)$ に対する解はそれらの応答の和として求めることができる．

　このように各振動数ごとの応答を求め，それらを組み合わせて全体の応答を求めるのが振動数領域[§]での解析である．これに対して 3.5 節［153頁］の 2) で示したデュアメル積分（畳み込み積分）のような解析を時間領域での解析という．

[†] フーリエ解析については多くの数学の教科書に詳しく書いてあるので，それらを参照してほしい．
[‡] 英語の frequency は構造分野では振動数と訳される場合が多いが，「周波数」ともいう．特に本節に関する分野では周波数という用語を用いることが多く，例えば「周波数領域での解析」，「複素周波数応答関数」などと表現されるが，本書では振動数という用語を用いる．
[§] 振動数領域での解析法は英語で frequency domain analysis，時間領域での解析は time domain analysis である．

1) フーリエ変換とフーリエ逆変換

どのような外力 $p(t)$ もフーリエ積分の形で次式のように表すことができる。

$$p(t) = \frac{1}{2\pi} \int_{-\infty}^{\infty} P(\omega) e^{i\omega t} d\omega \tag{7.1}$$

ここで，各振動数の振幅を表している（複素数なので位相も同時に表している）$P(\omega)$ は，次式のように表される。

$$P(\omega) = \int_{-\infty}^{\infty} p(t) e^{-i\omega t} dt \tag{7.2}$$

一般に，上の (7.2) 式のように時間の関数を振動数の関数で表すことをフーリエ変換，(7.1) 式のように振動数の関数を時間の関数で表すことをフーリエ逆変換という。そして，以上の 2 式のような関係をフーリエ変換の対という［図 7.1］。

図 7.1　フーリエ変換とフーリエ逆変換

フーリエ変換の対を表している (7.1) 式と (7.2) 式は非常に似ているが，もちろん同じではない。異なっているのは，変数の時間 t と振動数 ω の他に，指数部分の負号 $-$ と係数 $\frac{1}{2\pi}$ である。負号 $-$ と係数 $\frac{1}{2\pi}$ はフーリエ変換の対のどちらかに入っていればよく，例えば次のように表示されることもある。

$$p(t) = \int_{-\infty}^{\infty} P(\omega) e^{i\omega t} d\omega \tag{7.3}$$

$$P(\omega) = \frac{1}{2\pi} \int_{-\infty}^{\infty} p(t) e^{-i\omega t} dt \tag{7.4}$$

さらに，両方の式に $\frac{1}{\sqrt{2\pi}}$ を乗じた形で次のように表すこともある（もっともこのように表示されることは少ないようである）。

$$p(t) = \frac{1}{\sqrt{2\pi}} \int_{-\infty}^{\infty} P(\omega) e^{i\omega t} d\omega \tag{7.5}$$

$$P(\omega) = \frac{1}{\sqrt{2\pi}} \int_{-\infty}^{\infty} p(t) e^{-i\omega t} dt \tag{7.6}$$

7.1 振動数領域での解析

いずれの表示を用いても，任意の関数についてフーリエ変換を行い，次に逆変換を行うと，当然のことであるがもとの関数に戻ることには変わりがない。（もちろん，一連の解析の中では負号と係数を統一して用いる必要がある。）

フーリエ変換とフーリエ逆変換を表す際には，慣例的に時間の関数を $p(t)$ や $h(t)$ のように小文字で表し，振動数の関数を $P(\omega)$ や $H(\omega)$ のように大文字で表すことが多い。また，フーリエ変換の対をなしていることを次式のように表すこともある[28]。

$$p(t) \Longleftrightarrow P(\omega) \tag{7.7}$$

フーリエ解析においては，$e^{i\omega t}$ のように複素数を用いることによって計算が非常に簡単になり，このことを強調するため $P(\omega)$ の代わりに $P(i\omega)$ と表す場合もあるが，これらは全く同一である。

「例題」
　図 7.2 a) に示す矩形波のフーリエ変換を求める。

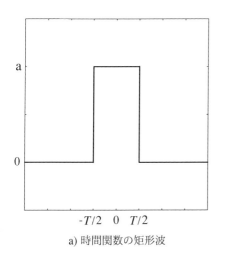
a) 時間関数の矩形波

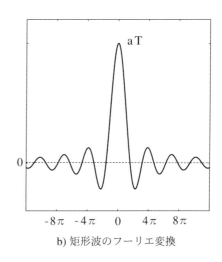
b) 矩形波のフーリエ変換

図 7.2　矩形波とそのフーリエ変換

「解」(7.2) 式を用いると矩形波のフーリエ変換は次式のようになる。

$$X(\omega) = \int_{-T/2}^{T/2} a\,e^{-i\omega t}dt$$

$$= \left[\frac{a\,e^{-i\omega t}}{-i\omega}\right]_{-T/2}^{T/2} = -\frac{a}{i\omega}\left(e^{-i\omega\frac{T}{2}} - e^{i\omega\frac{T}{2}}\right)$$

$$= -\frac{a}{i\omega}\left\{\left(\cos\frac{\omega T}{2} - i\sin\frac{\omega T}{2}\right) - \left(\cos\frac{\omega T}{2} + i\sin\frac{\omega T}{2}\right)\right\}$$

上式の最後の計算には，オイラーの公式 $e^{i\omega t} = \cos\omega t + i\sin\omega t$ を用いている。結局，図 7.2 a) に示す $x(t)$ のフーリエ変換は次式のようになる。

$$X(\omega) = \frac{2a\sin\frac{\omega T}{2}}{\omega} \tag{7.8}$$

上式を示したのが図 7.2 b) である。

2) 複素振動数応答関数

外力 $p(t) = P_0\,e^{i\omega t}$ を受ける 1 自由度系の運動方程式は (3.2) 式 ［120 頁］ より次のように表される。

$$m\,\ddot{x}(t) + c\,\dot{x}(t) + k\,x(t) = P_0\,e^{i\omega t} \tag{7.9}$$

外力が調和力[†]なので，その解も次式のように外力と同じ振動数の調和運動で表されると仮定する。

$$x(t) = H(\omega)\,P_0\,e^{i\omega t} \tag{7.10}$$

ここで，$H(\omega)$ はこれから求めるものである。上式を（時間で）微分すると次式が得られる。

$$\dot{x}(t) = i\omega H(\omega)P_0\,e^{i\omega t} \qquad \ddot{x}(t) = -\omega^2 H(\omega)P_0\,e^{i\omega t} \tag{7.11}$$

これらの式を (7.9) 式に代入すると次のようになる。

$$m\{-\omega^2 H(\omega)P_0\,e^{i\omega t}\} + c\{i\omega H(\omega)P_0\,e^{i\omega t}\} + k\{H(\omega)P_0\,e^{i\omega t}\} = P_0\,e^{i\omega t}$$

$$\{-\omega^2 m + i\omega c + k\}H(\omega)\,P_0\,e^{i\omega t} = P_0\,e^{i\omega t} \tag{7.12}$$

[†] オイラーの公式 $e^{i\omega t} = \cos\omega t + i\sin\omega t$ を思い出すと，(7.9) 式右辺の外力は正弦 sin と余弦 cos 関数で表される力（調和力）を同時に表していることが分かる。

7.1 振動数領域での解析

よって $H(\omega)$ が次式のように得られる。

$$H(\omega) = \frac{1}{-\omega^2 m + i\omega c + k} = \frac{1}{k} \frac{1}{\{1-(\omega/\omega_n)^2\} + i\{2\zeta(\omega/\omega_n)\}}$$
$$= \frac{1}{k} \frac{1}{(1-r_n^2) + i(2\zeta r_n)} \tag{7.13}$$

ここで，すでに定義したように $\omega_n^2 = k/m, \zeta = c/(2m\omega_n) = c\omega_n/(2k), r_n = \omega/\omega_n$ である。

$H(\omega)$ は複素振動数応答関数と呼ばれるもので，$H(i\omega)$ と表すこともある。上式の $H(\omega)$ は，運動方程式が (7.9) 式で表される 1 自由度系の，単位振幅の調和力による，定常変位応答の振幅と位相を表している。$H(\omega)$ は，入力が必ずしも外力である必要はなく，地震動などを扱う場合は加速度を入力と考える場合もあり，応答も必ずしも変位ではなく速度や加速度などとしても同様な式が得られる。その場合の $H(\omega)$ は (7.13) 式右辺の最初の係数である $\frac{1}{k}$ の部分が異なることになる。

(7.13) 式の $H(\omega)$ は $\frac{1}{k}$ を取り除き絶対値をとると，(3.106) 式 [145 頁] の動的応答倍率 R_{dy} となるが，これらの式を導いた 3.4 節 [144 頁] の計算過程を比べると，本質的に同じものであることが分かる。(3.106) 式の動的応答倍率 R_{dy} は入力を $P_0 \sin\omega t$ とし，応答が (3.98) 式 [144 頁] のように $G_1 \cos\omega t + G_2 \sin\omega t$ で表されるとして導かれたが，この過程は (7.13) 式の $H(\omega)$ を求めたのとほぼ同様である。しかし，$H(\omega)$ の方が容易に求められたことに気が付くであろう。この理由は，(3.106) 式を求めるのに $\cos\omega t$ と $\sin\omega t$ を用いていたが，(7.13) 式を求めるのに $e^{i\omega t}$ を用いたからである。最終的に解析結果を $\cos\omega t$ と $\sin\omega t$ で表すにはオイラーの公式を用いるが，解析の途中では $e^{i\omega t}$ を用いる方が容易である。（これが $e^{i\omega t}$ という関数を用いる大きなメリットの 1 つである。）

なお，(7.13) 式の $H(\omega)$ は 1 自由度系について求めたものであるが，系は必ずしも 1 自由度である必要はなく，多自由度系についても入力と任意の位置の応答について $H(\omega)$ を求めることができる。

3) 任意の外力による応答

すでに導いた (7.10) 式より，振動数 ω の調和外力 $P_0 e^{i\omega t}$ を受ける線形系の応答は $H(\omega) P_0 e^{i\omega t}$ で得られるので，任意の外力 $p(t)$ を受ける線形系の応答 $x(t)$ は (7.1) 式のように振動数 $-\infty$ から ∞ までの各調和外力に対する応答の和，すなわち

積分として次式のように得られる。

$$x(t) = \frac{1}{2\pi} \int_{-\infty}^{\infty} X(\omega) e^{i\omega t} d\omega \tag{7.14}$$

ここで，$X(\omega)$ は次式のようである。

$$X(\omega) = H(\omega) P(\omega) \tag{7.15}$$

　上式のように，外力のフーリエ変換 $P(\omega)$ と系の複素振動数応答関数 $H(\omega)$ が分かっているならば，その系の応答のフーリエ変換 $X(\omega)$ は単に $P(\omega)$ と $H(\omega)$ の積で得られるという点が振動数領域での解析の特徴の一つである。

　さらに，この応答が次の系の入力となり，その系の応答を求める際にも同様な関係が得られるので，複数の系の振動数応答関数を $H_1(\omega), H_2(\omega), H_3(\omega), \cdots$ とし，入力のフーリエ変換を $P(\omega)$ とすると，それらの系を通過した後の入力すなわち応答のフーリエ変換 $X(\omega)$ は，それらの積として次式のように簡単に表すことができる。

$$X(\omega) = H_1(\omega) H_2(\omega) H_3(\omega) \cdots P(\omega) \tag{7.16}$$

　上式のように，入力 $P(\omega)$ は複素振動数応答関数によって変換されながら，応答が次々と伝達されていくので，$H(\omega)$ は伝達関数と呼ばれることもある。

　なお，最終的に時間の関数としての応答が必要な場合には，(7.14) 式によるフーリエ逆変換を行う。

4) 複素振動数応答関数と単位インパルス応答関数

　$p(t) = \delta(t)$ を (7.2) 式に代入すると，単位インパルス $\delta(t)^\dagger$ のフーリエ変換は次式のようになる[‡]。

$$P(\omega) = \int_{-\infty}^{\infty} \delta(t) e^{-i\omega t} dt = 1 \tag{7.17}$$

$P(\omega) = 1$ を (7.14) 式と (7.15) 式に代入すると次のようになる。

$$x(t) = \frac{1}{2\pi} \int_{-\infty}^{\infty} H(\omega) e^{i\omega t} d\omega$$

[†] $\delta(t)$ は $t=0$ で無限大（$t \neq 0$ では 0）であるが，積分すると 1 となる関数でディラックのデルタ関数と呼ばれる。

[‡] $t=0$ において $\delta(t)$ は面積 1 のインパルス ($t \neq 0$ では $\delta(t) = 0$)，$t=0$ において $e^{-i\omega t}$ は 1 となるので，時間 t について $-\infty$ から ∞ まで積分すると 1 となる。

7.1 振動数領域での解析

上式は単位インパルスによる応答であるから，単位インパルス応答関数を表す $h(t)$ を用いて，次式のように表示できる．

$$h(t) = \frac{1}{2\pi}\int_{-\infty}^{\infty} H(\omega)\, e^{i\omega t} d\omega \tag{7.18}$$

上式をフーリエ逆変換の (7.1) 式と比較すると，$h(t)$ は $H(\omega)$ のフーリエ逆変換であることが分かる．よって，$H(\omega)$ は $h(t)$ のフーリエ変換で (7.2) 式と同様に次式が得られる．

$$H(\omega) = \int_{-\infty}^{\infty} h(t)\, e^{-i\omega t} dt \tag{7.19}$$

すなわち，単位インパルス応答関数と複素振動数応答関数はフーリエ変換の対，すなわち $h(t) \iff H(\omega)$ である．

5) 自己相関関数とパワースペクトル密度関数

詳しい説明は省略するが，自己相関関数 $R(\tau)$ とパワースペクトル密度関数 $S(\omega)$ もフーリエ変換の対 $R(\tau) \iff S(\omega)$ をなしている．

自己相関関数とは，時間の関数（波形のようなもの）を τ 時間ずらした相乗平均を τ の関数として表したものである．すなわち，任意の関数を $f(t)$ とすると，自己相関関数は次式で表される．

$$R(\tau) = \lim_{T \to \infty} \frac{1}{T} \int_{-T/2}^{T/2} f(t)f(t+\tau) dt \tag{7.20}$$

一方，パワースペクトル密度関数は次式で表される．

$$S(\omega) = \lim_{T \to \infty} \frac{|F(\omega)|^2}{T} \tag{7.21}$$

ここで，$F(\omega)$ は $f(t)$ のフーリエ変換である．

すると，自己相関関数 $R(\tau)$ とパワースペクトル密度関数 $S(\omega)$ の間には次の関係がある．

$$S(\omega) = \int_{-\infty}^{\infty} R(\tau)\, e^{-i\omega\tau} d\tau \tag{7.22}$$

$$R(\tau) = \frac{1}{2\pi}\int_{-\infty}^{\infty} S(\omega)\, e^{i\omega\tau} d\omega \tag{7.23}$$

7.2 加速度計と変位計

箱の中に1自由度系が図7.3のように取り付けられ，床の上に置かれている。床が次式のような動きを受けるとする。

$$\ddot{x}_g(t) = P_a \sin \omega t \tag{7.24}$$

すると，運動方程式は(3.2)式［120頁］の$P(t)$を$-m\ddot{x}_g(t)$に置き換えて，次のように得られる。

$$m\ddot{x}(t) + c\dot{x}(t) + kx(t) = -mP_a \sin \omega t \tag{7.25}$$

上式の定常応答の解はすでに(3.105)式［145頁］で次のように与えられている。

$$\begin{aligned} x(t) &= -\frac{mP_a}{k} R_{dy} \sin(\omega t - \theta) \\ &= -\frac{P_a}{\omega_n^2} R_{dy} \sin(\omega t - \theta) \end{aligned} \tag{7.26}$$

ここで，動的応答倍率R_{dy}はすでに図3.14［146頁］に示されている。この図から，$\zeta = 0.7$で$0 < r_n < 0.6$の範囲では，動的応答倍率がほぼ1であることが分かる。よって，図7.3のように系の相対変位を記録すると，その記録は地動の加速度振幅に比例しているので，この装置を加速度計として用いることができる。

なお，振動数は$0 < r_n < 0.6$の範囲でなければならないので，測定できる振動数範囲を広げるためには，系の剛性を高めたり質量を小さくする必要がある。

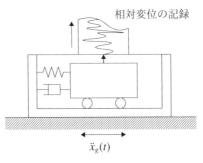

図7.3　地震計の仕組み

7.2 加速度計と変位計

次に，地動が次式で与えられているとする。

$$x_g(t) = P_d \sin \omega t \qquad (7.27)$$

加速度で表示すると次のようになる。

$$\ddot{x}_g(t) = -\omega^2 P_d \sin \omega t \qquad (7.28)$$

この場合の運動方程式と定常応答の解は次のようになる。

$$m\ddot{x}(t) + c\dot{x}(t) + kx(t) = m\omega^2 P_d \sin \omega t \qquad (7.29)$$

$$\begin{aligned}x(t) &= \frac{m\omega^2 P_d}{k} R_{dy} \sin(\omega t - \theta) \\ &= r_n^2 R_{dy} P_d \sin(\omega t - \theta)\end{aligned} \qquad (7.30)$$

図7.4に $r_n^2 R_{dy}$ と r_n の関係が示されている。この図より，$r_n^2 R_{dy}$ は，$\zeta = 1/2$ で $r_n > 1$ でほぼ一定であることが分かる。よって，系の相対変位振幅は地動の変位振幅に比例するので，この装置を変位計として用いることができる。

なお，変位計として用いる場合は，振動数を低くすると測定範囲が広がるので，剛性を低くしたり質量を大きくすることになる。

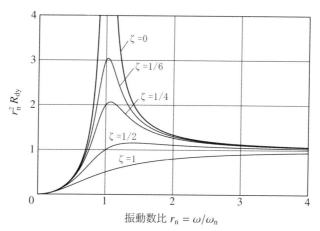

図 7.4　調和運動による地震計の応答

7.3 ゴルフボールのバックスピン

1) プロローグ

　地震動による物体の転倒について研究をしたことがある [49, 50]。ここではその研究中のエピソードについて紹介する [51]。

　細長い角柱を机の上でちょっと傾けて放すと，その角柱はカタカタと音をたてながら右から左に，左から右へと繰返し運動［図 7.5 a)］を行い，次第に傾きが小さくなり静止する。これはロッキング運動と呼ばれる。角柱が細長くない場合には，傾けた角柱はロッキングをしないで机の上を滑るようにして動き，そして静止する［図 7.5 b)］。これは手元にある細長い物体を傾けて放すことによって手軽に実験できる。

　地震動によって床の上の物体もこのような動きを行うのであるが，これをコンピュータで計算させようとすると意外と難しい。過去のほとんどの解析は，物体は滑らずにロッキング運動のみを行い，物体が床と衝突する際には，その回転速度がある割合で減少していくという仮定で行われている。

　しかし，物体は，滑ったり，跳び上がったりすることも考えられるので，これを計算させるにはどうしたらよいか考えてみたところ，当然なことであるが，物体が床と衝突する時に，どのような力が作用するかが分かれば解決できることに気が付いた。そこで力学の本などで衝突について調べてみた。

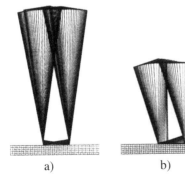

a) アスペクト比の大きな細長い角柱を少し傾けて離すと，ロッキング運動をする。
b) アスペクト比の小さな角柱は，ロッキングしないで，横に滑っていく。

図 7.5　ロッキングする角柱と横に滑る角柱

2) 簡単な衝突の力学

物体（ここでは，簡単のため球とする）が速度 v で床に衝突し，はね返ったときの速度を v' とすると，次の式が得られる［図 7.6］。

$$v' = -e_v v \tag{7.31}$$

ここで，e_v は通常の（法線方向の）反発係数である（負号は方向が逆になることを示している）。この式は，よく知られていて，これが反発係数の定義と思っている人もいるだろうが，次のように考えるべきものである。

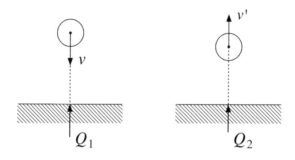

図 7.6 球の反発（垂直衝突）

球が床と衝突しはね返る間に物体の速度が 0 となる瞬間がある。その時までに作用する力積（力×時間）Q_1 は，衝突前の運動量に等しい。すなわち，

$$Q_1 = -mv \tag{7.32}$$

ここで，m は球の質量である（負号は運動量の方向に逆らって力積が作用することを示している）。球の速度が 0 となった後，球は反発し離れていく間に作用する力積を Q_2 とすると，Q_1 に対する Q_2 の比が反発係数である。すなわち，

$$e_v = \frac{Q_2}{Q_1} \tag{7.33}$$

Q_2 は Q_1 より大きくなることはないので，e_v は次の式の値となる。

$$0 < e_v < 1 \tag{7.34}$$

よって，衝突時に作用する全力積 Q は，

$$Q = Q_1 + Q_2 = Q_1 + e_v Q_1 = -(1 + e_v) m v \tag{7.35}$$

衝突後の運動量 mv' は，衝突前の運動量に全力積を加えたものとなる。

$$mv' = mv + Q = -e_v m v \tag{7.36}$$

上式より (7.31) 式が容易に得られる。

3) 実際の衝突の力学

次に，球が床と斜めに衝突する場合を考えてみた。一般の力学の教科書では，衝突面に垂直(法線)方向のみの力積を考慮し，接線方向の力積は無視した場合を扱っている。これでは，衝突後に球の回転は起こらないことになる。しかし，ビリヤードの球がクッションからはね返ってくる時や，ゴルフボールのバックスピンを考えると，衝突時には衝突面に平行な接線方向の力積が生じていることは明らかである。そこで，次のように考えてみた。

衝突前の接線と法線方向の速度を u と v，衝突時の接線と法線方向の全力積を Q_u と Q_v とすると，衝突後の接線と法線方向の速度 u' と v' は次式となる [図 7.7]。

$$u' = u + \frac{Q_u}{m} \tag{7.37}$$

$$v' = v + \frac{Q_v}{m} \tag{7.38}$$

Q_u は球の重心方向ではなく，球の半径 r だけ離れた位置に作用する。このため，球には衝突後に回転が生じ，この回転速度 ω' は次式となる。

$$\omega' = \frac{r}{i^2} \frac{Q_u}{m} \tag{7.39}$$

ここで，i は球の回転半径 ($i^2 = 0.4 r^2$) である。

7.3 ゴルフボールのバックスピン

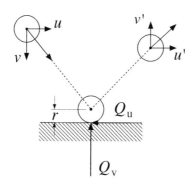

図 7.7 球の反発（斜め衝突）

(7.37)～(7.39) 式より，Q_u と Q_v が分かるならば，衝突後の球の運動を決めることができる。Q_v は (7.35) 式の Q に等しいと考えてもよいであろう。すると，残りは Q_u をどのように決めるかである。これについては定説がないようなのであるが，教科書のように無視して $Q_u = 0$ とすると，実際の現象を表せない。また，摩擦力のように考えると，回転は衝突の方向によらず v によって支配されることになり，これも不都合である。そこで考えてみたのがエネルギーである。衝突前後の運動エネルギーを E と E' として，次式が得られる。

$$E = \frac{1}{2}m(u^2 + v^2) \tag{7.40}$$

$$E' = \frac{1}{2}m(u'^2 + v'^2 + i^2 \omega'^2) \tag{7.41}$$

上の 2 式より，衝突前後のエネルギーの変化は次のようになる。

$$E' - E = Q_u\left\{u + \frac{1}{2}Q_u\frac{1 + (r^2/i^2)}{m}\right\} - \frac{1}{2}(1 - e_v)mv^2 \tag{7.42}$$

衝突によって，エネルギーは増加しないので，上式はいかなる場合も 0 以下とならなければいけない。右辺の第 2 項が 0 以下となるのは明らかである。第 1 項が 0 以下となるのは，Q_u が次の範囲となる場合である。

$$-\frac{2mu}{1 + (r^2/i^2)} < Q_u < 0 \tag{7.43}$$

よって，Q_u を次のように表してみた。

$$Q_\mathrm{u} = -\frac{(1+e_\mathrm{u})mu}{1+(r^2/i^2)} \tag{7.44}$$

そして，ここに導入した e_u を接線方向の反発係数と呼ぶことにした．なぜなら，(7.44) 式は $r=0$, すなわち球の半径が無視できるような粒子を考えると，(7.35) 式に一致する．さらに，

$$-1 < e_\mathrm{u} < 1 \tag{7.45}$$

であるならば，衝突によってエネルギーは増加しないことになるからである．e_u を接線方向の反発係数と呼ぶもう一つの理由は，球の重心ではなく衝突した点で考えると，法線方向の反発係数と同様な (7.31) 式の関係があるからである．

4) ゴルフボールのバックスピンへの適用

以上のような仮定による解析が正しいかどうかを確かめる必要がある．そこで思い出したのは，ゴルフボールのバックスピンのデータが以前に読んだ本[†]に書かれていたことである．そして，ゴルフのヘッドスピード，クラブフェイスのロフトとスピンが分かれば，何かが分かるのではないかと考えた．

ゴルフの場合，クラブヘッドがボールに衝突するが，これを球が床に衝突する場合と同様に考えることができる．もっとも，クラブヘッドの質量がボールに比べて十分大きくなければならない．クラブヘッドの質量（約 200gr）は，ボールの質量（約 46gr）に比べて十分大きいとはいえないかもしれないが，ここでは前述の仮定による解析があまりおかしくはないことが分かればよいので，この条件が満たされるとして解析してみた．

(7.39) 式に (7.44) 式を代入し，$i^2 = 0.4\,r^2$ およびゴルフボールの半径 $r = 2$ (cm) を代入すると，

$$\omega' = \{-(1+e_\mathrm{u})/2.8\}u \tag{7.46}$$

上式より，バックスピン ω' は u に比例することになる．

一方，脚注文献によると各クラブごとにバックスピンが示されており，クラブヘッドのスピードも図表から計算できる．クラブのヘッドスピードを V とすると，

[†] 小田桐洋一, "科学的ゴルフ上達法", 講談社, 昭和 51 年 10 月

7.3 ゴルフボールのバックスピン

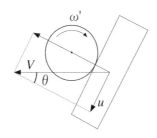

図 7.8 ゴルフボールとクラブの衝突

ボールに対するクラブフェイス面に平行な接線方向の速度 u は［図 7.8］次のようになる。

$$u = V \sin \theta \tag{7.47}$$

よって，縦軸にバックスピン ω' (rpm[†])，横軸に u (m/s) をとってみたのが図 7.9 である。この図より，明らかにバックスピン ω' は u に比例している。すなわち，前述の仮定と解析が正しかったことになったのである。

ついでに，e_u の値を計算してみよう。図 7.9 から，

$$\omega' \text{ (rpm)} = 440\, u \text{ (m/s)} \tag{7.48}$$

この式を，バックスピン ω' (rad/s) と u (cm/s) の単位で書き直すと，

$$\omega' = 0.46\, u \tag{7.49}$$

上式と (7.46) 式から e_u が計算できる（負号はスピンの方向に考慮されている）。

$$e_u = 0.29 \tag{7.50}$$

教科書に書いてある衝突の力学のように法線方向の力積を考慮しないということは，$e_u = -1$ となる。それで，教科書では接線方向の力積を無視しているくらいだから e_u の値は -1 に近いものと思っていたが，この予想はまったく違っていた。結論として，接線方向の力積を考慮しないわけにはいかないことになった次第である。

[†] rpm : revolutions per minute, 1 分間の回転数

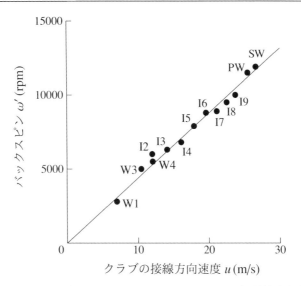

図 7.9　ゴルフボールのバックスピンとクラブの接線方向速度

5) エピソード

　以上のような衝突面に平行な力積を取り入れ，床の上にある物体の運動を解析するコンピュータプログラムを作成し地震動による物体の運動を研究したのである。なお，図 7.5 は，このプログラムで解析した結果の一例である。

　最後に，もう一つのエピソード（落ち？）。このプログラムを用いて地震動による物体の運動について解析したところ，苦労して導入した接線方向の反発係数は，物体の転倒にはあまり関係がないことが分かった時には，ちょっとがっかりもした。しかし，あまり関係がないことが分かったのも一つの成果であると自分では納得したつもりでいる。もちろん，ゴルフボールのバックスピンには，この係数が大いに関係することを最後に述べておきたい。

第IV部

付　録

第 8 章

海外の耐震規定

8.1 地震荷重の国際規格 ISO 3010

1) ISO 3010 について

　国際標準化機構の地震荷重規格である ISO 3010「構造物の設計の基本 – 構造物への地震作用」は ISO/TC98 委員会の下のワーキンググループによって作成され，1988 年に初版の ISO 規格 [52] となった[†]。TC98 は「構造物の設計の基本」を取り扱っている専門委員会で，その目的は建築物と土木構造物の国際規格としての統一されたシステムをつくることにある。このシステムはある地域や国の基準を作成する際に基本となるものである。ISO 3010 の第 2 版は 2001 年 [38]，第 3 版は 2017 年 [53] に出版された。

　ISO/TC98 では load「荷重」ではなく（荷重を含むより広い意味を持つ）action「作用」という用語を用いており，ISO 3010 は "Bases for design of structures – seismic actions on structures" である。

　TC98 に関連する ISO 規格は，規格作成者のための規格（Code for Code Writers）ともいわれている。地震荷重規格についても，その内容は基本的なことについて原則をまとめたものである。よって，ある特定の構造物を対象とし，地震荷重を求めたり，それに基づいて設計するには，具体的な数値が明確に示されていない。しか

　[†] ISO 3010 は日本がワーキンググループ（WG）主査（Convener）として作成したもので，主査は，当初は大沢胖（当時・東京大学教授）で，松島豊（当時・筑波大学教授）が引き継ぎ初版をまとめた。その改訂版である第 2 版（2001 年版）と第 3 版（2017 年版）は著者が主査としてまとめた。

し，地震荷重を決める際に考慮すべき事項はほぼ全て取り入れられており，今後新たに耐震規定を定める場合や，現在の規定を改定する際には非常に有益である。また，附属書には具体的な数値を定める際の参考となるように，おおよその値が示されている。

以下は本文と附属書の概要で，【　】内は英文にはないが日本の基準との関係が分かるように書き加えた部分である。

2) ISO 3010 本文の概要

序文

この文書は構造物への地震作用を評価するための基本原則を示し，基本的に ISO 2394[54] に対応している。地震作用の評価と構造物の設計には密接な関わりがあるので，耐震設計の原則も含まれる。附属書 A～P は参考資料である。

備考）ISO 23469[55] と ISO 13033[56] はこの文書の関連文書で，それぞれ地盤基礎構造物および非構造部材とシステムに対する基本的設計クライテリア[†]を示している。

(1) 適用範囲

この文書は，建築物（上部構造と基礎を含む）とその他の構造物の耐震設計における地震作用を評価する原則を規定する。橋梁，ダム，地中構造物，トンネルなどはこの文書の範囲外であるが，この原則の一部は参照できる。原子力発電所については，他の国際規格で別途規定されているので，適用しない。

(2) 引用文書

次の文書は，この文書の中で引用されている。
ISO 13033「構造物の設計の基本－荷重，力，その他の作用－建築物の非構造部材への地震作用」[56]

(3) 用語と定義

本文（附属書を除く）で用いられている 17 の用語と定義が示されている。

(4) 記号と略語

本文（附属書を除く）で用いられている 12 の記号と 4 つの略語が示されている。

[†]「クライテリア」（criteria は複数形，単数形は criterion）は邦訳版にはカタカナで表示されているが，「規範」「判断基準」など訳されていることもある。

8.1 地震荷重の国際規格 ISO 3010

(5) 耐震設計の基本

構造物の耐震設計の基本思想は，地震時において，i) 人間の死傷を防ぎ，ii) 生命に関わる重要な機能の継続性を確保し，iii) 財産に対する損害を低減することである。この他に，環境に対する社会的な目標も考慮すべきである。

ほとんどの構造物について，すべての地震に対して完全に無傷に保つことは経済的に実現可能ではないことが認識されているため，次の基本原則を定めている。

a) 当該地で発生する可能性がある大地震動によって，構造物は崩壊またはこれに類似した形式で破壊すべきでない（終局限界状態：ULS, Ultimate Limit State）。破壊による影響度の高い構造物は，より高い信頼性を備えるべきである。

b) 構造物の供用期間中に当該地で発生が予想される中地震動に対し，構造物は許容限界以内の被害で抵抗すべきである（使用限界状態：SLS, Serviceability Limit State）。

各限界状態（SLS と ULS）を超えた以降の構造物の挙動を考慮し，構造健全性[†]も検証されるべきである。中地震動または大地震動の後で，サービス（例えば，配管，配線系を含む機械設備・電気設備）がその機能を保持することが必須である場合は，地震作用は ISO 13033 の要求に従うべきである。構造物自体も同様の地震動レベルに対して必須の機能が確保されることを検証すべきである。

備考 1）この文書で述べられていることの他に，地震が引き金となる，（火災，工業施設や貯蔵タンクからの危険物の流失，大規模な地滑り，津波のような）二次災害に対して，適切な対策を考慮することが重要である。

備考 2）余震に対して，地震被害を受けた構造物を評価する必要があるかもしれないが，この文書ではそのような作用に言及しない。

(6) 耐震設計の原則

i) 建設地の状態 地震作用下における建設地の状態は，マイクロゾーネーション[‡]に関するクライテリア（活断層への近接度，地盤構成，大ひずみでの地盤挙動，液状化の可能性，地形，地盤の不整形性，これらの相互作用などのその他の要因）を考

[†] structural integrity，構造物が作用する外力などに対して一体となって抵抗し，容易に破壊することのないような特性を示している。

[‡] マイクロ (micro) とは「微少な」という意味で，ゾーネーション (zonation) とは地域区分のことである。マクロゾーネーションという用語もあり，マクロ (macro) とは「巨大な」という意味で，日本の地震地域係数の地図などはこれに分類される。

慮して評価すべきである。

　液状化が起こりやすい地盤の場合は，そのような現象への対応または制御するため適切な基礎と（または）地盤改良を導入すべきである［ISO 23469］。

　津波の危険度の高い地域では，ある種の重要な構造物（鉛直方向避難施設，病院，緊急通信施設など）は津波作用に抵抗することが要求される［附属書 O（309 頁）］。

ii) 構造物の形状　より耐震的にするためには，構造物は平面的にも立面的にも整形な形状を有することが推奨される。

a. 平面的不整形　水平方向の地震作用に抵抗するための構造要素は，捩り効果が可能な限り小さくなるように配置すべきである。力の偏心分布を生じるような平面的不整形は望ましくない。それらは正確に評価することが困難で，構造物の動的応答を増幅するであろう捩り効果を生じるからである［附属書 F（302 頁）］。

b. 鉛直方向の不整形　構造物の高さ方向の質量，剛性，耐力の変化は，被害の集中を避けるために最小とすべきである［附属書 C（298 頁）］。複雑な形状をした構造物を設計するときは，適切な動的解析を行うことが推奨される。

iii) 非構造要素の影響　構造要素の他に非構造要素を含む建築物は，解析可能な地震力抵抗システムとして明確に定義されるべきである。地震応答を計算する際には，構造システムの要素のみではなく，非構造の壁，間仕切り，階段，窓などの影響も，それらが構造物の応答に重要な場合は，考慮すべきである。

備考）地震時の解析で，非構造要素はしばしば無視される。多くの場合，非構造要素は構造物に付加的な強度と剛性を付与し，結果的に地震時に好ましい挙動となり得るので，それらの存在を無視することは正当化される。しかし，時には非構造要素は不都合な挙動を引き起こすこともある。例えば，腰壁・垂壁が鉄筋コンクリート造柱に脆性的なせん断破壊を引き起こしたり，間仕切り壁の非対称な配置が構造物に大きな捩りモーメントを引き起こす。従って，すべての要素が地震時に挙動する様子を考慮すべきである。非構造要素を無視しても不都合な挙動を引き起こさなければ，地震時の解析で考慮する必要はない。ISO 13033 は，建築物の地震時解析モデルに含めるべき非構造部材に関する付加的なクライテリアを示している。

iv) 強度と靭性　構造システムとその構造要素は，地震作用に対して，適切な強度と靭性を有するべきである。弾性限以降の適切な性能は，構造システムの適切な選択と（または）靭性的な詳細によって具備されなければならない。構造物は地震作用に対する適切な強度と適切なエネルギー吸収が確保できるように十分な靭性を有

8.1 地震荷重の国際規格 ISO 3010

するべきである［附属書 D（300 頁）］．構造要素の靱性の低い挙動，例えば，座屈，付着破壊，せん断破壊，脆性破壊などを阻止するため，特別な注意を払うべきである．繰り返し荷重による復元力の劣化を考慮すべきである．

構造物の局部耐力は解析で仮定した耐力より高いことがある．そのような余剰耐力は，構造要素の破壊モード，構造物の破壊メカニズムと基礎の挙動を含む大地震動による構造物の挙動を評価する際に考慮すべきである．

v) 構造物の変形　地震作用による構造物の変形は，中地震動に対しては構造物の機能に不都合が生じることがないように，大地震動に対しては崩壊またはこれに類似した構造破壊を避けるために，制限すべきである．

高層建築物や免震建築物のような長周期構造物に対しては，長周期・長時間の大地震動によって繰り返し生ずる大きな変位応答による効果を評価し，変形性能の範囲内に限定すべきである．

備考）2 種類の変形を制御すべきで，それらは (1) 非構造要素への被害を制限するための層間変形と (2) 隣接構造物との被害を生ずるような衝突を避けるための全水平変位である［附属書 L（307 頁）］．

vi) 応答制御システム　中地震動や時には大地震動に対して構造物の継続的使用を確保するため，また大地震動による崩壊を防止するため，免震やエネルギー逸散装置のような構造物の応答制御システムを採用することができる［附属書 M（307 頁）］．

vii) 基礎　基礎の形式は，構造物の形式と地盤構成，地盤の不整形性，地下水位のような現地の地盤状態に適合するように注意深く選定されるべきである．基礎を介して伝達される力と変形は，地盤と基礎間の入力と慣性の相互作用と同様に，地震時に引き起こされる地盤のひずみを考慮して適切に評価されるべきである．

(7) 地震作用の評価の原則

i) 変動作用と偶発作用　地震作用は変動作用または偶発作用として扱われるべきである．構造物は ULS と SLS に対応した地震作用の設計値に対して検証されるべきである．

地震活動度が低い地域における構造物に対して構造健全性を確保するために偶発地震作用を考慮することができる．

備考）SLS に対する検証は，ULS に対する検証によって満足される場合には省略してもよ

い．SLSの地震作用が小さい地震活動度の低い地域，およびULSの地震作用に対してほぼ弾性範囲内で設計される剛な構造物（例えば，壁式構造の建築物）に対しても，SLSの検証を省略してもよい．

ii) 動的解析と等価静的解析　構造物の地震時の解析は，動的解析または等価静的解析によって行われ，いずれの場合でも，構造物の動的特性を考慮すべきである．

　大地震動に対して非線形挙動が予測される場合には，非線形解析を行う際に，崩壊メカニズムの形成を含む構造物の一連の非線形挙動を求めるべきである．

<small>備考）崩壊メカニズムを求めるため，非線形静的解析を用いることができる［附属書H（303頁），附属書I（305頁）］．</small>

a. 等価静的解析　通常の整形な構造物は，従来の線形弾性解析を用いる等価静的解析によって設計してもよい．

b. 動的解析　地震時の応答を等価静的解析によって正確には予測できないような構造物については，動的解析を行うべきである．例として，幾何学的不整形，質量分布または剛性分布に関して不整形な構造物，または地震危険度の高い敷地の超高層建築物がある［附属書K（306頁）］．革新的な構造システム（例えば，前述の応答制御システム参照）を有する構造物，新材料で造られる構造物，特殊な地盤状態に建設される構造物，特に重要な構造物に対しても，動的解析が推奨される．動的解析は，a) 応答スペクトル解析，b) 線形応答時刻歴解析[†]，または c) 非線形応答時刻歴解析のいずれかに分類される［附属書H（303頁）］．

c. 非線形静的解析　一連の非線形挙動を予測することが困難な構造物には，その一連の挙動を求めるため非線形静的解析を活用すべきである［附属書I（305頁）］．

iii) 地震作用の決定のクライテリア　設計用地震作用は以下に述べる点を考慮して決定されるべきである．

a. 地域の地震活動度　構造物の建設地域の地震活動度は，通常，歴史地震または地域の地震学的データ（活断層を含む）あるいは歴史地震と地震学的データの組合せに基づいた地震地域パラメータ（地震動のピーク値または設計用地震応答スペクトル値）を地図で表したものによって示される．それに加えて，その地域の地震活動

[†] ISO 3010の初版と第2版で用いられていた用語 "time history analysis" が第3版で "response history analysis" に変更されたため，本書の初版で用いた「時刻歴応答解析」を「応答時刻歴解析」に変更する．

8.1 地震荷重の国際規格 ISO 3010

度に基づき，与えられた将来の期間における当該地域の最大地震動強さの期待値が，決定されるべきである。

備考）地震動強さを表す多くのパラメータがある。それらは，震度階，地盤の最大加速度や速度，地盤の"有効"ピーク加速度や速度，平滑化した応答スペクトルに関連する応答スペクトル値，入力エネルギーなどである。これらのパラメータは，しばしば固有振動周期のある範囲に対して一様な危険度を与える確率論的地震危険度解析によって決定される。時には，確率レベルと危険度レベルの変動を包含し，崩壊に対する信頼性に合致するような構造脆弱性の変動を統合するように危険度解析が拡張される。

b. 建設地の状態　構造物を支持する地盤の動的特性を調査し，当該地における地震動への影響を考慮すべきである。地理的・地質的な状態と深部下部構造（構造盆地）の影響も考慮すべきである。

地震時のある特定の地点における地動は，一般に硬い地盤では短く，軟らかい地盤では長い卓越振動周期を有する。軟弱な地盤があるところや沖積盆地の端部に近いところで起こるかもしれない局所的な地震動増幅の可能性に注意が払われるべきである。飽和した緩い粘着力のない地盤においては，液状化の可能性も考慮されるべきである。

備考）強さ，振動数成分や継続時間を含む地震動特性は，地震の破壊力に関する重要な特性である。軟弱地盤に建設される構造物は，深い基礎の上に建設されない限り，しばしば地震時の不同沈下や大沈下による被害を受けるということも認識されるべきである。

c. 構造物の動的特性　振動の周期，モード，減衰などの動的特性は，地盤と構造物のシステム全体について考慮されるべきである。動的特性は構造物の形状，質量分布，剛性分布，地盤特性，構造形式に依存する。構造要素の非線形挙動も考慮されるべきである（次の「ULS」参照）。靭性が小さい構造物や単一の構造要素の破壊が完全な構造的崩壊につながるような構造物に対しては，より大きな設計用地震力を考慮すべきである。

d. 構造物の破壊の影響　生じうる破壊の影響の重大性は，破壊危険度を低減するために要する支出と努力とともに考慮されるべきである。それらを考慮し危険度を小さくすることによって，多くの人々が集合する建築物や，病院，発電所，消防署，放送局，水道供給施設などのように地震時および地震後において公共の福祉のために必要となる構造物について，高い信頼レベルの設計を行うことが適切である［附属書 A（296 頁）］。高層建築物については附属書 K［306 頁］も参照のこと。国家

的および政治的な経済の観点から，災害の可能性が高く，社会資本の集中する都市地域においては高い信頼性が必要とされるであろう．

備考）構造物の信頼性に関する荷重係数 $\gamma_{E,u}$ と $\gamma_{E,s}$（次の「等価静的荷重」参照）は影響度区分が高い場合には一般に引き上げられる［附属書 A（296 頁）］．応答時刻歴解析においては，要望される信頼性の向上と一致するように，入力地震動を増幅させ，またはより厳しい許容クライテリアを用いる．

e. 地震動の空間的変動 地盤の異なる地点での相対的な動きは通常無視してもよいであろう．しかしながら，大スパンや大きく拡がった構造物では，この作用と位相遅れを伴って到達する進行波の影響を考慮すべきである．地盤状態と地下の地質構造の差異による波動の空間的変動も考慮すべきである．

(8) 等価静的解析による地震作用の評価

i) 等価静的荷重 等価静的荷重を用いる構造物の地震時の解析では，ULS と SLS における変動地震作用を次のように評価してもよい．

a. ULS 構造物のレベル i の ULS における設計用水平地震力 $F_{E,u,i}$ を次のように決めてもよい．

$$F_{E,u,i} = \gamma_{E,u}\, k_Z\, k_{E,u}\, k_S\, k_D\, k_R\, k_{F,i} \sum_{j=1}^{n} F_{G,j} \tag{8.1}$$

または，上式の地震力の代わりに，ULS における設計用地震層せん断力 $V_{E,u,i}$ を用いてもよい[†]．

$$V_{E,u,i} = \gamma_{E,u}\, k_Z\, k_{E,u}\, k_S\, k_D\, k_R\, k_{V,i} \sum_{j=i}^{n} F_{G,j} \tag{8.2}$$

ここで，

$\gamma_{E,u}$ は ULS における構造物の信頼性に関する荷重係数【「重要度係数」や「用途係数」に相当】［附属書 A（296 頁）］，

k_Z は国内の基準などで規定される地震危険度地域係数【建築基準法令の地震地域係数 Z に相当】［附属書 A（296 頁）］，

$k_{E,u}$ は地震活動度を考慮し，国内の基準などで規定される ULS における地震動強さの代表値【建築基準法令の大地震動 $C_0 = 1.0$ の地盤震度に相当】［附属

[†] ISO 3010 では（各階または各レベル i に作用する）地震力を F，地震層せん断力を V で表している．海外ではせん断力を V で表すことが多く，米国の ASCE 7 では (8.69) 式［354 頁］のようにベースシヤを V で表している．

書 A（296 頁）］，

k_S は地盤状態の影響を考慮する地震動強さと基準地盤状態の地震動強さとの比【建築基準法令では陽に規定されていない】［附属書 A（296 頁）］，

k_D は靭性，許容変形，復元力特性と余剰強度によって各種構造システムに対して規定される構造設計係数【建築基準法令の D_s に相当】［附属書 D（300 頁）］，

k_R は構造物の基本固有周期の関数である基準化†設計用応答スペクトル値で，地盤状態の影響［附属書 B（297 頁）］や構造物の減衰特性［附属書 G（302 頁）］を考慮している，

$k_{F,i}$ は地震ベースシヤを各レベルに分配するレベル i の地震力分布係数で，地震力の高さ方向の分布を特徴づけ，$\sum k_{F,i} = 1$ を満たす［附属書 C（298 頁）］，

$k_{V,i}$ は地震ベースシヤ係数に対するレベル i の地震層せん断力係数の比であるレベル i の地震層せん断力分布係数【建築基準法令の A_i に相当】で，地震層せん断力の高さ方向の分布を特徴づけ，基部では $k_{V,i} = 1$ で通常は頂部で最大となる［附属書 C（298 頁）］，

$F_{G,j}$ は構造物のレベル j の重力による荷重【通常は固定荷重と積載荷重の和】，

n は基部から上のレベル数【通常は地上階数】である．

b. SLS 構造物のレベル i の SLS における設計用水平地震力 $F_{E,s,i}$ を次のように決めてもよい‡．

$$F_{E,s,i} = \gamma_{E,s}\, k_Z\, k_{E,s}\, k_S\, k_R\, k_{F,i} \sum_{j=1}^{n} F_{G,j} \tag{8.3}$$

または，上式の地震力の代わりに SLS における設計用地震層せん断力 $V_{E,s,i}$ を用いることができる．

$$V_{E,s,i} = \gamma_{E,s}\, k_Z\, k_{E,s}\, k_S\, k_R\, k_{V,i} \sum_{j=i}^{n} F_{G,j} \tag{8.4}$$

ここで，

$\gamma_{E,s}$ は SLS における構造物の信頼性に関する荷重係数［附属書 A（296 頁）］，

---

† ISO 3010 の邦訳版では「規準化」の漢字が用いられているが，本書では他の章と同じように「基準化」と表示する．

‡ SLS においては構造物が弾性的な挙動をすると考えているので，(8.3) 式と (8.4) 式には構造設計係数 k_D が含まれていない．

$k_{E,s}$ は地震活動度を考慮し，国内の基準などで規定される SLS における地震動強さの代表値［附属書 A（296 頁）］，

$k_{E,u}$ と $k_{E,s}$ は ISO 2394 に規定されているように，検証手順の中で構造物の信頼性と破壊形式の重要性を含む破壊の影響が，荷重係数 $\gamma_{E,u}$ と $\gamma_{E,s}$ を決めるときに考慮される場合には，一つの代表値 k_E に置換えてもよい［附属書 A の表 8.3（298 頁）］）．

重力による荷重の値は，全固定荷重に想定される変動積載荷重を加えたものとすべきである［附属書 C（298 頁）］．多雪地域では，想定される雪荷重も考慮する．

備考）地震作用を変動作用または偶発作用と定義するかによって，地震作用とその他の作用の組合せに対する値は異なる．作用の組合せに関しては，ISO 2394 を参照のこと．

ii) 地震力抵抗システム内の地震作用効果　構造物の捩れの外乱となる，地震動の水平 2 成分と鉛直成分と，その空間的変動を考慮すべきである［附属書 F（302 頁）］．

地震作用の捩れの影響は，一般的に次の諸量に適切な配慮を行ない考慮されるべきである．すなわち，重心と剛心間の偏心，主に並進と捩れ振動の連成による動的増幅，他の層の偏心の影響，計算上の偏心の精度の低さ，地震動の回転成分である．

構造物のモデル化には，（特に ULS においてはひび割れを適切に含む）構造要素の実際の剛性を含むべきである．水平地震力に抵抗する架構を結ぶ水平ダイヤフラムシステムの剛性が非常に低く，地震力に抵抗する架構間の水平力の伝達が無視できる場合には，全構造物の 3 次元モデルを解析する代わりに，（柔なダイヤフラムと仮定し）支配面積内の有効質量を用いて各抵抗する架構【平面フレーム】を独立に解析してもよい．

備考 1）いかなる方向の地震作用も，同時には最大とならない事を念頭に置くべきである．

備考 2）地震動の鉛直成分は，水平成分より高い振動数を持っている特徴がある．鉛直方向のピーク加速度は通常水平方向の加速度より小さい．しかしながら，断層の近傍では，鉛直方向のピークが水平方向より大きいことがある．

構造物の多くの形状において，捩れ振動による構造物の応答の大きさは，並進振動によるものと同程度かそれよりも大きいことがある．著しく不整形な構造物に対しては，2 次元または 3 次元の非線形動的解析が推奨される．

備考 3）建築物の偶角部の柱は，地動の 2 方向の水平成分による捩れ応答と並進応答の組合せ効果によって，大きな地震作用を受ける．

8.1 地震荷重の国際規格 ISO 3010

iii) 構造物の部分への地震作用　構造物の部分に対する地震作用を等価静的解析により評価する場合，その部分を含めた構造物の高次モードの影響を考慮し適切な地震力係数または地震層せん断力係数が用いられるべきである［附属書 C（298 頁）］。等価静的荷重で与えられる値より大きな地震作用が，片持式のパラペット，屋根から突出する構造物，装飾物や付属物のような構造物の部分に生ずることがある。さらに，出口に隣接または道路に面したカーテンウォール，はめ込みパネルや間仕切りなどは安全に用いるため，ISO 13033 の要求に従って地震作用の適切な値を用いて設計されるべきである。

(9) 動的解析による地震作用の評価

i) 一般事項　動的解析を行う際には，次の項目を考慮することが重要である［附属書 H（303 頁）］。

a) 実際の構造物の動的特性を表現できる適切なモデルを設定すべきである。
b) 適切な地震動または設計用応答スペクトルは，地震活動度と敷地の条件を考慮して設定されるべきである。

ii) 動的解析法　通常の動的解析法は，次のように分類される。

a) 線形または等価線形システムに対する応答スペクトル解析，または
b) 線形または非線形システムに対する応答時刻歴解析。

iii) 応答スペクトル解析　応答スペクトル解析を行う入力として，設計用応答スペクトルを設定するべきである。このスペクトルは，a) 規定によって定められている建設地の応答スペクトル，または b) 適切な減衰定数を考慮して開発された建設地特定の設計用応答スペクトルのいずれかとしてよい［附属書 G（302 頁）］。設計用応答スペクトルは平滑な形状のものとすべきである。

　応答スペクトル解析において，通常は卓越する振動モードを考慮し，統計的な重ね合わせ法によって最大の動的応答が得られる［附属書 H（303 頁）］。その際に十分な数のモードを考慮すべきである。

備考 1）通常，応答スペクトル解析では，弾性限以降の大きな変形と地震作用の継続時間の影響を考慮することはできない。

備考 2）等価線形システムへの高次モードの影響を CQC[†] または SRSS によって評価してもよい［附属書 H（303 頁）］。

[†] CQC は Complete Quadratic Combinations のことで「完全 2 次結合」［(4.77) 式，179 頁］，SRSS は Square Root of Sum of Squares のことで「2 乗和平方根」［(4.76) 式，179 頁］と訳される。

iv) 応答時刻歴解析と地震動　応答時刻歴解析を行うための入力として一連の地震動が必要である。これらの地震動は，建設地の設計用応答スペクトルに合致するように選択され調整された記録地震動と（または）模擬地震動である。両者の場合とも，地震動の確率統計的特性を考慮すべきである。

　地震活動度，当該地の地盤状態，歴史地震の再現期間，活断層との距離，地震の震源特性，予測の誤差，構造物の設計供用期間，構造物の破壊による影響度を考慮し，それぞれの限界状態に対して適切な地震動を定めるべきである。

　この目的のため，自由地表面，基盤面または等価基盤深さでの地震動として模擬または記録地震動を用いて，構造物の特性から独立した基準地震動を評価すべきである。次に，構造物の動的挙動と地盤と構造物の相互作用のような種々のファクターの影響を考慮し，基準地震動から地震作用を評価すべきである。

a. 記録地震動　記録された地震動を動的解析に用いる場合，次の記録を参照してもよい。

— 当該地やその近郊で記録された強震動，または
— 同様な地質，地形，地震学的特性を有する他の場所で記録された強震動。

　記録地震動は，対応する限界状態，当該地の地震活動度，構造物の線形・非線形の動的特性に応じてその強さが調整されるべきである。

b. 模擬地震動　将来，ある地点に生じるであろう地震動を正確に予測することは不可能なので，設計用地震入力として，模擬地震動を用いることは適切であろう。模擬地震動のパラメータは，設計用入力の数と同様に，建設地に対する入手可能な地質学的，地震学的データを統計的に反映しているべきである。模擬地震動を次の手法によって得ることができるであろう。

— スペクトル合致法，
— 地震シナリオに基づく断層破壊模擬法，または
— 例えば，ホワイトノイズのような統計法。

　模擬地震動は，対応する限界状態，当該地の地震活動度，構造物の線形・非線形の動的特性に応じて設定されるべきである。

備考1) 模擬地震動のパラメータは，卓越周期，スペクトル形状，継続時間（模擬地震動の時間的な包絡形状），強さ，構造物への入力エネルギー量などである。
備考2) 地震シナリオは，地殻プレート，地震断層のパラメータ，すべり分布などに基づく。

8.1 地震荷重の国際規格 ISO 3010

備考 3）模擬地震動の成分はコヒーレンス†の影響を含む。

備考 4）設計用地震入力としての地動の分類に関して，弾性応答スペクトルに合致するように生成された模擬地震動を人工地震動‡と呼ぶことができる。

v) 構造物のモデル　構造物の解析モデルは，固有周期と振動モード，減衰特性，材料の靱性と構造物の靱性を考慮した復元力特性など，実際の構造物の動的特性を表すものとすべきである。これらの動的特性は，解析的手法と（または）実験結果によって評価できる。考慮すべきは以下のことである。

a) 質量には永続的な構造物の質量と積載荷重の適切な部分を含むべきである，
b) 構造物の基礎と支持地盤との連成効果，
c) 基本振動モードと高次振動モードの減衰［附属書 G（302 頁）］，
d) 靱性特性とコンクリートや組積造のひび割れによる影響を含めた線形・非線形範囲の構造要素の復元力特性，
e) 構造物の挙動に及ぼす非構造要素の影響，
f) 線形・非線形範囲の捩れの影響，
g) 柱や他の鉛直要素の軸変形，または構造物の全体的な曲げ変形の影響，
h) 高さ方向の水平剛性の不整形な分布による影響（例えば，特定の層における剛性の急激な変化），
i) ひび割れを適切に考慮した床ダイヤフラムの剛性の影響。

　地盤と構造物の相互作用を考慮する際には，構造物，基礎，地盤を含むモデルを設定することが推奨される。

vi) 解析結果の評価　動的解析を行うとき，地震作用と（または）作用による効果は動的解析の結果のみに基づき評価することも可能であろう。しかしながら，等価静的解析による地震作用の評価も有用な情報を与える。

　従って，動的解析から得られるベースシヤを等価静的解析から得られるベースシヤと比較することが推奨され，動的解析によってより低いベースシヤが得られる場

---

† 地震波の位相による違い。
‡ 記録地震動ではなく（コンピュータを用いるシミュレーションによって）作成する地震動を一般に模擬地震動と呼ぶ。その中で，震源特性・伝搬特性などから作成するものを模擬地震動 (simulated earthquake ground motions)，スペクトルに合致するように作成するのものを人工地震動 (artificial earthquake ground motions) と区別することがある［320 頁の脚注参照］。

合であっても，設計用ベースシヤは等価静的解析によって求められたベースシヤに対するある割合のような下限値を設けるべきである。

(10) 非線形静的解析

非線形静的解析では，構造物にその構造物が崩壊するまで増加する水平力が加えられる。この水平力は地震動によって引き起こされる地震力を表し，この力の分布形は設計用地震力または構造物の基本モードによって引き起こされる力に比例するとしてよいであろう。地震力は静的荷重として漸増させながら，モデルの部材または接合部に非線形状態が生じるまで加える。部材または接合部の特性は生じた非線形性を考慮して調整され，さらに漸増荷重を加える。この過程は構造モデルが解析的に不安定（すなわち崩壊）となるまで，または目標とする構造物全体の変位に達するまで続けられる。この解析はプッシュオーバ解析として知られており，構造物の非線形耐力，変形，塑性ヒンジの形成順序，崩壊メカニズムなどに関する情報を与える。

得られたせん断力・変形曲線はその構造物の等価1自由度 (SDOF) に対する一つの曲線に変換することができる。この等価1自由度系の変形に対するせん断力を描いた曲線は耐力スペクトルと呼ばれ，構造物の耐震性能を検証するために要求スペクトル（S_a–S_d スペクトル）と比較することができる［附属書I（305頁）］。

(11) 擬似地震動の評価

この文書を，例えば地下爆発，交通振動，杭打ち，その他の人間活動など，自然の地震動に類似した特性をもつ擬似地震動の影響に対する予備的な手引き書として用いてもよい。いくつかの助言的な所見が附属書P［310頁］に示されている。

3) ISO 3010 附属書の概要

(A) 構造物の信頼性に関する荷重係数，地震危険度地域係数と地震動強さの代表値

a) 構造物の信頼性に関する荷重係数 $\gamma_{E,u}, \gamma_{E,s}$　これらの係数は ULS と SLS に対する荷重係数（重要度係数）で，地震動強さの代表値の取り方に依存し，i) 要求される信頼性水準，ii) 地震作用の変動性，iii) 地震作用と構造物のモデル化にともなう不確実性を考慮して定められる。ULS に対しては，影響度・高（危険物を貯蔵する構造物など），影響度・中（普通の構造物など），影響度・低（人間に対するリスクの低い構造物など）に応じて決められるべきである。

8.1 地震荷重の国際規格 ISO 3010

b) 地震危険度地域係数 k_Z　k_Z は相対的な地震危険度を反映し，通常，地震危険度の最も高い地域で 1 とし，それぞれの地域の地震危険度に応じて低減される。地震危険度が極端に高い場合は 1 より大きな係数を用いることもできる。地域係数の代わりに地震動強さの代表値のコンターマップを用いてもよい。

c) 地震動強さの代表値 $k_{E,u}, k_{E,s}$　$k_{E,u}, k_{E,s}$ は水平最大地動加速度の重力加速度に対する比で通常示される。k_Z と $k_{E,u}, k_{E,s}$ を別々に与える代わりに，重力に対する比の形で期待水平加速度値を示した地震危険度マップを用いてもよい。

d) 係数 $\gamma_{E,u}, \gamma_{E,s}, k_Z, k_{E,u}, k_{E,s}, k_S$ を設定するための参考情報　地震危険度解析は諸係数を設定するための参考情報として用いられる。解析には，i) 地域的な地震活動度，ii) 震源から敷地までの伝播経路特性，iii) 深部地下構造による増幅，iv) 浅部地盤による増幅，v) 予測された地震活動度および地震動に関する認識論的不確実性（モデル不確実性）など最新の知見を考慮すべきである。

表 8.1 に地震動の増幅の非線形性を考慮した k_S の値の例を示す。係数 k_S は通常，地震活動度の高い地域では 1 に等しいと仮定される。

表8.1　k_S 値の例

地盤状況	$k_z k_{E,u}$ または $k_z k_{E,s}$				
	< 0.1	0.2	0.3	0.4	> 0.5
岩盤	1.0	1.0	1.0	1.0	1.0
硬質地盤	1.6	1.4	1.2	1.1	1.0
軟質地盤	2.5	1.7	1.2	0.9	0.9

e) 代表値に関連した荷重係数の例　表 8.2 と表 8.3 に，地震危険度の比較的高い地域に対する荷重係数が，地震動強さの代表値とその再現期間とともに示されている。ULS に対する再現期間を約 500 年とする場合が多いが，より長い期間を用いる国もある。表 8.2 は影響度・中に対して荷重係数が 1 となる例，表 8.3 には終局限界・使用限界にかかわらず共通の代表値を用いる場合が示されている。

(B) 基準化設計用応答スペクトル

基準化設計用応答スペクトルは，最大地動加速度で基準化した設計用加速度応答スペクトルで，次式のように与えてよい。

表 8.2　荷重係数と地震動強さの代表値の例 1
（地震活動が高い地域の普通の地盤条件の場合）

限界状態	影響度	荷重係数 $\gamma_{E,u}, \gamma_{E,s}$	k_Z	$k_{E,u}$ または $k_{E,s}$	再現期間
終局	a) 高	1.5〜2.0	1.0	0.4	500 年
	b) 中	1.0			
	c) 低	0.4〜0.8			
使用	a) 高	1.5〜3.0	1.0	0.08	20 年
	b) 中	1.0			
	c) 低	0.4〜0.8			

表 8.3　荷重係数と地震動強さの代表値の例 2
（地震活動が高い地域の普通の地盤条件の場合）

限界状態	影響度	荷重係数 $\gamma_{E,u}, \gamma_{E,s}$	k_Z	$k_E = k_{E,u} = k_{E,s}$	再現期間
終局	a) 高	3.0〜4.0	1.0	0.2	100 年
	b) 中	2.0			
	c) 低	0.8〜1.6			
使用	a) 高	0.6〜1.2			
	b) 中	0.4			
	c) 低	0.16〜0.32			

$$k_R = \begin{cases} 1 + (k_{R0} - 1)\dfrac{T}{T_a} & 0 \leq T \leq T_a \text{ に対して} \\ k_{R0} & T_a \leq T \leq T_v \text{ に対して} \\ k_{R0}\dfrac{T_v}{T} & T_v \leq T \leq T_d \text{ に対して} \\ k_{R0}\dfrac{T_v T_d}{T^2} & T_d \leq T \text{ に対して} \end{cases} \tag{8.5}$$

ここで，記号は図 8.1 に示してある。

平均的な地盤に立地する減衰定数 5% の構造物に対する k_{R0} は 2〜3 としてよい。T_a は T_v の 1/5〜1/2，T_v は堅固な地盤で 0.3〜0.5(s)，中間的な地盤で 0.5〜0.8(s)，緩く柔らかい地盤で 0.8〜1.2(s) と設定してよい。

(C) 等価静的解析に用いる地震力分布パラメータ

地震力を表すパラメータの典型的な分布を示したのが図 8.2 で，左から順に，地震力分布係数 $k_{F,i}$，地震層せん断力【係数の】分布係数 $k_{V,i}$，基準化地震層せん断力 V_i/V_1 を示している。縦座標はいずれも基準化重量 α_i（建築物のレベル i 以上の重量を基部より上の全重量で除した値）である。極めて低層で剛な建築物では，頂部

8.1 地震荷重の国際規格 ISO 3010

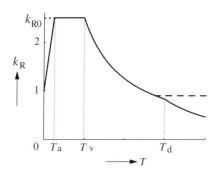

k_R：ピーク地動加速度で基準化した設計用加速度応答スペクトル値
k_{R0}：ピーク地動加速度に対する最大加速度応答の比
T：構造物の基本周期
T_a, T_v, T_d：コーナー周期
点線：短周期構造物の設計用 k_R
破線：長周期域の k_R の設計用下限値

図 8.1　基準化設計用応答スペクトル

から基部まで全体が地動と同じように運動するので，図 8.2 の実線のような a) 地震力一様分布となる。低層建築物では，地震力の分布は逆三角形に近似し，図 8.2 の破線のような b) 地震力逆三角形分布となる。高層建築物では，高次モードの影響で上部の地震力が大きくなり，図 8.2 の点線のような c) $\sqrt{\alpha}$ 分布（ホワイトノイズ外乱を受けるせん断型構造物の分布）となる。（なお，図 8.2 の一点鎖線は地震力放物線分布を示している。）

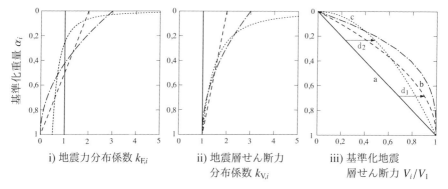

i) 地震力分布係数 $k_{F,i}$
ii) 地震層せん断力分布係数 $k_{V,i}$
iii) 基準化地震層せん断力 V_i/V_1

図 8.2　地震力を表すパラメータの分布

以上のような現象を考慮し，建築物の高さ h の関数とした (1) 地震力逆三角形分布〜地震力放物線分布を表す式，(2) 頂部集中荷重を与え，残りの地震層せん断力を逆三角形分布させる式が示されている。また，基準化重量 α_i の関数とした a) 地震力一様分布，b) 地震力逆三角形分布，c) $\sqrt{\alpha}$ 分布を組み合わせると基準化地震層せん断力は次式のように表される。

$$V_i/V_1 = \alpha_i + k_1 d_1 + k_2 d_2 = \alpha_i + k_1(\alpha_i - \alpha_i^2) + k_2(\sqrt{\alpha_i} - \alpha_i) \tag{8.6}$$

上式を，α_i で除すと地震層せん断力【係数の】分布係数 $k_{V,i}$ は次のようになる．

$$k_{V,i} = 1 + k_1(1 - \alpha_i) + k_2(\frac{1}{\sqrt{\alpha_i}} - 1) \tag{8.7}$$

上式において k_1 と k_2 を変化させると種々の分布が得られ，$k_1 = k_2 = 2T/(1 + 3T)$ とすると日本の A_i 分布となる．

(D) 線形解析で用いる構造設計係数

構造設計係数 k_D は，構造物の復元力特性，靭性，減衰，余剰強度を考慮して，基礎固定線形モデルに対して算定される設計用の地震力または地震層せん断力を低減するために用いる．k_D は靭性などによる係数 $k_{D\mu}$ と余剰強度による係数 k_{Ds}（これらの係数を逆数の $1/R$ で表すことも多い）との積として次式のように表すことができる（図 8.3）．

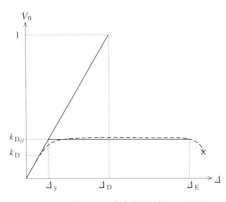

V_n：基準化層せん断力
k_D：構造設計係数
$k_{D\mu}$：靭性に関する構造設計係数
Δ：水平変位
Δ_y：設計用層せん断力に対して線形解析で計算される水平変位
Δ_D：変位一定則による最大変位
Δ_E：エネルギー一定則による最大変位
破線：実際の層せん断力－変位曲線
×：構造物の崩壊

図 8.3 完全弾塑性系の層せん断力 V_n と水平変位 Δ の関係

$$k_D = k_{D\mu} k_{Ds} = \frac{1}{R} = \frac{1}{R_\mu R_s} \tag{8.8}$$

これらの係数の定量化には議論の余地があり，多くの規格では 2 つの項に分離せず 1 つにまとめた係数を与えているが，$k_{D\mu}$ と k_D は，例えば表 8.4 のようになる．

強震動を受ける構造物の非線形動的解析の結果によると，μ を塑性率として，$k_{D\mu}$（または $1/R_\mu$）は，長周期構造物に対しては $1/\mu$，短周期構造物に対しては $1/\sqrt{2\mu - 1}$ となる．したがって，ULS において想定される最大水平変形 Δ_{max} は，次式のような簡単な形式で評価してもよい［図 8.3］．

8.1 地震荷重の国際規格 ISO 3010

表 8.4 構造設計係数 k_D と $k_{D\mu}$ の例

構造システムの靭性	$k_{D\mu}$	k_D
高	1/5〜1/3	1/12〜1/6
中	1/3〜1/2	1/6〜1/3
低	1/2〜1	1/3〜1

$k_{D\mu}$ と k_D の差は主に余剰強度に起因する。
この表で k_{Ds} は 1〜2 程度である。

$$\Delta_{\max} = \begin{cases} \Delta_D = \dfrac{1}{k_{D\mu}}\Delta_y = R_\mu \Delta_y & \text{【変位一定則】} \\ \Delta_E = \dfrac{1}{2}\Big(\dfrac{1}{k_{D\mu}^2} + 1\Big)\Delta_y = \dfrac{1}{2}\big(R_\mu^2 + 1\big)\Delta_y & \text{【エネルギー一定則】} \end{cases} \quad (8.9)$$

(E) 地震作用の成分の組合せ

水平 2 成分の組合せは，例えば a) 2 方向の偏心による構造物の捩りモーメント，b) 隅柱の軸力のような全地震作用に強く影響する。直交する x-y 軸に対する地震作用の水平 2 成分を E_x と E_y とすると，SRSS（2 乗和平方根）法によって全設計用地震作用 E を求めることがあるが，過小評価する場合があるため，次式の 2 次結合を用いることが推奨される。

$$E = \sqrt{E_x^2 + 2\varepsilon E_x E_y + E_y^2} \quad (8.10)$$

ここで，ε は経験的に 0〜0.3 の値を用いてもよい。

上式に代えて，λ は 0.3〜0.5 として 1 次近似の次式を用いてもよい。

$$E = E_x + \lambda E_y \qquad E = \lambda E_x + E_y \quad (8.11)$$

鉛直成分 E_z は次式により評価してよい。

$$E_z = k_{E,v} k_{R,z} F_{Ge} \quad (8.12)$$

ここで，$k_{E,v}$ は重力加速度に対する鉛直加速度（水平方向加速度の 1/2〜2/3 と見なしてよいが，近い断層の場合は 1.0 とすることが推奨される），$k_{R,z}$ は応答倍率（2.5 と見なしてよい），F_{Ge} は有効重量である。

鉛直成分の影響が大きな場合は動的解析が推奨される。例えば a) 非常に長い内法スパンの水平要素や長い片持要素，b) アーチ力の大きな構造，c) 大きなせん断力を受けるコンクリートの柱や耐震壁，特に打ち継ぎ面，d) 免震システムの免震支承などである。

(F) 捩りモーメント

構造物のレベル i の捩りモーメント M_i は次式により求めてもよい。

$$M_i = V_i e_i \tag{8.13}$$

ここで，V_i はレベル i の地震層せん断力，e_i は重心と剛心の間の偏心距離である。

偏心距離は，i) 重心と剛心の間の偏心距離に動的増幅係数を乗じ，さらに付随的偏心距離†を加えたもの，ii) 重心と剛心の間の偏心距離から付随的偏心距離を引いたものの最も不利な方とする。

等価静的解析において，捩りの動的応答を考慮するため動的増幅係数（1～2）を用いる。付随的偏心は構造物の（作用力に直交する方向の）寸法の 0.05 以上と見込まれる。付随的な影響を与える捩りモーメントを考慮し，構造要素の強度や靭性を適切に設定する。

(G) 減衰定数

構造物の振動減衰には，構造要素（部材と接合部の両者とも）の内部減衰，弾塑性復元力特性に由来する履歴減衰，非構造要素による減衰，地盤へのエネルギー逸散による減衰などがある。一般に，動的解析においては，履歴減衰を除いたこれらの減衰を粘性減衰により表現する。等価線形モデルの場合には，履歴減衰も粘性減衰の一部として取り扱ってよい。

減衰定数は耐風設計において 0.01，人が通行する床や歩道橋の評価にも同様の値が用いられることがある。地震作用を評価する際にはより大きな減衰定数を採用してもよく，通常の構造物の基本モードに対する減衰定数は 0.02～0.05 が採用される。

減衰マトリクス $[C]$ のモデル化には，次式の古典的なレイリー減衰がある。

$$[C] = a_0 [M] + a_1 [K] \tag{8.14}$$

ここで，$[M]$ は質量マトリクス，$[K]$ は剛性マトリクス，a_0 と a_1 は異なる2つのモードに対する減衰定数によって決定される係数である。

---

† 付随的偏心（incidental eccentricity）は偶発的偏心（accidental eccentricity）とも呼ばれ，海外の規定では，捩れ応答の予想外の増大や偏心位置・距離の計算誤差などを考慮するために取り入れている場合が多い。日本の規定ではこのような影響を直接には考慮していない。なお，日本の規定では偏心と弾力半径との比で定義される偏心率を用いているのが特徴で，海外の規定には見当たらない。

8.1 地震荷重の国際規格 ISO 3010

構造物全体の応答に及ぼす粘性減衰の影響は，履歴減衰の増加とともに小さくなる。減衰係数 ζ が 0.05 と異なる場合，応答の増減を評価する次式のようないくつかの式がある[†]。

$$k_\zeta = \frac{1.5}{1 + 10\zeta} \tag{8.15}$$

$$k_\zeta = \sqrt{\frac{0.1}{0.05 + \zeta}} \tag{8.16}$$

k_ζ は 0.55 より小さくしないことが推奨される。

(H) 動的解析

a) 動的解析のための構造モデル 構造モデルには，質量の空間的分布や地震力に抵抗するすべての構造要素の動的特性を反映すべきである。一般的には，3次元の応答特性を把握するのに十分な自由度を考慮すべきである。捩れ応答が重要でない場合には，平面モデルによることができる。層の水平剛性が水平と回転ばねで代表できる場合は，1次元の質点・ばねモデルが，単純かつ実用的に有用であろう。

構造モデルは図 8.4a) の基部固定でもよいし，同図 b) に示す水平と回転ばねで，支持地盤の特性を代表させてもよい。地震動を基盤位置で定義する場合は，同図 c) に示すような地盤 − 基礎 − 構造物の相互作用モデルが用いられる。

b) 応答スペクトル解析 解析には，その目的に応じた敷地固有の応答スペクトルを用いる。その様なスペクトルがない場合には，図 8.1 に示す基準化スペクトルに地震動の強さに応じた最大地動加速度を乗じたものを用いてもよい。

振動モードの固有振動数が互いに近接していない場合，最大応答値 S の推定には S_i を i 次の応答値として，次の SRSS 法を用いてよい。

$$S = \sqrt{\sum_{i=1}^{n} S_i^2} \tag{8.17}$$

上式の代わりに次の CQC 法を用いてもよい。

$$S = \sqrt{\sum_{i=1}^{n} \sum_{k=1}^{n} S_i \rho_{i,k} S_k} \tag{8.18}$$

[†] (8.15) 式は日本の限界耐力計算に用いられている式 [71 頁]，(8.16) 式はユーロコードに用いられている式 [317 頁] である。

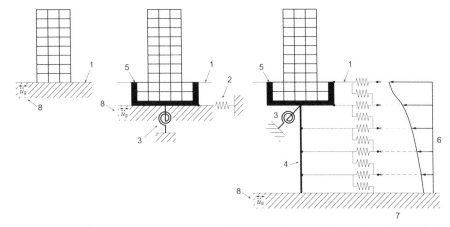

a) 基礎固定モデル　b) スウェイ・ロッキング (SR) モデル　c) 杭のある相互作用モデル
1：地盤面，2：スウェイばね，3：ロッキングばね，4：杭，
5：基礎・地階，6：地盤による力，7：基盤，8：地動加速度

図 8.4　地盤・基礎相互作用モデルの例

$$\rho_{i,k} = \frac{8\sqrt{\zeta_i \zeta_k}(\zeta_i + \chi \zeta_k)\chi^{3/2}}{(1-\chi^2)^2 + 4\zeta_i \zeta_k \chi(1+\chi^2) + 4(\zeta_i^2 + \zeta_k^2)\chi^2} \tag{8.19}$$

ここで，ζ_i, ζ_k は i, k 次のモードに対する減衰定数，χ は i 次モードと k 次モードの固有振動数の比である．

(8.17) 式や (8.18) 式を用いる際には，構造物の応答に大きく寄与するすべてのモードを考慮する．

c) 応答時刻歴解析　構造部材が弾性範囲内で挙動すると見なされる SLS の地震作用を評価するためには，しばしば線形応答時刻歴解析が適用される．しかし，ULS に対しては構造部材の非線形挙動が重要であり，解析で得られた部材応力に適切な構造設計係数を乗じる必要がある．建築物の変形には（構造設計係数を乗じて得られた変形に）適切な変形割増係数を乗ずる必要がある．

非線形応答時刻歴解析は，通常 ULS における地震作用による効果を評価する際に適用される．非線形応答時刻歴解析は，耐震上の必要強度を求めるというよりは，構造体の性能を確認するために適用すべきである．

鉄骨部材の力–変形関係の特性は全断面の特性に基づき，仕口部パネルゾーンやその他の接合部の変形を考慮する．コンクリートとの合成効果を考慮してもよい．

8.1 地震荷重の国際規格 ISO 3010

組積造やコンクリート系部材については，ひび割れ後の特性を考慮する。

弾性範囲内やほぼ弾性範囲内で挙動すると予想される部材は，線形としてモデル化することができる。

原則として水平の直交 2 方向と鉛直方向の入力地震動を用意すべきである。記録地震動を用いる場合は，対象構造物とその設計用地震に応じたマグニチュード・断層からの距離・敷地の条件を代表するようなものを選定すべきである。人工地震動はしばしば敷地固有の，または基準化設計用スペクトルに適合するように作成される。地震動の継続時間にはマグニチュードや他の特性を考慮する。入力地震動として，マグニチュード，断層位置，滑り面の分布，破壊の方向などを含む諸パラメータに加えて，地盤伝搬特性や表層地盤の特性に基づいて作成された模擬地震動を用いてもよい。

(I) 非線形静的解析と耐力スペクトル

非線形静的解析（プッシュオーバ解析）では，一般に水平荷重分布を（振動モードなどにより）仮定し，水平荷重の大きさを徐々に大きくすることにより，建物モデルの各階の非線形挙動を求める。多自由度である各階の応答を 1 自由度に単純化【縮約】し，その加速度応答と変位応答を代表加速度と代表変位とし，代表加速度を縦軸に，代表変位を横軸にとった曲線を性能曲線と呼ぶ。一方，地震動の加速度応答 S_a を縦軸に，変位応答 S_d を横軸にとった曲線を要求曲線と呼ぶ。性能曲線と要求曲線は同一のグラフに描くことができ，性能曲線と要求曲線の交点が予測される最大応答である[†]。

(J) 地盤と構造物の相互作用

地震荷重を求める際に，地盤と構造物の相互作用を考慮しない場合が多く，これは支持地盤を剛体と仮定し（基礎固定の仮定），設計用地震動が基礎位置で設定される。しかし，地盤の変形や地下階・基礎の根入れ・基礎杭により，構造物の地震応答が大きく変化する場合があり，このような現象は地盤と構造物の（動的）相互作用と呼ばれる。入力地震動の変化は，入力の相互作用と呼ばれ，上部構造の固有周期や減衰定数の変化は慣性の相互作用と呼ばれる。

相互作用により，a) 基礎固定状態に比べて構造物の固有周期が長くなり，b) 基礎固定状態と比べて減衰定数が変化し，c) 地表面の地震動に比べて構造物への入力地

[†] 「要求スペクトルと耐力スペクトル」[201 頁] 参照。

震動が低減する。

相互作用を表すため，基礎固定の1質点モデルにスウェイとロッキングばねを加えた SR モデル（図 8.5）がよく用いられる。この SR モデルの基本固有周期 T_e は次式で表される。

$$T_e = \sqrt{T_b^2 + T_s^2 + T_r^2} \tag{8.20}$$

ここで，T_b, T_s, T_r は，それぞれ上部構造，スウェイ，ロッキングばねから計算される固有周期である。

SR モデルの減衰定数 ζ_e は次式から求められる。

$$\zeta_e = \zeta_b \left(\frac{T_b}{T_e}\right)^3 + \zeta_s \left(\frac{T_s}{T_e}\right)^3 + \zeta_r \left(\frac{T_r}{T_e}\right)^3 \tag{8.21}$$

ここで，$\zeta_b, \zeta_s, \zeta_r$ は，それぞれ上部構造，スウェイ，ロッキングの減衰定数である。

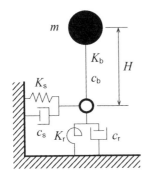

H：基本振動モードの上部構造等価高さ
K_b：上部構造のばね剛性
K_r：ロッキングばねの剛性
K_s：スウェイばねの剛性
c_b：上部構造の減衰係数
c_r：ロッキングの減衰係数
c_s：スウェイの減衰係数
m：基本振動モードの上部構造の有効質量

$$\zeta_b = \frac{c_b}{2\sqrt{mK_b}},\ \zeta_r = \frac{c_r}{2\sqrt{mK_r}},\ \zeta_s = \frac{c_s}{2\sqrt{mK_s}}$$

図 8.5　SR モデル

(K) 高層建築物の耐震設計

一般に高層建築物には多数の人々が集まり，倒壊による影響は中低層建築物に比べて非常に大きい。このため高層建築物には ULS における高い信頼性が求められる。さらに，高層建築物の損傷は，損失や修復の費用・長期間の機能停止という意味においても重大である。

高層建築物の耐震設計においては，a) 地震荷重効果を評価する際には，最も先進的な解析手法と構造モデルを採用し，b) 適切な設計用入力地震動を選定し，c) 通常の設計上の配慮を徹底し，例えば i) 重心と剛心の間の偏心距離の最小化，ii) 層の水平剛性の急激な変化の最小化，iii) 付加減衰機構または応答制御システムの導入，iv) 重要な構造要素への大きな靱性と余力の付与などが重要である。

8.1 地震荷重の国際規格 ISO 3010

高層建築物の固有周期は一般に長く，設計用地震波を選定する際には，高レベルの長周期成分を有するものも含むようにする必要がある。非線形応答時刻歴においては，継続時間と（または）大振幅の繰り返し回数も重要である。時には，プレートの境界で発生する巨大地震は，それが遠く離れた地震であっても，大きく継続時間の長い応答を高層建築物にもたらすことがある。模擬地震動を準備する際には，このような現象に対して必要な考慮を払うべきである。

(L) 変形制限

制御すべき変形には，層間変位と基部との相対水平変位がある。層間変位は，中地震動に対して，ガラスやカーテンウォールなどの非構造要素の損傷を限定し，大地震動の際に構造部材の破壊と構造物の不安定を制御するように制限されるべきである。層間変位を層間高さで除した層間変形角の変形制限の例を表 8.5 に示す。

大震動時に隣接する構造物が損傷を引き起こす接触を避けるための間隔を定量化する際には，2 つの構造物の変形の 1) 絶対値の合計または 2) 自乗和の平方根とする 2 つの方法がある。

表 8.5 建築物に対する層間変形角の制限の例

	影響度・中	影響度・高
組積造のない低層建築物	0.010〜0.025 (1/100〜1/40)	0.004〜0.015 (1/250〜1/67)
組積造のない高層建築物	0.005〜0.020 (1/200〜1/50)	0.002〜0.010 (1/500〜1/100)
組積造のある建築物	0.005〜0.010 (1/200〜1/100)	0.002〜0.010 (1/500〜1/100)

(M) 応答制御システム

近年，免震構造を含む応答制御システムが，例えば建築物，道路橋，発電施設などのような種々の構造物に徐々に用いられるようになってきている。応答制御システムは，新築のみでなく，既存構造物の性能改修のためにも利用される。収容物を支持する床を免震化して構造物内の収容物を守る応答制御システムもある。応答制御システムは図 8.6 のように分類され，図 8.7 のような例がある。

> ちょっと一言「応答制御システム」について
> 図 8.7 の左の**基礎免震**は，建築物と基礎の間に積層ゴムなどの免震支承を設置し，地震動から建築物を絶縁させる。同図中の**エネルギー吸収型**は，建築物に組

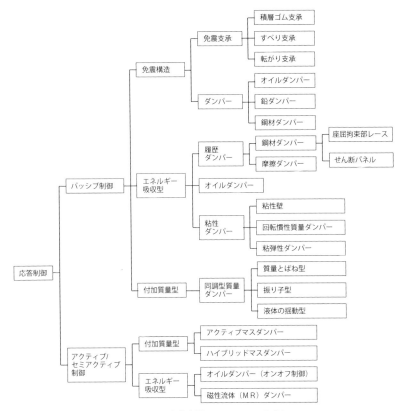

図 8.6　応答制御システムの分類

み込んだダンパーなどの装置が運動エネルギーを吸収することによって，地震時の建築物の振動を小さくする．同図右の**同調質量型**は，質量とばねを組合せた装置が，地震時に大きく振動することによって，建築物の振動を抑制する．これらのパッシブ系の他に，建築物の動きをセンサーで感知し，タイミングよく力を加えたり剛性を変動させたりして，地震時の振動を抑制するアクティブ系もある．

(N) ノンエンジニアド工法

多くの構造物は，建築家やエンジニアが関与せず，伝統的様式によって建設されている．このようなノンエンジニアド造には(1) 無補強組積造（石，レンガ，コンクリートブロック組積造），(2) 枠組み組積造，(3) 木造，(4) 土質構造（アドベまたはタピアル，すなわち突き固められた土造【版築(はんちく)】）などがある．これらの構造に

8.1 地震荷重の国際規格 ISO 3010

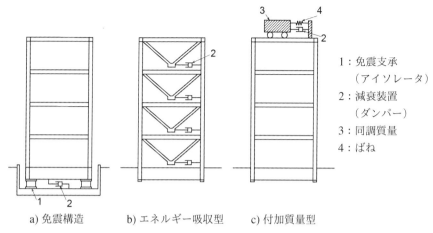

図 8.7 パッシブ応答制御システムの例

対して，基本的な配置，材料，接合部に簡単な規則を与えることによって満足のいく耐震性を付与することができるものがある．このような経験的に設計される構造物には，適切な規模，高さ，用途に制限を与えることが不可欠である．

(O) 津波作用

津波によって被害が発生するのは，一般にモーメントマグニチュード Mw 7.5 超の海溝型大地震で，海底に大きな鉛直変位をもたらす場合である．津波は一度発生すると何度も海岸地域を浸水させることがある．また，津波は長い波長を有し非常に減衰し難いため，津波が大洋を渡って長距離を伝播しても，そのエネルギーを維持し，海岸形状によってはかなり大きな被害を及ぼすことがある．津波は，海底や湖底の地滑り，山体崩壊などでも発生することがある．津波災害想定地域で津波に対して耐えることが要求される構造物は，津波作用に対して設計されるべきである．

例えば，水平方向の静水圧 q_z(N/m^2) は次のように計算する．

$$q_z = \rho g(ah - z) \tag{8.22}$$

ここで，g は重力加速度 (m/s^2)，ρ は海水の密度 (kg/m^3)，a は水深係数，h は設計用浸水深 (m)，z は構造物の参照レベルの高さ (m) である．

水深係数 a は海岸線からの距離に依存し，1.5 から 3.0 の範囲で与えられる．静水圧力 F_s (N) は構造物の幅を乗じて，高さ方向に静水圧 q_z を積分することで求められる．

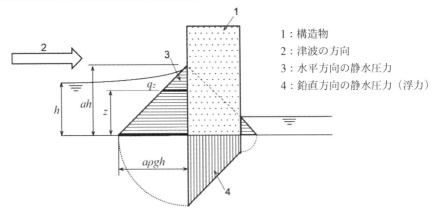

図 8.8 津波によって構造物に作用する力

(P) 擬似地震動の影響

耐震設計に関するテクニックは，構造物が地震以外の地動を受ける場合にも有用である。この文書ではそのような作用を擬似地震動という。その源は，i) 地下での爆発，ii) 鉱山，誘発地震（岩はね・山はね）からの衝撃，iii) 地上での爆発（例えば，採石場），iv) 地上での打撃や衝撃（例えば，杭打ち），v)（地表の自動車道路，街路，鉄道線路，地下鉄線路から）地盤を通して構造物へ伝わる交通振動，vi) その他，産業活動，機械のような震動源である。

4) 地震作用を求める式の日本，EU，米国との比較

（各種係数の比較）

ISO 3010 で地震作用を求める式 [290 頁] に用いられている各種係数[†]を他の規定の関連係数と比較すると表 8.6 のようになる。なお，各係数は厳密に同一のものではない。例えば荷重（重要度）係数は，EU と米国では一般の用途の建築物に対して 1.0 であるが，日本の建築基準法令では重要度係数が定められていないので 1.0 とした。また，ISO では地震動強さの代表値をどのように決めるかによって荷重係数は大きく異なり [表 8.2，表 8.3（298 頁）]，米国では強度設計と許容応力設計で異なる荷重係数を用いている [荷重の組合せ（331 頁）]。

EU では地震動強さ a_g（$k_Z\, k_{E,u}$ に相当する）を示す地図があり，その中に地域係

[†] ISO 3010 で用いられる γ と k で表される記号はすべて単位を持たない係数 (factor) で，SI 単位，CGS 単位，MKS 単位，ヤード・ポンド法の単位などにかかわらず用いることができる [113 頁]。

8.1 地震荷重の国際規格 ISO 3010

表 8.6 地震作用を求める各種係数の比較

各種係数	ISO 3010	日本	EU	米国
荷重（重要度）係数	$\gamma_{E,u}$	1.0	γ_I	I_e
地震地域係数	k_Z	Z	各国の a_g 地図	S_S, S_1 地図
地震動強さ[*1]	$k_{E,u}$	$C_0/2.5$ [*2]	a_g	$S_S/2.5$ [*2]
再現期間		500 年[*3]	推奨値 475 年	2,500 年[*4]
地盤係数	k_S	R_t の 3 曲線[*5]	S	F_a, F_v
構造設計係数	k_D	D_s	$1/q$	$1/R$
設計用応答スペクトル	k_R	$R_t \times 2.5$ [*2]	k_R と同様	k_R と同様
地震力分布係数	$k_{F,i}$	A_i があり不要	1 次モード分布	震度逆三角〜放物線分布
地震層せん断力分布係数	$k_{V,i}$	A_i	$k_{F,i}$ があり不要	$k_{F,i}$ があり不要

[*1] 大地震動に相当する値（地盤震度：重力加速度に対する地盤加速度）
[*2] 短周期構造物の加速度応答倍率を 2.5 と仮定した場合
[*3] $C_0 = 1.0$ として ZC_0 から再現期間を換算すると（地域や計算手法によって大きく異なるが）500 年程度 [45, 57]
[*4] 設計には 2/3 倍するので [(8.52) 式, 334 頁] 実質的には 500 年程度
[*5] R_t の双曲線部分から地盤係数を第 1 種地盤で 1.0 とすると第 2 種地盤で 1.5, 第 3 種地盤 で 2.0 となる.

数が含められているので，k_Z は不要である．応答スペクトルの形状は基本的に図 8.1 [299 頁] と同じで，その値を決めるための k_{R0}, T_a, T_v, T_d は地盤種別ごとに与えられる [(8.23) 式，表 8.8，表 8.9（318 頁）].

米国では S_S, S_1 [地図上応答加速度（385 頁）] を示す地図があり，その中に地域係数が含まれているので，k_Z は不要である．S_S は短周期構造物の応答加速度を示しているので，地震動強さ $k_{E,u}$ は S_S をこの加速度応答倍率（2.5 程度と考えられる）で除して求まる．なお，応答スペクトルが双曲線となる部分は（周期 1(s) の応答加速度を示す）S_1 から求められる [図 8.13（340 頁）].

日本の標準せん断力係数 C_0 は（米国の S_S に類似していて）短周期構造物の応答加速度を示しているので，地震動強さは C_0 を短周期構造物の加速度応答倍率（2.5 程度と考えられる）で除して得られる[†]．応答スペクトルの形状は R_t で与えられる

[†] C_0 は層せん断力係数を表しているので，応答スペクトルに換算するためには C_0 を（限界耐力計算のスペクトル [図 2.5（38 頁）] を導いたのと同様に）1.23 倍してから，2.5 で除す方がより正確かも知れない．しかし，1.23 というのはある特定の場合（実際は 1.1〜1.2 程度）で，応答倍率の 2.5 も大雑把な値（3 を超えることもある）であることを考え，ここでは考慮していない．

ので，R_t 一定から双曲線へスムーズに移行する放物線の部分［表 2.1（40 頁）］を除き他の規定と同様である。なお，R_t は高さ 60 m までの建築物を対象としているので，変位一定となる部分（図 8.1 の $T > T_\mathrm{d}$ の部分）は含まれていないと考えられる。

(ベースシヤ係数の比較)

　地震危険度の高い地域において，（岩盤ではない）硬質地盤に建設される靭性の高い整形な鉄筋コンクリート造の通常（重要度係数 1.0）の低層建築物のベースシヤ係数を求めると次のようになる。

　EU の地震危険度地図[†]から地震動強さ a_g = 0.4〜0.5 (g)，地盤係数は C 種地盤で S = 1.15，設計用応答スペクトルによる応答倍率 2.5，構造設計係数は（q は鉄筋コンクリート造の 4.5 に靭性の大きな場合は 1.3 を乗ずることができるので）$1/q = 1/(4.5 \times 1.3)$ となり，これらの積を求めるとベースシヤ係数は 0.20〜0.25 となる。

　米国では S_S = 2.0[‡]，地盤係数は D 種地盤で F_a = 1.0，設計用の低減 2/3，構造設計係数は $1/R = 1/8$ となり，これらの積を求めるとベースシヤ係数は 0.17 となる。

　日本では Z = 1.0，C_0 = 1.0，D_s = 0.3 となり，これらの積を求めるとベースシヤ係数は 0.3 となる。もっとも，日本では保有水平耐力を求める際に非線形解析を行っていることを考慮すると，（線形解析による水平耐力は保有水平耐力を求めると 2 割程度は増加すると仮定し），線形解析を行う他の規定と比較する値としての日本のベースシヤ係数は 0.25〜0.3 程度と考えられる。

　以上より，設計用ベースシヤ係数は大きい方から日本の 0.25〜0.3，EU の 0.20〜0.25，米国の 0.17 となり，（以前よりは相違は小さくなってきているが）まだ大きな相違がある。このような相違には，種々の係数の違いが影響しているが，地震動の大きさの他に，構造設計係数（靭性などによる低減）をどう評価するかなどの影響が大きい。特に，米国では再現期間 2500 年の大きな地震動を考慮しているが，設計に用いる際に 2/3 倍し（この再現期間は 500 年程度），さらに靭性の高い構造では 1/8 に低減するので，結局この比較の中では最小の設計用ベースシヤ係数を用いていることになる。

[†] 正式な値は各国が決めるが，論文 [58] による値を参考にトルコ，ギリシャ，イタリア周辺の地震活動度の高い地域での地震動強さを 0.4〜0.5 (g) とした。

[‡] 米国本土ではカリフォルニア州の一部とミズーリ州セントルイス市の南で 2.0 である［385 頁］。

8.2 ヨーロッパの耐震規定 ユーロコード8

1) ユーロコード

> **ユーロコード8の特徴**
>
> **(1) 崩壊防止と損傷制限に対応する地震動**
> 　50年最大値の超過確率10%の地震動に対して崩壊防止（終局限界状態），10年最大値の超過確率10%の地震動に対しては損傷制限（損傷制限状態）を満足するように設計する。
>
> **(2) 2種の弾性応答スペクトル**
> 　弾性応答スペクトルには変位一定となる長周期まで含まれている。第1種（加速度一定となる周期範囲が広い）と第2種（加速度一定となる範囲は短周期のみ）という2つの弾性応答スペクトルを用いる。
>
> **(3) 設計用応答スペクトルと q ファクター**
> 　設計用応答スペクトルは弾性応答スペクトルを挙動係数 q で除して低減する（周期0では低減しない）[(8.28) 式, 320頁]。q ファクターの値は日本の $1/D_s$ と米国の R の中間の値である。
>
> **(4) 4種の解析法**　水平力法，モード応答スペクトル解析，非線形静的（プッシュオーバ）解析，時刻歴応答解析の4種の解析法を建築物の整形・不整形性などに応じて用いる。

　構造物に関するヨーロッパ統一基準はユーロコードと呼ばれ，全体は次のような構成となっている。

EN1990　ユーロコード 0 – 構造設計の基本
EN1991　ユーロコード 1 – 構造物への作用
EN1992　ユーロコード 2 – コンクリート造建築物の設計
EN1993　ユーロコード 3 – 鋼構造建築物の設計
EN1994　ユーロコード 4 – 鋼コンクリート複合構造建築物の設計
EN1995　ユーロコード 5 – 木造建築物の設計
EN1996　ユーロコード 6 – 組積造建築物の設計
EN1997　ユーロコード 7 – 地盤基礎の設計
EN1998　ユーロコード 8 – 構造物の耐震設計

2) ユーロコード 8

EN1998 ユーロコード 8「構造物の耐震設計」[48] は次のように分割されている。

EN1998-1　地震地域における建築物と土木構造物の設計
EN1998-2　橋梁に関する特定規定
EN1998-3　既存建築物の耐震性評価と補強に関する規定
EN1998-4　サイロ，タンク，パイプラインに関する特定規定
EN1998-5　基礎，擁壁，地盤に関する事項に関する特定規定
EN1998-6　塔，マスト，煙突に関する特定規定

3) ユーロコード 8 第 1 部

ユーロコード 8 の第 1 部 EN1998-1 は次のようにさらに分割されている。

1 節　一般
2 節　性能要件と適合規範
3 節　地盤条件と地震作用
4 節　建築物の設計
5 節　コンクリート造建築物に対する特定規則
6 節　鋼構造建築物に対する特定規則
7 節　鋼コンクリート複合構造建築物に対する特定規則
8 節　木造建築物に対する特定規則
9 節　組積造建築物に対する特定規則
10 節　免震

以下で EN1998-1 の 1 節～4 節の概要を示す。

1 節　一般

EN1998 は地震地域における建築物と土木構造物に適用し，その目的は地震時に次のことを確保することにある。

− 人命を守り，
− 損傷を制限し，
− 市民保護のため重要な構造物の機能を保つ．

2節 性能要件と適合規範

a) 基本的要件 地震地域の構造物は，適切な信頼度を持って，次の要件が満たされるように設計し建設する。

− 崩壊防止：この場合の地震作用は，a) 基準となる 50 年最大値の超過確率 P_{NCR} または基準再現期間 T_{NCR} と b) 信頼性の程度を考慮する重要度係数によって表される。注）推奨値は $P_{NCR} = 10\%$, $T_{NCR} = 475$ 年である。

− 損傷制限：設計用地震作用よりも生起確率が高い地震作用に対して，損傷による用途の停止が起こらず，かつコストが特別高くならないように設計する。この場合の地震作用は，10 年最大値の超過確率 P_{DCR} または再現期間 T_{DCR} で表される。注）推奨値は $P_{DCR} = 10\%$, $T_{DCR} = 95$ 年である。

b) 適合規範 基本的要件を満足するため，次の限界状態を検討する。

− 終局限界：人々の安全に危害を及ぼす崩壊や構造的破壊の限界
− 損傷制限：それを超えると機能的要件が満たされなくなる損傷の限界

(1) 終局限界状態 構造システムが規定の耐力とエネルギー発散能力を有することを検証する。非構造要素が，人命の危険とならず，構造要素に有害な影響がないことを検証する。

(2) 損傷制限状態 変形限界などの限界を満足することによって，許容できない損傷に対して適切な信頼性を確保する。

3節 地盤条件と地震作用

a) 地盤条件 地盤条件を特定するため，適切な調査を行う。地盤条件を考慮するため，表 8.7 の地盤種別 A, B, C, D とパラメータを用いてよい。

b) 地震作用

(1) 地震地域 各国の領土を危険度に基づき地震地域に区分する。危険度は A 種地盤における基準最大地動加速度 a_{gR} で表される。

> **ちょっと一言「ヨーロッパの地震危険度について」**
>
> ユーロコード 8 では，各国の基準最大地動加速度 a_{gR} は各国で決めることになっているが，各国で独自に決めると国境で大きく異なる懸念がある。2009〜2013 年にユーロコードの関係者も参加し，ヨーロッパ地震危険度統一プロジェクトが行われた。その成果として得られた 50 年超過確率 10% の PGA を示した

表 8.7　地盤種別

地盤種別	地盤構成	$v_{s,30}$ (m/s)	N_{SPT} (打撃回数/30cm)	c_u(kPa)
A	岩盤または岩盤に準じる地盤で，表層の弱い部分はあっても 5m 未満	> 800	–	–
B	非常に密な砂，砂利または非常に堅い粘土の堆積層，その厚さは少なくとも数十 m，機械的性質は深さとともにに徐々に増加	360〜800	> 50	> 250
C	密または中程度に密な砂，砂利または堅い粘土の堆積層，その厚さは数十 m から数百 m	180〜360	15〜50	70〜250
D	緩い〜中程度の非粘性土（軟らかい粘性層が有または無）または軟らかい〜硬い粘性土が大部分の堆積層，	< 180	< 15	< 70
E	C または D 種地盤の v_s を有する表層沖積層の厚さが 5〜20m の地盤で，下に v_s > 800(m/s) の硬い地盤がある			
S_1	厚さ 10m 以上の軟らかい粘土，シルトを含む堆積層，塑性指標 PI が高く（PI > 40），含水率が高い	< 100	–	10〜20
S_2	液状化の可能性がある地盤，鋭敏な粘土または他の地盤の堆積層で，地盤種別 A〜E または S_1 以外のもの			

注）　v_s：せん断波速度，$v_{s,30}$：表層 30m の平均せん断波速度，
　　　N_{SPT}：標準貫入試験の打撃回数，c_u：非排水せん断強度

地震危険度地図 [58] によると，地震危険度の高いイタリア，ギリシャ，トルコで 0.3〜0.5g，地震危険度の低いイギリス，北欧で 0.05 以下となっている。この地図は各国が正式に採用したものではないが，a_{gR} の参考値と見なすことができるであろう。

(2) 地震作用の基本的表示

(i) 一般　ある地点の地震動は地盤での弾性加速度応答スペクトル（以下「弾性応答スペクトル」）で表される。

(ii) 水平動の弾性応答スペクトル　地震作用の水平方向の弾性応答スペクトル $S_e(T)$ は次式による［図 8.9］。

8.2 ヨーロッパの耐震規定 ユーロコード 8

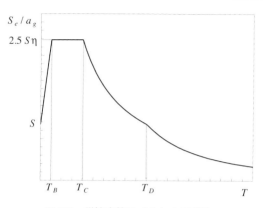

図 8.9 弾性応答スペクトルの形状

$$S_e(T) = \begin{cases} a_g \cdot S \cdot \left[1 + \dfrac{T}{T_B}(\eta \cdot 2.5 - 1)\right] & (0 \leq T \leq T_B) \\ a_g \cdot S \cdot \eta \cdot 2.5 & (T_B \leq T \leq T_C) \\ a_g \cdot S \cdot \eta \cdot 2.5 \left[\dfrac{T_C}{T}\right] & (T_C \leq T \leq T_D) \\ a_g \cdot S \cdot \eta \cdot 2.5 \left[\dfrac{T_C T_D}{T^2}\right] & (T_D \leq T \leq 4s) \end{cases} \quad (8.23)$$

ここで，T は線形 1 自由度系の固有振動周期，a_g は A 種地盤の設計用地動加速度 ($a_g = \gamma_I a_{gR}$)，T_B と T_C は加速度スペクトル一定部分の周期の下限値と上限値，T_D はスペクトルの変位応答一定範囲の始まりを示す周期，S は地盤係数，η は減衰補正係数で，粘性減衰定数 5% で基準値の $\eta = 1$ となる．

弾性応答スペクトルの形状を表す周期 T_B, T_C, T_D と地盤係数 S の値は，地盤種別に依存する［表 8.8，表 8.9，図 8.10，図 8.11］．

深い地質を考慮しない場合は，第 1 種と第 2 種の 2 つのスペクトルを用いる．最も影響の大きな地震の表面波マグニチュード M_S が 5.5 以下の場合は，第 2 種スペクトルを適用することが推奨される．

減衰補正係数 η は次式[†]から求めてもよい．

$$\eta = \sqrt{10/(5+\xi)} \geq 0.55 \quad (8.24)$$

ここで，ξ は構造物の粘性減衰定数 (%) である．

[†] 限界耐力計算の (2.61) 式［71 頁］で示した加速度低減率 F_ζ と同様の係数である［図 2.20（72 頁）］．

表 8.8　第 1 種弾性応答スペクトルのパラメータ

地盤種別	S	T_B (s)	T_C (s)	T_D (s)
A	1.0	0.15	0.4	2.0
B	1.2	0.15	0.5	2.0
C	1.15	0.20	0.6	2.0
D	1.35	0.20	0.8	2.0
E	1.4	0.15	0.5	2.0

表 8.9　第 2 種弾性応答スペクトルのパラメータ

地盤種別	S	T_B (s)	T_C (s)	T_D (s)
A	1.0	0.05	0.25	1.2
B	1.35	0.05	0.25	1.2
C	1.5	0.10	0.25	1.2
D	1.8	0.10	0.30	1.2
E	1.6	0.05	0.25	1.2

　弾性変位応答スペクトル $S_{De}(T)$ は弾性加速度応答スペクトル $S_e(T)$ から次式によって求める†。

$$S_{De}(T) = S_e(T)\left[\frac{T}{2\pi}\right]^2 \tag{8.25}$$

(iii) 鉛直動の弾性応答スペクトル　地震作用の鉛直方向の弾性応答スペクトル $S_{ve}(T)$ は次式による［表 8.10］。

$$S_{ve}(T) = \begin{cases} a_{vg} \cdot \left[1 + \dfrac{T}{T_B}(\eta \cdot 3.0 - 1)\right] & (0 \leqq T \leqq T_B) \\ a_{vg} \cdot \eta \cdot 3.0 & (T_B \leqq T \leqq T_C) \\ a_{vg} \cdot \eta \cdot 3.0 \left[\dfrac{T_C}{T}\right] & (T_C \leqq T \leqq T_D) \\ a_{vg} \cdot \eta \cdot 3.0 \left[\dfrac{T_C T_D}{T^2}\right] & (T_D \leqq T \leqq 4s) \end{cases} \tag{8.26}$$

表 8.10　鉛直弾性応答スペクトルを表すパラメータ

スペクトル	a_{vg}/a_g	T_B (s)	T_C (s)	T_D (s)
第 1 種	0.90	0.05	0.15	1.0
第 2 種	0.45	0.05	0.15	1.0

---

†　調和運動をしている場合，変位振幅に角速度 ω を乗ずると速度，速度に ω を乗ずると加速度が得られるので，加速度に $(\frac{1}{\omega})^2 = [\frac{T}{2\pi}]^2$ を乗じると変位が得られる。

8.2 ヨーロッパの耐震規定 ユーロコード8

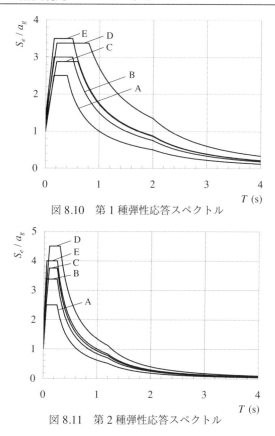

図8.10 第1種弾性応答スペクトル

図8.11 第2種弾性応答スペクトル

(iv) **設計用地盤変位** 設計用地盤変位 d_g は次式によって評価してよい。

$$d_g = 0.025\, a_g\, S\, T_C\, T_D \tag{8.27}$$

(v) **弾性解析に用いる設計用スペクトル** 非線形挙動によって地震作用に抵抗する構造システムには,線形弾性応答より小さい設計用耐力が許容される。

非線形解析を直接行う代わりに,弾性スペクトルを低減させた「設計用スペクトル」を用い,弾性解析を行う。

この低減に用いる挙動係数 q は[†],粘性減衰5%の完全弾性の構造物が受ける地震力と(弾性解析モデルによって検証する際に用いる)設計用地震力の比である。

[†] 米国の R ファクターと同様の係数で日本の D_s の逆数に相当する。本書では説明を省略しているが,ユーロコード8第1部の5節以降で構造種別ごとに q の値が示されていて,最も靱性の大きな構造物で5程度の値である。

水平方向の設計用スペクトル $S_d(T)$ は次式による．

$$S_d(T) = \begin{cases} a_g \cdot S \left[\dfrac{2}{3} + \dfrac{T}{T_B}\left(\dfrac{2.5}{q} - \dfrac{2}{3}\right) \right] & (0 \leq T \leq T_B) \\ a_g \cdot S \cdot \dfrac{2.5}{q} & (T_B \leq T \leq T_C) \\ a_g \cdot S \cdot \dfrac{2.5}{q}\left[\dfrac{T_C}{T}\right] \geq \beta \cdot a_g & (T_C \leq T \leq T_D) \\ a_g \cdot S \cdot \dfrac{2.5}{q}\left[\dfrac{T_C T_D}{T^2}\right] \geq \beta \cdot a_g & (T_D \leq T) \end{cases} \quad (8.28)$$

ここで，β は水平方向設計用スペクトルの下限値で，推奨値は0.2である．

(3) 地震作用の他の表示：時刻歴表示 地震動は地動加速度（または速度，変位）の時刻歴によって表してもよい．人工加速度歴や記録または模擬加速度歴を用いてもよい[†]．

「人工加速度歴」 人工加速度波形は，粘性減衰定数 $\xi = 5\%$ の弾性応答スペクトルに合致するように作成する．加速度波形の継続時間は，データが入手できない時には，加速度波形の定常部分の最小継続時間 T_s は10(s)とする．

「記録または模擬加速度歴」 震源の地震学的特徴と建設地の地盤条件に適合し，当該地域の $a_g S$ に調整するならば，記録加速度歴または震源と伝搬経路の物理的なシミュレーションによって生成した模擬加速度歴を用いてもよい．

4節 建築物の設計

a) 耐震的建築物の特徴

(1) 概念的設計の基本原則 許容コスト内で基本的要件が満足されるように，地震危険度を概念的設計の初期段階から考慮する．すなわち次の原則を考慮する．

- 構造的単純性
- 均一性，対称性，余剰性
- 2方向の耐力と剛性
- 捩り耐力と剛性
- 床のダイヤフラム的挙動
- 適切な基礎

[†] ユーロコード8では，応答スペクトルに合致するように作成したものを「人工加速度歴」，震源と伝搬経路などのシミュレーションに基づくものを「模擬加速度歴」と定義している．

8.2 ヨーロッパの耐震規定 ユーロコード8

(2) 主および2次耐震部材 いくつかの構造部材を2次耐震部材（または要素）に指定してもよい。これらの要素の強度と剛性は地震作用に対して無視する。これらの要素は，耐震・詳細設計を行う必要はないが，最も不利な変位を受けたときに重力による荷重を支持できるようにする。この設計には，2次的効果（P-Δ 効果）を考慮する。

2次耐震部材以外の構造部材はすべて主耐震部材とし，構造解析を行い耐震・詳細設計を行う。

(3) 構造的整形性の規範 建築物の構造を整形または不整形に分類し，それに応じて次のような解析を行う［表8.11］。
– 構造モデルは平面モデルまたは立体モデル
– 解析方法は簡易応答スペクトル解析（水平力法）またはモード解析
– 挙動係数 q は立面的に不整形な建築物では小さな値とする。

表8.11 構造的整形性と耐震解析・設計

整形性		許容される簡易化		挙動係数 q
平面的	立面的	モデル	線形弾性解析	（線形解析に用いる）
整形	整形	平面	水平力*	基準値
整形	不整形	平面	モード**	低減値
不整形	整形	立体	水平力*	基準値
不整形	不整形	立体	モード**	低減値

*水平力法による解析，**モード応答スペクトル解析

(4) 重要度区分と重要度係数 建築物は，崩壊による人命への影響，地震直後の公共安全と市民保護に対する重要性，崩壊による社会的・経済的影響により，4つの重要度に区分される［表8.12］。

表8.12 建築物の重要度区分

重要度区分	建築物	γ_I の推奨値
I	公共安全のために重要度が低い建築物，例えば，農業用の建築物など	0.8
II	他の区分に属さない一般の建築物	1.0
III	崩壊による影響の観点から耐震性が重要な建築物，例えば，学校，集会場，文化施設など	1.2
IV	市民保護のため地震時の健全性が特に重要な建築物，例えば，病院，消防署，発電所など	1.4

b) 構造解析

(1) モデル化　建築物を，すべての主要な変形形状と慣性力が適切に考慮されるように，その剛性と質量の分布を適切にモデル化すること．非線形解析では，強度の分布も適切に表すこと．

建築物の水平剛性と耐力に大きな影響を及ぼす，はめ込み壁[†]を考慮する．

構造物の応答に不利な影響を及ぼす場合には，基礎の変形を考慮する．基礎の変形（地盤と構造物の相互作用を含む）は，有利な影響を持つ場合を含め，いつでも考慮してよい．

(2) 偶発的振り効果　質量位置の不確定性や地震動の空間的変動を考慮するため，計算上の質量中心を次の偶発的偏心により各方向に移動させて考える．

$$e_{ai} = \pm 0.05 L_i \tag{8.29}$$

ここで，e_{ai} は質量 i の名目上の位置からの偶発的偏心で，すべての床で同一方向に適用し，L_i は地震作用の方向に直交する床の寸法である．

(3) 解析方法

(i) 一般　地震による効果を算定する基準となる方法は，構造物の線形弾性モデルと設計用スペクトルを用いたモード応答スペクトル解析である．

建築物の構造特性により，次の2つの線形弾性解析のいずれかを用いてよい．

a) 条件を満足する建築物に対しては「水平力法による解析」
b) すべての建築物に対して適用できる「モード応答スペクトル解析」

規定の条件を満足するならば，線形法の代わりに次の非線形法を用いてもよい．

c) 非線形静的（プッシュオーバ）解析[‡]
d) 非線形時刻歴（動的）解析

平面的に整形ならば，2つの主水平方向に対して平面モデルを用いて線形弾性解析を行ってよい．

立体モデルを用いる場合は，設計用地震作用を適切と思われる全方向とその直交方向に作用させる．

[†] 「はめ込み壁」とは infill walls を和訳したもので，柱と梁で構成されるフレームの中にれんがやブロックを積み込んだ壁を意味している．

[‡] 各階にある水平力（または変位）を与え，その水平力（または変位）を徐々に増大させ，構造物が次第に塑性化していく状況を解析する手法を示す［図 2.14，図 5.6（57 頁）］．

8.2 ヨーロッパの耐震規定 ユーロコード8

(ii) 水平力法による解析 この解析は各主方向の基本モードに比べ高次モードによって応答が大きな影響を受けない場合に適用する。

「ベースシヤ」 水平方向の地震ベースシヤ F_b は次式による。

$$F_b = S_d(T_1) m \lambda \tag{8.30}$$

ここで，$S_d(T_1)$ は周期 T_1 の設計用スペクトル値，T_1 は建築物の基本振動周期，m は基礎または剛な地下上端より上の建築物の全質量，λ は修正係数で，3階建以上で $T_1 \leq 2T_c$ ならば $\lambda = 0.85$，その他は $\lambda = 1.0$ とする。

T_1 には，構造動力学に基づく（例えばレイリー法）による式を用いてよい。高さ40(m)までの建築物については，$T_1(s)$ を次式で略算してもよい。

$$T_1 = C_t H^{3/4} \tag{8.31}$$

ここで，C_t は鋼構造ラーメンでは 0.085，コンクリート造ラーメンと偏心ブレース鋼構造骨組では 0.075 で，他のすべての構造物では 0.05，H は基礎または剛な地下の上端からの建築物の高さ (m) である。

コンクリートまたは組積造の耐震壁を有する構造物には (8.31) 式の C_t に次式を用いてもよい。

$$C_t = 0.075/\sqrt{A_c} \tag{8.32}$$

ここで，

$$A_c = \Sigma[A_i(0.2 + (\ell_{wi}/H))^2] \tag{8.33}$$

ここで，A_c は建築物の1階における耐震壁の全有効断面積 (m²)，A_i は建築物の1階における耐震壁 i の有効断面積 (m²) で，ℓ_{wi} は加えられる力と平行な1階の耐震壁 i の長さ (m) で，ℓ_{wi}/H は 0.9 を超えないこと。

その他に，$T_1(s)$ を次式†によって推定してもよい。

$$T_1 = 2\sqrt{d} \tag{8.34}$$

ここで，d は重力による荷重を水平方向に加えたことによる建築物頂部の水平弾性変形 (m) である。

「水平地震力の分布」 建築物の基本モードは構造動力学を用いて求めてもよいし，高さ方向に直線的に増加しているとしてもよい。

---

† 重力式と呼ばれ，単位は異なるが (3.34) 式 [130頁] と同じである。

地震作用による効果†は，次式による水平力 F_i を各階に与えて求める．

$$F_i = F_\text{b} \frac{s_i m_i}{\Sigma s_j m_j} \tag{8.35}$$

ここで，F_b は (8.30) 式による地震ベースシヤ，s_i, s_j は基本モードの質量 m_i, m_j の変位，m_i, m_j は i, j 階の質量である．

基本モードを高さとともに線形的に増加すると近似する時は，F_i は次式による．

$$F_i = F_\text{b} \frac{z_i m_i}{\Sigma z_j m_j} \tag{8.36}$$

ここで，z_i, z_j は質量 m_i, m_j の地震作用を与えるレベル (基礎または剛な地下の上端から) の高さである．

「振り効果」　平面的に水平剛性と質量が対称に分布していて，偶発的偏心を厳密な方法によって考慮しないならば，効果を次式の δ 倍することによって，偶発的偏心を考慮してよい．

$$\delta = 1 + 0.6 \frac{x}{L_\text{e}} \tag{8.37}$$

ここで，x は建築物の平面における要素の質量中心からの距離，L_e は 2 つの最外縁の水平荷重抵抗要素間の距離で，いずれも考慮する地震作用の方向に直交して測る．

平面モデルによる解析の場合，各水平主方向について，(8.29) 式の偶発的偏心 e_{ai} を 2 倍し，(8.37) 式の係数 0.6 を 1.2 に増加させて適用してよい．

(iii) モード応答スペクトル解析　水平力法の適用を満足しない建築物には，この解析を適用する．

全体の応答に大きく影響するすべての振動モードを考慮する．すなわち，次のいずれかを満足させる．
− 考慮するモードの有効モード質量の和が全質量の 90% に達している．
− 有効モード質量が全質量の 5% を超えるすべてのモードを考慮する．

立体モデルを用いる時は，上の要件を各方向で検証する．

---

† 「効果」は一般的な用語であるが「荷重効果」などという用語にはなじみのない人も多いであろう．荷重・外力などによって生ずる応力や応力度，変位，変形などを総称して「効果」といい，「…… 荷重 (による) 効果」，「…… 作用 (力) による効果」などと表現する．荷重を組合せる場合，(例えば地震荷重と固定荷重は方向が異なるので) 荷重を直接には加算できないが，応力などの効果は一般的には加算できる．

8.2 ヨーロッパの耐震規定 ユーロコード8

「モード応答の組合せ」 （並進と捩れモードを含む）2つの振動モード i と j は，周期 T_i と T_j が ($T_j \leq T_i$ とし) 次の条件を満足するなら，互いに独立であるとしてよい．

$$T_j \leq 0.9\,T_i \tag{8.38}$$

すべてのモードが互いに独立と見なしてもよい時は，地震作用による効果の最大値 E_E を次式[†]により求めてよい．

$$E_E = \sqrt{\Sigma E_{Ei}^2} \tag{8.39}$$

ここで，E_{Ei} は i 次振動モードの地震作用による効果である．

(8.38) 式が満足されないならば，モードの組合せに「完全2次結合 (CQC) 法」[‡]のような厳密な方法を用いる．

(iv) 非線形法 弾性解析に用いる数学モデルを，構造要素の耐力とその弾性限以降の挙動を含むように拡大させる．

地震作用は正負両方向に作用させ，最大となる効果を用いる．

「非線形静的（プッシュオーバ）解析」 プッシュオーバ解析は，水平荷重を単調に増加させる非線形静的解析である．水平力に少なくとも次の2つの鉛直分布を用いる．

- 高さにかかわらず質量に比例する「一様」分布
- 弾性解析で求めた水平力分布に比例する「モード」形状分布

「非線形時刻歴応答解析」 構造物の応答を，加速度波形を用いて運動方程式である微分方程式を直接数値積分して求めてよい．

構造要素モデルは，弾性限以降の除荷・載荷サイクルを受ける要素の挙動を表す規則によって補足される．

「地震作用の成分による効果の組合せ」

（地震作用の水平成分） 地震作用の水平成分は同時に作用する．その組合せを，次のように考慮してよい．

a) 各成分の応答は，モード応答の組合せ規則を用い，個別に求める．
b) 2方向の水平成分による効果の最大値は，各成分の作用による効果の2乗和平方根として求めてよい．

[†] (4.76) 式 [179頁] に示す「2乗和平方根 (SRSS) 法」である．
[‡] (4.77) 式 [179頁] 参照．

c) 2方向の水平成分による効果の推定に，より厳密なモデルを用いてもよい。

b) と c) の代わりに，次の2つの組合せを用いてよい。

$$E_{Edx} \text{"+"} 0.30 E_{Edy} \tag{8.40}$$

$$0.30 E_{Edx} \text{"+"} E_{Edy} \tag{8.41}$$

ここで，"+"は「組合せ」を表し，E_{Edx} は水平 x 方向に地震作用を加えた効果を表し，E_{Edy} は直交する水平 y 方向に地震作用を加えた効果を表す。

上記の組合せに用いる各成分の符号は，最も不利となるように取る。

(地震作用の鉛直成分) a_{vg} が 0.25g (2.5m/s^2) より大きければ，次のような場合に地震作用の鉛直成分を考慮する。

- (ほぼ) 水平なスパン 20m 以上の構造部材
- (ほぼ) 水平な長さ 5m 以上の片持ち部位
- (ほぼ) 水平なプレストレスト部位
- 柱を支持する梁
- 免震構造物

c) 安全性の検証

(1) 終局限界状態

(i) 耐力条件　接合を含むすべての構造要素と非構造要素について，次式が満足されること。

$$E_d \leq R_d \tag{8.42}$$

ここで，E_d は作用による効果（荷重効果）の設計値，R_d は計算した設計用耐力である。

次の条件が全階で満足されるならば，2次的効果（P-Δ 効果[†]）を考慮する必要はない。

$$\theta = \frac{P_{tot} d_r}{V_{tot} h} \leq 0.10 \tag{8.43}$$

ここで，θ は層間変形感応係数[‡]，P_{tot} は当該階と上階のすべての重力による荷重，d_r は設計用層間変形（当該階の上下端の平均変位 d_s の差），V_{tot} は全地震層せん断力，h は層の高さである。

[†] 米国の ASCE 7 による「P-Δ 効果」[358頁] とその説明参照。
[‡] 通常「安定係数」と呼ばれる。(8.84) 式 [358頁] 参照。

$0.1 < \theta \leq 0.2$ ならば，関連する効果を $1/(1-\theta)$ 倍することによって 2 次的効果を近似的に考慮してよい．

係数 θ の値は 0.3 を超えてはならない．

(ii) 全体的および局部的靭性条件 構造要素と構造物全体が，システムと挙動係数に依存するダクティリティを考慮し，適切な靭性を有することを検証する．

多層建築物の場合，柔らかい層の塑性メカニズムを防ぐ．

2 階建以上の骨組建築物に対して，梁と柱の接合部は，次の条件[†]を満足する．

$$\Sigma M_{Rc} \geq 1.3 \Sigma M_{Rb} \tag{8.44}$$

ここで，ΣM_{Rc} は接合部を構成する柱の抵抗モーメントの設計値の和，ΣM_{Rb} は接合部を構成する梁の抵抗モーメントの設計値の和である．

(2) 損傷制限 崩壊防止要件に対する設計用地震作用より発生確率の高い地震作用に対して，層間変形が次の制限内ならば，損傷制限要件は満足されると見なす．

a) 構造物に脆い材料の非構造要素が取り付けられている場合

$$d_r \nu \leq 0.005 h \tag{8.45}$$

b) 靭性の高い非構造要素を有する場合

$$d_r \nu \leq 0.0075 h \tag{8.46}$$

c) 非構造要素が構造の変形に干渉しないように取り付けられているか，または非構造要素のない場合

$$d_r \nu \leq 0.010 h \tag{8.47}$$

ここで，d_r は設計用層間変形，h は階高，ν は損傷制限要件に関連する地震作用の，より短い再現期間を考慮する低減係数である．

注）ν の推奨値は重要度区分 III, IV で 0.4，重要度区分 I, II で 0.5 である．

[†] 1 つの層に損傷が集中することによる層崩壊メカニズムを防ぎ，梁崩壊メカニズムとなるようにするための検証である．

8.3 米国の建築基準 IBC

概説

IBC (International Building Code[59]：国際建築基準[†]) は主に米国内で用いられており，国際的なコンセンサスに基づいた基準ではないが，米国外や国際的なプロジェクトにも用いられることがある。

IBCは，米国内で用いられていた3基準，すなわち米国西部で用いられていたUBC（Uniform Building Code：統一建築基準），東部および北東部で用いられていたNBC（National Building Code：国家建築基準），南部で用いられていたSBC（Standard Building Code：標準建築基準）を統一して1997年に初案が作成された。2000年に出版された初版には（初案と同様に）かなり具体的で詳細な耐震規定が含まれており，必要なことをすべてIBCの規定に含めようとする意図があったようである。しかし，その後に方針が変更されたようで，3年ごとに改訂されている2003年版はかなり簡潔な規定となり，それ以降はその傾向が一層明確になり，基本的なことのみが書かれている。そして，実際の設計に用いる詳細な規定はASCE7[40][‡]を参照するようになっている。なお，構造種別によって鉄筋コンクリート造についてはACI（American Concrete Institute：米国コンクリート学会），鋼構造についてはAISC（American Institute of Steel Construction：米国鋼構造学会）の出版物が用いられる。

IBCには構造に関する荷重や詳細規定の他に建築に関する内装仕上げ，環境，防火などの規定が網羅されている。地震荷重を含む荷重関係の規定は第16章に，品質管理については第17章，基礎については第18章に書かれている。第19章から第23章は構造材料の規定である。本節では，2015年版の第16章 構造設計の中の主に耐震基準について紹介する。

[†] 国際的に用いられることもあるかもしれないが，現時点では米国内の基準であるのにInternational Building Code（国際建築基準）という名称は適切でないという意見もあろう。しかし，ミスワールド（世界的美女）ではあきたらず，ミスユニバース（宇宙的美女）などと表現が大げさになることはよくあるので，あまり名称にはこだわらないでおこう。

[‡] ASCEとはAmerican Society of Civil Engineers「米国土木技術者協会」の略称で，ASCE7は"Minimum Design Loads and Associated Design Criteris for Buildings and Other Structures"「建築物およびその他の構造物に対する最小限の設計用荷重と関連設計規範」の規定である。なお，Civil Engineersを土木技術者と翻訳したが，海外では建築・土木の区別はなく構造技術者を意味している。

8.3 米国の建築基準 IBC

米国の耐震基準を歴史的に見ると，最初は SEAOC（Structural Engineers Association of California：カリフォルニア構造技術者協会）が作成し，その耐震基準が UBC に採用されることになった。1970 年代に ATC（Applied Technology Council，応用技術協議会）は米国政府の研究資金により ATC 3 とよばれるプロジェクトを開始し，その成果が 1978 年に公表された "Tentative Provisions for the Development of Seismic Regulations for Buildings"[10]（建築物の耐震基準発展のための暫定規定）という報告書である。この報告書が 1985 年に出された NEHRP（National Earthquake Hazard Reduction Program：国家地震災害低減プログラム）の基準の基となり，この基準も UBC と IBC に影響を及ぼした。図 8.12 のフローチャートはこれらの耐震基準の関係を（正確ではないが大雑把に）示している。

SEAOC は米国の耐震基準に直接影響を及ぼしていたが，現在では SEAOC のメンバーは NEHRP, IBC, ASCE 7, NCSEA（National Council of Structural Engineers Associations，国家構造技術者協会協議会）などの委員会などを通じて，米国の耐震基準の作成に参加している。なお，図 8.12 の網掛けの基準などは現在では IBC と ASCE 7 などから構成される米国の耐震基準に（以前とは異なり）直接的な影響を及ぼしてはいない。

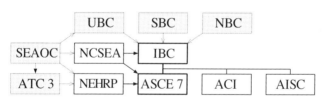

ACI: 米国コンクリート学会　　IBC: 国際建築基準　　　　　SBC: 標準建築基準
ASCE: 米国土木技術者協会　　 NBC: 国家建築基準　　　　　NCSEA: 国家構造技術者協会協議会
AISC: 米国鋼構造学会　　　　 NEHRP: 国家地震災害低減　　SEAOC: カリフォルニア構造技術者協会
ATC: 応用技術協議会　　　　　　　　　プログラム　　　　　UBC: 統一建築基準

図 8.12　米国の耐震規定の流れ

米国の耐震規定の特徴

(1) 地盤加速度ではなく構造物の応答加速度を示す地図

世界的には，地震動による地盤面の最大加速度を地図で示している場合が多い。しかし，IBC には構造物の応答加速度 S_S と S_1（地図上応答加速度）が地図上に示されている［385 頁］。もっとも，地盤の液状化などは地盤の加速度に影響されるので，ピーク地盤加速度（平均最大想定地震の PGA, Peak Ground Acceleration）

を示す地図もある。

(2) 2種類の地図上応答加速度

　構造物に最も影響を及ぼすのは，最も近くで起きる最大規模の地震であるが，構造物の固有周期によって影響される地震が異なる。すなわち，低層建築物は小規模でも近くで起こる地震の影響が大きく，高層・超高層建築物は，遠くで起きても大規模の地震に影響される傾向がある。このため，IBCには応答スペクトル［図8.13（340頁）］が一定の短周期部分を表すため周期0.2(s)の構造物の応答加速度S_Sを示す地図と，応答スペクトルが双曲線状の部分を表すため周期1(s)の応答加速度S_1を示す2種類の地図がある。

(3) 大地震動のみに対する設計

　日本のように中地震動（稀に起こる地震動）と大地震動（極く稀に起こる地震）という2つの地震動を考えるのではなく，最大想定地震（再現期間2500年）に対して設計を行う。（もっとも，実際の設計には(8.52)式［334頁］のように2/3倍に低減して用いている。）

(4) 設計用地震力の与え方

　設計には各階の地震力や地震層せん断力を直接求めるのではなく，ベースシヤ（1階の層せん断力）［(8.69)式，354頁］を求め，それを各階に分配させている［(8.79)式，356頁］。

(5) 地震力の低減係数

　最大想定地震（再現期間2500年）を目標に設計を行うが，実際には（工学的判断によって）その値を2/3倍して設計に用いる（この場合の再現期間は500年程度）。さらに，日本の構造特性係数D_sの逆数に相当する応答補正係数（Rファクター）は最も粘りのあるラーメン構造では8［表8.21（345頁）］，すなわち得られた地震力を1/8に低減しているので，実際の設計に用いるカリフォルニア州の（線形解析を行う）地震荷重は日本の大地震動または安全限界の地震動（極稀地震）による（非線形解析を行う）地震荷重のほぼ1/2となっている。耐震規定を比較する際には，設計用地震動の大きさの他に低減係数Rファクターの値も考慮する必要がある。

(6) 構造物の解析はすべて線形解析

　日本では大地震動に対する検証にはプッシュオーバによる非線形（弾塑性）解析を行い保有水平耐力を求めるが，米国では（非線形応答時刻歴法を除いて）線

8.3 米国の建築基準 IBC　　　　　　　　　　　　　　　　　　　　　　　　　　　　331

形解析によって部材応力などを求めている。実務設計で非線形解析を導入しているのは日本のみで，この相違も耐震規定を比較する際には考慮する必要がある。

1) 耐震設計のデータ (1603.1.5 節)[†]

地震荷重に関して設計に用いた以下の情報を設計図書に示すこと。

1. 危険度区分 (Risk category)［表 8.13］
2. 地震重要度係数 I_e (Seismic importance factor)［表 8.18（337 頁）］
3. 地図上応答加速度[‡] S_S と S_1
   (Mapped spectral response acceleration parameter)［334 頁，385 頁］
4. 地盤種別 (Site class)［377 頁，表 8.31（378 頁）］
5. 設計用応答加速度 S_{DS} と S_{D1}
   (Design spectral response acceleration parameter)［(8.52) 式，334 頁］
6. 耐震設計区分 (Seismic design category)［表 8.16，表 8.17（335 頁）］
7. 基本地震力抵抗システム (Basic seismic force-resisting system)［344 頁］
8. 設計用ベースシヤ (Design base shear)［(8.69) 式，354 頁］
9. 地震応答係数 C_s (Seismic response coefficient)［(8.70) 式，354 頁］
10. 応答補正係数 R (Response modification coefficient)［表 8.21（345 頁）］
11. 解析手法[§] (analysis procedure)［表 8.24（353 頁）］

2) 危険度区分 (1604.5 節)

危険度区分[¶]と ASCE 7 による目標信頼性（破壊確率）を表 8.13 に示す。

3) 荷重の組合せ[‖] (1605 節)

強度設計には次の荷重組合せを用いる。

[†] 見出しの後の（　）内の数字は IBC または ASCE 7 の章・節の番号である。
[‡] 直訳すると「地図上スペクトル応答加速度パラメータ」と訳すべきかも知れないが単に（短周期または周期 1(s) の）「地図上応答加速度」の方が分かり易く，紛れも生じないので本書ではこのように訳す。なお，「応答スペクトル（加速度）」と表現されている部分は，周期の関数となっているスペクトルを示している。
[§] (1) 等価水平力法，(2) モード応答スペクトル解析または線形応答時刻歴解析，(3) 非線形応答時刻歴法があり，(3) を除いて線形解析である。
[¶] risk category，「危険度区分」と訳しているが「用途区分」の方が分かり易いかも知れない。
[‖] ここでは，地震荷重が含まれている場合のみを示す。なお，正確には荷重によって生ずる応力（軸力・曲げモーメント・せん断力）と変位・変形など荷重効果の組合せである。

表 8.13 危険度区分と MCE_R による破壊確率 (%)

危険度区分	施設などの用途	P_{fs}	P_{fn}
I	農業施設，仮設の施設，小規模貯蔵施設など，その破壊による人命への影響が小さい建築物や他の構造物	10	25
II	危険度区分 I, III, IV 以外の建築物や他の構造物		
III	公共の集会場，教育施設など，その破壊による人命への影響が非常に大きい建築物や他の構造物	5	15
IV	手術や応急処置を行う施設，消防・救助・警察などの施設，緊急避難施設，発電所，有害物質貯蔵庫，航空管制塔，重要な国防施設など，非常に重要な建築物や他の構造物	2.5	9

P_{fs}：構造部材の破壊確率，P_{fn}：特に重要ではない通常の構造部材の破壊確率

$$\begin{cases} 1.2\,(D+F) + 1.0\,E + f_1 L + 1.6\,H + f_2\,S \\ 0.9\,(D+F) + 1.0\,E + 1.6\,H \end{cases} \tag{8.48}$$

ここで，D は固定荷重，F は洪水荷重，E は地震荷重，L は 20 psf（$0.96\,\mathrm{kN/m^2}$）を超える屋根積載荷重と床積載荷重，H は土圧・水圧などの荷重，S は雪荷重である。f_1 は積載荷重 $\geq 4.79\,\mathrm{kN/m^2}$ の集会場と駐車場で 1.0，その他は 0.5，f_2 は鋸屋根のように積雪が滑り落ちない場合は 0.7，その他は 0.2 とする。

許容応力設計には次の荷重組合せを用いる。

$$\begin{cases} D + H + F + (W\ \text{または}\ 0.7E) \\ D + H + F + 0.75\,(0.7E) + 0.75\,L + 0.75\,S \\ 0.6\,D + 0.7\,E + H \end{cases} \tag{8.49}$$

ここで，W は風荷重である。この組合せの代わりに次の組合せを用いてもよい。

$$\begin{cases} D + L + S + E/1.4 \\ 0.9\,D + E/1.4 \end{cases} \tag{8.50}$$

解説「強度設計と許容応力設計」

　強度設計 strength design（load and resistance factor design : LRFD ともいう）では，荷重係数を乗じた荷重を用いて，線形で応力解析を行い，部材設計には部材の終局強度式を用いる。

　許容応力設計 allowable stress design（working stress design ともいう）では，(原則として荷重係数を乗じない) 公称荷重を用いて，線形で応力解析を行い，部材設計には許容応力式を用いる。

　地震荷重については強度設計の場合に荷重係数が 1.0 となるように決められているため，許容応力設計の場合に荷重係数を $0.7 \approx 1/1.4$ が乗じられている。

8.3 米国の建築基準 IBC

米国では，1997年以降は強度設計を用いるようになってきたが，基礎構造には許容応力設計がまだ用いられている。

4) 地震荷重（1613 節）

「地震・地震動の略語」米国の耐震規定で用いられる主な略語などを以下に示す（「地震動，長周期移行の周期，危険度係数の地図」[385 頁]参照）。

MCE：Maximum Considered Earthquake「最大想定地震」，米国の耐震規定で想定している最大地震で，次の2つがある。

MCE_G：Maximum Considered Earthquake Geometric Mean「平均最大想定地震」，幾何平均（水平面での平均）による最大想定地震のことで，この地震によるピーク地盤加速度 PGA（水平2方向の加速度の SRSS）が地図に示されている。

MCE_R：Risk-Targeted Maximum Considered Earthquake「目標最大想定地震」，目標危険度に対する最大想定地震のことで，耐震規定にはこの地震に対する（水平面で最大となる）周期 0.2(s) と 1(s) の構造物の最大応答を示す地図上応答加速度 S_S と S_1 の2種類の地図がある。S_S と S_1 に地盤係数 F_a または F_v を乗ずると調整応答加速度 S_{MS} と S_{M1}，それらを 2/3 倍すると設計用応答加速度 S_{DS} と S_{D1} が得られる。

PGA：Mapped MCE_G Peak Ground Acceleration「地図上ピーク地盤加速度」，MCE_G のピーク地盤加速度のことで，地図に示されている。

PGA_M：MCE_G Peak Ground Acceleration adjusted for site class effects「調整ピーク地盤加速度」，PGA に地盤係数 F_{PGA} を乗じた値で，地盤の液状化などの評価の際に用いる。

S_S, S_1：Mapped acceleration parameter「地図上応答加速度」，MCE_R に対する周期 0.2(s) と 1(s) の構造物の最大の応答加速度で，地図に示されている。

S_{MS}, S_{M1}：Adjusted MCE spectral response acceleration parameter「調整応答加速度」，S_S と S_1 に地盤係数 F_a と F_v を乗じたものである。

S_{DS}, S_{D1}：Design spectral response acceleration parameter「設計用応答加速度」，S_{MS} と S_{M1} に 2/3 を乗じたものである。

S_a, S_{av}：Design (vertical) response spectral acceleration「設計用（鉛直）応答スペクトル加速度」，設計用応答スペクトルの水平方向と鉛直方向の加速度値である。

i) 地震動の値（1613.3 節）地震動の値は本節によって決める。

(地図上応答加速度) 地図上応答加速度 S_S と S_1 は地図［省略，385 頁参照］に示される周期 0.2 (s) と 1 (s) の構造物（減衰定数 5%）の応答加速度である。

(調整応答加速度) 調整応答加速度 S_{MS} と S_{M1} は，次式のように S_S と S_1 に地盤種別によって定まる地盤係数 F_a と F_v［表 8.14 と表 8.15，地盤係数は ASCE 7 で改定されたので，改正後の ASCE 7 の表を示す。］を乗じて求める。

$$\begin{cases} S_{MS} = F_a S_S \\ S_{M1} = F_v S_1 \end{cases} \tag{8.51}$$

(設計用応答加速度) 減衰定数 5% の周期 0.2 (s) と 1 (s) の構造物の設計用応答加速度 S_{DS} と S_{D1} は次式によって求める。

$$\begin{cases} S_{DS} = \dfrac{2}{3} S_{MS} \\ S_{D1} = \dfrac{2}{3} S_{M1} \end{cases} \tag{8.52}$$

ii) 地盤種別・地盤係数と耐震設計区分（1613.3.2 節，1613.3.5 節）

(地盤種別と地盤係数) 地盤特性に基づき ASCE 7 の規定により地盤種別 A〜F に分類し［表 8.31（378 頁）］，地盤係数 F_a と F_v は表 8.14 と表 8.15 による。

(耐震設計区分)

> 解説「耐震設計区分について」
>
> 耐震設計区分には A〜F があり，耐震設計区分 A は最も簡易な設計で，耐震設計区分 F が最も厳しい。すなわち，耐震設計区分 A では水平震度 0.01（接合部に対しては 0.05）で設計するのみでよい。一方，耐震設計区分 F では地震荷重の大きさのみではなく，解析手法，構造詳細など詳細な規定に従う必要がある。

危険度区分 I, II, III の構造物で $S_1 \geq 0.75$ の場合[†]は，耐震設計区分 E とする。

危険度区分 IV の構造物で $S_1 \geq 0.75$ の場合は，耐震設計区分 F とする。

その他の構造物は，危険度区分と S_{DS} と S_{D1} から決まる表 8.16 と表 8.17 の（構造物の基本周期にかかわらず）より厳しい耐震設計区分，または ASCE 7 の建設地特定地動法［381 頁］によって定める。

[†] S_1 は日本の $C_0 = 1.0$ とした周期 1 (s) の ZR_tC_0 に相当すると考えると，$Z = 1.0, 0.9$ で第 2, 3 種地盤の場合，耐震設計区分は E または F に該当する。

8.3 米国の建築基準 IBC

表 8.14 短周期地盤係数 F_a *

地盤種別	周期 0.2 (s) の地図上応答加速度					
	$S_S \leq 0.25$	$S_S = 0.5$	$S_S = 0.75$	$S_S = 1.0$	$S_S \geq 1.25$	$S_S \geq 1.5$
A	0.8	0.8	0.8	0.8	0.8	0.8
B	0.9	0.9	0.9	0.9	0.9	0.9
C	1.3	1.3	1.2	1.2	1.2	1.2
D	1.6	1.4	1.2	1.1	1.0	1.0
E	2.4	1.7	1.3	(ASCE 7 の規定による)		
F	(ASCE 7 の規定による)					

* 中間の S_S 値に対しては直線補間。

表 8.15 長周期地盤係数 F_v *

地盤種別	周期 1 (s) の地図上応答加速度					
	$S_1 \leq 0.1$	$S_1 = 0.2$	$S_1 = 0.3$	$S_1 = 0.4$	$S_1 = 0.5$	$S_1 \geq 0.6$
A	0.8	0.8	0.8	0.8	0.8	0.8
B	0.8	0.8	0.8	0.8	0.8	0.8
C	1.5	1.5	1.5	1.5	1.5	1.4
D	2.4	2.2^a	2.0^a	1.9^a	1.8^a	1.7^a
E	4.2	(ASCE 7 の規定による)				
F	(ASCE 7 の規定による)					

* 中間の S_1 値に対しては直線補間。　^{a} 建設地特定地動法の要件も参照する。

表 8.16 耐震設計区分 A～D（周期 0.2 (s) の S_{DS} による）

S_{DS} の値	危険度区分	
	I または II または III	IV
$S_{DS} < 0.167$	A	A
$0.167 \leq S_{DS} < 0.33$	B	C
$0.33 \leq S_{DS} < 0.50$	C	D
$0.50 \leq S_{DS}$	D	D

表 8.17 耐震設計区分 A～D（周期 1 (s) の S_{D1} による）

S_{D1} の値	危険度区分	
	I または II または III	IV
$S_{D1} < 0.067$	A	A
$0.067 \leq S_{D1} < 0.133$	B	C
$0.133 \leq S_{D1} < 0.20$	C	D
$0.20 \leq S_{D1}$	D	D

なお，ASCE 7 の規定により耐震設計区分 A の場合，一般的な構造健全性[†]［337頁］の水平力の要件を満足するのみでよい。

[†] 地震活動度が低い地域においても，構造物全体に対しては静的な水平震度 0.01 から計算される地震力を用いて設計し，接合部については取り付けられる部分に局部震度 0.05 を用いて設計する。

8.4 米国の荷重規格 ASCE 7

ASCE 7[40] は建築物およびその他の構造物に対する荷重と関連設計規範を示したもので，次のように本文 31 章の他に付録と解説があり全体で 800 頁以上である。

第 1 章 総則
第 2 章 荷重の組合せ
第 3 章 固定荷重，土圧，水圧
第 4 章 積載荷重
第 5 章 洪水荷重
第 6 章 津波荷重と効果
第 7 章 雪荷重
第 8 章 雨荷重
第 9 章 （将来の変更用）
第 10 章 氷荷重－気象による氷結
第 11 章 耐震設計規範 [*1]
第 12 章 建築構造物の耐震設計要件
第 13 章 非構造部材の耐震設計要件
第 14 章 材料別の耐震設計と詳細要件
第 15 章 建築物以外の構造物の耐震設計要件
第 16 章 非線形応答時刻歴解析
第 17 章 免震構造物の耐震設計要件
第 18 章 減衰機構を有する構造物の耐震設計要件
第 19 章 耐震設計における地盤と構造物の相互作用
第 20 章 耐震設計における地盤の分類
第 21 章 耐震設計における建設地特定地動法
第 22 章 地震動，長周期移行の周期，危険度係数の地図
第 23 章 耐震設計引用文献
第 24 章 （将来の変更用）
第 25 章 （将来の変更用）
第 26 章 風荷重：一般要件
第 27 章 建築物への風荷重－MWFRS[*2]（方向別法）
第 28 章 建築物への風荷重－MWFRS（包括法）
第 29 章 他の構造物と付属物への風荷重－MWFRS（方向別法）
第 30 章 風荷重：部材と外装
第 31 章 風洞法

（以上の本文の他に付録と解説がある。）

───────
[*1] クライテリア (criteria) のことで本書では「規範」と訳している。
[*2] Main Wind Force Resisting System:「主たる風圧力抵抗システム」のことである。

　地震荷重に関しては，IBC の 2000 年の初版に具体的に示されていた多くの部分は 2006 版以降では削除され，ASCE 7 を参照するようになっていて，この傾向は改訂の度に強くなっている。なお，ASCE 7 には IBC と重複している部分があるので，以下では重複している部分を除き，第 11, 12 章を中心に，地震荷重・耐震設計と特に関係がある第 1, 2, 16, 20, 21, 22 章についても部分的に示す。

8.4 米国の荷重規格 ASCE 7

8.4.1 総則（第 1 章）

1) 適用（1.1 節）

本基準は，建築法規の要件を受ける建築物や他の構造物と非構造部材に対する最小限の荷重，危険度レベル，関連規範，目標性能を示す．

2) 基本要件（1.3 節）

建築物や他の構造物とそのすべての部分は適切な強度と剛性を持つように設計され建設されること．

3) 一般的な構造健全性（1.4 節）

i) 水平力　構造物は直交 2 方向へ独立に，W_x をレベル[†]x の固定荷重として，次式の静的水平力 F_x を各レベルに同時に作用させて解析する．

$$F_x = 0.01\, W_x \tag{8.53}$$

4) 建築物その他の構造物の分類（1.5 節）

i) 危険度区分と重要度係数[‡]　建築物その他の構造物を危険度区分［表 8.13（332 頁）］によって分類し，設計用荷重には表 8.18 の重要度係数を用いる．

表 8.18　危険度区分と重要度係数

危険度区分	重要度係数			
	雪に対する I_s	氷に対する I_i	風に対する I_w	地震に対する I_e
I	0.80	0.80	1.00	1.00
II	1.00	1.00	1.00	1.00
III	1.10	1.15	1.00	1.25
IV	1.20	1.25	1.00	1.50

8.4.2 荷重の組合せ（第 2 章）

（IBC にも荷重の組合せ［331 頁］があるが，ASCE 7 とは若干異なっている．）

1) 強度設計の荷重の組合せ（2.3 節）

i) 地震荷重効果を含む基本の組合せ　規定の地震荷重効果 $E = f(E_v, E_h)$［350 頁］と他の荷重との組合せは次式による．

$$\begin{cases} 6. & 1.2D + E_v + E_h + L + 0.2S \\ 7. & 0.9D - E_v + E_h \end{cases} \tag{8.54}$$

[†] 一般に「レベル」は階や層を意味している．
[‡] 地震重要度係数は (8.70) 式［354 頁］のように地震応答係数（ベースシヤ係数）に乗じたり，(8.82) 式［358 頁］のように層間変形を除した形で用いる．

規定の余力係数を含む地震荷重効果 $E_m = f(E_v, E_{mh})$ ［351 頁］と他の荷重との組合せは次式による.

$$\begin{cases} 6. & 1.2D + E_v + E_{mh} + L + 0.2S \\ 7. & 0.9D - E_v + E_{mh} \end{cases} \tag{8.55}$$

2) 許容応力設計の荷重の組合せ（2.4 節）

i) 地震荷重効果を含む基本の組合せ　規定の地震荷重効果 $E = f(E_v, E_h)$ ［350 頁］と他の荷重との組合せは次式による.

$$\begin{cases} 8. & 1.0D + 0.7E_v + 0.7E_h \\ 9. & 1.0D + 0.525E_v + 0.525E_h + 0.75L + 0.75S \\ 10. & 0.6D - 0.7E_v + 0.7E_h \end{cases} \tag{8.56}$$

規定の余力係数を含む地震荷重効果 $E_m = f(E_v, E_{mh})$ ［351 頁］と他の荷重との組合せは次式による.

$$\begin{cases} 8. & 1.0D + 0.7E_v + 0.7E_{mh} \\ 9. & 1.0D + 0.525E_v + 0.525E_{mh} + 0.75L + 0.75S \\ 10. & 0.6D - 0.7E_v + 0.7E_{mh} \end{cases} \tag{8.57}$$

8.4.3　耐震設計規範（第 11 章）

1) 地震動に関する諸値（11.4 節）

i) 断層近傍地　次のいずれかの条件を満足する場合は，断層近傍に分類する.

1. M_w（モーメント・マグニチュード）7 以上の地震を引き起こす既知の活断層の地表面への投影から 9.5 マイル (15 km)，または
2. M_w6 以上の地震を引き起こす既知の活断層の地表面への投影から 6.25 マイル (10 km)

例外

1. 断層のスリップ速度が年間 0.04 インチ (1 mm) の断層は考慮する必要はない.
2. 深さ 6.25 マイル (10 km) 以上の部分の地表面への投影は含まない.

ii) 地図上加速度パラメータ　地図上応答加速度 S_S と S_1，地盤種別 A～F，地盤係数 F_a と F_v，目標危険度最大想定地震 MCE_R，設計用応答加速度 S_{DS} と S_{D1} は［改定が同時ではないが］基本的に IBC と同じである.

iii) 地盤種別　建設地の地盤特性に基づき第 20 章 ［377 頁］に従って，地盤種別 A～F に分類する.地盤種別を定めるための地盤特性を十分把握できない場合は，管

8.4 米国の荷重規格 ASCE 7

轄当局または地質データが地盤種別 E または F が存在すると決定しない限り，地盤種別は D とする．

第 20 章に従って地盤調査を行い地盤種別 B の岩盤と判定されても，建設地特定の速度調査が行われない場合は，F_a, F_v, F_{PGA} は 1.0 とする．

iv) 地盤係数と目標最大想定地震の応答加速度　地盤係数と目標最大想定地震の応答加速度は IBC と同様に決める［(8.51) 式，334 頁］．

v) 設計用加速度　S_{DS}, S_{D1} は IBC と同様に (8.52) 式［334 頁］により定める．12.14 節［簡易代替構造設計規範（370 頁），本書では詳細を省略］を用いる場合は，その節の規定によって S_{DS} を定め，S_{D1} を定める必要はない．

vi) 設計用応答スペクトル　建設地特定地動法を用いない場合は，設計用応答加速度スペクトル値 S_a は次式によって求める［図 8.13］．

$$S_a = \begin{cases} S_{DS}\left(0.4 + 0.6\dfrac{T}{T_0}\right) & T < T_0 \text{ の場合} \\ S_{DS} & T_0 \leq T \leq T_S \text{ の場合} \\ \dfrac{S_{D1}}{T} & T_S < T \leq T_L \text{ の場合} \\ \dfrac{S_{DS} T_L}{T^2} & T > T_L \text{ の場合} \end{cases} \tag{8.58}$$

ここで，T は構造物の基本周期 (s)，$T_0 = 0.2\, S_{D1}/S_{DS}$，$T_S = S_{D1}/S_{DS}$，$T_L$ は長周期への移行周期[†]である．

解説「S_{DS} と S_{D1} について」

米国では，周期 0.2 (s) と 1 (s) の構造物の応答加速度の S_S と S_1［地図上応答加速度（385 頁）］が地図上に与えられている．これらの値に地盤係数を乗じ低減係数 2/3 を乗ずると S_{DS} と S_{D1} が求まり，それから設計用応答加速度スペクトルが図 8.13 のように得られる．S_{DS} は短周期のスペクトル一定の部分，S_{D1} は双曲線の部分を表している．加速度で表すと双曲線となる部分は（一定の固有周期で振動しているとすると）速度一定となることを示しているので，その速度を求めると次のようになる．

一般に，応答加速度 a を円振動数 ω で除すと応答速度 v となるので，$v = a/\omega = aT/(2\pi)$ の関係がある．この式に $S_{D1} = 1.0\,(g) = 9.8\,(\mathrm{m/s})$ と $T = 1.0\,(s)$ を代入

[†] T_L は地図［省略］に 4, 6, 8, 12, 16 (s) と区分されている．米国本土で，最小は米国中部で 4 (s)，最大は西海岸北部の 16 (s) である［385 頁］．

すると，$v = 9.8/(2 \times 3.14) = 1.56\,(\text{m/s})$ となる．すなわち，双曲線部分を表す $S_{D1} = 1.0\,(\text{g})$ の場合は，速度に換算すると $1.56\,\text{m/s}$ [$156\,\text{kine}\,(\text{cm/s})$] となる．

設計用応答スペクトルは，日本の $C_0 = 1.0$ とした $Z R_t C_0$，あるいは限界耐力計算の安全限界の加速度応答スペクトル［図 2.12, 53 頁］に相当する．

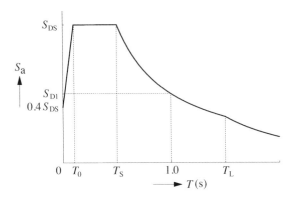

図 8.13　設計用応答スペクトル（目標最大想定地震の応答スペクトルは 1.5 倍する．）

vii) 目標最大想定地震の応答スペクトル　目標最大想定地震の応答スペクトルが必要な場合は，設計用応答スペクトルを 1.5 倍して求める．

viii) 建設地特定地動法　建設地特定地動法は地盤種別 F にある構造物に対して，20.3 節［378 頁］i) で免除されいない限りは，21.1 節［381 頁］に従って行う．地動の危険度解析は次の構造物に対して，21.2 節［382 頁］に従って行う．

1. $S_1 \geq 0.6$ の建設地の免震・減衰システムを有する構造物
2. 地盤種別 E で $S_S \geq 1.0$ の建設地の構造物
3. 地盤種別 D, E で $S_1 \geq 0.2$ の建設地の構造物

例外　免震・減衰システムを有する構造物を除いて，次の構造物に対しては地動の危険度解析を行う必要はない．

1. F_a を地盤種別 C の値とした地盤種別 E で $S_S \geq 1.0$ の建設地の構造物
2. (8.71) 式［355 頁］による上限値を 1.5 倍した (8.70) 式による C_s とし，$S_1 \geq 0.2$ の建設地で地盤種別 D にある構造物
3. $T \leq T_s$ で等価静的力法を用いる $S_1 \geq 0.2$ で地盤種別 E の建設地の構造物

21.1 節［381 頁］による地盤応答解析と（または）地動を決めるための 21.2 節［382 頁］による地動の危険度解析はどの構造物にも用いることができる．

8.4 米国の荷重規格 ASCE 7

21.1 節または 21.2 節を用いる場合は，設計用応答スペクトルは 21.3 節 [384頁]，設計用加速度パラメータは 21.4 節 [384頁]，平均最大想定地震のピーク地盤加速度が必要な場合には 21.5 節 [385頁] によって求める。

2) 重要度係数と危険度区分 (11.5 節)

重要度係数は表 8.18 [337頁] による。危険度区分 IV の構造物を使用する際に隣接する構造物を通行する場合は，その隣接構造物は危険度区分 IV の要件に従うこと。

3) 耐震設計区分 (11.6 節)

耐震設計区分は IBC [334頁] と同様である。ただし，表 8.16 [335頁] のみで耐震設計を決めることができる条件が追加されている。

4) 耐震設計区分 A の設計要件 (11.7 節)

耐震設計区分 A の建築物や他の構造物は 1.4 節 [337頁] の要件にのみ従う必要がある。

5) 地質的危険度と地盤調査 (11.8 節)

i) 耐震設計区分 E, F に対する建設地制限　耐震設計区分 E, F の構造物は，地表に破壊を引き起こす活断層の可能性が分かっている場所には建設しない。

ii) 耐震設計区分 C〜F に対する地盤調査報告書　耐震設計区分 C〜F の構造物については，地盤調査を行い，次の事項を含む報告書を提出する。

　a. 斜面の安定性
　b. 液状化
　c. 全体および不同沈下
　d. 断層や地震による側方流動などによる地表の変位

報告書には，これらの危険性を減少させる基礎の設計やその他の手段に対する推奨を含める。

　例外　近隣地の評価が既にあり，管轄当局が認めた場合には，地盤調査を必要としない。

iii) 耐震設計区分 D〜F に対する地盤調査報告の追加要件　耐震設計区分 D〜F の構造物については，次の事項を含むこと。

1. 設計用地震動による地下壁・擁壁に対する動的な土圧
2. ピーク地盤加速度による液状化と地盤強度の喪失の可能性,地震マグニチュード,震源特性と平均最大想定地震のピーク地盤加速度

　ピーク地盤加速度は (1) 建設地特定地動法［340頁］によるか,または (2) 次式の調整ピーク地盤加速度 PGA_M により評価する。

$$PGA_M = F_{PGA} PGA \tag{8.59}$$

ここで,PGA は地図上ピーク地盤加速度［省略,386頁］,F_{PGA} は表 8.19 による地盤係数である。
なお,11.4.3 節［338頁］によって地盤種別 D とした場合は,F_{PGA} は 1.2 を下まわらないこと。

表 8.19　地盤係数* F_{PGA}

地盤種別	MCE_G の PGA					
	PGA≦0.1	PGA=0.2	PGA=0.3	PGA=0.4	PGA=0.5	PGA≧0.6
A	0.8	0.8	0.8	0.8	0.8	0.8
B	0.9	0.9	0.9	0.9	0.9	0.9
C	1.3	1.2	1.2	1.2	1.2	1.2
D	1.6	1.4	1.3	1.2	1.1	1.1
E	2.4	1.9	1.6	1.4	1.2	1.1
F	建設地特定地動法［340頁］による。					

* 他の PGA の値に対しては直線補間。

3. 液状化,全体沈下と不同沈下,側方流動,基礎に対する側方土圧と地盤反力の低下,基礎杭に対する地盤反力の低下,擁壁の土圧,埋設物の浮上などの評価
4. 適切な基礎形式・深さ,適切な構造システムの選択,地盤の安定性などに対する考察

6) 耐震設計のための鉛直地動 (11.9 節)

i) 一般　鉛直地震荷重効果［350頁］の代わりに本節の設計用鉛直地震動を用いてもよい。本節の規定は耐震設計区分 C～F に適用する。

ii) 目標最大想定地震の鉛直応答スペクトル　鉛直応答スペクトルが必要で建設地特定地動法を用いない場合,目標最大想定地震の鉛直応答スペクトル加速度 S_{aMv} は次式による。

8.4 米国の荷重規格 ASCE 7

$$S_{aMv} = \begin{cases} 0.3\,C_v\,S_{MS} & T_v \leq 0.025\,(s)\ \text{の場合} \\ 20\,C_v\,S_{MS}(T_v - 0.025) + 0.3\,C_v\,S_{MS} & 0.025\,(s) < T_v \leq 0.05\,(s)\ \text{の場合} \\ 0.8\,C_v\,S_{MS} & 0.05\,(s) < T_v \leq 0.15\,(s)\ \text{の場合} \\ 0.8\,C_v\,S_{MS}\left(\dfrac{0.15}{T_v}\right)^{0.75} & 0.15\,(s) < T_v \leq 2.0\,(s)\ \text{の場合} \end{cases}$$

(8.60)

ここで, C_v は表 8.20 により, S_{MS} は短周期の調整応答加速度, T_v は鉛直振動周期である.

表 8.20 鉛直係数 C_v の値

MCE_R の地図上・短周期・応答加速度*	地盤種別		
	A, B	C	D, E, F
$S_S \geq 2.0$	0.9	1.3	1.5
$S_S = 1.0$	0.9	1.1	1.3
$S_S = 0.6$	0.9	1.0	1.1
$S_S = 0.3$	0.8	0.8	0.9
$S_S \leq 0.2$	0.7	0.7	0.7

* 中間の S_S 値に対しては直線補間.

S_{aMv} は一般的または建設地特定法の水平成分 S_{aM} の 1/2 未満としない.

鉛直振動周期が 2.0 (s) を超える場合の S_{aMv} は建設地特定法によって求めるが, 一般的または建設地特定法による水平成分 S_{aM} の 1/2 未満としない.

鉛直周期が 2.0 (s) 以下に対して, 上述の手法の代わりに建設地を特定した研究によって S_{aMv} を求めてもよいが, (8.60) 式による S_{aMv} の 80% 未満としない.

iii) 設計用鉛直応答スペクトル　設計用鉛直応答スペクトル加速度 S_{av} は S_{aMv} の 2/3 とする.

8.4.4 建築構造物の耐震設計要件 (第 12 章)

1) 構造設計の基本 (12.1 節)

i) 基本要件　本節の規定の通り, 建築構造物は設計用地震動に耐えるように, 適切な水平力と鉛直力に抵抗できるシステムを有すること.

ii) 部材・接合部設計と変形制限　地震力に抵抗しない部分も含み, 各部材とその接合部は適切な強度を有すること. 構造物の変形は規定の限度を超えないこと.

iii) 連続的な力の伝達経路　すべての力の作用点から最終的に抵抗する点まで, 適

切な強度と剛性を持つ連続した力の伝達経路があること．構造物の小さな部分は，その重量の $0.133 S_{DS}$ 倍または 5 % の大きい方の地震力を伝達できる設計強度を持つ要素によって構造物の他の部分に接合する．

iv) 支持部材との接合　部材に平行に作用する水平力に対して，各梁・桁・トラスはその支持要素に直接，またはダイヤフラムとなるスラブに明確に接合すること．接合部は固定荷重と積載荷重による反力の 5 % 以上の最小設計強度を持つこと．

v) 基礎の設計　基礎は設計用地震動による力と変動に抵抗できるように設計すること．基礎の設計と建設は 12.13 節［省略］に従うこと．

vi) 材料設計と詳細要件　基礎を含む構造要素は，第 14 章［省略］の要件を満足すること．

2) 構造システムの選択（12.2 節）

i) 選択と制限　水平および鉛直方向の基本的な地震力抵抗システムを表 8.21 のいずれか，またはそれらの組合せの型式に分類する．構造システムは，それに対する制限［表 8.21 では省略］と同表に示されている構造高さの制限内とする．

　ベースシヤ，要素の設計力，設計用層間変形を求める際には，同表の応答補正係数 R，余力係数 Ω_0，変形増大係数 C_d を用いる[†]．

（代替構造システム）表 8.21 に含まれていない地震力抵抗システムについては，管轄当局と独立した構造設計のレビューによって認められるならば使用することができる．その設計規範は，危険度区分 II の構造物に対する目標最大想定地震の発生による破壊確率が 10 % 以下であることを示す．

ii) 異なる方向での架構システムの組合せ　直交 2 方向に異なる地震力抵抗システムを用いてもよい．

iii) 同じ方向での架構システムの組合せ　併用システムを除き同じ方向で異なるシステムを組合せる場合は，厳しい方の制限を適用する．

（係数の鉛直方向での組合せ）同じ方向で鉛直の組合せがある構造物は次の要件が適用される．

[†]「ベースシヤ」base shear は 1 階（最下層）の層せん断力のことで「ベースシャー」，「ベースシア」などと書く場合もある．「応答補正係数」は response modification coefficient，「余力係数」は overstrength factor，「変形増大係数」は deflection amplification factor の訳である．

8.4 米国の荷重規格 ASCE 7

表 8.21 構造種別と設計に用いる各種係数

構造種別 (80以上の一部のみ示す)	R	Ω_0	C_d	耐震設計区分*				
				B	C	D	E	F
A. 耐力壁システム								
RC 造特別耐震壁	5	$2\frac{1}{2}$	5	○	○	160	160	100
RC 造通常耐震壁	4	$2\frac{1}{2}$	4	○	○	×	×	×
B. 建物架構システム								
S 造偏心筋かい架構	8	2	4	○	○	160	160	100
S 造特別中心筋かい架構	6	2	5	○	○	160	160	100
S 造通常中心筋かい架構	$3\frac{1}{4}$	2	$3\frac{1}{4}$	○	○	35	35	×
C. ラーメン架構システム								
S 造特別ラーメン架構	8	3	$5\frac{1}{2}$	○	○	○	○	○
S 造通常ラーメン架構	$3\frac{1}{2}$	3	3	○	○	×	×	×
RC 造特別ラーメン架構	8	3	$5\frac{1}{2}$	○	○	○	○	○
RC 造通常ラーメン架構	3	3	$2\frac{1}{2}$	○	×	×	×	×
D. ラーメン併用システム (ラーメン架構が地震力の 25% 以上負担)								
S 造偏心筋かい架構	8	$2\frac{1}{2}$	4	○	○	○	○	○
S 造特別中心筋かい架構	7	$2\frac{1}{2}$	$5\frac{1}{2}$	○	○	○	○	○
RC 造特別耐震壁	7	$2\frac{1}{2}$	$5\frac{1}{2}$	○	○	○	○	○
RC 造通常耐震壁	6	$2\frac{1}{2}$	5	○	○	×	×	×

R：応答補正係数, Ω_0：余力係数 [350 頁の脚注], C_d：変形増大係数
* ○：適用可（高さ制限なし），×：適用不可，数字は適用高さ (ft) の上限

1. 下部システムの R の方が小さい場合，上部システムの力と層間変形の計算には上部構造の (R, Ω_0, C_d) を用いる．下部構造には下部構造の (R, Ω_0, C_d) を用いる．上部から伝達される力は上部と下部の R の比を乗じて増加させる．
2. 上部システムの R の方が小さい場合，上部の設計用係数 (R, Ω_0, C_d) を両システムに用いる．

例外　重量の小さな付属物や軽量フレーム造の独立住宅には適用しない．

解説「米国の耐震設計の考え方と各種係数について」
　米国の耐震設計の考え方とその中で用いられている各種係数について，ASCE 7 第 12 章の解説を要約し以下に紹介する．
　基本的には，設計用応答スペクトル [図 8.13 (340 頁)] を用いて求めた構造物の弾性応答水平力 V_E を応答補正係数 R で除して設計用水平力 V_S とし，これに

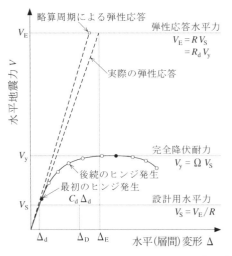

図 8.14 弾塑性荷重変形曲線

対して強度設計を行う(以下図 8.14 参照)。

実際の構造物は図の破線で示す弾性ではないため,その荷重変形曲線は実線のようになる。V_S を超える地震力が加わっても,剛性はすぐには低下せず弾性的な挙動を示す。地震力が大きくなり変形も大きくなると,構造物のいずれかの部分(例えば柱や梁の端部)に最初の塑性ヒンジ(実線の中の最初の●)が発生する。変形がさらに大きくなると,ヒンジ(実線の中の○)が他の部分にも次々と発生し,耐力が最大となる完全降伏耐力 V_y(実線の中の 2 番目の●)になった後は,耐力は次第に減少し最終的には崩壊にいたる。

ここで $(V_y - V_S)$ が余力で,余力率は $\Omega = V_y/V_S$ で表される。余力の要因は,(1) 材料の余力(実際の材料強度は名目強度より大きく,鋼材の降伏強度の余力は 30〜40% ある),(2) 部材設計の余力(部材強度には低減係数 ϕ を乗じている),(3) 付加的余力(設計時に断面や補強筋を安全側に増加させる),(4) 靭性部材の余力(靭性を持たせる部材は強度より変形に対して設計されるため強度には余裕がある)などである。結局,最初のヒンジ発生時の耐力は V_S より 30〜100% 大きく,完全降伏耐力 V_y は V_S の 2〜4 倍になる。

なお,塑性化することを防ぐべき重要な部材には余力係数 Ω_0 を乗じた外力で設計し,最大想定地震でも,その部材が弾性範囲の挙動をするようにする。また,

8.4 米国の荷重規格 ASCE 7

変形については V_S による変形 Δ_d に変形増大係数 C_d を乗じた Δ_D を用い層間変形の制限を検証する。C_d は R より小さいが，これは塑性化によって減衰定数が 5% よりかなり大きくなるからである。

　[以上が ASCE 7 第 12 章の解説の一部の要約であるが，余力の推定については疑問がある。実際の降伏耐力 V_y が設計用地震力 V_S の 2～4 倍もあるとは思えず，変形増大係数を乗じても変位一定則より小さな変位 Δ_D になることの検証も十分ではないと思われる。]

(2 段階解析法) 剛な下部の上に柔な上部がある構造物については，次のすべてに当てはまる場合には 2 段階等価水平力法を用いることができる。

　a. 下部の剛性が上部の剛性より少なくとも 10 倍ある。
　b. 構造物全体の周期が，上部・下部の境で分離された上部の周期より 1.1 倍より大きくはない。
　c. 上部は適切な R と ρ を用いて設計する。
　d. 下部は適切な R と ρ を用い，分離された構造物として設計する。上部からの反力は上部の解析による値に上下の R/ρ の比（1.0 未満とはしない）を乗じて増加させる。
　e. 上部は等価水平力法またはモード応答スペクトル法，下部は等価水平力法で解析する。

(係数の水平方向での組合せ) 当該方向の R はその方向に用いられているシステムの最小値を超えてはならない。C_d と Ω_0 は，その方向で必要な R と整合していること。

iv) フレーム組合せの詳細要件　地震力に抵抗する異なる架構システムに共通する構造部材は，どの方向についても組合せた架構システムの大きい方の R に必要な本章の詳細要件を用いて設計すること。

v) 架構特有の要件
　[構造架構システムにはシステム特有の要件があるが，省略する。]

3) ダイヤフラムの柔性，形状の不整形と余剰性（12.3 節）

i) ダイヤフラムの柔性　構造解析には，ダイヤフラムと地震力抵抗システムの相対的な剛性を考慮する。ダイヤフラムが柔または剛と仮定できない場合は，ダイヤフ

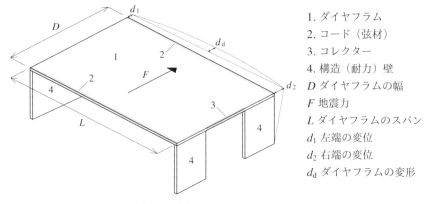

図 8.15　ダイヤフラムの変形と力の伝達
[$d_d > (d_1 + d_2)$ の場合は柔なダイヤフラムと仮定できる。]

ラムの剛性を明確に考慮する。

(柔なダイヤフラムの条件)　コンクリートを打設しない金属デッキや木質系パネルは，次のいずれかに該当する場合，ダイヤフラムは柔と仮定することができる。

a. 鉛直要素が鋼製ブレース架構，鋼コンクリート混構造ブレース架構，コンクリート・組積・鋼・鋼コンクリート混構造の耐震壁構造
b. 2 住戸以下の住宅
c. 木質構造パネルのダイヤフラムにコンクリートの打設がなく，かつ各通りの地震力抵抗システムの鉛直要素が表 8.28 [368 頁] の許容層間変形を満足している軽量フレーム造

(剛なダイヤフラムの条件)　ダイヤフラムの幅に対するスパンの比が 3 以下のコンクリートスラブやコンクリートを打設したメタルデッキスラブで平面的不整形のない構造の場合，ダイヤフラムは剛と仮定することができる。

(計算による柔なダイヤフラムの条件)　上の柔または剛に該当しない場合，図 8.15 において $d_d > (d_1 + d_2)$ の場合は柔なダイヤフラムと仮定できる。

ii) 不整形・整形の分類　構造物を，表 8.22 [349 頁] による平面的不整形，表 8.23 による立面的不整形に分類する。

　[不整形の場合，種々の制限などがあるが，本書ではその一部のみを示している。]

iii) 構造的不整形のあるシステムについての制限と追加要件　耐震設計区分 E または F の構造物の場合，平面的不整形 1b または立面的不整形 1b, 5a または 5b は認

8.4 米国の荷重規格 ASCE 7

められない．耐震設計区分 D の構造物の場合，立面的不整形 5b は認められない．
[この他に耐震設計区分や高さの制限などがあるが，省略する．]

表 8.22 平面的不整形

	平面的不整形の分類
1a	捩れによる不整形：偶発的偏心も考慮した最大層間変形が平均層間変形の 1.2 倍以上である．
1b	捩れによる極端な不整形：偶発的偏心も考慮した最大層間変形が平均層間変形の 1.4 倍以上である．
2	入隅による不整形：入隅からの平面的な突出部の出の長さが両方向とも，その方向の平面長さの 15 % 以上ある．
3	不連続なダイヤフラムによる不整形：面積の 50 % 以上の欠き込みや開口部，ダイヤフラムの剛性の隣接階との変化が 50 % 以上ある．
4	面外不連続による不整形：面外にずれている鉛直要素があるなど，水平力抵抗の力の伝達経路が不連続である．
5	非平行システムによる不整形：直交する主な地震力抵抗システムの主軸に平行に配置されていない水平力抵抗の鉛直要素がある．

表 8.23 立面的不整形

	立面的不整形の分類
1a	水平剛性の低い階による不整形：水平剛性が上階の 70 % 以下，あるいは直上 3 階の平均水平剛性の 80 % 以下の階がある．
1b	水平剛性の極端に低い階による不整形：水平剛性が上階の 60 % 以下，あるいは直上 3 階の平均水平剛性の 70 % 以下の階がある．
2	重量（質量）による不整形：有効質量が隣接階の 150 % 以上の階がある．直下の階より軽い屋根には考慮しない．
3	立面的な不整形：地震力抵抗システムの幅が隣接階の 130 % 以上の階がある．
4	鉛直の水平力抵抗要素の面内不連続による不整形：鉛直の水平力抵抗要素の面内ずれがあり，それを支持する構造要素に転倒に対する検討が要求される．
5a	水平耐力の不連続－弱い階による不整形：水平耐力が上階の 80 % 以下の階がある．
5b	水平耐力の不連続－極端に弱い階による不整形：水平耐力が上階の 65 % 以下の階がある．

iv) 余剰性　直交 2 方向の地震力抵抗システムの余剰係数[†]ρ を次のように定める．($\rho = 1.0$ の条件）耐震設計区分 B, C の構造物には，$\rho = 1.0$ としてもよい．層間変

[†] 「余剰係数」は redundancy factor の訳，「余力係数」は overstrength factor の訳である．

形，P-Δ 効果，非構造部材，建築物以外の構造物，余力係数を含むコレクター・スプライス・それらの接合などの設計の際にも $\rho = 1.0$ としてよい．

(耐震設計区分 D~F の ρ) 耐震設計区分 D~F の構造物では $\rho = 1.3$ とする．[$\rho = 1.0$ とすることができる場合があるが，省略する．]

4) 地震荷重効果[†]と組合せ（12.4 節）

i) 適用 地震力抵抗システムに含まれない部分を含め構造物のすべての部材を，本節の地震荷重効果を用いて設計する．地震荷重効果とは，水平と鉛直の地震力によって生ずる軸・せん断・曲げの部材力である．必要とされる場合[‡]には，地震荷重効果を余力係数によって調整する［351 頁］．

ii) 地震荷重効果 地震荷重効果 E は次のように求める．

強度設計の荷重の組合せ［(8.48) 式の 1 式（332 頁）］，または許容応力設計の荷重の組合せ［(8.49) 式の 1, 2 式（332 頁）］では，次式による．

$$E = E_h + E_v \tag{8.61}$$

強度設計の荷重の組合せ［(8.48) 式の第 2 式（332 頁）］，または許容応力設計の荷重の組合せ［(8.49) 式の第 3 式（332 頁）］では，次式による．

$$E = E_h - E_v \tag{8.62}$$

ここで，E_h と E_v は次の水平と鉛直方向の地震荷重効果である．

（水平地震荷重効果） 水平方向の地震荷重効果 E_h は次式による．

$$E_h = \rho\, Q_E \tag{8.63}$$

ここで，Q_E は水平方向の地震力 V または F_p による荷重効果［直交 2 方向を考慮する場合がある］，ρ は余剰係数［349 頁］である．

（鉛直地震荷重効果） 鉛直方向の地震荷重効果 E_v は次式による．

$$E_v = 0.2\, S_{DS}\, D \tag{8.64}$$

ここで，S_{DS} は短周期の設計用応答加速度［339 頁］，D は固定荷重効果である．

[†] 荷重によって生ずる応力や変形などを荷重効果という．水平方向と鉛直方向の荷重は方向が異なるため単純に加減できないが，それらによって生ずる応力や変形などは（線形範囲で）加減できる．このため，「荷重の組合せ」よりも「荷重効果の組合せ」の方がより適切な表現であろう．

[‡] 例えば，高さが 9 m を超える建築物で表 8.23［349 頁］の 5b に該当する階，表 8.22 の 4 や表 8.23 の 4 に該当する不連続な壁または架構を支持する要素，図 8.15［348 頁］のコレクターやその接合部には余力係数 Ω_0 を考慮する必要がある．

8.4 米国の荷重規格 ASCE 7

例外

1. 鉛直地震動の効果を 11.9 節 [342 頁] による場合は，次式による．

$$E_v = 0.3 S_{av} D \tag{8.65}$$

ここで，S_{av} は設計用鉛直応答スペクトル加速度 [343 頁] である．

2. 耐震設計区分 B の構造物に対する (8.61), (8.62), (8.66), (8.67) 式と地盤構造物の基礎との接する面の (8.62) 式には，E_v を 0 とすることができる．

iii) **余力係数を含む地震荷重効果** 必要な場合[†]には，余力係数を含む地震荷重効果を次のように決める．

1. 強度設計の荷重の組合せ [(8.48) 式の第 1 式 (332 頁)]，または許容応力設計の荷重の組合せ [(8.49) 式の第 1, 2 式 (332 頁)] では，E を次式の E_m に等しい値とする．

$$E_m = E_{mh} + E_v \tag{8.66}$$

2. 強度設計の荷重の組合せ [(8.48) 式の第 2 式]，または許容応力設計の荷重の組合せ [(8.49) 式の第 3 式] では，E を次式の E_m に等しい値とする．

$$E_m = E_{mh} - E_v \tag{8.67}$$

ここで，E_m は余力係数を含む地震荷重効果，E_{mh} は余力係数を含む水平地震荷重効果，E_v は鉛直地震荷重効果である．

(余力係数を含む水平地震荷重効果) 余力係数 Ω_0 を含む水平地震荷重効果 E_{mh} は次式による．

$$E_{mh} = \Omega_0 Q_E \tag{8.68}$$

ここで，Q_E は地震ベースシヤ V [354 頁]，ダイヤフラム設計力 F_{px} [363 頁]，部品に作用する地震力 F_p [省略] からの水平地震力による効果である．

E_{mh} は，耐力限界の水平地震荷重効果 E_{cl} (塑性メカニズム解析によって要素に生ずる最大の力) より大きく取る必要はない．

(耐力限界の水平地震荷重効果) 耐力限界設計が必要な場合，荷重組合せ [(8.48) 式の第 1 式 (332 頁) と (8.49) 式の第 1, 2 式 (332 頁)] の際の地震荷重効果は E_{mh} の代わりに E_{cl} を用いて計算する．

[†] Ω_0 に関する脚注 [350 頁] 参照．

iv) 耐震設計区分 D～F の片持ち水平部材に対する最小上向き力　耐震設計区分 D～F の構造物の場合，片持ち式の水平構造部材は，すでに示した荷重の組合せの他に，固定荷重の最低 0.2 倍の上向きの力で設計する．

5) 荷重の方向（12.5 節）
i) 荷重の方向の規範　地震力は最大の荷重効果が生ずる方向に加える．次に示す場合は，この条件が満足されると見なしてよい．
ii) 耐震設計区分 B　耐震設計区分 B の場合は，地震力を直交 2 方向に独立に作用させ，直交 2 方向の組合せは無視してもよい．
iii) 耐震設計区分 C　耐震設計区分 C の場合は，耐震設計区分 B の規定に加え，平面的不整形の 5［表 8.22（349 頁）］の場合は，次のいずれかによる．
   a. 直交組合せ法　等価水平力法［354 頁］，モード応答スペクトル解析［359 頁］，線形応答時刻歴法［370 頁］を用い，1 方向の 100% に直交方向の 30% の力を加え，最大の強度が必要となる組合せを用い部材と基礎を設計する．
   b. 直交地動同時入力　線形［370 頁］または非線形応答時刻歴法［371 頁］を用い，直交 2 方向の地動加速度時刻歴を同時に作用させる．
iv) 耐震設計区分 D～F　耐震設計区分 D～F の場合は，少なくとも耐震設計区分 C の要件に従う．その他に，地震力抵抗システムが交差する部分の柱と壁については，いずれかの主軸方向の地震力によってその設計用軸強度の 20% を超える軸荷重を受けるならば，全方向の地震力の最もクリティカルな荷重効果に対して設計する．上の a または b はこれを満足するものとしてよい．構造モデル化の規定［353 頁］によって必要な場合を除き，柔なダイヤフラムの構造物には，2 次元解析を用いることができる．

6) 解析手法の選択（12.6 節）
　解析手法は，耐震設計，構造システム，動的特性，整形性に基づき表 8.24［353 頁］，または管轄当局の承認した一般的に受け入れられている他の代替法による．

7) モデル化の規範（12.7 節）
i) 基礎のモデル化　構造物は基部固定と仮定してよい．基礎の剛性を考慮する場合は，12.13.3 節［省略］または第 19 章［省略］に従う．
ii) 地震時有効重量　構造物の地震時有効重量 W には，基部より上の固定荷重に次

8.4 米国の荷重規格 ASCE 7

表 8.24 許容される解析手法

耐震設計区分	構造物の特徴	(1)	(2)	(3)
B, C	すべての構造物	○	○	○
D, E, F	危険度区分 I または II の地上 2 階建以下の建築物	○	○	○
	軽量フレーム構造物	○	○	○
	構造的不整形のない構造高さ 160 ft 以下の構造物	○	○	○
	構造的不整形のない $T < 3.5T_s$ で構造高さ 160 ft を超える構造物	○	○	○
	構造高さ 160 ft 以下で，表 8.22 の平面的不整形 2, 3, 4, 5 または表 8.23 の立面的不整形 4, 5a, 5b のいずれか 1 つのみに該当する構造物	○	○	○
	その他のすべての構造物	×	○	○

(1) 等価水平力法［354 頁］，
(2) モード応答スペクトル解析［359 頁］または線形応答時刻歴解析［362 頁］，
(3) 非線形応答時刻歴法［370 頁］，○ 適用可，× 適用不可，$T_s = S_{D1}/S_{DS}$

の荷重を加える．

1. 倉庫部分は積載荷重の 25 % 以上

   例外 積載荷重がその階の地震時有効重量の 5% 未満の場合と，公共駐車場・屋根なしの駐車場の場合は積載荷重を考慮する必要はない．

2. 間仕切り壁の重量を加える必要がある場合は，実際の重量または 10 psf (0.48 kN/m²) の大きい方

3. 永続的な機器の運転時の全重量

4. 陸屋根の積雪荷重が 30 psf (1.44 kN/m²) を超える場合は，屋根形状にかかわらず一様設計用雪荷重の 20%

5. 屋上庭園や類似部分における造園その他の材料の重量

iii) **構造モデル化** 作用する力，変位，P-Δ 効果による部材力と構造物の変位を求めるため，構造物の数学的モデルを作成する．モデルは，構造物内の力の分配や変形に影響する要素の剛性と強度を含み，かつ構造物の質量と剛性の空間分布を表すこと．

さらに，モデルは次のことに合致すること．

a. コンクリートや組積の要素の剛性には，ひび割れの影響が考慮されている．
b. 鉄骨ラーメンには，パネルゾーンの変形による構造物全体の層間変形への寄与が含まれている．

平面的不整形の 1a, 1b, 4, 5［表 8.22（349 頁）］のいずれかに該当する構造物には 3 次元（3D）モデルを用いて解析する．3D モデルには，各レベルに少なくとも平面の直交 2 方向と鉛直軸に対する回転の動的 3 自由度を含むものとする．ダイヤフラムが剛または柔に分類されない場合には，モデルはダイヤフラムの剛性の特性と，動的解析を行う場合は構造物の動的応答におけるダイヤフラムの影響を考慮するために必要な自由度を含むものとする．モード応答スペクトル解析または応答時刻歴解析を行う場合は，各レベルに少なくとも平面の直交 2 方向と鉛直軸に対する回転の動的 3 自由度を用いる．

例外 平面的不整形 4 でダイヤフラムが柔の構造物の場合，3D モデルは必要ではない．

iv) 相互作用の効果 ラーメン架構が地震力抵抗システムとは考えられていない剛性の高い要素に接続されている場合は，それらの要素の作用や破壊が架構の鉛直荷重と地震力抵抗能力に悪影響を及ぼさないように設計する．設計には，これらの剛な要素の設計用層間変形［358 頁］に対する影響を取り入れる．構造物の不整形性［348 頁］を判断する際には，これらの要素の影響を考慮する．

8) 等価水平力法（12.8 節）

i) 地震ベースシヤ 考慮する方向の地震ベースシヤ V は次式によって求める．

$$V = C_s W \tag{8.69}$$

ここで，C_s は地震応答係数†，W は構造物の地震時有効重量［352 頁］である．

（地震応答係数の計算） 地震応答係数 C_s は次式による．

$$C_s = \frac{S_{DS}}{(R/I_e)} \tag{8.70}$$

ここで，S_{DS} は短周期の設計用応答加速度，R は応答補正係数‡［表 8.21（345 頁）］，I_e は重要度係数［表 8.18（337 頁）］である．

---

† seismic response coefficient，1 階の地震層せん断力係数のことで，一般にはベースシヤ係数と呼ばれる．(8.70) 式と (8.71) 式は R/I_e を無視する（$R/I_e = 1$ とする）と，周期が T_0 以下でも一定とした図 8.13［340 頁］の設計用応答スペクトルと同一である．

‡ response modification factor（英文の表 8.21［345 頁］には response modification coefficient と書かれているが誤りと思われる），一般に R ファクターと呼ばれ，日本の規定の D_s の逆数にほぼ相当する．もっとも，米国では線形解析を用いる強度設計，日本では非線形解析を用いる保有水平耐力計算という違いがある．

8.4 米国の荷重規格 ASCE 7

上式による C_s には次の上限値がある。

$$C_s \leq \begin{cases} \dfrac{S_{D1}}{T(R/I_e)} & T \leq T_L \text{の場合} \\ \dfrac{S_{D1}\,T_L}{T^2(R/I_e)} & T \geq T_L \text{の場合} \end{cases} \tag{8.71}$$

C_s には次の下限値がある。

$$C_s = 0.044\,S_{DS}\,I_e \geq 0.01 \tag{8.72}$$

さらに，$S_1 \geq 0.6g$ の場合，C_s には次の下限値がある。

$$C_s = 0.5\,S_1/(R/I_e) \tag{8.73}$$

ここで，各記号は S_{D1}［339 頁］，T［355 頁］，T_L［339 頁］，S_1［338 頁］に示されている。

（相互作用による低減） 地盤と構造物の相互作用による低減は，第 19 章［省略］または管轄当局によって承認された他の一般に認められた手法による。

（C_s と E_v を定める S_{DS} の最大値） C_s と E_v は，次のすべてが満足される場合，$S_{DS} = 1.0$ として計算することができるが S_{DS} の 70% 未満としない。

1. 構造物は不整形ではない。
2. 構造物は地上 5 階を超えない。この場合，中 2 階などは階として数える。
3. 構造物の基本周期 T が 0.5 (s) を超えない。
4. $\rho = 1.0$ とすることができる要件に合致する。
5. 地盤種別は E または F ではない。
6. 危険度区分 I または II に分類される。

ii) 固有周期の求め方 構造物の考慮方向の基本固有周期 T は，抵抗要素の構造特性と変形特性から，適切な解析によって求める。ただし，T は次の略算固有周期 T_a (s) と表 8.25 の C_u との積を超えないこと。T の代わりに T_a を用いてもよい。

（略算による基本周期） 略算基本周期 T_a (s) は次式による。

$$T_a = C_t\,h_n^x \text{ (s)} \tag{8.74}$$

ここで，h_n (ft) は構造高さ，係数 C_t と x は表 8.26 による。

上式の代わりに，地上 12 階建以下で，コンクリートまたは S 造のラーメン架構で平均階高が 10 ft（3 m）以上の場合は，次式を用いることができる。

$$T_a = 0.1\,N \tag{8.75}$$

表 8.25　計算周期の上限を定める係数 C_u

周期 1(s) の設計用応答加速度 S_{D1}	係数 C_u
≥ 0.4	1.4
0.3	1.4
0.2	1.5
0.15	1.6
≤ 0.1	1.7

表 8.26　略算周期を求める際の係数 C_t と x

構造物の形式	C_t	x
S 造ラーメン架構*	0.028 (0.0742)**	0.8
RC 造ラーメン架構*	0.016 (0.0466)	0.9
S 造偏心ブレース架構	0.03 (0.0731)	0.75
S 造座屈拘束ブレース架構	0.03 (0.0731)	0.75
その他の構造システム	0.02 (0.0488)	0.75

*ラーメンが必要とされる地震力の 100% を負担し、地震力による変形を妨げる剛性の高い部材に接続されていない。**( ) 内は m 単位の場合。

ここで、N は建築物の地上階数である。

　組積造や RC 造耐震壁の構造物で高さ 120 ft (36.6 m) を超えない場合は、次式によって T_a (s) を計算することができる。

$$T_a = \frac{C_q}{\sqrt{C_w}} h_n \tag{8.76}$$

ここで、$C_q = 0.0019$ ft (0.00058 m)、C_w は次式による。

$$C_w = \frac{100}{A_B} \sum_{i=1}^{x} \frac{A_i}{\left[1 + 0.83\left(\frac{h_i}{D_i}\right)^2\right]} \tag{8.77}$$

ここで、A_B (ft^2) は構造物基部の面積、A_i (ft^2) は耐震壁 i のウェブの面積、D_i (ft) は耐震壁 i の長さ、h_i (ft) は耐震壁 i の高さ、x は当該方向の耐震壁の数である。

iii) 地震力の鉛直分布　レベル x の水平地震力 F_x (kip[†] または kN) は、次式によって求める。

$$F_x = C_{vx} V \tag{8.78}$$

ここで、V (kip または kN) は構造物のベースシヤ、鉛直分布係数 C_{vx} は次式による。

$$C_{vx} = \frac{w_x h_x^k}{\sum_{i=1}^{n} w_i h_i^k} \tag{8.79}$$

[†] kilo pound (1000 ポンド) のことで、およそ 4.448 kN である。

8.4 米国の荷重規格 ASCE 7

ここで，w_i, w_x はレベル i, x の有効地震重量 (kip または kN)，h_i, h_x はレベル i, x の基部[†]からの高さ (ft または m)，指数 k は固有周期 0.5 (s) 以下の構造物は $k = 1$，固有周期 2.5 (s) 以上は $k = 2$，固有周期 $0.5 \sim 2.5$ (s) の場合は $k = 2$ または 1 と 2 の間の線形補間による．

iv) 層せん断力の分配　レベル x の設計用地震層せん断力 V_x（kip または kN）は，次式によって求める．

$$V_x = \sum_{i=x}^n F_i \tag{8.80}$$

ここで，F_i（kip または kN）はレベル i に作用するベースシヤの一部である．

V_x (kip または kN) を，当該レベルの地震力抵抗システムと床ダイヤフラムの相対的な剛性に基づき，各鉛直要素に分配する．

（固有の振り） 柔ではないダイヤフラム[‡]の場合，各レベルの重心[§]と剛心間の偏心による固有の振りモーメント M_t の影響を考慮し水平力を分配する．柔なダイヤフラムの場合は，支持する重量の分布を考慮し力を分配する．

（偶発的振り） 柔ではないダイヤフラムの場合，加力方向に直交する構造物の幅の 5% 重心が移動することによる偶発的振りモーメント M_{ta} を M_t に加えて設計する．地震力を直交 2 方向に同時に加える場合，重心の移動は同時に行う必要はないが，より大きな影響を及ぼす方向に適用する．

平面的不整形の有無を決定するため，すべての構造物に偶発的振りを適用する．構造物の設計や設計用層間変形を決める際の地震力 E を求める場合［358 頁，361 頁，370 頁，368 頁］には，偶発的振りモーメント M_{ta} を，次の場合を除いて，含める必要はない．

1. 平面的不整形 1b で耐震設計区分 B の構造物
2. 平面的不整形 1a または 1b で耐震設計区分 C～F の構造物

（偶発的振りモーメントの増幅） 耐震設計区分 C～F の構造物で平面的不整形 1a または 1b［表 8.22（349 頁）］の場合，次式の振り増幅係数 A_x を各レベルで M_{ta} に乗ずる．

[†] 本書では「基部」という用語を用いるが，英文では base で構造物に水平方向の地震力が作用すると考えられるレベルを意味している．
[‡] 図 8.15 ［348 頁］参照
[§] 「質量中心」(center of mass) のことであるが，本書では「重心」という用語を用いる．

$$A_x = \left(\frac{\delta_{\max}}{1.2\,\delta_{\text{avg}}}\right)^2 \tag{8.81}$$

ここで，$\delta_{\max}$ と δ_{avg} はレベル x の（$A_x = 1$ とした）最大変位と両端の平均変位で，$1.0 \leq A_x \leq 3.0$ とする。各要素はより厳しい荷重条件で設計する。

v) 転倒　地震力の鉛直分布［356 頁］による転倒効果に抵抗できるように構造物を設計する。

vi) 層間変形　設計用層間変形 Δ は当該階の上下の重心の変位の差とする。重心が鉛直線上にない場合，上の重心を下に投影させた変位を用いる。許容応力設計の場合，（許容応力設計の場合の低減を行わず）12.8 節［354 頁］の強度設計レベルの力を用いて計算する。

耐震設計区分 C〜F で平面的不整形 1a または 1b［表 8.22（349 頁）］の構造物の場合，Δ は当該階の上下に並んでいる端部変位の差の最大として計算する。

Δ を計算する場合のレベル x の変位 δ_x は次式で求める。

$$\delta_x = \frac{C_{\text{d}}\,\delta_{xe}}{I_{\text{e}}} \tag{8.82}$$

ここで，C_{d} は変形増大係数［表 8.21（345 頁）］，δ_{xe} は弾性解析による変位である。

（層間変形を求める際の最小のベースシヤ） 弾性解析によって層間変形を求める際には，12.8 節［354 頁］の設計用地震力を用いる。

例外　層間変形を計算する際には (8.72) 式［355 頁］を考慮する必要はない。

（層間変形を求める際の周期） 層間変形を検証する際［368 頁］には，上限の $C_{\text{u}} T_{\text{a}}$ ［355 頁］を用いないで計算周期に基づく設計用地震力を用いて δ_{xe} を求めてよい。

vii) P-Δ 効果　次式の安定係数 θ が 0.1 以下の場合は，P-Δ 効果を考慮する必要はない。

$$\theta = \frac{P_x\,\Delta\,I_{\text{e}}}{V_x\,h_{sx}\,C_{\text{d}}} \tag{8.83}$$

ここで，P_x（kip または kN）はレベル x とそれ以上のレベルの設計用の全鉛直力（荷重係数は 1.0 を超える必要はない），Δ（in. または mm）は各階で V_x が同時に作用した際の設計用層間変形，I_{e} は重要度係数，V_x（kip または kN）はレベル i と $i-1$ の間に作用する層せん断力，h_{sx}（in. または mm）はレベル x の直下の階高，C_{d} は変形増大係数である。

安定係数 θ は，次式による $\theta_{\max}$ を超えてはならない。

$$\theta_{\max} = \frac{0.5}{\beta\,C_{\text{d}}} \leq 0.25 \tag{8.84}$$

8.4 米国の荷重規格 ASCE 7

ここで，β はレベル x と $x-1$ 間の必要層せん断力と層せん断耐力の比で，この値を安全側の 1.0 としてよい．

安定係数 θ が $0.10 < \theta \leq \theta_{max}$ の場合は，適切な解析によって P-Δ 効果による増幅率を求める．この代わりに，変位と部材力に $1.0/(1-\theta)$ を乗じてもよい[†]．

$\theta > \theta_{max}$ の場合は，構造物は実質的に不安定なので設計し直す．P-Δ 効果が解析で自動的に含まれる場合でも，(8.84) 式が満足されなけらばならないが，(8.83) 式で計算される θ を $(1+\theta)$ で除してから (8.84) 式を検証してもよい．

ちょっと一言「P-Δ 効果」について

図 8.16 において柱にせん断力 V が作用すると a) のような曲げモーメントが柱に発生し，これによって層間変形も生ずる．層間変形 Δ が生じ，柱には軸方向力 P が作用しているとすると，b) に示す曲げモーメントが柱に付加されることになる．このように重力による鉛直力 P によってモーメントが付加される現象を，一般に P-Δ（ピーデルタ）効果といっている．

P-Δ 効果の影響は通常は小さいので無視しているが，P と（または）Δ が大きい場合は，この影響を無視することはできない．

この影響の度合いを判定するのが安定係数と呼ばれるもので，次式のようにせん断力によって生じる曲げモーメントに対する軸方向力によって生じる曲げモーメントの比を示している．

$$\theta = \frac{P\Delta}{Vh} \tag{8.85}$$

上式に地震重要度係数 I_e を乗じ，変形 Δ を変形増大係数 C_d で除して，添字を付けたのが (8.83) 式である．なお，上式はユーロコードの (8.43) 式［326 頁］の層間変形感応係数と同一である．

---

9) 線形動的解析 (12.9 節)

i) モード応答スペクトル解析

(モードの数) 構造物の固有振動モードを解析によって求める．解析にはモード質量の寄与が構造物の質量の 100% となるように，十分なモード数を含むようにする．このため，周期が 0.05 (s) 以下のすべてのモードを周期 0.05 (s) の 1 つの剛体モードに代表させてもよい．

[†] 日本の規定では P-Δ 効果のことは明確に規定されていない．なお，(8.83) 式はユーロコードの (8.43) 式［326 頁］と同じである．

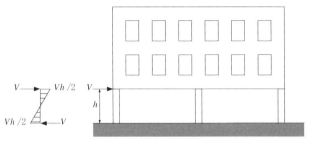

a) せん断力 V によって生じる柱の曲げモーメント

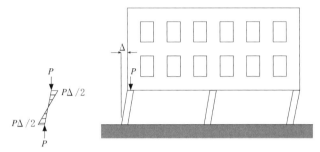

b) 軸方向力 P によって生じる柱の（付加）曲げモーメント

図 8.16　P-Δ 効果の模式図

例外：この代わりに，各直交方向について，モード質量の寄与が実際の質量の少なくとも 90% となるような最小のモード数を含めるようにしてもよい。

ちょっと一言「モード質量の寄与について」について

　構造物を固有振動モードに分解して解析する場合，質量も各モードに分解される。モード質量の寄与を 100% とするためには，すべてのモードを考慮する必要がある。しかし，モードの寄与は基本（1 次）モードが最も大きく，次数が大きくなるに従って小さくなるので，すべてのモードではなく最初の数次のモードを用いて解析することが多い。

　例えば，基礎固定均一せん断棒では，質量の寄与はその刺激関数［図 5.9（208 頁）］を積分すると得られるので，構造物全体の質量を 1 とした j 次モード質量の寄与率 μ_j は次式で表される［(5.28) 式（209 頁）において $W S_{aj}/g = 1, \alpha_j = 1$ として得られる］。

$$\mu_j = \frac{8}{(2j-1)^2 \pi^2} \tag{8.86}$$

　上式に $j = 1, 2, 3, \cdots$ を代入すると $\mu_j = 0.811, 0.090, 0.032, \cdots$ となり，寄与

8.4 米国の荷重規格 ASCE 7

率の和は $\sum_{j=1}^{1}\mu_j = 0.811$, $\sum_{j=1}^{2}\mu_j = 0.901$, $\sum_{j=1}^{3}\mu_j = 0.933$ となる。$\sum\mu_j = 1$ となるにはすべての次数（この場合は無限の次数）を加えなければならないが，モード質量の寄与が 90% となるには，2次まででよいことになる。実務的には，平面解析では少なくとも 3 次程度，立体解析の場合は水平 2 方向と捩れについて各 3 次程度は考慮する必要があろう。

なお，すべてのモード含めない場合は，残りの次数の質量をまとめ，その部分を剛体として考慮するのは実務的に有効な解法であろう。

（モード応答値）各モードの力に関する値を求める際には，規定の応答スペクトル［339 頁または 382 頁］を R/I_e で除して用いる。変位や層間変形に関する値には C_d/I_e を乗ずる。

（応答値の組合せ[†]）各モードの応答値は，SRSS 法，CQC 法，ASCE 4 で修正された CQC-4 法または同等と認められた方法によって組合せる。CQC 法または CQC-4 法は並進と捩れを含むモードが相互に高い相関を有するモード値に用いる。

（組合せた設計用応答値の調整）ベースシヤ V を，直交 2 方向について計算した基本固有周期 T を用い 12.8 節の手法［等価水平力法（354 頁）］によって求める。

　力の調整：当該方向の計算による基本周期 T が $C_u T_a$ を超える場合は，T の代わりに $C_u T_a$ を用いる。組合せて求めたベースシヤ V_t が等価水平力法による値 V 未満の場合は，力には V/V_t を乗ずる。

　層間変形の調整：組合せて求めたベースシヤ V_t が $C_s W$ 未満の場合は，(8.73) 式［355 頁］から C_s を求め，層間変形には $C_s W/V_t$ を乗じる。

（層せん断力の分配）偶発的捩れによる効果が動的解析モデルに含まれている場合は，捩れによる増幅［357 頁］の必要がないこと以外は，層せん断力の分配は規定［357 頁］による。

（P-Δ 効果）P-Δ 効果は規定［358 頁］によって定める。層せん断力と層間変形を求めるためのベースシヤも規定［358 頁］による。

（地盤と構造物の相互作用による低減）地盤と構造物の相互作用による低減は第 19 章［省略］，または管轄当局の承認した一般に認められている他の手法を用いてもよい。

[†] 3) モード解析と最大値の推定［178 頁］参照。

(構造モデル) 本節に従って 3D モデルを用いて解析するすべての構造物を除いて，規定 [353 頁] に従って構造物の数学的モデルを作成する．ダイヤフラムが剛と分類されない場合 [347 頁]，モデルにはダイヤフラムの剛性を取り入れ，そのための動的自由度を加えたものとする．

ii) 線形応答時刻歴解析

(一般的要件) 構造物の線形数学モデルを作成し，建設地の設計用応答スペクトルに合致した複数の組の加速度時刻歴に対して，数値積分によって応答を求める．

(モデル化の一般的要件) 3D モデルを用いる．構造物の水平力抵抗システムの剛性や質量の分布は規定 [構造モデル化 (353 頁)] による．

　P-Δ 効果：P-Δ 効果を考慮し，安定係数 θ は規定 [358 頁] に従う．

　偶発的捩れ：偶発的捩れを考慮しなければならない場合 [357 頁] は，重心を構造物の加力方向の直交幅の ±5% 偏心させて考慮する．偶発的捩れによる増幅 [357 頁] の必要はない．

　基礎のモデル化：基礎の柔性を含める場合は，12.13 節 [省略] に従う．

　モード応答時刻歴解析に含めるモード数：モード応答時刻歴解析法を用いる場合のモード数は，規定 [359 頁] に従う．

　減衰：線形粘性減衰は，振動周期†が T_{lower} 以上のすべてのモードに対して 5% を超えない．

(地動の選択と修正) 解析に用いる地動加速度歴は，人工あるいは記録地震動から誘導され，スペクトル的に合致する直交成分の 3 組を下まわらない数とする．目標とするスペクトルは規定 [339 頁または 384 頁] に従う．

　スペクトル合致法：地動の各成分は $0.8T_{\text{lower}}$〜$1.2T_{\text{upper}}$ の周期範囲でスペクトル的に合致しなければならない．同じ周期範囲について，各方向の減衰 5% の擬似加速度応答値は目標スペクトルより 10% 以上離れていてはいけない．

(地動加速度歴の入力) 直交する X, Y の 2 方向の応答を求める．地動は X, Y 方向に独立に作用させる．

(設計のための応答の補正)

　最大の弾性・非弾性ベースシヤの決定：解析に用いる各地動について，X, Y 方向

---

† T_{lower}：直交 2 方向について実際の質量の 90% が含まれる振動周期，T_{upper}：直交 2 方向の基本振動周期の大きな方である．

8.4 米国の荷重規格 ASCE 7

の最大弾性ベースシヤ V_{EX}, V_{EY} を求める。この際,偶発的捩れを含めない。

各地動について,X, Y 方向の最大非弾性ベースシヤ V_{IX}, V_{IY} を次のように求める。

$$V_{IX} = \frac{V_{EX} I_e}{R_X} \qquad V_{IY} = \frac{V_{EY} I_e}{R_Y} \tag{8.87}$$

ここで,I_e は重要度係数,R_X, R_Y は X, Y 方向の応答補正係数である。

ベースシヤ調整係数の決定:X, Y 方向の設計用ベースシヤ V_X, V_Y を 12.8 節 [等価水平力法(354 頁)] i) に従って求める。各地動に対して,各方向のベースシヤ調整係数を次のように定める。

$$\eta_X = \frac{V_X}{V_{IX}} \geq 1.0 \qquad \eta_Y = \frac{V_Y}{V_{IY}} \geq 1.0 \tag{8.88}$$

組合せ力応答の決定:各地動による X 方向の組合せ力応答は,計算された X 方向の(必要な場合は)偶発的捩れを含む弾性応答に $I_e \eta_X / R_X$ を乗じた値に,偶発的捩れを含まない Y 方向の弾性応答に $I_e \eta_Y / R_Y$ を乗じた値を加えたものとする。(Y 方向についても同様に行う。)

組合せ変位応答の決定:X, Y 方向の変形増大係数 C_{dY}, C_{dY} を特定する。

各地動による X 方向の組合せ変位応答は,計算された X 方向の(必要な場合は)偶発的捩れを含む弾性応答に $\eta_X C_{dX}/R_X$ を乗じた値に,偶発的捩れを含まない Y 方向の弾性応答に $\eta_Y C_{dY}/R_Y$ を乗じた値を加えたものとする。(Y 方向についても同様に行う。)

例外:設計用ベースシヤが (8.73) 式 [355 頁] で決まる場合は,η_X と η_Y は組合せ変位応答を求める際に 1.0 としてよい。

(力の応答値の包絡) 設計用の力の応答値は,考慮したすべての地動に対して直交方向で組合せた力の応答値の包絡とする。

(変位の応答値の包絡) 層間変形の値は,解析した各地動に対して上述の組合せ変位を用い,各方向について計算する。変形制限 [368 頁] の適合には,考慮したすべての地動に対して直交 2 方向で計算した層間変形の包絡を用いる。

10) ダイヤフラム,コード,コレクター[†] (12.10 節)

ダイヤフラム,コード,コレクターは本節の i), ii) に従って設計する。

[†] 米国では,柱と梁で構成される架構の場合,一般に柱梁接合部のすべてを剛接とするのではなく,水平力を負担する部分のみを剛接とし,その他はピン接合とする。このため,水平力を負担する架構まで地震力を伝達するダイヤフラム・コレクター・コード [図 8.15 (348 頁)] などについて詳細な規定がある。日本では,一般に柱梁接合部すべてを剛接とする(すべての柱が地震力を負

例外

1. 耐震設計区分 C〜F のプレキャスト・コンクリート (PC) ダイヤフラム，コード，コレクターは本節の iii) に従って設計する。
2. 耐震設計区分 B の PC ダイヤフラム，現場打ちコンクリート・ダイヤフラム，木質ダイヤフラム枠組みで支持される木質床下張りダイヤフラムは本節の iii) に従って設計してもよい。

i) ダイヤフラムの設計　ダイヤフラムは設計力によって生ずるせん断と曲げ応力に対して設計する。吹抜けや入隅のようなダイヤフラムが不連続となる部分では，他の力と組合される端部（コード）の力を，ダイヤフラムのせん断と曲げ耐力の範囲内で逸散または伝達するように設計する。

（ダイヤフラムの設計力） 床と屋根のダイヤフラムは，構造解析から求まる設計用地震力，かつ次式を下回らない力に抵抗できるように設計する。

$$F_{\mathrm{p}x} = \frac{\sum_{i=x}^{n} F_i}{\sum_{i=x}^{n} w_i} w_{\mathrm{p}x} \tag{8.89}$$

ここで，$F_{\mathrm{p}x}$ はレベル x のダイヤフラムの設計力，F_i はレベル i に作用する設計力，w_i はレベル i に属する重量，$w_{\mathrm{p}x}$ はレベル x のダイヤフラムに属する重量である。

ただし，$F_{\mathrm{p}x}$ には次の下限値と上限値がある。

$$F_{\mathrm{p}x} = 0.2\, S_{\mathrm{DS}}\, I_{\mathrm{e}}\, w_{\mathrm{p}x} \tag{8.90}$$

$$F_{\mathrm{p}x} = 0.4\, S_{\mathrm{DS}}\, I_{\mathrm{e}}\, w_{\mathrm{p}x} \tag{8.91}$$

すべてのダイヤフラムは (8.89)〜(8.91) 式による内力とすべての伝達力に対して設計する。平面的不整形 4 の構造物は，ダイヤフラムの上にある地震力抵抗鉛直要素からダイヤフラムの下にある他の地震力抵抗鉛直要素に伝達される力を余力係数 [351 頁] によって増大させ，ダイヤフラムの内力に加える。

［この他に平面的・立面的不整形の構造物には，その規定を適用するのでダイヤフラムの内力を増加させる場合があるが，省略する。］

例外　軽量フレーム造の 1, 2 住戸の住宅には $\Omega_0 = 1.0$ としてよい。

ii) コレクター要素　構造物の他の部分に作用した地震力をそれに抵抗する要素に伝達できるコレクター要素を配置する。

担する）ので，水平力の伝達については，特に検討しなくともよい場合が多い。もちろん，鉄骨の体育館の屋根のような架構では，日本でも水平力の伝達について検討する必要がある。

8.4 米国の荷重規格 ASCE 7

（耐震設計区分 C~F に対する余力係数を含む荷重の組合せを必要とするコレクター要素）耐震設計区分 C~F の構造物には，コレクター要素［図 8.15（348 頁）］と鉛直要素への接合を含む接合部を次の最大値に対して設計する．

1. 等価水平力法［354 頁］またはモード応答スペクトル解析［359 頁］を用いた地震力による，余力係数を含んだ地震荷重効果［351 頁］を用いて計算した力
2. (8.89) 式の地震力による，余力係数を含んだ地震荷重効果を用いて計算した力
3. (8.90) 式の地震力による，規定の荷重の組合せ［337 頁］を用いて計算した力

なお，伝達されるダイヤフラムの設計力［364 頁］を考慮すること．

例外 木質軽量フレーム耐震壁の構造物とその部分の場合，コレクター要素と鉛直部材への接合を含む接合部は，規定の地震力［364 頁］と荷重の組合せ［337 頁］を用いた力に対して抵抗できるように設計するのみでよい．

iii) ダイヤフラム（コード，コレクターを含む）の代替設計法　12.10 節［363 頁］で必要または認められている場合は，ダイヤフラム・コード・コレクターを次の規定を用いて設計する．

［他節の規定の一部を適用しない場合があるが，省略する．］

（設計）ダイヤフラム・コード・コレクターとそれらの鉛直要素への接合部は直交 2 方向ついて，次のように求まる面内の設計用地震力に対して設計する．

（コード，コレクターを含むダイヤフラムの設計用地震力）コード，コレクターを含むダイヤフラムと鉛直要素への接合部は次式の面内設計用地震力に抵抗できるように設計する．

$$F_{px} = \frac{C_{px}}{R_e} w_{px} \geq 0.2\, S_{DS}\, I_e\, w_{px} \tag{8.92}$$

設計用加速度係数：設計用加速度係数 C_{p0} と C_{pn} は次のように計算する．

$$C_{p0} = 0.4\, S_{DS}\, I_e \tag{8.93}$$

$$C_{pn} = \sqrt{(\Gamma_{m1}\, \Omega_0\, C_s)^2 + (\Gamma_{m2}\, C_{s2})^2} \geq C_{pi} \tag{8.94}$$

設計用加速度係数 C_{pi} は次の 2 式の大きい方とする．

$$C_{pi} = 0.8\, C_{p0} \tag{8.95}$$

$$C_{pi} = 0.9\, \Gamma_{m1}\, \Omega_0\, C_s \tag{8.96}$$

ここで，Ω_0 は余力係数，C_s は 12.8 節［354 頁］または 12.9 節［359 頁］に従い，C_{s2} は次の 4 式の最小とする．

$$C_{s2} = (0.15N + 0.25)\, I_e\, S_{DS} \tag{8.97}$$

$$C_{s2} = I_e S_{DS} \tag{8.98}$$

$N \geq 2$ の場合　　$C_{s2} = \dfrac{I_e S_{D1}}{0.03(N-1)}$ (8.99)

$N = 1$ の場合　　$C_{s2} = 0$ (8.100)

モード寄与係数 Γ_{m1} と Γ_{m2} は次の各式による。

$$\Gamma_{m1} = 1 + \dfrac{z_s}{2}\left(1 - \dfrac{1}{N}\right) \tag{8.101}$$

$$\Gamma_{m2} = 0.9 z_s\left(1 - \dfrac{1}{N}\right)^2 \tag{8.102}$$

ここで，モード形状係数 z_s は次による。

- 0.3：座屈拘束ブレース架構システムの建築物
- 0.7：ラーメン架構システムの建築物
- 0.85：地震力の少なくとも 25% に抵抗できる特別または通常ラーメン架構のラーメン併用システムの建築物
- 1.0：他のすべての地震力抵抗システムの建築物

ダイヤフラムの伝達力：すべてのダイヤフラムは (8.92) 式と適用されるすべての伝達力に対して設計する。平面的不整形 4 の構造物は，ダイヤフラムの上の地震力抵抗鉛直要素から下のダイヤフラムへの伝達力に余力係数を乗じてダイヤフラムの内力に加える。［規定に示された他の不整形性を有する構造物は，その節の規定を適用する場合があるが，省略する。］

例外　軽量フレーム造の 1, 2 住戸住宅には $\Omega_0 = 1.0$ としてよい。

耐震設計区分 C～F のコレクター：耐震設計区分 C～F の構造物のコレクターと鉛直要素への接合部はダイヤフラムの内力［365 頁］の 1.5 倍に設計用伝達力の 1.5 倍を加えた力に抵抗できるように設計する。

例外

1. 余力係数［351 頁］で増加させた伝達力は，さらに 1.5 倍する必要はない。
2. ラーメン架構と筋かい架構については，コレクター力はラーメン架構または筋かい架構のみを考慮した対応する架構の水平力を超える必要はない。ダイヤフラム設計力は，対応するこのようにして求めたコレクター力を超える必要はない。
3. 軽量架構の耐震壁ですべて囲まれた構造物または部分のコレクター要素と鉛直要素への接合を含む接合部は，1.5 倍しないダイヤフラムの設計用地震力に抵抗するように設計することのみが必要である。

8.4 米国の荷重規格 ASCE 7

ダイヤフラム設計力低減係数：ダイヤフラム設計力低減係数 R_s は次の表 8.27 による。

表 8.27 ダイヤフラム設計力低減係数 R_s

ダイヤフラムのシステム		せん断支配	曲げ支配
14.2 節［省略］と ACI 318 に従って設計された現場打ちコンクリート	–	1.5	2
14.2.4 節［省略］と ACI 318 に従って設計された現場打ちコンクリート	EDO[a]	0.7	0.7
	BDO[b]	1.0	1.0
	RDO[c]	1.4	1.4
14.5 節［省略］及び AWC SDPWS-5 に従って設計された木質床下張り	–	3.0	適用不可

[a] EDO は弾性設計オプションによるプレキャスト・コンクリート・ダイヤフラム
[b] BDO は基本設計オプションによるプレキャスト・コンクリート・ダイヤフラム
[c] RDO は縮小設計オプションによるプレキャスト・コンクリート・ダイヤフラム

11) 構造壁とその固定（12.11 節）

i) 面外力に対する設計 構造壁とその固定は，構造壁の重量の $F_p = 0.4 S_{DS} I_e$ 倍かつ最低でも構造壁の重量の 10% の面外方向の力に対して設計する。

ii) 構造壁の固定と設計力のダイヤフラムまたは他の支持構造要素への伝達
（壁の固定力） 構造壁の支持構造への固定は，次式の力に抵抗できる直接的な接合とする。

$$F_p = 0.4 S_{DS} k_a I_e W_p \geq 0.2 k_a I_e W_p \tag{8.103}$$

ここで，

$$k_a = 1.0 + \frac{L_f}{100} \leq 2.0 \tag{8.104}$$

k_a は柔なダイヤフラムではない場合は 1.0 より大きくする必要はなく，F_p は個々のアンカーの設計力，S_{DS} は短周期の設計用応答加速度，I_e は重要度係数，k_a はダイヤフラムの柔性による増大係数，L_f は柔なダイヤフラムのスパン (ft) で剛なダイヤフラムの場合は 0，W_p はそのアンカーが受け持つ壁の重量である。

アンカーが屋根にあるのではなく，すべてのダイヤフラムが柔ではない場合，(8.103) 式には $(1 + 2z/h)/3$ を乗ずることができる。ここで，z はアンカーの基部からの高さ，h は屋根の基部からの高さである。しかし，F_p は最小のアンカー力 $F_p = 0.2 W_p$ 未満ではないこと。

アンカーの間隔が 4 ft（1,219mm）を超える場合は，構造壁はアンカー間の曲げに抵抗できるように設計する。構造壁の要素とそれを支える架構システムとの接合

は，収縮・温度変化・基礎の不同沈下が地震力と組み合わさった際に抵抗できるように十分な強度，回転耐力と靭性を有すること．

(耐震設計区分 C～F のコンクリートまたは組積造の構造壁に対する追加規定)

［耐震設計区分 C～F の場合のダイヤフラムには，構造型式と構造部材に応じた規定が他にあるが，省略する．］

12) 層間変形と変形（12.12 節）

i) 層間変形の制限 各規定で求められた設計用層間変形[†]［358 頁，362 頁，370 頁］は表 8.28 に示す許容層間変形 Δ_a をどの階でも超えないこと．

表 8.28 許容層間変形* Δ_a

構造物	危険度区分		
	I または II	III	IV
組積耐震壁構造以外の構造物で，地上 4 階建以下，内外壁・間仕切り・天井などが層間変形に追従できるように設計されたもの	$0.025\,h_{sx}$**	$0.020\,h_{sx}$	$0.015\,h_{sx}$
片持式組積耐震壁構造***	$0.010\,h_{sx}$	$0.010\,h_{sx}$	$0.010\,h_{sx}$
その他の組積耐震壁構造	$0.007\,h_{sx}$	$0.007\,h_{sx}$	$0.007\,h_{sx}$
その他のすべての構造物	$0.020\,h_{sx}$	$0.015\,h_{sx}$	$0.010\,h_{sx}$

　h_{sx} はレベル x 直下の階高
　* 耐震設計区分 D～F で地震力抵抗システムが純ラーメンの場合は，その許容層間変形の規定［368 頁］を満足すること．
　** 内外壁・間仕切り・天井が層間変形に追従できるように設計された平屋の構造物には制限はない．ただし，構造的分離の規定［368 頁］は緩和されない．
　*** 組積耐震壁が基部または支持基礎から個々に立ち上がり，耐震壁相互間のモーメントの伝達が無視できる構造．

(耐震設計区分 D～F のラーメン) 耐震設計区分 D～F で地震力抵抗システムが純ラーメンの場合，設計用層間変形 Δ は Δ_a/ρ を超えてはならない．ρ は規定［350 頁］によって求める．

ii) ダイヤフラムの変形 ダイヤフラムの工学的解析による面内変形はそれに取り付く要素の許容変形を超えないこと．許容変形は，取り付く要素がそれに作用する荷重に対して構造健全性を保持し，かつ規定の荷重を支持できる変形とする．

iii) 構造的分離 構造物のすべての部分は，損傷を及ぼすような衝突を避けるため，

[†] 日本では層間変形角すなわち層間変形の階高に対する比を 1/100 などと分数で表現するのが一般的であるが，海外では 0.01 のように小数（または %）で表現する場合が多い（ASCE 7 の表 8.28［368 頁］，ユーロコードの (8.45) 式［327 頁］など参照）．

8.4 米国の荷重規格 ASCE 7

本節の規定による十分な間隔で構造的に分離されない限り，一体となって地震力に抵抗できるように設計・建設する．この分離は，最大非弾性応答変位 δ_M を許容できるものとする．δ_M は構造物の捩れによる増幅を含む並進と捩れ変位を考慮し，適用できる場合は次式を用いて最も危険な位置で求める．

$$\delta_M = \frac{C_d \delta_{max}}{I_e} \tag{8.105}$$

ここで，δ_{max} は最も危険な位置での最大弾性変位である．

同一敷地にある隣接する構造物は，少なくとも次式の δ_{MT} は離す．

$$\delta_{MT} = \sqrt{(\delta_{M1})^2 + (\delta_{M2})^2} \tag{8.106}$$

ここで，δ_{M1} と δ_{M2} は隣接構造物と隣接する両端部の最大非弾性応答変位である．

構造物が公道ではなく隣地境界線に接している場合は，敷地境界線から少なくともその構造物の δ_M は離すこと．

例外 設計用地動による非弾性応答に基づく合理的な解析によって正当化できるならば，より小さな分離または敷地境界線からの後退とすることができる．

iv) 構造物の間を架け渡す部材 構造物の間を架け渡す部材の重力に対する接合や支持点または構造物の地震に対して分離されている部分は，予想される最大相対変位に対して設計する．この変位は次のように計算する．

1. (8.82) 式［358頁］で計算した支持点の変位に $1.5 R/C_d$ を乗ずる．
2. どちらかの構造物が不整形な場合は，規定による捩り増幅係数［357頁］を含むダイヤフラムの回転による付加的な変位を考慮する．
3. ダイヤフラムの変形を考慮する．
4. 2 つの構造物が逆方向に移動すると仮定し，変位の絶対値の和を用いる．

v) 耐震設計区分 D～F の変形適合 耐震設計区分 D～F の構造物の場合，当該方向の地震力抵抗要素に含まれない構造部材は，規定［358頁, 368頁］による設計用層間変形が生じても，鉛直荷重と地震力に対し健全であるように設計する．

例外 地震力抵抗システムとして設計されない RC 架構の部材は，ACI 318 の 18.14 節［省略］に適合すること．

当該方向の地震力抵抗システム含まれない部材のモーメントとせん断力を求める場合は，隣接する構造・非構造要素による剛性の増加を考慮し，部材と拘束の剛性には適切な値を用いる．

13) 基礎の設計（12.13 節）

［杭を含む基礎の設計に関する規定が示されているが，省略する。］

14) 簡易な耐力壁または建物架構システムのための簡易代替構造設計規範（12.14 節）

［簡易な建築物に対しては，等価水平力法を簡易にした設計法が示されているが，省略する。］

8.4.5　非線形応答時刻歴法（第 16 章）

1) 一般的要件（16.1 節）

i) 適用範囲　目標最大想定地震による地動に対して許容できる性能を持って抵抗できる許容強度，剛性，靱性を示すために，本章の要件に従って非線形応答時刻歴解析を行ってもよい。非線形応答時刻歴解析を行う場合は，次の ii) 線形解析の要件も満足すること。解析には水平方向の効果の他に，必要とされる場合は iii) 鉛直応答解析も満足すること。

ii) 線形解析　非線形応答時刻歴解析に加えて，第 12 章［343 頁］の適用可能な 1 つの手法に従って線形解析も行う。第 19 章［地盤と構造物の相互作用，省略］に従って地盤と構造物の相互作用を非線形解析で用いる場合は，線形解析においてもスペクトルの調整を行ってよい。

例外

1. 危険度区分 I～IV の構造物に対しては，368 頁の i) と 369 頁の v) は線形解析に適用しない。非線形解析による平均層間変形が許容層間変形の 150% を超える場合，変形に敏感な非構造部材はこの平均層間変形の 2/3 で設計する。
2. 規定の地震荷重効果［351 頁］に対して，余力係数 Ω_0 は 1.0 としてよい。
3. 余剰係数 ρ は 1.0 としてよい。
4. 偶発的捩れが明確に非線形解析にモデル化されている場合は，第 12 章［343 頁］の解析で $A_x = 1.0$ としてよい。

iii) 鉛直応答解析　次のいずれかの場合，非線形応答時刻歴解析に鉛直応答の効果を明確に含める。

1. 重力抵抗システムの鉛直要素が不連続である。
2. 第 15 章［建築物以外の構造物，省略］で鉛直地震動の影響を考慮する必要がある建築物以外の構造物。

8.4 米国の荷重規格 ASCE 7

iv) 添付文書 非線形解析に先立ち，プロジェクト特定の設計規範は独立した構造設計のレビュー員と管轄当局の許可を受ける．プロジェクト特定の規範には次のことを明記する．

1. 選択した地震と重力に対する抵抗システムと構造設計に用いる手法
2. 土質特性，推奨される基礎形式，設計パラメータ，地震危険度の評価，目標スペクトル，加速度時刻歴の選択と調整を含む地盤関係のパラメータ
3. 重力と環境荷重を含む設計用荷重
4. 使用ソフト，質量の定義，力制御・変形制御による挙動の特定，線形・非線形とモデル化された成分の作用の記述，期待される材料特性，履歴部材のモデル化の基本，部材の初期剛性の仮定，接合部剛性の仮定，ダイヤフラムのモデル化，減衰，基礎と地盤の相互作用のモデル化の手法を含む解析のためのモデル化と仮定
5. 履歴部材のモデル化の妥当性または許容される構造性能を正当化するために用いられた実験室での試験データと他に適用したデータの概要
6. 地震力抵抗システムの要素の性能を評価するために用いた特定の承認規範，崩壊を引き起こすであろう部材の破壊モードの特定も含む関連文書
7. 層間変形が 12.12 節［368 頁］の許容値の 150% を超える場合は，重力抵抗システムの部材の許容変形の整合性を示すために用いる規範

解析終了後，次の文書を作成し，独立したレビュー員と管轄当局に提出する．

1. 地盤のせん断強度，剛性，減衰を含む土質の最終報告書，推奨された基礎形式と設計パラメータ，目標スペクトルと地動の選定と調整を含む地震危険度の評価
2. 固有振動数，モード形状，モード質量の寄与を含む建築物全体の動的挙動
3. 主要な構造応答パラメータの結果と承認規範［375 頁］との比較
4. 最重要・要素の詳細

2) 地動（16.2 節）

i) 目標応答スペクトル 次の（方法 1）または（方法 2）を用いて目標最大想定地震の減衰 5% の目標スペクトルを作成する．基礎スラブによる平均化と基礎の根入れによる効果を第 19 章［省略］に従って考慮してもよい．

鉛直地震動の効果を解析に含める場合，目標最大想定地震の目標鉛直スペクトル

も作成する。

(方法 1) 目標最大想定地震の応答スペクトル [340 頁の vii)] または建設地特定地動法 [340 頁の viii)] の要件に基づき 1 つの応答スペクトル作成する。

(方法 2) 2 以上の建設地特定の目標応答スペクトルを作成する。この方法を用いる場合，本章の他の要件に加えて次の要件を満足すること。

1. 建築物の直交 2 方向について，非線形動的応答に大きく寄与する 2 以上の周期を選定する。この際，モデルの弾性周期が長くなることを考慮する。
2. 選定した周期に対して，目標最大想定地震の値に合致または上回るように目標スペクトルを作成する。目標スペクトルを作成する際，(1) 選定した周期において目標最大想定地震の地動に最も寄与する地震を確定するため建設地特定の分解を行い，(2) その分解によって明確になった卓越するマグニチュードと距離の組合せに対して，1 または複数のスペクトル形状を把握するため目標スペクトルを作成する。
3. 目標スペクトルの包絡は，次の（調整または合致の周期範囲）において，（方法 1）によって計算したスペクトル値の 75% 未満とならないこと。
4. 各目標スペクトルに対して，応答時刻歴解析に用いる地動の組を作成し，次の iii) 地動の調節〜iv) 構造モデルへの地動の入力の規定に従い用いる。承認規範の要件は各地動の組について独立に評価される。

設計レビューによって認められた場合は，本節の手法を修正してもよい。

ii) 地動の選定　各目標スペクトルに対して 11 以上の地動の組を選定する。地動の組は，水平直交 2 方向成分と地震の鉛直効果を考慮する場合は鉛直成分よりなること。地動は地学的に同様で，目標スペクトルを制御するものと整合するマグニチュードと断層距離を持ち，目標スペクトルに近似したスペクトル形状を持つものから選定する。断層近傍や他の目標最大想定地震の地動が方向性と衝撃特性を示す建設地については，目標最大想定地震の地動が断層近傍と破壊方向の効果を示すこと。記録地動が必要数に満たない場合は，模擬地動で補ってもよい。地動の模擬は，目標スペクトルを支配するマグニチュード，震源特性，断層距離，地盤状態に整合すること。

iii) 地動の調節　地動は次の（振幅の調整）の要件に従い振幅を調節するか，（スペクトル合致）の要件に従いスペクトル的に合致させる。断層近傍地では，地動の衝

8.4 米国の荷重規格 ASCE 7

撃特性が調節過程完了後に得られた場合を除き，スペクトル調整を行わない．

（調整または合致の周期範囲）建築物の水平方向の動的応答に大きく寄与する振動周期に対応する周期範囲を決める．この周期範囲は，目標最大想定地震の地動を用いた動的解析によって最大 1 次モード周期の 1.5 倍を下まわらない値でよいとされる場合を除いて，応答の水平主方向の最大 1 次モード固有周期の 2 倍以上の上限を持つこと．下限の周期は，各水平方向で，その周期範囲での質量の寄与が 90 % 以上となるような弾性モード数が含まれるようにする．下限の周期は，応答の 2 つの水平主方向の 1 次モードの最小周期の 20 % を超えてはならない．解析で鉛直応答を考慮する場合，地動の鉛直成分の調節に用いる周期の下限は 0.1 (s) または鉛直の質量に大きく寄与する最小の周期の大きい方より小さく取る必要はない．

（振幅の調整）各水平地動の組につて，水平 2 方向成分から最大となる方向のスペクトルを作成する．各地動を水平両成分に同一の調整係数を用いて，すべての地動の最大方向スペクトルの平均が上述の周期範囲に渡って目標スペクトルにおおむね合致するか，またはそれを超えるように調整する．全地動の最大方向スペクトルの平均はこの周期範囲のいかなる周期においても目標スペクトルの 90 % 未満とならないようにする．解析で鉛直応答を考慮する場合，各地動の鉛直成分は鉛直応答スペクトルの平均が上述の周期範囲に渡って目標鉛直応答スペクトルを包絡するように調整する．

（スペクトル合致）地動の各組は，その組の最大方向スペクトルの平均が上述の周期範囲に渡って目標スペクトルの 110 % 以上となるように調整される．解析で鉛直応答を考慮する場合，各地動の鉛直成分は調整されたスペクトルの平均を上述の周期範囲に渡って目標鉛直応答スペクトル以下とならないように，スペクトル的に合致させる．

iv) 構造モデルへの地動の入力　地動を構造モデルの支持点に作用させる．断層近傍地［338 頁］では，各組の水平地動成分は断層の直交方向と平行方向に回転させ建築物に作用させる．その他のすべての建設地では，各方向に作用させた記録による成分応答スペクトルの平均が上述の周期範囲について，すべての記録の成分応答スペクトルの平均の ±10 % 以内となるように，水平地動成分の各組は建築物の直交方向に作用させる．

3) モデル化と解析（16.3 節）

i) モデル化　数学モデルは 3 次元でモデル化の規範［352 頁］と本節の要件に合致すること。地下のある構造物に対しては，構造モデルは基礎レベルまで延長し，基礎レベルに地動を入力させる。目標最大想定地震の地動を受けた際に地震応答に大きく影響するすべての要素を含める。要素の非線形履歴挙動のモデル化は ASCE 41 または適用できる実験室での試験データに合致すること。試験データは試験時の変形レベルを超えて外挿しない。要素の強度または剛性の低下は，応答がこのような影響を引き起こす程にはならないと示すことができない限り，履歴モデルに含める。

　解析モデルは，構造の応答に重要な場合には，床ダイヤフラムの柔性を表すことができるものとする。水平力抵抗が水平・鉛直的に不連続となる位置にあるダイヤフラムは，力の伝達とその変形が把握できるように，明確にモデル化する。

ii) 重力荷重　解析に用いる要素のモデル化と要求値は，積載荷重の有無と期待重力荷重とともに地震作用の効果を考慮し決められる。積載荷重を含む期待重力荷重は $1.0D + 0.5L$ とし，ここで，L は低減しない積載荷重が $100\,\text{lb/ft}^2$ ($4.79\,\text{N/m}^2$) を超える場合はその 80% と他のすべての低減しない積載荷重の 40% とする。積載荷重を含まない期待重力荷重は $1.0D$ とする。

　例外　上述の期待積載荷重 ($0.5L$) の構造物全体の総和が全固定荷重 D の 25% を超えず，構造物の少なくとも 75% に渡って積載荷重 L_0 が $100\,\text{lb/ft}^2$ ($4.79\,\text{N/m}^2$) に満たない場合は，積載荷重がない場合を考慮する必要はない。

iii) P-Δ 効果　重力荷重の空間的分布を考慮し P-Δ 効果を解析に含める。

iv) 振れ　各レベルの重心と剛心のずれに起因する固有の偏心を解析に考慮する。それに加えて，平面的構造不整形［349 頁］の 1a, 1b がある場合は，実際の重心を構造物のダイヤフラム幅の 5% の変位を両方に仮定して，偶発的偏心を考慮する。重心の 5% の変位は直交方向で同時に考慮する必要はない。

v) 減衰　構造部材の履歴によるエネルギーの逸散は直接モデル化する。要素の非弾性挙動には関連しない追加的な固有の減衰は，構造形式に応じて適切にモデル化し，重要な応答モードの等価粘性減衰は 2.5% を超えないこと。

vi) 基礎のモデル化　地盤バネと（または）ダッシュポットが構造モデルに含まれる場合，地動の水平入力は基礎ではなく，水平地盤要素に作用させる。

8.4 米国の荷重規格 ASCE 7

4) 解析結果と承認規範（16.4 節）

構造物は次の全体的承認規範と要素レベル承認規範に合致することを示す。

層間変形の平均と要素への要求値 Q_u が承認を評価するために用いられる。

例外 地動が全体的承認規範で承認不可の応答を引き起こす場合は，一連の解析で得られた承認される平均値を下まわらない範囲で平均値の 120% を用いる。

i) 全体的承認規範

（承認不可の応答） 地動に対する承認不可の応答とは次のいずれかである。

1. 解析による解が収束しない，
2. 変位制御要素に予想される要求値がモデルの有効範囲を超える，
3. 最重要あるいは通常の力制御要素に予想される要求値が要素耐力を超える，
4. 明確にモデル化していない要素に期待される変位要求値が，重力荷重を支えることができなくなる変形限界を超える。

地動に対する承認不可の応答は認められない。

例外 危険度区分 I, II の構造物については，スペクトル合致地動が用いられない場合には，複数の地動が承認不可の応答を引き起こすことは認められない。

（層間変形） 層間変形角の平均は表 8.28 ［368 頁］の制限の 2 倍を超えないこと。層間変形角は，構造物の端部に沿ってその層の鉛直に並んだ上下の点の変位の最大差から計算する。組積造耐震壁構造物については，表 8.28 の組積造に適用できる限界を適用しないで，他の構造物の限界を適用する。

ii) 要素レベルの承認規範 すべての要素への作用は力制御または変位制御のいずれかに評価される。

要素への各作用に対して，Q_u を計算する。Q_u は一連の解析から得られる応答パラメータの平均値とする。

力制御の応答パラメータは（力制御の作用）に従って，その適用性を評価する。変位制御の応答パラメータは（変位制御の作用）に従って，その適用性を評価する。必要な場合は，要素への作用を最重要，通常，非重要に分類する。

（力制御の作用） 力制御の作用は次式を満足すること。

$$\gamma I_e (Q_u - Q_{ns}) + Q_{ns} \leq Q_e \tag{8.107}$$

ここで，I_e は重要度係数，Q_{ns} は地震以外の荷重によって引き起こされる要求値，Q_e は部材の期待強度，γ は表 8.29 による荷重係数である。第 14 章［省略］で引

用されている工業規格が期待強度を定義している場合は，その値を用いる。定義されていない場合は，特定値の代わりに ASCE 41 で定義されている期待材料特性を用いる場合を除いて，工業規格で定義されている名目強度として期待強度を計算してよい。

表 8.29　力制御の挙動に対する荷重係数 γ

作用の種類	γ
最重要	2.0
通常	1.5
非重要	1.0

例外

1. 強度低下の効果を考慮してモデルした非重要の力制御作用は (8.107) 式を満足する必要はない。
2. 構造壁と柱のせん断以外の作用については，要素の名目強度は解析が期待材料特性に基づいている場合，重力荷重効果に塑性メカニズム解析による力の要求値を加えたものを超える必要はない。

（**変位制御の作用**）要素への変形制御の作用は，ASCE 41 で定義される崩壊防止の構造性能レベルを重要度係数 I_e で除した承認規範を超えないこと。

この代わりに，最重要と通常の変形制御の作用について，非弾性変形の平均 Q_u は $\phi_S Q_{ne}$ を超えないこと。ここで，ϕ_S は表 8.30 から得られ，Q_{ne} は実験室での試験データに基づき重力荷重支持能力が喪失するであろう非弾性変形の平均値である。非重要の変形制御の作用について，非弾性変形はモデル化の有効範囲を超えないこと。

表 8.30　最重要と通常の変形制御の作用に対する地震抵抗係数 ϕ_S

作用の種類	ϕ_S
最重要	$0.3/I_e$
通常	$0.5/I_e$

（**重力抵抗システムの要素**）地震力抵抗システム部分ではない要素は，一連の非線形応答時刻歴解析から得られた建築物の平均変位を用いて，重力荷重を支持できることを示すこと。

5) 設計のレビュー（16.5 節）

構造設計の独立したレビューを本節の要件に従って行う。レビュー終了後，レビュー員は管轄当局と登録された設計の専門家に次のことを証明する手紙を提出す

8.4 米国の荷重規格 ASCE 7

ること．
1. 行ったレビューの範囲
2. レビュー員が解析と設計の適用性に同意するかどうか
3. 基準の適用要件への設計の合致
4. 設計または解析に関して，さらに管轄当局による分析が必要な事項

i) レビュー員の資格 レビュー員は管轄当局が認める 1 あるいは複数の個人で，次の項目についての知識を有するものとする．
1. 当該形式の構造物の設計に関連する本基準と引用基準の要件
2. 非線形応答時刻歴解析に用いる，地動の選定と調整
3. 非線形応答時刻歴解析に用いる，構造解析モデル構築と修正の際の実験室での試験の使用法，解析または地動の取り扱いに地盤と構造物の相互作用が用いられているならば，その知識を含む構造のモデル化
4. 地震荷重を受ける際の当該形式の構造システムの挙動

少なくとも 1 名のレビュー員は登録された設計の専門家であること．

ii) レビューの範囲 レビューの範囲は添付文書［377 頁］や設計規範に合致していることを示す他の関連文書を含んでいること．

6) 合意基準と他の引用文書（16.6 節）
　第 23 章［省略］に示されている文書などを参照すること．

8.4.6　耐震設計における地盤の分類（第 20 章）

1) 地盤の分類（20.1 節）

　地盤は，表層 100 ft (30 m) の地盤特性に基づき，表 8.31［378 頁］[†]と 20.3 節の規定に従って分類する．深さ 100 ft (30 m) までのデータが入手できない場合は，分かっている地質状態に基づき地質調査報告書を作成し，登録された専門家によって評価することができる．地盤特性が十分に分かっていない場合は，管轄当局または地盤データによって地盤種別 E または F の存在が示されていない限り，地盤種別 D とする．岩盤と基礎の間に 10 ft (3.1 m) 以上の土質がある場合は，地盤種別 A, B としない．

[†] 日本では工学的基盤としてせん断波速度 400 m/s≈1312 ft/s 程度以上の地盤を考えているので，表 8.31 から米国の地盤種別 C 以上（A, B, C）は日本の工学的基盤にほぼ分類されることになる．

2) 地盤種別 F のための地盤応答解析（20.2 節）

地盤種別 F には，次節の例外に該当しない限り，21.1 節［381 頁］に従って地盤応答解析を行う．

3) 地盤種別の定義（20.3 節）

地盤種別は表 8.31 と本節に示される定義による．

表 8.31　地盤種別の定義

地盤種別	地盤特性	表層 100 ft 平均特性		
		せん断波速度 $\bar{v}_s$ (ft/s)	標準貫入試験 $\bar{N}$ または $\bar{N}_{ch}$	せん断強度 $\bar{s}_u$ (psf)
A	硬質岩盤	$\bar{v}_s > 5000$	適用不可	適用不可
B	岩盤	$2500 < \bar{v}_s \leq 5000$	適用不可	適用不可
C	超硬質地盤 軟質岩盤	$1200 < \bar{v}_s \leq 2500$	$\bar{N}$ または $\bar{N}_{ch} > 50$	$\bar{s}_u \geq 2000$
D	硬質地盤	$600 < \bar{v}_s \leq 1200$	$15 \leq (\bar{N}$ または $\bar{N}_{ch}) \leq 50$	$1000 \leq \bar{s}_u \leq 2000$
E	軟質粘土地盤	$\bar{v}_s < 600$	$\bar{N}$ または $\bar{N}_{ch} < 15$	$\bar{s}_u < 1000$
		次の特性を有する厚さ 10 ft 以上の層がある地盤： 1. 塑性指標 $PI > 20$， 2. 含水率 $w \geq 40\%$， 3. 非排水せん断強度 $\bar{s}_u < 500$ psf（25 kPa）		
F	地盤応答解析［382 頁］が必要な地盤	20.3 節 i)［378 頁］参照		

1 ft = 0.3048 m，1 ft^2 = 0.0929 m^2，1 psf = 1 lb/ft^2 = 0.0479 kPa (kN/m^2)

i) 地盤種別 F　次のいずれかの条件を満足する場合は，地盤種別 F とし，21.1 節［381 頁］の地盤応答解析を行う．

1. 液状化の可能性のある地盤，鋭敏比の高い粘土，崩壊し易い弱く固まった地盤のように，地震荷重によって崩壊する危険性の高い地盤

    例外　構造物の基本周期が 0.5 (s) 以下の場合は，液状化の可能性のある地盤のスペクトル加速度を求める地盤応答解析の必要はない．本節に従って地盤種別を決め，表 8.14 と表 8.15 ［335 頁］から対応する F_a と F_v の値を決めてもよい．

2. 厚さ $H > 10$ ft ($H > 3$ m) の泥炭と（または）有機質の多い粘土

8.4 米国の荷重規格 ASCE 7

3. 地盤種別 D, E の中の $H > 25\,\text{ft}$ ($H > 7.6\,\text{m}$) で $PI > 75$ の非常に塑性指数の高い粘土

   例外 地盤応答解析は次の両要件を満たす地盤種別の粘土については不要である. (i) 地盤種別 D または F で F_a, F_v を表 8.14, 表 8.15 から求め, $PI = 75$ で 1.0, $PI = 125$ で 1.3 で中間は線形補間で $PI \geq 125$ で 1.3 とする係数を乗じ, (ii) 係数を乗じた F_a, F_v から求めた S_{DS}, S_{D1} が表 8.16, 表 8.17 [335 頁] の耐震設計区分 B の上限を超えない.

4. $H > 120\,\text{ft}$ ($H > 37\,\text{m}$) で $s_u > 1\,000\,\text{psf}$ ($s_u > 50\,\text{kPa}$) の非常に厚い軟または中程度の硬質粘土

   例外 地盤応答解析は次の両要件を満たす地盤種別の粘土については不要である. (i) 地盤種別 E で F_a, F_v を表 8.14, 表 8.15 から求め, (ii) F_a, F_v から求めた S_{DS}, S_{D1} が表 8.16, 表 8.17 [335 頁] の耐震設計区分 B の上限を超えない.

ii) **軟質粘土の地盤種別 E**　地盤種別 F ではないが, $\bar{s}_u < 500\,\text{psf}$ ($\bar{s}_u < 25\,\text{kPa}$), $w \geq 40\,\%$ かつ $PI > 20$ の軟質粘土の層厚の計が $100\,\text{ft}$ ($30\,\text{m}$) の場合は地盤種別 E とする.

iii) **地盤種別 C, D, E**　地盤種別 C, D, E の存在は, $\bar{v}_s, \bar{N}, \bar{s}_u$ を 20.4 節 [380 頁] の規定によって計算し次のいずれかの方法によって分類する.

1. ($\bar{v}_s$ 法) 表層 $100\,\text{ft}$ ($30\,\text{m}$) の $\bar{v}_s$
2. ($\bar{N}$ 法) 表層 $100\,\text{ft}$ ($30\,\text{m}$) の $\bar{N}$
3. ($\bar{s}_u$ 法) 表層 $100\,\text{ft}$ ($30\,\text{m}$) の非粘性土 ($PI < 20$) の $\bar{N}_{ch}$ と表層 $100\,\text{ft}$ ($30\,\text{m}$) の粘性土 ($PI > 20$) の $\bar{s}_u$ による, より柔らかな地盤種別

iv) **地盤種別 B のせん断波速度**　岩盤の地盤種別 B のせん断波速度は現地で測定するか, 破砕・風化が中程度である岩盤に対する地盤の専門家の評価による. より軟質で破砕・風化がより高い岩盤については, 現地でせん断波速度を測定するか地盤種別 C とする.

v) **地盤種別 A のせん断波速度**　硬質岩盤の地盤種別 A の分類は, 現地または風化と破砕が同程度以上の同じ地盤構成の同じ岩盤種別のせん断波速度の測定によって確認する. 硬質岩盤の状態が深さ $100\,\text{ft}$ ($30\,\text{m}$) まで連続してと判明している場合は, 地表のせん断波速度測定を外挿して $\bar{v}_s$ としてもよい.

4) 地盤種別パラメータの定義（20.4 節）

表層 100 ft（30 m）について地層を分類し，地層の番号を 1 から最深の n とする。その中に粘性土がある場合，k が粘性土の層数，m が非粘性土の層数とする。

i) 平均せん断波速度
平均せん断波速度 $\bar{v}_s$（ft/s または m/s）は次式によって求める。

$$\bar{v}_s = \frac{\sum_{i=1}^{n} d_i}{\sum_{i=1}^{n} \dfrac{d_i}{v_{si}}} \tag{8.108}$$

ここで，d_i は i 層の厚さ（ft または m），v_{si} は i 層のせん断波速度（ft/s または m/s）である。

ii) 標準貫入試験抵抗値 $\bar{N}$ と非粘性土の標準貫入試験抵抗値 $\bar{N}_{ch}$
$\bar{N}$ と $\bar{N}_{ch}$ は次式によって求める。

$$\bar{N} = \frac{\sum_{i=1}^{n} d_i}{\sum_{i=1}^{n} \dfrac{d_i}{N_i}} \tag{8.109}$$

ここで，N_i と d_i は各層に対する値である。

$$\bar{N}_{ch} = \frac{d_s}{\sum_{i=1}^{m} \dfrac{d_i}{N_i}} \tag{8.110}$$

ここで，N_i と d_i は非粘性土のみの各層に対する値，$\sum_{i=1}^{m} d_i = d_s$ で d_s は表層 100 ft（30 m）にある非粘性土の全層厚である。N_i は ASTM D1586 による現場で直接測定された補正を行わない標準貫入抵抗（N 値）で 100 回/ft（305 回/m）を上回らない。岩盤で測定値が得られないときは 100 回/ft（305 回/m）とする。

iii) 平均非排水せん断強度 $\bar{s}_u$
$\bar{s}_u$ は次式によって求める。

$$\bar{s}_u = \frac{d_c}{\sum_{i=1}^{k} \dfrac{d_i}{s_{ui}}} \tag{8.111}$$

ここで，$\sum_{i=1}^{k} d_i = d_c$ で d_c は表層 100 ft（30 m）にある粘性土の全層の厚さ，s_{ui} は ASTM D2166 または ASTM D2850 による非排水せん断強度（kPa）で 5000 psf（240 kPa）を超えない[†]。

[†] 表 8.31 の *PI* は ASTM D4318 による塑性指数，w は ASTM D2216 による含水率（%）である。

8.4.7 耐震設計における建設地特定地動法 (第 21 章)

1) 建設地の応答解析(21.1 節)

地盤応答解析が 11.4 節［338 頁］viii) で行われる場合や必要とされる場合，本節の要件はそれを満足する。解析は報告書に含めること。

i) 基本地震動　目標最大想定地震の応答スペクトルを規定［339 頁または 382 頁］を用いて基盤に対して求める。建設地特定の地動の危険度解析［382 頁］を行わない場合は，地盤種別 B と仮定して目標最大想定地震の岩盤応答スペクトルを規定［339 頁］の手法で作成する。岩盤が地盤種別 A の場合は，他の地盤係数を用いることができると証明されない限りは，規定の地盤係数［表 8.14，表 8.15（335 頁）］を用いてスペクトルを調整する。目標最大想定地震の地動を支配するマグニチュードと震源距離に整合する地震から，少なくとも 5 個の記録または模擬の水平地動加速度の時刻歴を選択する。選択された各時刻歴は，構造物の応答に影響を及ぼす周期範囲において，目標最大想定地震の岩盤応答スペクトルのレベルに平均的にほぼ合致するように調整する。

ii) 建設地状況のモデル化　建設地の応答モデルを，微小歪のせん断波速度，非線形または等価線形せん断応力－歪関係，単位重量に基づき作成する。微小歪のせん断波速度を建設地の現場測定または建設地近辺の同様な地盤の測定から求める。非線形または等価線形せん断応力－歪関係と単位重量を実験室での試験または同様な地盤の公表された関係に基づき選択する。地盤特性の不確定性を評価する。地盤が非常に深く基盤までの地盤モデルを作成できない場合，モデルは地盤の剛性が少なくとも第 20 章［377 頁］の地盤種別 D と定義する値と同じ程度までのモデルとすることができる。その様な場合，上の i) で作成された基盤の地震動の目標最大想定地震の応答スペクトルと加速度時刻歴を基盤の地盤種別と合致する地盤係数［表 8.14, 表 8.15］を用いて上方に調整する。

iii) 地盤応答解析と計算結果　基盤の地動時刻歴は露頭面の地動として，地盤への入力とする。地盤の非線形性を非線形または等価線形として取り入れた適切な計算技法によって，地盤の応答を求め，地表面の地動時刻歴を求める。地表面地動の減衰定数 5％ 応答スペクトルの基盤の入力地動に対する比を求める。推奨される目標最大想定地震の地表地動応答スペクトルは，基盤地動の目標最大想定地震の応答

スペクトルに地盤応答解析から求まる（周期ごとに計算した）平均的な地表面と基盤の応答スペクトル比を乗じた値を下回ってはならない．解析から得られる推奨される地表面地動には，地盤特性，地盤モデルの深さと入力地動の不確定性による応答の感度を考慮する．

2) 目標最大想定地震の地動の危険度解析[†]（21.2 節）

本節の要件は，地動の危険度解析を行う場合または規定［340 頁］により必要となる場合に満足されるものとする．地動の危険度解析には，その地域の地殻・地質・地震活動度・既知の断層と震源域による地震の期待される再現期間と最大マグニチュード・地震動に対する影響がある場合は震源域近傍の伝搬経路による地震動の低減・地盤による地震動への影響などを考慮する．敷地の地表面下の状態の特性を地域と個別の地質構成または規定［381 頁］に従った減衰関係を用いて考慮する．解析には，震源域と地震動に対するモデルとパラメータの不確定性を取り入れた最新の地震学の知識を取り入れる．減衰関係により推測される応答加速度スペクトル値がその水平面の最大応答を表さない場合は，危険度解析から得られた応答加速度スペクトル値は最大応答となるように地動に係数を乗じて調整する．水平 2 方向成分の幾何平均または類似の値を減衰関係によって推測する場合は，その他の調整係数の方が水平成分の幾何平均より最大値をよりよく表す場合を除いて，調整係数は周期が 0.2 (s) 以下では 1.1，1 (s) では 1.3，5 (s) では 1.5 とする．これらの周期の間の調整係数は線形補間によって求める．この解析を報告書に記録する．

i) 確率的（目標最大想定地震の）地動　確率的スペクトル応答加速度は，50 年間で 1 % の破壊確率で起こる減衰定数 5 % の加速度応答スペクトルによって表される最大水平応答を与える方向のスペクトル応答加速度とする．確率的地動の応答スペクトル値は次の（方法 1）または（方法 2）によって求める．

（方法 1）加速度が計算される各スペクトル応答周期において，確率的地動応答スペクトル値は危険度係数 C_R と 50 年超過確率 2 % で減衰 5 % の加速度応答スペクトルから得られる応答加速度の積とする．危険度係数 C_R の値，は第 22 章の図［省略，385 頁］の C_{RS} と C_{R1} の値を用いて求める．スペクトル応答周期が 0.2 (s) 以下では，C_R は C_{RS} に等しいとする．スペクトル応答周期が 1 (s) 以上では，C_R は

[†] 最大想定地震として再現期間 2500 年の地震を考え，この地震に対する崩壊確率 10 % を設計目標とする．これは構造物の供用期間を 50 年間の崩壊確率 1 % にほぼ相当する．

8.4 米国の荷重規格 ASCE 7

C_{R1} に等しいとする. スペクトルの応答周期が 0.2～1 (s) では, C_R は C_{RS} と C_{R1} の線形補間による.

(方法 2) 加速度が計算される各スペクトル応答周期において, 確率的地動応答スペクトル値は破壊脆弱性 (スペクトル応答加速度の関数としての破壊確率) を表す対数正規確率密度関数による建設地特定の危険度曲線の繰り返し積分によって求める. 各周期における確率的地動応答スペクトル値は, (1) 確率的地震動応答スペクトル値の破壊確率 10 % および (2) 対数標準偏差 0.6 とした, 50 年超過確率 1 % の破壊脆弱性とする.

ii) 確定的 (目標最大想定地震の) 地動　各周期の確定的スペクトル応答加速度値は, その周期で計算した最大水平応答を与える方向の減衰 5 % スペクトル応答加速度の 84 パーセンタイル[†]として計算する. その地域のすべての既知の活断層による特性地震について, その最大の加速度を用いる. 確定的地動応答スペクトル値は, 図 8.17 に従った対応する応答スペクトル値未満としない. この値を計算をするため,

(i) 地盤種別 A～C に対して, $S_S = 1.5$, $S_1 = 0.6$ として F_a, F_v を表 8.14, 表 8.15 [335 頁] を用いて求め,
(ii) 地盤種別 D に対して, $F_a = 1.0$, $F_v = 2.5$ とし,
(iii) 地盤種別 E, F に対して, $F_a = 1.0$, $F_v = 4.0$ とする.

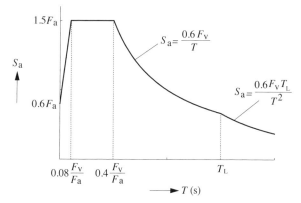

図 8.17　目標最大想定地震の応答スペクトルの確定的下限

[†] 全体を 100 として, 下から 84 番目の加速度

iii) 建設地特定の目標最大想定地震　建設地特定の目標最大想定地震のスペクトル応答加速度 S_{aM} は，どの周期においても確率的［382頁］と確定的［383頁］スペクトル応答加速度の小さい方とする．

3) 設計用応答スペクトル（21.3節）

設計用スペクトル応答加速度 S_a はどの周期においても次式によって求める．

$$S_a = \frac{2}{3} S_{aM} \tag{8.112}$$

ここで，S_{aM} は確率的［382頁］または確定的［383頁］に得られる目標最大想定地震のスペクトル応答加速度である．

設計用スペクトル応答加速度は，どの周期においても規定［339頁］による設計用応答スペクトル値 S_a の80％未満としないこと．ここで，F_a, F_v は次のように求める．

(i) 地盤種別 A～C に対して，F_a, F_v を表8.14，表8.15［335頁］を用いて求め，
(ii) 地盤種別 D に対して，F_a は表8.14から求め，F_v は $S_1 < 0.2$ で 2.4，$S_1 \geq 0.2$ で 2.5 とし，
(iii) 地盤種別 E に対して，F_a は $S_S < 1.0$ では表8.14から求め，$S_S \geq 1.0$ では1.0 とし，F_v は $S_1 < 1.0$ では4.2，$S_1 \geq 1.0$ では4.0 とする．

地盤種別 F と分類された地盤で，規定［340頁］に従い建設地特定解析が必要な場合は，設計用スペクトル応答加速度はどの周期においても規定［339頁］に従って求めた地盤種別 E に対する S_a の80％未満とならないこと．

例外　規定［379頁］に従い建設地特定分類手法を用いて他の地盤種別としてもよい場合は，その地盤種別の S_a の80％を下限値として用いることができる．

4) 設計用加速度パラメータ（21.4節）

21.3節の規定に従って設計用地動を建設地特定法によって求める場合，S_{DS} は周期 0.2～5(s) のいかなる周期に対しても建設地特定スペクトルから求めた最大スペクトル加速度 S_a の90％とする．S_{D1} は，$v_{s,30} > 1\,200\,\text{ft/s}$ ($v_{s,30} > 365.76\,\text{m/s}$) の地盤では周期 1～2(s) について，$v_{s,30} \leq 1\,200\,\text{ft/s}$ ($v_{s,30} \leq 365.76\,\text{m/s}$) の地盤では周期 1～5(s) について，$TS_a$ の最大値とする．S_{MS} と S_{M1} は，それぞれ S_{DS} と S_{D1} の1.5倍とする．このようにして得られた値は規定［334頁］による S_{MS}, S_{M1} と規定［334頁］による S_{DS}, S_{D1} の80％を下回らないものとする．

8.4 米国の荷重規格 ASCE 7　　385

等価水平力法の場合，周期 T の建設地特定スペクトル加速度 S_a を (8.71-1) 式 [355 頁] の S_{D1}/T と (8.71-2) 式の $S_{D1}T_L/T^2$ の代わりに用いることができる．本節で計算される S_{DS} を (8.70) 式 [354 頁], (8.72) 式 [355 頁] [第 15 章の式にも適用できるが，省略] に用いてよい．地図上 S_1 は (8.73) 式 [355 頁] [第 15 章の式にも適用できるが，省略] に用いる．

5) 平均最大想定地震のピーク地盤加速度（21.5 節）

i) 確率的・平均最大想定地震のピーク地盤加速度　確率的な幾何平均ピーク地盤加速度は，50 年超過確率 2% の幾何平均ピーク地盤加速度とする．

ii) 確定的・平均最大想定地震のピーク地盤加速度　確定的幾何平均ピーク地盤加速度は，建設地のすべての既知の活断層による特性地震による幾何平均ピーク地盤加速度の 84 パーセンタイルの最大値とする．確定的幾何平均ピーク地盤加速度は，PGA を 0.5 g として表 8.19 [342 頁] から求められる F_{PGA} を用い $0.5F_{PGA}$ 未満とならないこと．

iii) 建設地特定・平均最大想定地震のピーク地盤加速度　建設地特定・平均最大想定地震のピーク地盤加速度 PGA_M は確率的幾何平均ピーク地盤加速度 [385 頁] と確定的幾何平均ピーク地盤加速度 [385 頁] の小さい方とする．建設地特定・平均最大想定地震のピーク地盤加速度は (8.59) 式 [342 頁] から求まる調整ピーク地盤加速度の 80% 未満とならないこと．

8.4.8　地震動，長周期移行の周期，危険度係数の地図（第 22 章）

以下の諸値が地図上に示されている．[地図を省略するが，USGS[†]のウェブサイトからダウンロードすることができる．]

1) 目標最大想定地震の応答加速度 S_S と S_1（地図上応答加速度）

米国の耐震規定では目標最大想定地震に対する周期 0.2 (s) の構造物の応答加速度 S_S と周期 1 (s) の構造物の応答加速度 S_1 を地図上に与えている．これらの値は，米国本土内では太平洋岸カリフォルニア州の一部と中西部ミズーリ州セントルイス市の南で $S_S = 2.0\,(g),\ S_1 = 1.0\,(g)$ と最大になる．広大な国土の米国では地域による差異が大きく，地震活動度の低い東海岸ではこれらの値の 1/10 以下という地域

[†] このための U.S. Geological Survey のウェブサイトは https://doi.org/10.5066/F7NK3C76 である．

が広範囲にある．S_S の等加速度線の最大は 2.0 (g)，最小は 0.05 (g)，S_1 の等加速度線の最大は 1.0 (g)，最小は 0.02 (g) である．

2) 平均最大想定地震のピーク地盤加速度 PGA

平均最大想定地震のピーク地盤加速度 PGA は地盤の液状化の評価などに用いられる．太平洋岸カリフォルニア州の最大値は PGA = 1.0 (g)，米国本土で最大となるのは中西部ミズーリ州セントルイス市の南で PGA = 1.5 (g) である．PGA の等加速度線の最大は 1.5 (g)，最小は 0.02 (g) である．

3) 長周期移行の周期 T_L

図 8.13 [340 頁] に示されてる設計用応答スペクトルにおいて，スペクトルが $1/T$ に比例する部分から $1/T^2$ に比例する部分への移行周期が T_L である．地図上に示されている T_L は 4, 6, 8, 12, 16 (s) と区分されている．米国本土で最短は米国中部で 4 (s)，最長は西海岸北部の 16 (s) である．

4) 危険度係数 C_{RS} と C_{R1}

C_{RS} は，米国本土では最大が 1.57，最小は 0.78，C_{R1} の最大は 1.5，最小は 0.8 で，上述の他の値と比べると地域による相違は小さい．

あとがき

第1版 あとがき

　建築分野の最近の話題は，残念ながら2005年末より問題になっている耐震強度偽装事件から始まった種々の不祥事に間違いありません．確認申請の許可や電算プログラムの審査などは「構造計算の中で故意・悪意で計算をごまかすことはない」との前提で行われてきました．この理由として，計算をごまかすことによって，ごまかした人が得をすることはあり得ないと信じていた背景があります．しかし，実際にこのようなことが起こり，一般市民にも多大の損失と迷惑をかけてしまったことに対して，建築分野に携わってきたすべての組織・個人は深く反省し，このようなことが2度と起こらないようにしなければなりません．

　国土交通省は建築基準法や建築士法の改正を行い，法律による罰則を厳しくし，誤りなどが見過ごされることのないようにチェックを2重にすることになりました．しかし，チェックを2重にすることによって，よい設計ができるわけではありません．構造設計においては，設計の初期の段階から，どのような構造が適切か，どのようにモデル化を行い解析を進めるべきかなどについて的確な判断を下すために，設計者自身が高い専門知識を持つ必要があります．またチェックを行う側にも同様の高い知識が必要となります．

　現状では，構造計算を行う際にいわゆる一貫計算プログラムを用いることになり，あまり知識がない人間が入力データを作成し，計算書（らしきもの）を作成することができます．しかし，正しい判断のもとに適切な入力データを作成するためには，設計者自らが用いる計算プログラムの中で行われることを正しく理解する必要があります．特に，耐震設計においては構造物の動的な挙動を把握し，崩壊に至る一連の過程を認識する必要があります．

本書には，(十分とはいえないかもしれませんが) 耐震規定とそれを理解するために必要な構造動力学について基本的なことを書きました。

　読者の皆さんには，建築に携わる専門家として自らの技術を高め，それをもとにより良い建築・都市を次の世代に残す努力を続け，一般市民から建築界を信頼してもらえるように努力してほしいと願っています。そして，建築に携わる全ての組織・個人が当然のことを地道に実行し，このような努力を今後続けていく中で，少しずつでも信頼が高まることを期待しています。

　この本の，構造動力学に関する部分は，建設省建築研究所国際地震工学部 (現在の独立行政法人 建築研究所国際地震工学センター) で海外からの研修生のための地震工学研修の英文のテキストとして，故・渡部丹博士と一緒に書いたものを基本としています。その後，北海道大学大学院工学研究科の英語コースで用い，加筆・修正しました。その他の部分は，今までに書いた原稿などをまとめたり，書き直したり，あるいは本書のために初めて書いた部分も多くあります。また，1978年宮城県沖地震の被害写真の中には，30年程前に故・渡部丹博士から受け取ったものが含まれていることを申し添えます。最後に，多くの友人・知人から，本書について貴重なアドバイスなどをいただきましたことに深く感謝しております。

(2008年2月)

新版 あとがき

　第1版を出してから早くも10年が経過しました。この間に2011年東日本大震災をはじめ多くの被害地震が国内外で発生し，大被害を引き起こしました。これにともない国内の耐震規定も改定されましたが，そのような点に付いては拙著 [18] に書きました。一方，海外の耐震規定も改定されましたので，8章を大幅に変更しました。その他の章は基本的に第1版と同じですが，少しでも読者の皆さんに理解してもらえるように表現などを変更し，加筆した部分もあります。今後も建築構造に興味を持っている方々に，少しでもお役に立てればと思っています。

(2018年3月)

参考文献

[1] 石山祐二ほか：「特集・新しい耐震規定の Q&A」，建築の技術「施工」，No.185, 1981.7.
[2] 大橋雄二：「日本建築構造基準変遷史」，日本建築センター，1993.12.
[3] 石山祐二：建築構造を知るための基礎知識「耐震規定と構造動力学」，三和書籍，2008.3
[4] 内藤多仲：「論説 架構建築耐震構造論 (1)〜(4)」，建築雑誌，1922.10, 11, 12, 1923.1
[5] Giuseppe OLIVETO "Review of the Italian Seismic Code Released after the 1908 Messina Earthquake", Passive Contol Symposium 2004, Structural Engineering Research Center, Tokyo Institute of Technology, 2004.11.
[6] 柴田明徳：「地震工学の今昔」，日本地震工学会誌，2016.2
[7] 日本建築学会：「地震荷重と建築構造の耐震性 (1976)」, 1977.1.
[8] 建設省建築研究所：「耐震設計法確立 5 ケ年計画」, 1972.3.
[9] 建設省建築研究所：「新耐震設計法 (案)」，建築研究報告 No.79, 1977.3.
[10] Applied Technology Council, "Tentative Provisions for the Development of Seismic Regulations for Buildings", ATC Publication ATC 3-06, 1978.6.
[11] 大橋雄二：「建築基準法関係告示の改正・水平震度の数値を減らす基準（昭和 27 年建設省告示第 1074 号)」，建築技術，No.331, 1979.3.
[12] 日本道路協会：「道路橋示方書・同解説 V 耐震設計編」, 2002.3.
[13] 運輸省鉄道局監修：「鉄道構造物等設計標準・同解説 耐震設計」，丸善, 1999.10.
[14] 日本建築学会：「建築物荷重指針・同解説 (2004)」, 2004.9.
[15] 国土交通省建築研究所：「改正建築基準法の構造関係規定の技術的背景」，ぎょうせい，2001.3.
[16] 石山祐二：「応答スペクトル法によるベースシア係数について」，日本建築学会学術講演梗概集（近畿）2311, 1987.10.
[17] Veletsos, A.S. and N.M. Newmark, "Effect of Inelastic Behavior on the Response of Simple Systems to Earthquake Motions", Proceedings of the Second World Conference on Earthquake Engineering, Vol. II, 1960.7.
[18] 石山祐二：「建築基準法の耐震・構造規定と構造力学（第 2 版)」，三和書籍, 2017.4.
[19] 建設省住宅局建築指導課・建設省建築研究所 監修：「改正建築基準法施行令新耐震基準に基づく 構造計算指針・同解説」，日本建築センター, 1981.2.
[20] 石山祐二：「Ai 分布の誕生とその経緯」，日本建築学会学術講演梗概集（北陸), 1992.8.
[21] 国土交通省住宅局建築指導課ほか監修：「2007 年版 建築物の構造関係技術基準解説書」，全国官報販売協同組合発行, 2007.8.

[22] 国土交通省 国土技術政策総合研究所, 国立研究開発法人 建築研究所 監修:「2015 年版建築物の構造関係技術基準解説書」, 全国官報販売共同組合発行, 2015.6
[23] Freeman, Sigmund A., "Development and Use of Capacity Spectrum Method", 6th US NCEE Conference on Earthquake Engineering/EERI, May 31 – June 4, 1998, Seattle, Washington, Paper #269.
[24] 国土交通省住宅局建築指導課, 日本建築主事会議, (財) 日本建築センター:「2001 年度版建築構造関係技術基準解説書」, 2001.3.
[25] 国土交通省建築研究所:「改正建築基準法の構造関係規定の技術的背景」, ぎょうせい, 2001.3.
[26] 日本建築学会:「地震動と地盤 – 地盤振動シンポジウム 10 年の歩み」, 1983.7.
[27] 日本建築学会:「建物と地盤の動的相互作用を考慮した応答解析と耐震設計」, 2006.2.
[28] 大崎順彦:「新・地震動のスペクトル解析入門」, 鹿島出版会, 1994.5.
[29] 国土交通省住宅局建築指導課他編集:「免震建築物の技術基準解説及び計算例とその解説」, 工学図書発行, 2001.5.
[30] 独立行政法人 建築研究所:「改正建築基準法の免震関係規定の技術的背景 – 免震建築物の構造関係規定と免震部材の品質 –」, ぎょうせい, 2001.8.
[31] 国土交通省国土技術政策総合研究所他編集:「免震建築物の技術基準解説及び計算例とその解説 (平成 16 年改正告示の追加分－戸建て免震住宅を中心として－)」, 日本建築センター発行, 2006.2.
[32] 武藤清:耐震設計シリーズ 4「構造物の動的解析」, 丸善株式会社, 1966.5.
[33] 小幡守:「最新建築構造力学 I」, 森北出版株式会社, 1976.5.
[34] 渡部丹, 石山祐二監訳:「チョプラ構造物の動的解析」改訂 2 版, 科学技術出版, 2001.12.
[35] 国立天文台編:「理科年表」, 丸善, 2004.11.
[36] 石山祐二:「建築物に対する地震力と地震層せん断力の鉛直方向分布」, 日本建築学会学術講演梗概集 (北陸) 2207, 1983.9.
[37] 石山祐二:「種々の建物に対する地震層せん断力の分布とベースシヤー係数」, 日本建築学会構造系論文報告集, 第 439 号, 1992.9.
[38] International Organization for Standardization (ISO), "ISO 3010 Bases for design of structures – seismic actions on structures, Second edition", (英和対訳版あり), 2001.12.
[39] 建設省住宅局建築指導課・建設省建築研究所監修:「構造計算指針・同解説」, 日本建築センター発行, 1981.2
[40] American Society of Civil Engineers (ASCE), "ASCE/SEI 7-16 Minimum Design Loads and Associated Design Criteria for Buildings and Other Structures", 2017.
[41] 田治見宏:「建築振動学」, コロナ社, 1965.5.
[42] 石山祐二, 麻里哲広, 井上圭一:「構造特性係数の極値について」, 日本建築学会構造系論文報告集, 第 520 号, 1999.6.
[43] 麻里哲広, 井上圭一, 石山祐二:「崩壊メカニズムが異なる建物の構造特性係数の極値について」, 日本建築学会構造系論文報告集, 第 565 号, 2003.3.
[44] Applied Technology Council, "3rd U.S.-Japan Workshop on the Improvement of Structural Design and Construction Practices", ATC Publication ATC 15-2, 1989.
[45] 日本建築学会:「建築物の荷重指針」, 2004.10.

[46] 日本建築学会:「建築物の減衰」, 2000.10.
[47] 大崎順彦:「建築振動理論」, 彰国社, 1996.11.
[48] European Committee for Standardization (CEN), "Eurocode 8: Design of Structures for Earthquake Resistance – Part 1: General Rules, Seismic Actions and Rules for Buildings", 2004.12.
[49] Ishiyama,Y., "Motions of Rigid Bodies in Response to Earthquake Excitations - Equations of Motions and Computer Simulation -", 日本建築学会論文報告集 第 314 号, 1982.4.
[50] Ishiyama,Y., "Criteria for Overturning of Bodies by Earthquake Excitations", 日本建築学会論文報告集 第 317 号, 1982.6.
[51] 石山祐二:「ゴルフのバックスピンと接線方向の反発係数」, 建築の研究 No.59, 建築研究振興協会, 1987.2.
[52] International Organization for Standardization (ISO), "ISO 3010 Bases for design of structures - Seismic actions on structures, First edition", 1988.7.
[53] International Organization for Standardization (ISO), "ISO 3010 Bases for design of structures - Seismic actions on structures, Third edition", (英和対訳版あり), 2017.3.
[54] International Organization for Standardization (ISO), "ISO 2394 General principles on reliability for structures, Fourth edition", (英和対訳版あり), 2015.3.
[55] International Organization for Standardization (ISO), "ISO 23469 Bases for design of structures - Seismic actions for designing geotechnical works, First edition", (英和対訳版あり), 2005.11.
[56] International Organization for Standardization (ISO), "ISO 13033 Bases for design of structures - Loads, forces and other actions - Seismic actions on nonstructural components for building applications, First edition", 2013.8.
[57] 日本建築学会:「建築物の荷重指針」, 2015.2.
[58] Giardini, D., J. Wössner and L. Danciu, "Mapping Europe's Seismic Hazard", EOS, Transactions American Geophysical Union, Vol.95, No.29, 2014.7.
[59] International Code Council (ICC), "2015 International Building Code", 2014.

索引

ISO 3010, 283
IBC, 328
安全限界応答周期, 53, 69
安全限界固有周期, 53, 59
安全限界地震力, 53
安全限界耐力, 51
安全限界変位, 56, 66, 67
安定係数, 326, 358, 359

伊豆大島近海地震, 7
位相角, 146
1次卓越周期
　　表層地盤の―, 81
1次卓越周期の増幅率
　　表層地盤の―, 85
1自由度系, 119–122, 156, 176
一般化外力, 122, 175
一般化減衰係数, 122
一般化剛性, 122, 175
一般化質量, 122, 175
インドネシア・ジャワ中部地震, 8
インペリアルバレー地震, 18, 21, 28

運動方程式, 120
　　多自由度系の―, 155

A_i 分布, 14, 46, 47, 204
ASCE 7, 336
SRSS, 178, 325
SR モデル, 61
エネルギー一定則, 241, 242
エルセントロ, 18, 22, 28, 198, 199
鉛直地動, 342

オイラーの公式, 124

応答時刻歴解析, 294, 304
応答周期
　　安全限界―, 69
　　損傷限界―, 57
応答スペクトル, 21, 28, 195, 196, 198, 200
　　加速度―, 52, 54, 101, 198, 199
　　擬似―, 198
　　設計用―, 339
　　絶対加速度―, 198
　　相対速度―, 198
　　相対変位―, 198
　　速度―, 198, 199
　　トリパータイト―, 200, 201
　　変位―, 198, 199
応答スペクトル解析, 303
応答制御システム, 307, 309
応答速度
　　免震層の―, 102
大分県中部地震, 23

解析手法, 352
回転地盤粘性減衰定数, 76
回転半径, 276
解放基盤面, 231
外力ベクトル, 156
家屋耐震構造論, 19
カギー減衰, 262
過減衰, 139
下降波, 226, 227
荷重係数, 296
荷重の組合せ, 337
荷重ベクトル, 156
霞ヶ関ビル, 22, 28
加速度応答値
　　安全限界時の―, 53
　　損傷限界時の―, 52
加速度増幅率, 79
　　表層地盤の―, 52, 78, 80, 8
加速度低減率, 71
　　減衰による―, 53, 54
加速度分布係数, 65
　　安全限界時の―, 53, 69, 70
　　損傷限界時の―, 52, 63
加速度ベクトル, 156
過渡応答, 145
慣性の相互作用, 305
慣性モーメント, 157
完全2次結合, 179, 325
関東大震災, 15, 17–20, 27, 31
感応係数, 326

危険度区分, 331
擬似地震動, 296, 310
基準化座標, 174, 175
基準化重量, 13, 33, 46, 204
基準化設計用応答スペクトル, 297
気象庁震度階級, 195
起振機, 251
基本振動周期, 323
基本せん断剛性
　　地盤の―, 81
共振曲線, 251
強震計, 21
挙動係数, 319
許容応力度
　　免震材料の―, 105
許容応力度等計算, 30

偶発的捩り, 322
釧路沖地震, 7
熊本地震, 18

形状係数, 48
限界耐力計算, 18, 30, 49, 50
限界変形, 106
減衰固有円振動数, 136
減衰材の負担せん断力係数, 102
減衰自由振動, 134
減衰定数, 71, 73, 74, 76, 136,
    247–249, 261, 302
減衰マトリックス, 156
建設地特定地動法, 381
建築基準法, 18, 28

効果の組合せ, 325
剛性比例減衰, 261–263
剛性マトリックス, 156, 159, 166
構造システム, 344
構造設計係数, 300
構造的分離, 368
構造特性係数, 35, 41–43
コジャエリ地震, 18, 26
固有周期, 10, 11, 38, 53, 59, 355
    スウェイ—, 61
    ロッキング—, 61
固有振動モード, 13
固有値問題, 163
ゴルカ地震, 18

最下層の崩壊, 3
最上層の被害, 4
最大想定地震, 333
サンフランシスコ地震, 17
三陸沖地震, 17

CQC, 179, 325
市街地建築物法, 18, 27, 28
刺激関数, 176, 177
刺激係数, 176, 177, 182
時刻歴解析
    線形応答—, 362
    非線形応答—, 370
地震応答係数, 354
地震荷重効果, 350
地震危険地域係数, 297
地震研究所, 15, 17
地震層せん断力, 3, 12, 14,
    32–35, 47
地震層せん断力係数, 14, 32–34,
    47
地震地域係数, 35, 52
地震動強さ, 297
地震力, 11, 32, 52
地震力の鉛直分布, 356

地震力の分布, 28, 45, 323
    震度一様分布, 12, 45, 46
    震度逆三角形分布, 12, 45
    $\sqrt{\alpha}$ 分布, 14
地震力分布パラメータ, 298
四川地震, 18
質量比例減衰, 261
質量マトリックス, 156
地盤係数, 334, 342
地盤種別, 316, 378
    パラメータ, 380
地盤被害, 7
弱減衰, 136
周期調整係数, 61
    安全限界の—, 70
    損傷限界の—, 61
終局限界状態, 285, 315
柔剛論争, 20
自由振動, 123
自由振動曲線, 249
柔性マトリックス, 166
住宅性能表示制度, 18
重要度区分, 321
重要度係数, 337, 354
重力式, 129–132, 323
使用限界状態, 285
上昇波, 226, 227
震災予防調査会, 15, 17
新耐震設計法, 18, 24, 30
新耐震設計法（案）, 30
新耐震設計法の開発, 30
震度, 11, 32
震度一様分布, 45, 46
振動数比, 142
振動数方程式, 163
振動特性係数, 37
震度階級
    気象庁—, 195
震度逆三角形分布, 28, 45
震度放物線分布, 45

SEAOC コード, 28
水平地盤粘性減衰定数, 76
水平地盤ばね定数
    地下部分の側面における, 89
    地下部分の底面における, 89
水平震度, 17, 19, 27
スウェイ・ロッキング・モデル, 61
スマトラ沖地震, 18, 26

静的設計, 28
世界地震工学会議, 17, 18
積層ゴム, 25
設計限界変位
    免震層の—, 95
設計用応答加速度, 334
設計用スペクトル, 320
設計ルート, 44
接線周期
    免震建築物の—, 103
絶対値和, 178
線形応答時刻歴解析, 362
線形加速度法, 151
せん断剛性
    地盤の—, 81
せん断剛性低減係数
    地盤の—, 81
せん断波速度, 81, 220
せん断補強筋の強化, 23, 29

層間変形, 358
層間変形
    許容—, 368
総合技術開発プロジェクト, 30
相互作用
    地盤と構造物の—, 305
相互作用に関する係数
    建築物と表層地盤との—, 89
相反作用の定理, 157
速度ベクトル, 156
損傷限界応答周期, 53, 57
損傷限界固有周期, 53, 59
損傷限界地震力, 52
損傷限界耐力, 51
損傷限界変位, 51, 56
損傷制限状態, 315

大地震動, 31
耐震改修促進法, 18
耐震診断法, 23
耐震設計区分, 334
耐震壁, 19
代表変位
    安全限界—, 70
    損傷限界—, 58
ダイヤフラム, 347
耐力スペクトル, 202
耐力スペクトル法, 203
高さ制限, 22, 28
高さ制限の撤廃, 18, 28
多自由度系, 155

畳み込み積分, 153, 154
タピアル, 8, 308
単位インパルス応答, 154
弾性応答スペクトル, 316
断層近傍地, 338
弾力半径, 49

集集地震, 18, 26
地図上応答加速度, 330, 334
中間層の崩壊, 5
中地震動, 31
調整応答加速度, 334
頂部集中荷重, 45
調和振動
　　多層地盤の—, 227
直交性, 169, 170, 173
チリ地震, 18

津波から命を守る, 9
津波作用, 309

定常応答, 145
鉄筋コンクリート造, 11, 19, 23, 42
鉄骨造, 11, 17, 19, 23
鉄骨鉄筋コンクリート造, 19
デュアメル積分, 153, 154
伝達関数, 270

等価水平力法, 354
等価静的解析, 288
等価速度
　　免震層の—, 100
塔状比, 70
動的応答倍率, 145, 146
動的解析, 288
動的設計, 28
十勝沖地震, 18, 23, 29
特殊積分, 141
特性方程式, 123, 163

新潟地震, 18, 23
2次卓越周期
　　表層地盤の—, 81
2次卓越周期の増幅率
　　表層地盤の—, 85, 86
2乗和平方根, 178, 325
日本地震学会, 17
入力の相互作用, 305

捩り
　　偶発的—, 357
　　固有の—, 357
捩りモーメント, 302

濃尾地震, 15, 17

ハイチ地震, 18
バックスピン
　　ゴルフの—, 276
波動インピーダンス比, 85, 87
　　複素—, 229
阪神・淡路大震災, 4, 5, 18, 24, 29, 30, 49, 107, 115
版築, 8, 308
反発係数
　　接線方向の—, 278
　　法線方向の—, 275

P-Δ 効果, 243, 326, 358–361
東日本大震災, 18
非減衰固有円振動数, 124
非構造部材の被害, 6
非線形応答時刻歴解析, 370
非線形解析, 233
非線形静的解析, 288, 296
兵庫県南部地震, 5, 24
標準せん断力係数, 33, 37
比例減衰, 262

フーリエ逆変換, 266, 267
フーリエ変換, 266, 267, 270
フーリエ変換の対, 266
福井地震, 23
複素振動数応答関数, 268
複素せん断剛性, 225
複素波動インピーダンス比, 229
不整形
　　平面的—, 349
　　立面的—, 349
プッシュオーバ, 56, 325
米国の耐震規定, 329
平面的不整形, 349
ベースシヤ, 323
変位一定則, 241, 242
変位ベクトル, 156
変形制限, 307
辺長比, 95

ホイッピング現象, 13
補関数, 141

水セメント比, 20
宮城県沖地震, 3, 4, 6, 7, 10, 15, 18, 23, 24

無次元高さ, 46
鞭振り現象, 13

メキシコ地震, 18, 23
メッシーナ地震, 17
免震構造, 25
免震告示, 91

モード応答スペクトル解析, 32, 359
モード重ね合わせ法, 178
モード質量の寄与, 360
木造, 11, 23
木造建築物の被害, 5
モデル化, 352

有限回転角モデル, 243
有効質量, 58, 59
有効質量比, 63
ユーロコード 8, 313
要求スペクトル, 201
ヨーロッパの地震危険度, 315
横浜地震, 15, 17
1/4 波長則, 83

立面的不整形, 349
臨界減衰, 134, 136, 139
臨界減衰比, 136

$\sqrt{\alpha}$ 分布, 213, 214
$1/\sqrt{2}$ 法, 251

レイリー減衰, 261
レイリー法, 323

ロッキング運動, 274
ロマプリータ地震, 4

【著者略歴】

石山祐二（いしやま　ゆうじ）

1942 年　北海道札幌市生まれ
1965 年　北海道大学工学部建築工学科卒業
1967 年　北海道大学大学院工学研究科修士課程修了
1967〜1971 年　建設省営繕局建築課
1971〜1991 年　建設省建築研究所
1982 年　工学博士（北海道大学）
1984 年　カナダ自然科学工学研究評議会フェローシップ
1984〜1985 年　カナダ国立研究院建築研究所・客員研究員
1989〜1991 年　ペルー国立工科大学，日本ペルー地震防災センター・チーフアドバイザー
1991〜1997 年　北海道大学工学部建築工学科・教授
1996 年　ペルー国立工科大学名誉教授
1997〜2005 年　北海道大学大学院工学研究科・教授
2005 年　北海道大学定年退職・名誉教授
2005 年　ペルー国立工科大学名誉博士
2006 年　（株）NewsT 研究所設立・代表取締役

建築構造を知るための基礎知識
耐震規定と構造動力学＜新版＞

2018 年　4 月 13 日　第 1 版第 1 刷発行
2021 年 11 月 30 日　第 1 版第 2 刷発行

著　者　　石山　祐二
©2018 U.Ishiyama

発行者　　高橋　考

発　行　　三和書籍

〒112-0013　東京都文京区音羽2-2-2
電話 03-5395-4630　FAX 03-5395-4632
http://www.sanwa-co.com/
sanwa@sanwa-co.com
印刷／製本　中央精版印刷株式会社

乱丁、落丁本はお取替えいたします。定価はカバーに表示しています。本書の一部または全部を無断で複写、複製転載することを禁じます。
ISBN978-4-86251-314-4 C3052 Printed in Japan

三和書籍の好評図書
Sanwa Co.,Ltd.

建築基準法の耐震・構造規定と構造力学
石山祐二著　A5判　556頁　並製　定価：4,800円＋税

●日本の耐震規定は、建築基準法と同施行令と建設省告示・国土交通省告示などによって詳細に規定されています。しかし、法令や告示の条文を読んで理解したつもりでも、建築物に対する耐震規定を含む構造規定は、なかなか分かり難いのが実状です。
そこで本書では、耐震規定の全体像を分かり易くまとめ、さらに法令・告示にどのように対応しているかを示しております。初学者にも理解しやすい定番書です。

建築Jウォーク
ちょっと真面目・チョット皮肉
石山祐二著　四六判　212頁　並製　定価：1,500円＋税

●北海道大学名誉教授が書いた建築スーパーエッセイ。地震・耐震工学に関する事柄だけでなく、海外旅行や日常生活で感じたことなど、建築構造の権威による非常に興味深い文章を多数収録した。

住宅と健康
＜健康で機能的な建物のための基本知識＞

スウェーデン建築評議会編　早川潤一訳
A5変判　280頁　上製　定価2,800円＋税

●室内のあらゆる問題を図解で解説するスウェーデンの先駆的実践書。
シックハウスに対する環境先進国での知識・経験をわかりやすく紹介。

バリアフリー住宅読本
＜高齢者の自立を支援する住環境デザイン＞

高齢者住環境研究所・バリアフリーデザイン研究会著
A5判　196頁　並製　定価2,200円＋税

●家をバリアフリー住宅に改修するための具体的方法、考え方を部位ごとにイラストで解説。バリアフリーの基本から工事まで、バリアフリーの初心者からプロまで使えます。福祉住環境を考える際の必携本!!